U0331152

GUDAI
HANYU

古代漢語
（第四版）

主編◎程觀林　主審◎徐時儀

華東師範大學出版社
·上海·

图书在版编目（CIP）数据

古代汉语 / 程观林主编. -- 4 版. -- 上海：华东
师范大学出版社,2024. -- ISBN 978-7-5760-4575-8

Ⅰ. H109.2

中国国家版本馆 CIP 数据核字第 20249XW551 号

古代漢語（第四版）

主　　審　　徐時儀
主　　編　　程觀林
責任編輯　　張　婧
特約審讀　　張　博
責任校對　　陳　易
裝幀設計　　俞　越

出版發行　華東師範大學出版社
社　　址　上海市中山北路 3663 號　郵編 200062
網　　址　www. ecnupress. com. cn
電　　話　021 - 60821666　行政傳真 021 - 62572105
客服電話　021 - 62865537　門市(郵購)電話 021 - 62869887
地　　址　上海市中山北路 3663 號華東師範大學校内先鋒路口
網　　店　http://hdsdcbs. tmall. com

印 刷 者　浙江臨安曙光印務有限公司
開　　本　787 毫米×1092 毫米　1/16
印　　張　20.5
字　　數　456 千字
版　　次　2024 年 11 月第 1 版
印　　次　2024 年 11 月第 1 次
書　　號　ISBN 978 - 7 - 5760 - 4575 - 8
定　　價　52.00 元

出 版 人　王　焰

(如發現本版圖書有印訂質量問題,請寄回本社客服中心調換或電話 021 - 62865537 聯繫)

主　　審　　徐時儀

主　　編　　程觀林

副　主　編　　蕭世民　朱國理

編寫成員　　朱國理　易國傑　金家恒

　　　　　　程觀林　蕭世民

　　　　　　（按姓氏筆畫爲序）

【目　録】

本教材使用方法請參閱“再版後記”。

　　科學史常有一種看似令人費解實則蘊含必然的情況，即每當人們向未來尋求科學發展之路時卻總要追溯傳統的發展歷程。這反映了科學發展的辯証法：傳統與未來之間存在著時間上和邏輯上的聯繫。昨天的東西沿續到今天，並影響、制約著明天，這就是傳統。科學的過去常常孕育了科學的未來。表面上看，傳統的繼承是一種對昨天的回顧，而實質上傳統的繼承就是對未來的一種把握，未來的發展在很大程度上取決於對傳統的發掘、闡釋和光大。每個民族的文化傳統都常以"經典文化"的形式呈現在社會和個人面前，爲當代提供各種價值觀念、行爲準則、思想理論和知識系統。經典文化往往積存於民族的古典文獻中。我國的古典文獻可謂汗牛充棟，涉及哲學、政治、經濟、歷史、道德、文學、藝術，以及佛學、道家等。我們中華民族歷來具有尊重傳統文化和崇奉文化經典的傾向，並且特別重視解讀古典文獻。歷代富有使命感的讀書人總是根據現實的需要，解讀古典文獻，闡發新的意義，或用於號召，或施於教育，同時也使傳統文化融入現代並得到發展。

　　解讀古典文獻要懂古代漢語，學會了古代漢語也就有了解讀古典文獻的入門鎖鑰。清末，章太炎先生撰《論語言文字之學》指出："今欲知國學，則不得不先知語言文字。此語言文字之學，古稱小學。"二十世紀與二十一世紀之交，王士元先生爲紀念趙元任先生誕生一百週年撰寫《語言的變異及語言的關係》一文，指出："眾所周知，直到現代，中國傳統學問的精髓還是'小學'，而對語言方面的研究正是總稱爲'小學'的各門學科的主要内容。"中國傳統學問的精髓"小學"大致相當於我們今天開設的古代漢語課程。

　　《禮記·學記》說："雖有嘉肴，弗食，不知其旨也；雖有至道，弗學，不知其善也。"古代漢語這門課程的目的就是培養學生閱讀古書的能力，而教材建設則是提高教學質量的重要環節，故本教材的編寫尤其注重於引導學生掌握解讀古典文獻的這把入門鎖鑰，著重圍繞培養學生閱讀古書的能力這一目的選定内容。

　　本教材的編寫者結合從事古代漢語教學的實踐經驗，貫徹理論聯繫實際的原則，"以通論爲主，以文選爲輔"，既吸收了同類教材的許多優點，又具有"觀點允當，要而不繁"的獨到特色，滿足了廣大師生學習古代漢語的需要。

　　綜觀全書，本教材修訂後在保持原有特色的基礎上，更著重於古今異同的比較，論述部分做到了精益求精，内容安排也更好地適應了初學者的需要，可謂一編在手，文字、音韻、詞彙、語法、修辭、標點、翻譯、天文、地理、曆法、姓氏、職官、科舉、禮俗等有關的古代漢語基礎知識已全都囊括無餘。

　　古人説，工欲善其事，必先利其器。本教材將爲莘莘學子解讀古典文獻而利其器，通過學習本教材，我們衷心希望富有時代使命感的新一代學子也必將爲傳承我們中華民族優秀的傳統文化而善其事。

　　值本教材新修訂版的問世，忝爲審讀，謹識讀後之感於此，與諸同仁及後學共勉。

徐時儀

第一節　古代漢語學習的目的和指要

古代漢語指的就是古代漢語書面語。我國數千年源遠流長、博大精深的歷史文化，光輝燦爛、豐富多彩的文化遺産，大多是用古代漢語記存於卷帙浩瀚的古籍之中的。總的來説，學習、教學、研究古代漢語的宗旨都是爲了發揚光大我們祖國古代文化的精華，繼承弘揚中華民族優秀的傳統文化。

古代漢語有兩個系統：一是秦漢開始逐漸形成的文言文，可以説是趨向統一的古代書面語，也就是所謂"雅言"；一是古代各個歷史時期的白話文，也就是所謂"古白話"。文言文比較趨向定型化，絕大多數古籍是用文言文寫成的，而古白話變化較大，少數古籍是用古白話寫成的，如唐代變文、禪宗語録、理學語録、宋元話本、古代白話小説等。因此，高校的古代漢語課程基本上以文言文教學爲主體。至於研究漢語史，文言文和古白話都是應該全面涉及的重要對象。

就古代漢語而言，一個音節不僅是一個漢字，而且絕大多數情況下也是一個詞，所以單音節詞佔優勢是古代漢語的一個特點。古有獨體爲文、合體爲字的説法，合稱文字。東漢許慎《説文解字》的"文"與"字"就是這個意思。許書收有 9 353 個漢字（重文 1 163 個），基本上一個漢字就是一個詞，其中諧聲偏旁的漢字跟上古音韻有著特定的關係，可以幫助我們認識上古韻部，即"同聲必同部"。再看從古代漢語沿用下來的"名列前茅"這個成語，若不知道"茅"是"旄"的古音通假，望文生義，把"茅"説成是用茅草製成的旌旗，豈不是十分可笑嗎？這不是編出來的笑話，據説有的語文辭書就是這麼錯解的。所以這是詞彙問題，又是音韻文字問題。有位學者説，有位注者寫李商隱詩注，把《韓碑》詩裏"負以靈鼇蟠以螭"的"蟠以螭"注爲"蟠也是龍，螭也是龍"，可以説這位注者一不懂"蟠"的詞彙意義，二不懂"以"的語法作用。"蟠"不是龍，"蟠龍"纔是龍，指伏在地上没有飛的龍，而單獨的"蟠"是"繞"的意思，是動詞。"螭"是龍，介詞"以"在這裏和"螭"組成介賓短語作"蟠"的補語，"蟠以螭"就是"以螭蟠之"的意思，類似《荀子·勸學》裏"編之以髮"的用法，"編之以髮"就是"以髮編之"。倘若"蟠以螭"不在這個詩句裏，也可以説成"蟠之以螭"。可見不瞭解詞彙意義不行，不明白語法作用也不行。《木蘭詩》裏有"開我東閣門，坐我西閣床"兩句，如果祇從詞彙、語法方面去考慮，説成開了東閣門，又坐了西閣床，那還不行，還得從修辭方面去考慮。這兩句用了修辭上的互文手法，把木蘭歸家後興高采烈的歡悦寫得躍然紙面，意思是開了束閣門，又開了西閣門，坐了西閣床，又坐了束閣床，欣欣然有喜色。總而言之，古代漢語的漢字、音韻、詞彙、語法和修辭五方面的内容往往是互相關聯的，没有主次之分，都有各自的重要性。祇有把其中的基本知識理論學好了，纔算得上入了古代漢語的門。

第二節　古代漢語課程的性質和内容

古代漢語作爲高等院校中文專業本科生的一門課程，它既是一門基礎課，又是一門工具課，是閱讀古書必須具備的基礎知識理論之一，也是必須掌握的基本工具之一。本教材分爲八章，即文字、音韻、詞彙、詞類、句式、修辭、文言文的標點與翻譯、辭書，儘可能地反映學界公認的最新成果。

第一章講**文字**，也就是**漢字**。漢字有五六千年的悠久歷史，其形體歷經多次變化，但其結構從古文字到今文字還是有規律可循的。前人的"六書"説，歷來被視爲古代文字學的重要組成部分。儘管後人認爲"六書"中"象形""指事""會意""形聲"屬造字法，而"假借""轉注"屬用字法，但"六書"理論具有開創中國文字學的重大意義，許慎《説文解字》就是一部最早而又最具代表性的中國古代文字學著作。學習這一章主要是：從漢字構造的角度，正確理解"六書"，認識漢字結構及其構件偏旁；從偏旁變化的角度，認識先造字和後起字的關係，區別漢字在孳乳過程中出現的古今字；從古文字和今文字形體特點的角度，大致瞭解漢字形體變化的過程，初步認識一些古文字的基本形體。成語"魯魚亥豕"，原來説的就是因爲篆體字的"魯"與"魚"、"亥"與"豕"的形體近似，以致把"魯"訛爲"魚"，把"亥"訛爲"豕"。後來"魯魚亥豕"就被用來指文字訛誤。現在不用篆體字了，但初步認識篆體字的基本形體對於閱讀和查檢《説文解字》之類原著有一定作用。誠如姜亮夫的《古文字學》所言，"漢文字的一切規律，全部表現在小篆形體之中"，"它總結了漢字發展的全部趨向、全部規律，也體現了漢字結構的全部精神"。

第二章講**音韻**。音韻一向被認爲深奧難學，但它跟古代漢語的諸多方面甚至古代文化的諸多領域有著這樣那樣的關係，不可不學。古人把文字、音韻、訓詁看成是繼承祖國文化遺産所必備的基礎知識，確實是很有道理的。爲了突破難點，本章從中古音韻入手，把中古音韻作爲切入點，上推下聯，並採用現代科學的語音理論和音標符號解讀古代音韻著作中的術語，儘量避開一些古奧玄虛的名詞。學習這一章主要是：從音韻系統的角度，認識中古三十六字母、《廣韻》韻部和《平水韻》韻部的體例和調類，大致瞭解上古聲紐和上古韻部構擬的概況；從音韻應用的角度，略知反切條例、詩體韻律和古音通假。反切法不僅是漢字注音方式的重大改進，也極大地推動了人們對漢字音節結構的認識。我們的祖國一向被譽爲百花齊放、五彩繽紛的詩國，學習詩體韻律可以更好地欣賞古代詩歌的音樂美，更好地領悟詩境情感。古音通假是古書古文中經常出現的用字現象，不識古音通假就很難準確理解其意義。

　　第三章講**詞彙**。有兩點值得特別注意：第一，詞義的時代性。語言是隨著社會時代變遷而不斷發展的，最能敏銳地反映社會時代變遷的就是詞義。先秦前期不少詞到了先秦後期就不太好理解了，於是出現了“訓詁”。從秦漢交替時期開始，像《爾雅》《方言》《釋名》之類的訓詁專著陸續應運問世，用當時的所謂“通語”，訓詁“古今之異言”“方俗之殊語”“古雅之別語”。在往後的各個歷史時期，訓詁之書層出不窮。第二，詞的多義性。古代漢語是單音節詞佔優勢，而單音節詞的主要特點就是多義性。就“兵”這個詞大致而言，《左傳·僖公十八年》中“無以鑄兵”的“兵”是“兵器”義，《戰國策·趙策》中“必以長安君爲質，兵乃出”的“兵”是“軍隊”“士兵”義，《管子·法法》中“貧民傷財，莫大於兵”的“兵”是“戰爭”義，《呂氏春秋·侈樂》中“反以自兵”的“兵”是“傷害”義，《荆楚歲時記》中“以五彩絲繫臂，名曰避兵”的“兵”是“災禍”義。此類例子很多很多，不勝枚舉。因此，學習這一章，一要認識詞的本義和引申義及其間的關係，引申義的產生及其途徑。“兵”的多義性就是詞義引申而來。二要瞭解詞義的演變及其類型。“涕”這個詞，上古指眼淚，鼻涕上古叫“泗”，也叫“洟”，但不叫“涕”。《詩經·小雅·小明》中“念彼恭人，涕零如雨”的“涕”就是指眼淚，“涕零如雨”就是淚落如雨的意思。後來“涕”這個詞的詞義纔由眼淚轉移爲鼻涕。韓愈《寄皇甫湜》詩中“涕與洟垂四”的“涕”就是指鼻涕，不指眼淚，其中“洟”纔是指眼淚。瞭解詞義的演變，對於認識古今詞義的異同很重要。《莊子·漁父》中“疾走不休”的“走”是“奔跑”義，後來就沒有“跑”的意思了，祇有“走”的意思。“涕”也是如此，上古指“眼淚”，後來祇有“鼻涕”的意思，沒有“眼淚”的意思了。不知古今詞義的異同，就會錯解誤譯古語，切不可掉以輕心。

　　語法分詞類和句式兩章。第四章講**詞類**。古代實詞有一個共同的特點，就是詞類活用，即詞性變換。無論名詞、動詞、形容詞、數詞和代詞，都有詞類活用。《戰國策·秦策》中“魏桓子肘韓康子，康子履魏桓子”的“肘”和“履”就是名詞活用爲動詞。這種現象在古代漢語裏帶有普遍性。現代漢語裏也有類似的現象，但至少目前並不普遍。這是古今實詞詞性的一大區別。然而古代實詞的詞類活用不是任意的，要有語法結構提供條件。祇有瞭解了結構上的條件，纔算認識了古代實詞的詞類活用。至於古代虛詞，就數量而言祇有五六百個，比實詞要少得多，但虛詞的使用率要高得多，其重要性並不亞於實詞。有言道：“之、乎、者、也、以、焉、哉，用得好了是秀才。”這話説得不算過分，可以説不認識虛詞的用法幾乎很難讀通古書古文。不過要想在短期內學懂數百個古代虛詞也是很難的。首先要學懂一些常用的虛詞，要攻下難點和重點。如“所”“之”“者”“其”等就是難點，同時也是重點。“之”字作虛詞，就有多種用法，而且“之”字還可以作實詞，如作代詞，作動詞。“之”字單就其語法作用來看，可以使賓語前置，如《左傳·僖公十五年》中“晉居深山，戎狄之與鄰”的“之”；可以使定語後置，如《荀子·勸學》中“蚓無爪牙之利，筋骨之強”的“之”；可以用在複句的前分句主謂之間表示語意未盡，必有下文，如《左傳·僖公十四年》中“皮之不存，毛將安傅（附）”的“之”；等等。劉淇在《助字辨略·序》中提到：“構文之道，不過實字虛字兩端，實字其體骨，而虛字其性情也。蓋文以代言，取肖神理，抗墜之際，軒輊異情，虛字一乖，判于燕越。"可見虛詞不可忽視。古今虛詞差別很大，某些古代虛詞又有一詞多義、一詞多用、一詞多類的現象，因此以詞類爲綱，以詞（常用虛詞）爲目，學習起來便可綱舉目張。

第五章講**句式**。前章是從詞法角度看古代實詞活用的特點和古代虛詞功能的特點，本章再從句法角度看古代句式構建的特點。這裏所謂特點，是指古今語法的異同而言。古代的變式句、判斷句、被動句、省略句都有不同於現代的特定句式。古代判斷句不用判斷詞是一般規律，如《戰國策·齊策》："百乘，顯使也。"這是古今句式的一大區別。古代引進動作行爲的主動者有多種語法手段，如《史記·商君列傳》的"魏惠王兵數破於齊、秦"，用"於"和"齊、秦"構成介賓短語作補語引進動作行爲的主動者，是古今句式的又一大區別。古代有一些固定格式，如"有以"和"無以"、"無乃"和"得無"之類，如果不認識其在句子結構中的關係也會影響對句子的理解。至於複句和緊縮複句，古今句式也不盡相同，不認識其中的複合關係和關聯詞語作用，甚至連前分句和後分句也很難辨清。不一一列舉了。句式是用來表達句意的，不懂古代句式，豈能理解古書句意？古人説："一字之失，一句爲之蹉跎；一句之誤，通篇爲之梗塞。"古人寫作看重字句，今人理解古文何嘗不是如此？

第六章講**修辭**。從語言結構的角度看，以簡約的語言表達豐富的語義是古代修辭的一大特色。並提（合敘）就是其中主要的辭格之一。《水經注·江水》中"自非亭午夜分，不見曦月"（意思是"自非亭午不見曦，自非夜分不見月"），把偏句的假設現象放在一起合敘，把正句中的結果放在一起並提，以求文字表述簡約。從語言形式的角度看，避免字面重復，講求用詞變化，是古代修辭的又一大特色。變文就是其中主要的辭格之一。《荀子·勸學》中"昔者瓠巴鼓瑟而流魚出聽，伯牙鼓琴而六馬仰秣"的"瑟"與"琴"可謂範例。這一章講古代修辭就是要突出古代修辭的特色，舉其要。認識古代修辭的特色，纔能正確地理會表達的內容，更好地領悟表達的旨趣。至於古今同中有異的辭格，本章重點講其異，如比喻的博喻。學習古代修辭，主要就是透過古代特有的修辭現象，更加深刻地認識表達的要義。

第七章講**文言文的標點與翻譯**。古籍原來大都衹有白文，標點是後來加上的。但是古人十分重視句讀，《禮記·學記》裏就有"一年視離經辨志"的話，意思是入學一年之後要檢查斷離經文、辨識文意的水平。句讀的訓練，是古人讀書的一種綜合性的基本功。今人學習古代漢語，學習了前面幾章的知識，可以説對於"離經辨志"有一定的作用，但是還要懂得如何利用前面幾章知識正確地"離經辨志"，並在"離經辨志"方面下點扎實的功夫，既能給白文（没有標點的古文）加上標點，又能直譯出來，纔能談得上過"語言關"。本章的設置就是爲讀古文"離經辨志"講點要津和方法。

第八章講**辭書**。這裏説的辭書就是語文工具書，指的是跟學習古代漢語有關的語文辭書。我國辭書很多，本章按辭書的編排方式，即按字形編排、按音韻編排、按詞義編排，分別介紹一些影響較大的辭書，並以古人辭書爲主（一般説來今人辭書比較容易看懂），介紹其編寫的體例和特點，旨在幫助學習者使用這些辭書。此外，近代曾經興起的檢查資料性質的一種辭書叫作“索引”，又稱“引得”，大多可以從中查得古書裏的詞語、人名、篇目等，本章中也作了介紹，其中影響較大的要推《十三經索引》。

第三節　古代漢語學習應注意的事項

1. 要有歷史觀點

古代歷史悠久，各個歷史時期的語言現象不盡相同，歷史語言有個時代性的問題。漢代學者讀經就已經注意到當時的語言與先秦不同的現象。劉熙《釋名》：“車，古者曰車，聲如居，言行所以居人也。今曰車，聲如舍。車，舍也，行者所處若居舍也。”這裏的“古”指先秦，“今”指東漢。“車”者，“古”“今”不一也。又如上古漢語的“眼”和“目”不是一碼事：“眼”指眼珠，“目”指整個眼睛。但到了唐代，倘若把“眼”説成“眼珠”就不對了。元稹《遣悲懷》诗之三有“惟將終夜長開眼”句，是説想妻子想得整夜睡不著，長時間睜着眼睛。這裏的“眼”就不能説成“眼珠”了，“眼珠”是不能睜開來的。再如“吾”，上古只見作主語和定語，可是魏晉之後無論肯定句和否定句，作賓語均已常見。所以説，學習古代漢語要有歷史觀點，要注意時代性。

2. 要善用比較法

古語和今語，兩者之間有同有異，比較應當重其異，唯其異才用得著比較。古代字音有全濁輔音，有入聲，現代普通話裏就沒有，不搞清楚古代的全濁輔音和入聲，就會影響學習古代音韻的諸多方面。現在方言裏保留有全濁輔音和入聲，也可以跟方言比較，否則就得從發音方法上認識它們。古代字音是如此，古代詞義也是如此。有相當一批詞古今詞義不同，不要以今律古。“去”的今義是從所在的地方到別的地方，而上古“去”的常用義卻是離開的意思。《孟子·公孫丑》中“孟子去齊”是説孟子離開齊國，“去”是“離開”義。“是”，上古的常用義是“這”，代詞，後來卻是“判斷”義，判斷詞，要是用“判斷”義去解釋《論語·微子》中“滔滔者，天下皆是也”的“是”，那就錯了。這裏説的語言比較，一是古今比較，一是古代各個歷史時期的比較，都要講求善用。

3. 要多咬文嚼字

這裏的咬文嚼字是用作褒義。學習古代漢語，不咬文嚼字不行，囫圇吞棗是消化不了的。最好的方法無過於把已經學過的古代漢語知識用來直譯古句古文，一一“對號入座”。有些東西不好“對號入座”的，也要説得出爲什麼不好“對號入座”。要在直譯古句古文的實踐中咬文嚼字，消化和鞏固已經學過的古代漢語知識。本教材每章之後都有文選，數量不多，目的与一般的古文學習和教學不同，是從語言的角度，循序漸進地解決古今異同問題。還可以根據需要從本教材的白文中挑出一些用來咬文嚼字、斷句直譯。下點這方面的硬功夫，必有收獲。

【 第一章

文字 】

第 一 節　漢 字 的 産 生

人類從動物世界最後分化出來的重要標志就是産生了有聲語言。這是一種音義結合的聽覺符號系統。文字又是在語言的基礎上産生的，它標志着人類從此由原始野蠻的階段進入了一個相對文明的社會。

文字是記録語言的書寫符號系統。漢字是記録漢語的書寫符號系統。近百年來的考古發掘表明，漢字的創製和使用已有五六千年的歷史。從甲骨文算起，也已有三千三百年。甲骨文有四千多個單字，已經能够完整地記録當時的語言。這表明甲骨文已經是相當成熟的文字了。因此，甲骨文不是漢字的最早源頭，而是漢字發展中的一個階段。那麽，漢字起源於什麽時代，又是怎樣起源的呢？

一、關於漢字起源的傳説

關於漢字的起源，有結繩説、八卦説、倉頡造字説、河圖洛書説、契刻説、起一成文説等。這裏主要介紹較有影響的幾種傳説。

1. 結繩説

《周易·繫辭下》："上古結繩而治，後世聖人易之以書契。"許慎《説文解字·敍》："及神農氏結繩爲治而統其事。"《莊子·胠篋》："昔者容成氏、大庭氏、伯皇氏、中央氏、栗陸氏、驪畜氏、軒轅氏、赫胥氏、尊盧氏、祝融氏、伏犠氏、神農氏，當是時也，民結繩而用之，甘其食，美其服，樂其俗，安其居，鄰國相望，鷄狗之音相聞，民至老死而不相往來。"從以上記載和其他一些材料來看，文字産生之前，確實存在過漫長的結繩記事時期。這個時期大約在神農氏時代，但是這些材料都未明確説出文字就是起源于結繩。晚近學者朱宗萊則明確提出："文字之作，肇始結繩。"（《文字學形義篇》）

古人怎樣打結記事？唐人孔穎達在《周易正義》中引用東漢學者鄭玄的話説："結繩爲約。事大，大結其繩。事小，小結其繩。"李鼎祚《周易集解》引述《九家易》的話説："古者無文字，其有約誓之事，事大，大其繩，事小，小其繩。結之多少，隨物衆寡，各執以相考，亦足以相治也。"

這種方法被中國和世界上不少國家或地區的人使用過。據説，新中國成立前，我國雲南獨龍族人遠行，就是用結繩的方法幫助計算日子，每走一天，就打一個結。哀牢山區的哈尼族老人，用結繩的辦法來記載村裏發生的大小事情。該族人買賣土地，用同樣長的兩根麻繩計算，田價多少就打多少結，雙方各持一根作爲憑證。

結繩可以幫助記憶，儲存和傳遞一定的信息。在甲骨文裏，發現了一些符號（如圖1-1）：

圖 1-1　甲骨文中的符號

前五個符號像繩架，學者們認爲與結繩有關。後三個符號分別爲"十""二十""三十"。竪綫中間的圓點像繩結，因而，有人認爲这些文字就是取象於上古的結繩，更有人認爲文字就是起源于結繩，但是結繩不能用來記錄語言，還没有和語言中固定的詞聯繫起來，既没有字形，更没有字音和字義，同一個繩結可以作多種理解。因此，結繩不是文字，祇是我們的祖先後來在造字時，可能曾經借鑑過結繩的方法而已。

2. 起一成文説

宋代鄭樵的《通志·六書略》認爲所有的漢字都是由"一"演變而來的。其根據就是許慎的《説文解字》中五百四十個部首，起於"一"，終于"亥"。"一"可以演繹出五種變化，用以概括漢字形體的各種結構。他是這樣論述的：

衡（横）爲一，從（縱）爲丨，邪（斜）爲丿，反丿爲乀，至乀而窮。

折一爲乛，反乛爲厂，轉厂爲乚，反乚爲乚，至乚而窮。

折一爲乛者側也，有側有正，正折爲乀，轉乀爲ㄥ，側ㄥ爲く，反く爲ㄑ，至ㄑ而窮。

一再折爲冂，轉冂爲山，側山爲匚，反匚爲ㄈ，至ㄈ而窮。

引一而繞合之，方則爲口，圓則爲○，至○則環轉無異勢，一之道盡矣。

鄭樵的這種演化論是建立在道家哲學思想"道生於一，一生二，二生三，三生萬物"的基礎之上的，用來解釋漢字起源，很是牽强。他所依據的資料是當時通行的楷書，以楷書的横折撇捺等幾種筆畫作爲漢字起源的基礎，聯繫到《説文解字》的部首排列，從而附會演繹。他並不知道早期的漢字（比如甲骨文）並不是和楷書一樣的筆畫構造。

3. 倉頡造字説

在關于漢字起源的各種傳説中，倉頡造字説影響最大。最早提到倉頡的是戰國時代的荀卿。《荀子·解蔽》説："故好書者衆矣，而倉頡獨傳者，一也。"當時，荀卿並不認爲文字是倉頡一人所造。但其後歷代著作中的有關論述就不言"好書者衆"，而祇講"倉頡作書"了，如《呂氏春秋·審分覽·君守》："奚仲作車，倉頡作書，后稷作稼，皋陶作刑，昆吾作陶，夏鯀作城。此六人者，所作當矣，然而非主道者。"李斯《倉頡篇》："倉頡作書，以教後詣。"

傳説倉頡是黄帝的史官。倉頡造字其實也是一種傳説而已。文字是社會成員共同的交際工具，不可能由某一個人獨自創造出來。甲骨文中的漢字數以幾千計，又存在大量的異體字，絶非一人一時所能創造，而是廣大群衆集體智慧的結晶，是他們在長期的生產和生活當中因時因地不斷觀察、思考和創造，逐漸積累，纔逐漸形成完整的文字系統。

魯迅在《門外文談》中説："在社會裏，倉頡也不止一個，有的在刀柄上刻一點圖，有的在門户上畫一些畫，心心相印，口口相傳，文字就多起來，史官一採集，便可以敷衍記事了。中國文字的由來，恐怕也逃不出這例子。"

關于漢字起源的問題，除上述幾種傳説以外，還有人主張漢字起源于八卦，如認爲八卦中的陽爻"一"演變爲數字"一"，兩個陽爻"二"演變爲數字"二"，乾卦"三"演變爲數字"三"，坎卦"☵"演變爲"水"，離卦"☲"演變爲"火"。

還有些人認爲除有聲語言之外，還有"手勢語言"，漢字是由"手勢語言"産生的。這些説法都比較牽强，對探討漢字起源的參考價值不大，故不再介紹。

二、漢字産生的主要途徑

從考古發現的漢字原始資料來看，漢字産生的主要途徑有兩個：契刻和圖畫。

契刻，就是在竹、木、骨、陶等材料上刻畫記號。其作用主要是用來計數或記載一定的信息。因此，《周易·繫辭下》説："上古結繩而治，後世聖人易之以書契。"《釋名·釋書契》説："契，刻也，刻識其數也。"契刻還可以作爲契約憑證的記載。《列子·説符》："宋人有遊於道得人遺契者，歸而藏之，密數其齒，告鄰人曰：'吾富可待矣！'"《戰國策·馮諼客孟嘗君》："於是約車治裝，載券契而行。""驅而之薛，使吏召諸民當償者悉來合券。券遍合，起，矯命以責賜諸民。因燒其券，民稱萬歲。"

更早的契刻符號見於原始社會晚期。漢字尚未産生時，因爲生産或者生活的需要，先民們曾經創造出一些記事符號。西安半坡出土陶符二十七種，臨潼姜寨出土三十八種，甘肅馬家窑有十種，青海樂都柳灣有五十種，浙江餘杭良渚文化陶器有符號九種等（見圖1-2），這些符號和商周時代卜骨、青銅器上的符號十分相似（表1-1）。

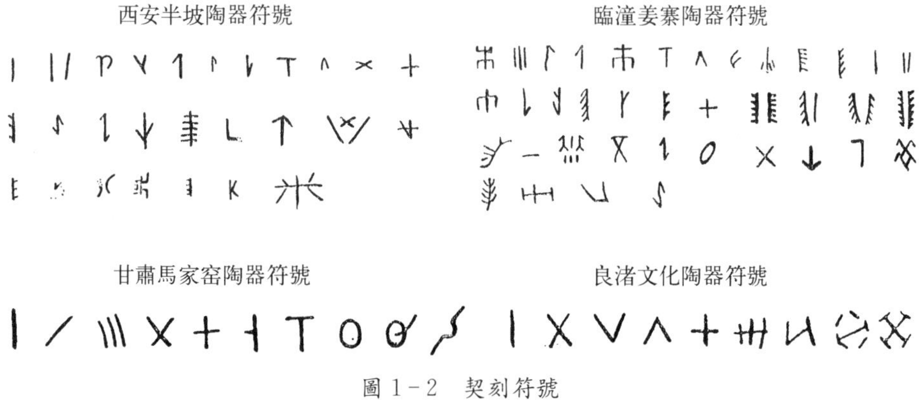

西安半坡陶器符號　　　　　　　　臨潼姜寨陶器符號

甘肅馬家窑陶器符號　　　　　　　良渚文化陶器符號

圖1-2　契刻符號

表1-1　商周時代用數字組成的符號

	安陽卜骨	周原卜甲	灃西卜骨	中甗	效父殷	效父鼎	董伯殷
形體			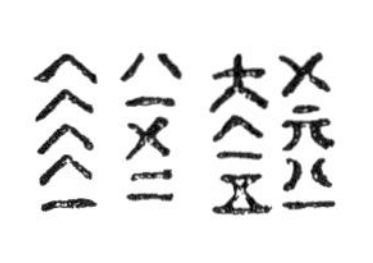				

這些符號屢次刻在一定的部位上，可知不是隨意的刻畫。這些刻符，與甲骨文比較接近。因此，有人認爲漢字起源於契刻。于省吾在其 1957 年出版的《商周金文録遺·序言》裏說："原始社會勞動人民的創造文字，極質樸，極簡單，也是极符合於客觀事物的真象，所以，一二三三都是積畫，以□爲方，以○爲圓，都是最原始的文字，還要早於其他象形文字，這對於考證古文字發生萌芽狀態是具有重要關係的。"郭沫若 1977 年發表了《古代文字之辯證的發展》，他指出："中國文字的起源應當歸納爲指事與象形兩個系統。"指事系統，又叫刻畫系統，契刻當是其主要淵源。

在山東莒縣陵陽河大汶口文化遺址（距今約 4 500 年）發現了幾個很像文字的陶符（如圖 1-3）：

圖 1-3　大汶口文化遺址陶符

它們是有意義的符號，可能是制陶工或器物主人的標記，不像是"花押"，與甲骨文及早期的金文的象形字很接近。專家們認爲第一個像是甲骨文的"戉"字，第二個像是甲骨文的"斤"字，第三個像是甲骨文的"旦"字。而唐蘭認爲第三個像是"炅"字，第四個是"炅"字下面加"山"字，像是"炅"的繁體（參見裘錫圭《漢字學概要》）。

由此看來，契刻可以被認爲是漢字產生的源頭之一。但是，並不能因此說契刻就是文字，因爲還有更加重要的源頭存在，那就是圖畫。

漢字起源於圖畫，已經被大多數人接受。古人早就有了"書畫同源"的認識。宋代鄭樵認爲"書與畫同出……六書也者皆象形之變也"。

圖畫起源很早。從圖畫到文字還有一個很漫長的質變過程。圖畫是畫出來的，文字是寫出來的。祇有當圖畫逐漸失去圖畫的性質，發展成符號性質，纔算是真正的文字。那麼，圖畫又是如何和語言中的詞語聯繫起來的呢？裘錫圭認爲，圖畫與語言中的詞結合的契機是用作族名族徽的圖形。他在《漢字形成問題的初步探討》中說："用象形符號表示族名，很可能是原始表意文字產生的一個重要途徑。在商代文字裏寫法特別古老的族名金文大量存在的事實，對我們的這個推測是有力的支持。"因爲原始社會中有一種"圖騰崇拜"的習俗。崇拜的對象爲各種動物、植物或者無生物。原始社會裏，氏族林立，各個氏族的圖騰標識不盡相同。這些族名最終成爲文字，經過了以下三個步驟：一是指圖呼名，給予命名。爲了讓本族成員認識和記住本族的族名，經常指圖呼名，時間一久，這些族名就有了固定的名稱，有了字音。二是簡化形體，使之符號化、抽象化。爲了讓本族族名流傳下來，上輩人就要一代一代地告訴下輩人本族族名的形狀，必須把圖形描繪下來，這樣久而久之就會簡化圖形，使之符號化，圖 1-4 中兩個字的演變過程就是如此。這樣，就有了字形。三是賦予意義。前輩人還要告訴這輩人，這個圖標是什麼意義。這樣一來，這個圖形就有了字義。原始社會有衆多的氏族，就可能通過這種方法使得上百或幾百個不同的圖騰標記陸續轉變爲文字。這是文字的自發産生階段。先民們總結運用族徽標識轉化爲文字的經驗，就可以使更多的非族徽標識圖形轉化爲文字，從而進入文字的自覺創造階段。

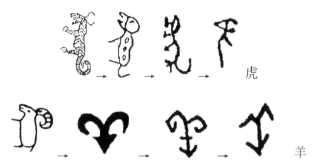

圖1-4　圖形符號化的演變過程

根據目前發現的材料和研究考證的結果來看，漢字起源的上限難以確定。現在能夠提出的依據，最久遠的是公元前4 000年左右的屬于仰韶文化的綵陶紋，以及與其相近的屬于大汶口文化的陶器刻符。這個時期屬于新石器時期的中期。漢字起源的上限至遲不會晚于這一時期。原始漢字在新石器時代中期開始産生，大約經歷了2 600年，纔逐步發展成爲初步的文字體系。從其起源至今至少已經有6 000多年的歷史了。

原始漢字産生的主要源頭是圖畫，在其發展過程當中吸收了刻畫符號與結繩等有益成分。到了奴隸社會，原始漢字質變爲漢字體系，距今已有4 000年左右的歷史了。

第二節　漢字的結構與"六書"

漢字是表意體系的文字，早期的漢字是因義而構形的，這就是所謂"從形出義"，詞義和字形是統一的。我們學習古代漢語，應當瞭解和掌握一些有關漢字形體結構的基本知識。關于漢字的形體結構，傳統有"六書"之説。"六書"的名稱，最早見于戰國時代的《周禮·地官·保氏》："保氏掌諫王惡，而養國子以道。乃教之六藝：一曰五禮，二曰六樂，三曰五射，四曰五馭，五曰六書，六曰九數。""六藝"是周代貴族子弟學習的六種基本課程。"六書"則是分析漢字結構的六種條例，具體名稱最早見于漢代的班固、鄭衆、許慎三家的説明。

班固《漢書·藝文志》：	象形	象事	象意	象聲	轉注	假借
鄭衆《周禮·地官·保氏》注：	象形	會意	轉注	處事	假借	諧聲
許慎《説文解字·敍》：	指事	象形	形聲	會意	轉注	假借

三家的説明，基本出自漢代經學家劉歆，之所以有所不同，反映了他們對漢字産生的先後次序有不同的見解。班固、鄭衆對"六書"的内容未作任何解釋。許慎不僅説明了六書的名稱，而且還給每一"書"下了定義，並列舉了例字，影響最大。清代以後，通常採用許慎的名稱和班固的次序：象形、指事、會意、形聲、轉注、假借。

班固明確提出六書是"造字之本"，後代許多學者也沿襲此説，但是我們必須正確認識到，漢字是全體社會成員共同創造的。開始之初，並無六書之説，先民們也不是根據六書理論來造字的。六書乃是後人根據字形結構總結出來的六種造字方法。所以説，六書不是創造漢字之本，而漢字卻是六書之本。

　　清代的戴震認爲，六書之中，真正與漢字結構形體有關的祇有象形、指事、會意、形聲四書，是造字之法，轉注、假借祇是用字之法，即通常所説的"四體二用"。

一、象形

　　許慎《説文解字·敍》："象形者，畫成其物，隨體詰詘，'日''月'是也。"全句的意思是：象形就是隨着事物的輪廓，用相應的綫條，把事物的輪廓或具有特徵的部分描畫出來的造字法。"形"就是畫成其物的"物"，即象形字都是表示事物的名詞；"象"就是"畫"，即通過畫的方法造字，畫的原則是隨體彎曲。象形造字法有獨體象形和合體象形兩種。

1. 獨體象形

　　獨體象形指描畫事物輪廓或特徵形成字体，形體不能再分析，全部綫條筆畫都是描繪所指事物本體形狀的（如圖1-5）。

圖1-5　獨體象形字

2. 合體象形

　　除取像事物的輪廓或特徵而成字體外，有時還需要其他有關事物的襯托來顯示所要表達的物體，這就是合體象形。字體中的綫條筆畫，一部分是用來描繪所指事物的本體形狀的，另一部分是用來描繪相關事物形狀的。如（以小篆字形分析爲主，參見甲骨文、金文）：

　　😊（頁）甲骨文作😊，本體是人頭，下面的人是襯托物。《説文·頁部》："頁，頭也，從百，從儿。"

　　😊（牢）甲骨文作😊，本體是外邊的關養牲畜的圈，以牛置于其中爲襯托。《説文·牛部》："閑，養牛馬圈也。"

　　😊（眉）甲骨文作😊，本體是眉毛，下面的目是襯托物。《説文·目部》："眉，目上毛也。"

　　😊（果）甲骨文作😊，本體是果實，下面的木是襯托。《説文·木部》："果，木實也。象果形在木之上。"

須（須）甲骨文作 ，本體是鬍鬚，右邊的頁是襯托物。《説文・彡部》："鬚，面毛也。"

瓜（瓜）金文作 ，本體是裏邊的瓜實，外邊的瓜蔓是襯托物。《説文・瓜部》："瓜也，象形。"

文（文）甲骨文作 ，本體是紋身的花紋圖案，人體是襯托物。《説文・文部》："錯畫也（交錯刻畫以成花紋）。"

血（血）甲骨文作 ，本體是血液凝結物，器皿是襯托物。《説文・血部》："祭所薦牲血也（祭祀時獻給神明的牲畜的血）。"

象形字的畫法是多樣的，可以畫整體，如瓜（ ）、角（ ）、鼠（ ）；也可以畫局部，如竹（ ）、冰（ ）；還可以在畫出整體的基礎上再突出物象的特徵，如象（ ）、岳（ ）。

用象形造字法造的字，形象、直觀，很好記認。象形造字法是造字的基礎，爲指事、會意、形聲字的構成奠定了基礎。象形字被稱爲"根字"或"基礎字"，約有三百多個，其數量如此之少，原因就在于這種方法造字有很大的局限性，對于抽象意義或沒有具體形象概念的字就無法造出來。

二、指事

許慎《説文解字・敘》："指事者，視而可識，察而可見，'上''下'是也。"即指事字就是見到這個字就能認識它的大體，但是需要仔細觀察，纔能發現它所表示的意義所在。指事字是用指示性的符號來表示抽象概念的造字法。指事字的結構，是由象徵性的符號或在象形字的基礎上添加一些指示性的符號組成。

首先注意"事"字。抽象概念無形可畫，便用"指事"法來補充象形之不足，所以，指事字主要是抽象概念，不是具體形象。其次，注意"指"字，説明這類字的造字法是在象形字的某一部分加上一個或幾個標誌，看見這些標誌，詳細觀察，就能體會這個字的意思了。

指事字數量很少，據清人王筠統計，《説文解字》中的指事字祇有一百二十九個。主要是少量的抽象名詞、數詞、一部分方位詞、爲數不多的動詞和虛詞。

指事字可以分爲三小類，第一類是純粹指事字，第二類是合體指事字，第三類是改造的指事字。

1. 純粹指事字

純粹指事字是用純粹的符號表示抽象的概念，如圖 1 - 6 所示：

圖 1 - 6　純粹指事字

2. 合體指事字

合體指事字是在象形字的基礎上，添加指事符號而成的，例如：

为（刃）：刀鋒。是在"刀"字上加一點，指明刀鋒所在位置。

末（末）：樹梢。是在"木"字上加一橫，指明樹梢所在位置。

夾（亦）：腋。是在"大"（即正面的人形）左右各加一點，指明腋下所在位置。

甘（甘）：味美。口中增加的短橫是指事符號，指明口中所含之食物味美。

曰（曰）：像口中加一橫或一曲畫之形，指明從口裏發出聲音，即説話之義。

牟（牟）：本義是牛在鳴叫。是在"牛"字上增加一個符號而成。《説文·牛部》："牟，牛鳴也。從牛，象其聲氣從口出。"

引（引）：本義爲拉開弓。在弓的右邊加一豎，表明開弓之義。

夫（夫）：本義是成年男子。從大加一。"一"表示用來束髮的簪子。古代男子到了二十歲就要束髮加冠，表明已經成人。

3. 改造的指事字

改造的指事字是將原有漢字進行改造而成爲一個新的指事字，例如：

米　木—片　片　《説文·片部》："判木也。從半木。"由"木"的右半構成。

可　可—叵　叵　《説文·可部》："不可也，從反'可'。"由反寫"可"字造出來的，意義和"可"相反。

予　予—幻　幻　《説文·予部》："幻，相詐惑也。從反'予'。""予"是給予，"幻"則正相反，就是欺騙和虛無。

正　正—乏　乏　《説文·正部》："《春秋傳》曰'反正爲乏。'"《段注》："此説字形而義在其中矣。不正則爲匿乏，二字相嚮背也。"徐灝箋："乏蓋本爲凡不正之稱，後乃專以貧乏爲義。"

月　月—夕　夕　《説文·夕部》："莫也。從月半現（由月字現出一半來表意）。"徐鍇《繫傳》："（夕）月字之半也。月初生則暮見西方，故半月爲夕。"

后　后—司　司　《説文·司部》："臣司事於外者。從反后。"司的字形像人側面站着，手前舉，張口發令。本義爲主持、掌管。與"后"之"主持、掌管"義通。"司"，甲骨文、金文通"后"。

三、會意

許慎《説文解字·敘》："會意者，比類合誼，以見指撝，'武''信'是也。"（比：並合；誼：義；見：顯現；撝：通"揮"；指撝：指嚮。）

會意字的造字法就是：合並兩個或兩個以上字的意義，以顯示所指嚮的某個新字的意義。"會"，説明這類字的造字法，一是會合，即比類合誼，把兩個或兩個以上的字放在一起，組成一個新字，二是體會，即"以見指撝"。會意字的兩個或幾個部分不是量的組合，而是質的結合，體現了一個新字的意義，需要讀者自己去仔細體會。

會意字一般分爲兩類：① 同體會意字，由兩個或者多個相同形體的字組合而成。

② 異體會意字，由不同形體的字組合而成。分析會意字的表述法，通常按照《説文解字》的術語，稱爲“從某，從某”。

1. **同體會意字**

（比） 《説文・比部》：“密也。二人爲從，反從爲比。”本義是並列、挨著。

（北） 《説文・北部》：“乖也。從二人相背。”“北”，“背”的本字。本義爲乖違、相背。

（狺） 《説文・㹜部》：“狺，兩犬相嚙也。從二犬。”本義是兩狗互相撕咬。

（玨） 《説文・玨部》：“玨，二玉相合爲一玨。”本義是二串玉相並。

（棘） 《説文・朿部》：“棘，小棗叢生者。”本義是叢生的低小的酸棗樹。

（步） 《説文・步部》：“步，行也。”兩脚一前一後，表示行走。

（炎） 《説文・炎部》：“炎，火光上也。”二火相疊，本義是火燄。

（晶） 《説文・晶部》：“晶，精光也。從三日。”本義爲光亮。

（磊） 《説文・石部》：“磊，衆石也。從三石。”本義是衆多的石頭。

2. **異體會意字**

（旦）甲骨文寫作。《説文・旦部》：“明也。從日見一上。一，地也。”甲骨文本來是形聲字。下面的圓點是聲符。小篆下面變成了一横，表示地平綫，成爲會意字。本義是天明、早晨的意思。

（秉） 《説文・又部》：“禾束也。從又持禾。”表示用手執持、拿著之義。

（秦） 從“収”，從“午（杵）”，從“禾”，像雙手持杵舂禾。徐中舒《耒耜考》：“秦，象抱杵舂禾之形。”

（採） 《説文・木部》：“捋取也。從木從爪。”本義爲摘取。

（兵） 《説文・収部》：“械也。從廾持斤。”本義爲武器。

（降） 《説文・𨸏部》：“下也。從𨸏夅聲。”本義爲從高處嚮下走。（《説文》釋爲形聲字，説解有誤。）

（涉） 《説文・水部》：“徒行厲水也。從林從步。篆文從水。”本義爲步行渡水。

（陟） 《説文・𨸏部》：“登也。從𨸏從步。”本義爲登山、登高。

（具） 《説文・収部》：“共置也。從拱从貝省。”甲骨文像雙手舉（或搬）鼎之形，是會意字。其本義爲搬弄器具，引申爲供置、備辦、完備之義。金文的具字誤鼎爲貝，所以《説文》説解“從貝省”。

（啓） 《説文・口部》：“启，開也。從户從口。”又云：“啓，教也。從攴，启聲。”商承祚《殷契佚存》：“攺爲開攺之本字。以手攺户爲初意。或增口作啟，或省攵作启。”

會意字的組成標準是：會意字必須由兩個以上的成字部件組成，不包含非字部件；會意字的構件都是意符，即它是比類的，也是合誼的。前一個標準使會意字有别于象形字和指事字，後一個標準使會意字有別于形聲字。

四、形聲

許慎《説文解字》："形聲者，以事爲名，取譬相成，'江''河'是也。"段玉裁《説文解字注》："'以事爲名'，謂半事也；'取譬相成'，謂半聲也。'江''河'之字，以水爲名，譬其聲如'工''可'成其名。"意思是：取某個表示事物意義的字作爲新字的形符，取代表事物聲音的某個字作爲新字的聲符，形符、聲符合在一起，就是形聲字。形聲字中的形符表示字義類屬，形聲字中的聲符表示字的讀音。分析形聲字的表述法，通常採用《説文解字》的術語："從某，某聲。"

漢字中的形聲字占百分之八十以上。形聲字的産生使漢字的性質發生了重大變化：漢字由表意文字過渡到表意兼標音的文字。

1. 運用形聲法造字的方式

（1）象形字加象形字。如：禾＋口＝和　竹＋其＝箕

（2）象形字加指事字。如：心＋刃＝忍　竹＋本＝笨

（3）象形字加會意字。如：衣＋旦＝袒　日＋莫＝暮

（4）象形字加形聲字。如：手＋召＝招　米＋唐＝糖

形聲字造字法具有很大的數量優勢：如以會意字"莫"爲構件，可以和其他形旁組合成大批的形聲字。

摸膜模漠鏌嫫

謨貘饃嘆暯瞙

糢縸蟆幙慔獏

墲幕墓暮募慕

驀摹寞瘼毭幂

還可以用某一個字爲基礎，不斷地疊加別的偏旁而造出許多新的形聲字：如以"父"爲基本構件，通過幾代變化，就可以造出如下一些形聲字。

第一代　父

第二代　甫斧釜蚥布

第三代　専脯哺莆鋪匍浦捕輔逋圃
　　　　庸峬黼補埔稤俌哺盙蜅豧
　　　　誧陠鯆勇舖怖鵏

第四代　溥搏博縛傅敷賻榑襆榑
　　　　膊博牔獚鎛餺髆煿磚

第五代　薄簿

第六代　礴欂鑮

2. 形聲字的一般結構形式

左形右聲　城晴呼跨睞昭

左聲右形　飄鳩戰郊雅切
上形下聲　空箕罟草室霧
上聲下形　背斧裘駕恭駕
內形外聲　聞贏粥隨哀莽
內聲外形　圍閣匪衙衷戚
形占一角　疆栽穎騰賴題
聲占一角　超徒房病旗寐

3. 省形和省聲

省形：有些形聲字的形符被省略了一部分，叫作省形。

如：喬—從高省，夭聲。屨—從履省，婁聲。星—從晶省，生聲。

省聲：有些形聲字的聲符被省略了一部分，叫作省聲。

如：恬—從心，甜省聲。疫—從疒，役省聲。梓—從木，宰省聲。

4. 形聲字讀音的變異

皮：
　bēi pī pí pō pò bō bǒ bǐ bèi
　陂 披 疲 坡 破 波 跛 彼 被

各：
　gē gé kè hé lù luò lào lüè kè
　胳 格 恪 貉 路 洛 酪 畧 客

台：
　tāi tái dài zhì yě yí shǐ
　胎 苔 怠 治 冶 怡 始

合：
　hé gē dá gěi shí qià
　盒 鴿 答 給 拾 恰

5. 形聲字與會意字的區別

一個合體字到底是形聲字還是會意字，區別的方法如下：形聲字由形符和聲符兩部分構成，形符表示字義的類屬，聲符表示字的讀音。如果一個字的其中一個偏旁和這個字的讀音相同或者相近（古音的雙聲疊韻），那麼，這個字就是形聲字。會意字由若干個意符互相構成一種聯繫來表達意義，其構件中一般沒有表音成分。

6. 右文說

右文說是關於通過形聲字的聲符推求詞義的一種主張。右文，指形聲字的聲符，因形聲字多爲左右結構，其聲符大都居右，故名。此說最早由宋人王聖美提出。

“王聖美治字學，演其義爲右文。古之字書，皆從左文，凡字其類在左，其義在右。如木類，其左皆從木。所謂右文者，如戔（jiàn），小也。水之小者曰淺，金之小者曰錢，歹（è）之小者曰殘，貝之小者曰賤，如此之類，皆以淺爲義也。”（沈括《夢溪筆談》）

宋人舉出了很多材料來論證右文說。如：從“戔”得聲之“淺、錢、殘、賤”，從“盧”得聲之“鑪、矑”，從“青”得聲之“晴、清、精”等。因“戔”有小義，則從“戔”之字既有戔聲亦有小義；“盧”有黑義，則從“盧”之字既有盧聲亦有黑義；“青”有精明之義，則從“青”之字既有青聲亦有精明之義。再如下列從“侖”之字：

侖　有秩序。《集韻》：“敘也。”

淪　水的運動成紋理。《説文·水部》：“水波也。”

倫　人與人之間一定的關係。《韻會》：“常也。”

論　意見有條理。《説文·言部》：“議也。”

輪　輻的排列有一定次序。《説文·車部》：“有輻曰輪。”

掄　按次序選擇。《説文·手部》：“擇也。”

因爲“侖”有有秩序之義，所以，從“侖”之字既有侖聲，亦有有秩序之義。

右文説有一定的道理，但不完全科學，祇能作爲分析一組同源字（詞）共同的核心意義的一種輔助手段。其貢獻在于充分注意到了“義存乎聲”的現象，對於探索音義關係有一定的啟示。其缺陷也是顯而易見的：① 陷入絶對化，其實有很多聲符相同的字其義並無聯繫；② 它局限於“形”，而未認識到“聲”，故不能解釋字形不同而音近義通的字。

五、轉注

許慎《説文解字·敘》：“轉注者，建類一首，同意相受，‘考’‘老’是也。”由於許慎語焉未詳，造成後人對轉注的理解衆説紛紜，大致有“形轉”“音轉”“義轉”三説。

1. 形轉説（形義説）

代表人物是徐鍇、江聲。他們認爲《説文解字》五百四十部首中，同部而義近的字，都是轉注。江聲説：“凡五百四十部，其分部即建類也；其始一終亥五百四十部之首，即所謂一首也，下云凡某之屬皆從某，即同意相受也。”該派意見認爲“建類一首”是指偏旁部首，“同意相受”是指部首相同、意義相近的一類字。他們主要是從字形方面來説明轉注，因而稱爲主形派。該派抓住了“建類一首”而忽視了“同意相受”。因爲同部首的字未必就是同義字。如“孝—耇”“耊—耄”等字可以互相注釋，“松、柏”與“木”卻不能互相注釋，盡管它們也同部。

2. 音轉説（同族説）

代表人物是章炳麟、黃侃。主張從字音方面解釋轉注。他們認爲同族詞（即同源詞）即轉注。章炳麟説：“蓋字者，孳乳而浸多，字之未造，語言先之矣。以文字代語言，各循其聲，方語有殊，名義一也。其音或雙聲相轉，疊韻相迆，則爲更製一字，此所謂轉注也。”又説：“何謂‘建類一首’？類謂聲類……首者，今所謂語基……考老同在幽部（詞根），其義相互容受，其音小變，按形體成枝別，審語言同本株，雖製殊文，其實公族也……循是以推，有雙聲者，其條例不異。適舉考老疊韻之字，以示一端，得包彼二者矣。”大意是説，二字同義，或爲雙聲，或爲疊韻，爲同一詞根所分化，就叫轉注。如：恫—痛、決—缺。該派認爲“類”是聲類，“首”爲詞根。但是與《説文解字》中以形爲綱（部首爲經，六書爲緯）的基本精神不符。轉注中有聲近義通的同源詞，如“考”“老”疊韻，“逆”“迎”雙聲。也有義同而聲不通的情況，如“舟”與“船”，“樑”與“橋”。

3. 義轉説 (互訓説)

代表人物是戴震、段玉裁。他們認爲凡可互相解釋的同義詞，都是轉注。如"悟"—"覺"、"蹲"—"居"可以互訓。再如《爾雅》中"初、哉、首、基、肇、祖、元、胎、俶、落、權輿"同訓爲"始"就是這種情況。該派衹能解釋"同意相受"，卻不能解釋"建類一首"，把文字問題轉換爲訓詁問題了。

轉注應該這樣理解：屬於同一部首之下，意義相同可以互相注釋的一組同義詞，是轉注字。他們必須具備兩個條件：① 同一部首（即建類一首）；② 可以互訓（即同意相受）。如：

考—老 打—擊 遼—遠 險—阻 呻—吟
纏—繞 排—擠 追—逐 頂—顛 勤—勞

六、假借

許慎《説文解字·敘》："假借者，本無其字，依聲託事，'令''長'是也。"也就是説，語言中有某個詞，但是沒有專門用來記錄它的字（本無其字），便根據這個詞的讀音，找一個音同或者音近的字來寄託這個詞的意義（依聲託事）。例如：語言中有方位詞"東"，但是沒有專門爲它造的字，于是就把聲音相同的表示"口袋"意義的"東"借過來記錄這個詞。再如：語言中有連詞"而"，卻沒有專門爲它造的字，因此就借用與它同音的表示"鬍鬚"意義的"而"來記錄它。因此有人把這種方法叫作"造字的假借"。其實，這種方法本身並沒有直接造出新的書寫符號來，不過倒是促進了很多新字的產生。例如：原本表示"簸箕"意義的"其"被借用來表示代詞"其"之後，又產生了一個專門用來表示"簸箕"的本字"箕"。這樣就間接造出新字來了。

第三節 古 今 字

古今字是漢字在發展中所產生的古今異字的現象。隨着社會的發展，語言爲了滿足交際的需要，原有的詞會引申出新的詞義，新的詞也會不斷產生。這樣，必然會要求記錄詞的漢字也相應地發展變化。開始的時候，新的詞義或新的詞，往往由原有的字兼任。隨後，爲了區別新舊詞義或新舊詞，同時也是爲了減輕原有漢字的負擔，就以原字的形體爲基礎，或增加偏旁，或改變偏旁，另造一個新字。這種先後產生的義同而形不同的幾個字就叫古今字。

因此，古今字從形體結構上看，一般都有造字相承的關係。如：

"昏"在先秦兼有"黃昏"和"婚姻"等意義。後來，爲了加以區分，就另造一個有女旁的"婚"，來代表其中的"婚姻"之義。在"婚姻"這個意義上，"昏"和"婚"就是一對古今字。

"牙"在先秦兼有"牙齒"和"萌芽"等意義。後來，爲了加以區別，就另造一個草字頭的"芽"，來代表其中的"萌芽"之義。在"萌芽"這個意義上，"牙"和"芽"就成爲古今字了。

一、古今字産生的原因

1. 今字分擔古字中的一義

古字因爲詞義的引申而身負多項意義，爲了減輕古字的負擔，便新造今字來分擔古字的某一項意義。這裏有兩種情況：一是古字因爲引申産生新義，本字被引申義所佔用，因而另造新字表示本義。如：益—溢，"益"，本義是指水漫出來，引申爲增加、利益，後來本字專表引申義，另造"溢"表示本義。二是古字因爲引申而産生新義，又孳乳出表示引申義的今字。如：景—影，"景"，本義是日光，引申爲影子，這個意義後來寫作"影"。其他的情形如：責—債，"責"有求、誅責、責任、債務等義，今字"債"分擔古字中的債務義；禽—擒，"禽"有禽獸、擒捉等義，今字"擒"分擔古字中擒捉義；或—國、域、惑，"或"有邦國、區域、疑惑等義，今字"國"分擔邦國義，今字"域"分擔區域義，今字"惑"分擔疑惑義；共—供、拱、恭，"共"有共同、供給、拱手、恭敬等義，今字"供"分擔供給義，"拱"分擔拱手義，"恭"分擔恭敬義。

2. 今字取代古字的本義

古字因假借而産生新義，本字被假借義所佔用，因而另造今字來表示本義。如：求—裘，"求"本義爲皮衣，假借爲尋找，又爲請求，後來另造"裘"表示本義。

3. 今字取代古字的假借義

古字因爲假借而産生新義，又孳乳出表示假借的今字。如：舍—捨，"舍"，本義是賓館，假借爲放棄，這個意義後來寫成"捨"，以區別本字"舍"，在放棄這個意義上，舍—捨成爲古今字。

二、古今字在形體上的特點

1. 相承增加偏旁

這類古今字是在古字的基礎上另增偏旁，新造今字。另增的偏旁，主要是形符，聲符就是古字。如：

齊—劑　召—招　隊—墜　要—腰　埶—熟　縣—懸

2. 相承改換偏旁

這類古今字是利用古字的聲符，改換古字的形符，另造一個今字。如：

疏—梳　杖—仗　諭—喻　版—板　歷—曆　説—悦

3. 相承形體迥異

這類古今字形體迥異，從字形上已經看不出兩者的聯繫，但是從造字方法和音義的聯繫來看，仍然是一脈相承的。如：

志—識（识）、幟（帜）　亦—腋、掖　旅—侶　抛—礮、砲（炮）

三、古今字在語音上的特點

1. 聲韻俱同

例如：

北—背，同爲幫母職部。道—導，同爲定母幽部。反—返，同爲幫母元部。竟—境，同爲見母陽部。

2. 聲同韻近

例如：

求—裘，"求"屬群母幽部，"裘"屬群母之部，聲母相同，幽之旁轉。

3. 聲近韻同

例如：

爲—僞，"爲"屬匣母歌部，"僞"屬疑母歌部，匣疑同爲喉音。

第四節　異體字　繁簡字

一、異體字

凡兩個以上讀音和意義完全相同祇是形體不同，在任何情況下都可以互相替代的字，叫作異體字。

異體字的構成方式有如下几种。

1. 造字方法不同而産生的異體字

一爲會意，一爲形聲。如：

泪—淚　磊—礌　嵩—崧　躰—體　羴—膻

前一個字爲會意字，後一個字爲形聲字。

2. 形聲字因爲形符聲符的不同而形成的異體字

（1）形符不同。如：

榜—牓　逾—踰　逼—偪

（2）聲符不同。如：

饋—餽　綫—線　娘—孃

（3）聲符形符均不同。如：

村—邨　猿—蝯　妝—粧　剩—賸　粳—秔

（4）形符聲符位置不同。如：

峰—峯　慚—慙　秋—秌　够—夠　群—羣　略—畧

（5）省形或省聲造成的異體字。如：

星—曐　雷—靁　蚊—蟁　累—纍

3. 隸定時産生的異體字

小篆隸定時，有些字並沒有完全統一寫法，而是不同的人有不同的寫法，因而造成了異體字。如：

前—歬　並—竝　臀—臋　雍—雝

4. 俗體字産生的異體字

例如：

果—菓　柏—栢　鼓—皷　葬—塟　冰—氷

這種情況的出現是因爲百姓圖方便而另創了一些形體，前者是正體字，後者則是俗體字。

二、繁簡字

繁體字簡化後，繁體字和簡化字合稱爲繁簡字。中國歷史上簡化漢字古已有之。新中國成立對漢字進行了幾次系統的簡化。1956 年 1 月 31 日國務院公佈了《漢字簡化方案》，1964 年 3 月文化部、教育部、文改會①又公佈了《關於簡化字的聯合通知》，對第一次的方案作了補充規定和局部調整。

1. 漢字簡化的原則和方式

漢字的簡化方式主要是同音替代，也有些僅是因爲形體相同或者相近而採用某一個形體進行替代。具体可以分爲若干不同的情況。

（1）採用音同的筆畫簡單的古今字、異體字或俗體字。如：

捨—舍（古今字）　　採—采（古今字）

燈—灯（古俗體字）　　稱—称（古俗體字）

棄—弃（古異體字）　　趕—赶（古異體字）

（2）合並幾個同音字，取其簡者或另外採用一個簡化了的形體。如：

余—余、餘　丑—丑、醜　获—獲、穫　后—后、後　斗—斗、鬥

干—干、乾、幹　历—歷、曆　饥—饑、飢

（3）採用與原字同音卻完全不同形體的字。如：

衛—卫　頭—头　護—护　驚—惊

（4）草書楷化。如：

韋—韦　東—东　門—门　書—书

（5）採用原字的一部分或輪廓。如：

醫—医　習—习　術—术　開—开　奮—奋　頁—页

（6）採用简單的符號代替繁難部分。如：

歡—欢　區—区　學—学　戀—恋

（7）新造形聲字。如：

遠—远　態—态　認—认　補—补　竊—窃

（8）新造會意字。如：

滅—灭　寶—宝　塵—尘

2. 繁簡字應注意的問題

（1）繁簡字一般是一對一的關係，但是也有幾個繁體字共用一個簡化字的情況，學習古代漢語時要注意區別這些字各自的原有意義。如：

发—髮（頭髮）　發（發射）　　　钟—鐘（鐘鼓）　鍾（一種容器）

里—里（里程，鄉里）　裏（裏外）　余—余（第一人稱代詞）　餘（剩餘）

---

① "文改會"即"中國語言文字改革委員會"，現改名爲"國家語言文字工作委員會"。

折—折（折斷）　摺（摺疊）　　　几—几（几案）　幾（幾何　近）

丑—丑（地支名）　醜（醜陋）　　　历—歷（經歷）　曆（曆法）

复—復（反復）　複（複雜）　　　只—隻（量詞）　祇（僅僅）

還有更複雜的情況：

干—干（干戈）　幹（才幹）　　榦（樹榦）　　乾（乾濕，"乾隆"之"乾"不簡化）

台—台（yí，人稱代詞"我"）　　臺（樓臺）　　檯（指桌子）　　颱（颱風）

（2）注意同音替代字。有些簡體字來源於意義不同的同音或近音字，繁體字簡化後，簡體字一身兼兩職，學習時要注意他們各自不同的本義。如：

借—藉　借：借貸。藉：憑藉。在"憑藉"的意義上兩字相通，但是"借貸"的"借"不能寫作"藉"。

咸—鹹　咸：本義爲皆、都。鹹：本義爲鹽味。在"鹽味"這個意義上兩字相通，但是在"皆""都"這個意義上，不能寫作"鹹"。

征—徵　徵：本義爲召見。征：本義爲出征、遠行。在"徵税"的意義上兩字相通。在別的意義上則不相通。

（3）注意意義不同的同形字。有些簡體字與古籍中的某個字的字形相同，但是讀音和意義均不相同，這樣的兩個字叫同形字。繁簡字表中会用某些字來代替相應的繁體字，然而兩個字的本義根本不一樣。如：

广—廣　广（yǎn）：本義爲高大的房子。古籍中主要用作偏旁。廣：本義爲四周無壁的大屋。二者本義不同。現在用广來代替廣，除了字形的代替外，意義也代替了廣。

虫—蟲　虫（huǐ）：本義爲毒蛇。蟲（chóng）古代泛指一切動物。二者本義不同。現在用虫代替蟲，除了字形的代替外，意義也代替了蟲。

厂—廠　厂（hǎn）：本義爲山上石頭形成的邊岸，古籍中一般用作偏旁。廠（同厰），本義爲没有牆壁的簡易房屋。二者本義不同。現在用厂代替廠，除了字形的代替外，意義也代替了廠。

第五節　漢字的形體演變

一、甲骨文

甲骨文[1]指商朝刻在龜甲獸骨上的文字，内容大都是商代王室貴族在祭祀、征伐、田獵、收成、疾病、氣候、出入等方面進行占卜活動的記録。甲骨文也叫龜版文、龜甲文、甲文、甲骨刻辭、龜甲獸骨文字、貞卜文字、甲骨卜辭、殷墟卜辭、卜辭、殷墟書契、殷墟文字、殷契、契文、書契等（如圖1-7，1-8）。

甲骨文已出土十六七萬片，單字四千多個，現在已被識别的字有一千五百多個。

———————————

[1]　對甲骨文進行研究的第一人是孫詒讓，其於1904年所著《契文舉例》是甲骨文研究專著。

圖 1-7　商代甲骨卜辭（《卜辭通纂》第 512 号）

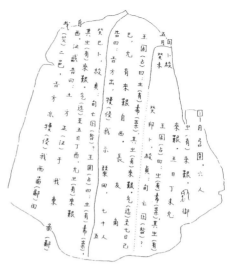
圖 1-8　釋文

甲骨文的特點如下：

（1）構形成熟，傳統六書中的象形、指事、會意、形聲都已具備，以象形、會意爲主。如：

象形：人　首　目　齒　車　火　　指事：上　下　亦　甘　肱　亡

會意：明　牧　衆　伐　及　逐　　形聲：新　星　追　障　杞　濟

（2）沿用圖畫寫實手法，象徵特點明顯，有些甚至帶有原始圖畫的特徵。

牛　車　止　又　犬　弓　鼎　女

（3）形體結構没有完全定型。

第一，構成成分多少不確定。如："星"字，形聲字，用"生"作聲符，小方塊作形符，有用兩個方塊來表示星星的，也有用五個方塊的 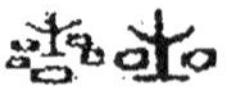　；再如："漁"字，也是形聲字，用"水"作形符，"魚"作聲符，有用一個"魚"旁組成的，也有四個"魚"旁組成的 　。

第二，構成成分不確定。同一個字，其中某一個相同意義的構件可以隨意更換。如："沉"字 　，中間可以用"牛"，也可以用"羊"；再如"逐"字 　，從"辵"，另一個構件則從"豕"或"鹿"或"兔"都可以。

第三，構成成分方位不確定。同一個字，可以正寫、反寫、倒寫、側寫，形體結構比較自由。如："爲"字　，"龜"字 　，"帝"字 　等。

第四，書寫款式没有規範化。行款很自由，可直可橫，可左可右。有的甚至雜亂無章。如圖 1-9，需按所標序號的順序讀纔能成句，即："癸未卜，壴貞：旬無禍？"

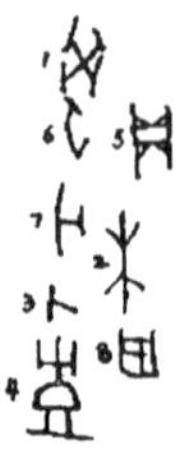

圖 1-9

（4）存在相當多的合文。從形式上看，好像是一個字，其實是把幾個字合寫在一起，其中有連筆或借筆。如：

大乙　　小臣　　四祖丁　　十二月　　五牢　　上甲

　　"五牢"中的"五"字的下筆借爲"牢"字的上筆。"上甲"中的"上"字的下筆借爲"甲"字的上筆。

　　（5）筆畫方折，綫條瘦直。甲骨文多是用刀刻寫在堅硬的甲骨上的，所以用筆細長瘦硬，多爲直筆，少有圓筆，即使是轉彎之處也是硬角。有些本應填實的肥筆，也衹能刻成輪廓，或改用其他綫條代替。如：（天）字的人頭本爲圓形肥筆，甲骨大多刻成或。這就使一部分象形字失去了象形的意味。

二、金文

圖 1-10　盂鼎

　　金文是商周時期鑄刻在青銅器上的銘文（圖 1-10、1-11、1-12）。由於商周銅器以鐘鼎爲最多，又由於鐘是主要樂器，鼎是主要禮器，所以又稱金文爲鐘鼎文。古代以祭祀爲吉禮，稱祭祀所用的銅器爲吉金，所以又稱金文爲吉金文字。

　　金文是古文字中歷時最長的一種文字，從商代中期到秦統一六國，有 1 200 多年。但是，長篇銘文主要通行於西周和春秋時代。因此，人們把金文作爲西周和春秋時代的通用字體的代表。西周金文是直接繼承殷商甲骨文而來的，兩者是屬於同一體系的文字。

圖 1-11　周屬王胡簋（《文物》
1979 年第 4 期 90 頁）

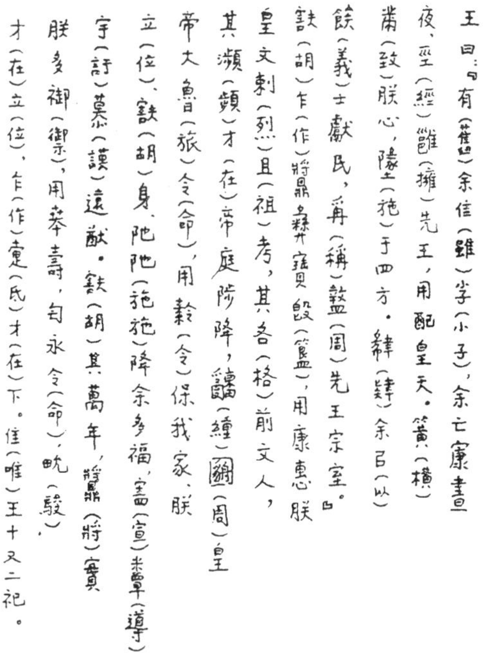

圖 1-12　周屬王胡簋釋文

王曰："有（雝）余佳（雖）字（小子）"余亡康晝夜，坙（經）雝（擁）先王，用配皇天，簧（橫）㝬朕心，隆坙（拕）于四方，肆（肄）余呂（以）餴（義）士獻民，㐬（稱）盠（盨）周先王宗室。鈇（胡）乍（作）將鼎爽井寵殷（盨）用康惠朕皇文剌（烈）且（祖）考，其各（格）前文人，其頫（瀕）才（在）帝庭陟降，鄦（鐘）釁（周）皇帝大魯（旅）令（命），用鄣（令）保我家朕立（位）。鈇（胡）身陁陁（拕拕）降余多福㝬（宣）襺聳（遵）宇（許）慕（謨）逨（諫）獻，鈇（胡）其萬年，㝬鼎（將）寶朕多御（御）"用桊壽，匄永令（命）、眗（駿）才（在）立（位）"乍（作）竇（氏）才（在）下。"佳（唯）王十又二祀。

與甲骨文相比，西周金文還有着明顯的特點：

（1）由于書寫材料的不同，首先在筆勢上金文表現出了與甲骨文明顯的不同。金文一改甲骨文瘦削方折的特點，變得肥厚粗壯，圓渾豐潤，莊重美觀。

（2）新的形符不斷出現，因而形聲字大大增加。如"走"旁、"音"旁、"革"旁、"金"旁（甲骨文中無"走""音""革""金"字）、"缶"旁、"邑"旁、"長"旁、"足"旁等形旁的字在甲骨文裏還未出現，都是金文中纔有的。反之，新的象形字卻很少出現了。

（3）合文大爲減少。從合文的數量來説，金文比甲骨文少多了；從排列方式來看，也不再那麼隨意了，逆讀合文從此消失。

（4）異體字相對減少，結構漸趨定型。形旁因意義相近而混用的現象大大減少，如："辵"部的字，在甲骨文中有從"彳"從"止"從"辵"三種寫法，而金文則基本固定爲"辵"。原在甲骨文中有多個構件的選擇也比較單一了，構件位置也已不再隨意改變了。如：從"彳"之字已基本將"彳"固定在左邊了。反書、倒書現象也很少出現了。

（5）行款日趨固定。甲骨文的行款自由雜亂，以直寫爲主，方向或從右到左或從左到右，也還有橫寫。到了西周銅器銘文，已基本固定爲從右到左直書，奠定了後代漢字書寫的典型款式。而且字體也比較講究，不再或大或小，而是大小一致了。

（6）筆畫逐漸綫條化、簡化，更便于書寫（如表 1-2）。

表 1-2　筆畫的演化

	佳	馬	無	寶	轟	周	殷	貝
西周早期								
西周中期								
西周晚期								

三、戰國文字

戰國文字是對戰國時代周王室和各諸侯國所有品類文字的統稱。可以分爲兩個派系：秦系文字和六國文字。由于秦國遷都于雍（即西周故地的陝西鳳翔附近），秦系文字受西周文化的影響而與西周金文一脈相承，除了書寫風格漸趨規整勻稱之外，結構上的變化並不明顯。它上承西周金文，下啓小篆，是漢字發展主綫的一個重要環節，因而是戰國文字的主流，其代表字體是石鼓文。石鼓文原文有六百多字，歷經搬遷磨損，祇剩三百多字。字體風格結構端莊嚴謹，大小一致，筆形佈局有法度，偏旁部首的寫法和位置也都基本定型，筆跡粗細均勻，已基本實現綫條化，風格已與小篆接近。

六國文字是指戰國時代流行於秦國以外的齊、楚、燕、趙、韓、魏六個諸侯國的文字，又叫六國古文，也叫六國文字、東土文字。六國古文多爲硬筆漆書，有的字上粗下細，形狀像蝌蚪，所以又稱爲蝌蚪文。六國古文以孔子壁中古文爲代表，還包括兵器、陶器、竹簡、繒帛上的文字。

與秦系文字相比較，六國古文呈現出了另一種情形。由于封建割據，出現了"言語異聲，文字異形"的局面，這使得六國古文與西周金文差距越來越大，顯得十分雜亂，因而具有下列特點：

（1）地域性分歧較大。各國的字形結構分歧很大，有的簡直看不出是同一個字（如表 1-3 及圖 1-13）。

表 1-3　小篆、西周正體和戰國文字

	小篆	西周正體	戰 國 文 字					
			秦	楚	齊	燕	三晉	中山
馬								
者								
市								
年								

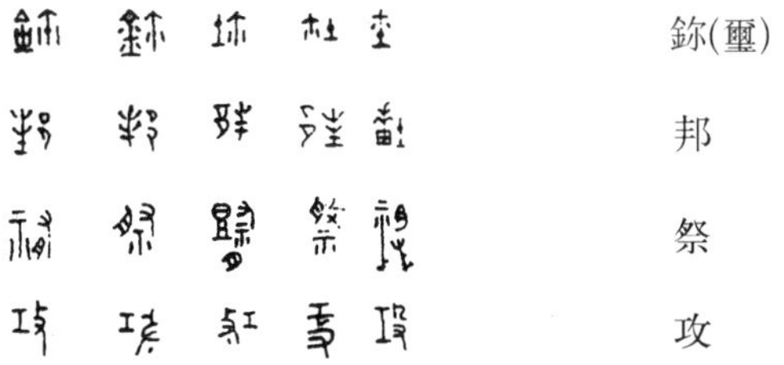

圖 1-13　戰國文字不同的字形結構

（2）即使是同一國家或者地區，同一個字異寫異構的現象也很普遍。例如，同是齊國陶文，"區"字卻有很多種寫法：（略）。甚至同一篇銘文中，同一個字的寫法也不一樣，如鄂君啓節中的"昭"字可以寫作"（略）"，也可以寫作"（略）"。

（3）字形變化隨意性過大，無規律可循。不少字省變嚴重，難以看出前後的傳承關係，也無法從構形理據上去解釋。如"馬"省作"（略）"等。

（4）有些文字注重裝飾性，不在意實用性。如曾侯乙編鐘銘文（如圖 1–14、1–15），綫條纖細，字體瘦長，精心美化，帶有春秋時期鳥蟲書的遺風。

圖 1–14　戰國曾侯乙編鐘銘文圖　　　圖 1–15　春秋兵器鳥書文字

（5）大力簡省形體，簡體字盛行（如圖 1–16）。

					馬
					為
					萬
					鹿

圖 1–16　字形簡省

附　戰國文字資料（圖 1–17、1–18、1–19）

圖 1–17　晉玉石盟書　　圖 1–18　戰國帛書　　圖 1–19　戰國中山鼎銘文

四、秦系大篆和小篆

圖 1-20　石鼓文

大篆有廣義、狹義兩種解釋。廣義大篆是指小篆以前所有的古文字，包括甲骨文、金文、籀（zhòu）文、六國古文等；狹義大篆是指東周時期通行於秦國的文字。這裏指狹義的大篆，包括石鼓文（如圖1-20）、詛楚文、籀文。狹義大篆基本保留了金文的特點，筆畫比金文方正，形體整齊勻稱，筆畫圓轉，繁複重疊。小篆也叫秦篆，是秦統一六國之後，由李斯等人根據大篆和六國古文整理而成的字體，它是漢字發展史上的第一次規範化運動的產物，是古文字向今文字過渡的橋樑（如圖1-21、1-22）。小篆具有如下特點：

（1）已經形成了一個相當嚴密的構形系統。象形字在參與構字時大部分已經義化；形聲字的表義部件的類化過程也已基本完成。字與字之間的聯繫得到加強，整個漢字體系顯得系統而有條理。

（2）比較全面地保存了漢字的構形理據。小篆是承襲西周的正統文字而來的，雖然對古文字階段的漢字形體做了系統的規整，卻沒有破壞漢字的構形理據，而且這種系統化的理據比原先那種孤立的理據更符合漢字發展的要求。

（3）字形固定，異構異寫字較少，大部分字的構件及其位置與筆畫都已確定，不能隨意變動。

（4）簡化了大篆中的繁複部分，減少了圖畫意味，符號性增強，筆畫徹底綫條化。

（5）轉筆和部分斜筆變成弧形，形體長圓，結構勻稱整齊。

圖 1-21　秦小篆——秦詔版

圖 1-22　秦小篆——秦琅琊刻石

五、隸書

隸，徒隸，即服役的犯人。有人認爲隸書是因徒隸使用而得名，有人認爲是因徒隸造出這種字體而得名。最早的隸書産生於戰國時代。那時，爲了書寫方便，往往將大篆略加簡省，變圓轉筆畫爲方折。大篆書體的草率寫法逐漸形成早期的隸書。

隸書有古隸（又稱秦隸）和今隸（又稱漢隸）之分。下面的隸書圖 1-23 是秦隸，圖 1-24 和圖 1-25 是漢隸。

圖 1-23　秦隸——雲夢秦簡　　圖 1-24　漢隸——居延漢簡　　圖 1-25　漢隸——史晨碑

古隸在戰國時代已經有了雛形，通行於秦末漢初。1976 年出土的湖北省雲夢縣睡虎地秦墓，其竹簡字體屬於古隸，這種字體尚未完全擺脱篆文的形式。今隸通行於西漢到晉初，是從古隸演變而來的。古隸講求簡易，比較規整，而今隸講究波勢和挑法，比較美觀張揚。一般所稱的隸書是指今隸。

漢字從篆書到隸書的演變，叫作隸變。這是漢字書寫體式演變中的重要轉折。

1. 隸變對漢字形體的影響

（1）**隸變——形體變化**（對形體結構的影響之一：整體字形的改變）。

從形體上看，原有的篆書變爲隸書後，字形完全不一樣了（如圖 1-26）。

（2）**隸變——混同或變異**（對形體結構的影響之二：偏旁的混同或變異）。

同化（圖 1-27）：

圖 1-26　從篆書到隸書的形體變化

奉　奏　春　秦　泰　　　鳥　魚　屈　然

圖 1-27　偏旁混同

圖1-27中的文字，篆書的結構如下：

奉——從"手"，從"収"，"丰"聲。"捧"的古字。

奏——從"夲"，從"手"，從"収"。

春——從"艸"，從"日"，"屯"聲。

秦——從"禾"，從"舂"省。

泰——從"収"，從"水"，"大（太）"聲。

"収"和"丰"，"収"和"中"，"艸"和"屯"，"収"和"午（杵）"，"収"和"大"混同爲一個偏旁了。

鳥——小篆是獨體象形字，隸書中爪和尾巴變爲四點了。

魚——小篆是獨體象形字，隸書中尾巴變爲四點了。

馬——小篆是獨體象形字，隸書中四足和尾巴變爲四點了。

然——小篆是形聲字，從"火"，"肰"聲，隸書中下面的"火"變爲四點了。

分化（圖1-28）：

圖1-28　偏旁變異

圖1-28中的前四個字在小篆中原來都有一個"水"，隸變以後，都改變了形體：在"江"中變成了三點水；在"益"中變成了橫躺的"水"，在"泰"中變成了豎着的"水"。後四個字小篆中都有"心"字，隸變後，"心"在"志"字中放在底下，在"性"字中變成了豎心旁，在"恭"中變成了"小"。

（3）**隸變——簡省或訛變**（對形體結構的影響之三：偏旁的簡省或訛變，如圖1-29）。

圖1-29　偏旁簡省或訛變

晉——從"日"，從"臸"。上部變了。

差——從"左"，從"巫"聲。上部變了。

責——從"貝"，"朿（刺）"聲。"朿"變爲"丰"。

曹——從"曰"，"棘（兩字合并爲一字）"聲。上部變了。

布——從"巾"，"父"聲。"父"變爲"ナ"。

書——小篆從"聿"，"者"聲。"者"省作"日"。

善——小篆從"羊"從"言"。隸書省"言"爲"口"。

寒——"從'人'在宀下，以茻薦覆之，下有'仌'。"隸書的"仌"（冰）變了兩點，"人"没有了，蜌訛變了。

屈——小篆從"尾"，"出"聲。"尾"省爲"尸"。

無——從"亡"，"無"聲。省"亡"之後下部再訛變。

（4）隸變——部首偏旁的改變（對形體結構的影響之四）。

下面是一些常見的部首偏旁的變化：

人	在左爲"亻"	——侵優值倚
刀	在右爲"刂"	——利列刻削
	在下爲"刀"	——分籾剪劈
仌	在左爲"冫"	——冷冰凍冽
又	在左爲"扌"	——揮提推拉
	在右或下爲"又"	——取皮叔隻
	在中或上爲"ヨ"	——秉君兼
	在右或下又爲"寸"	——封對專寺
心	在左爲"忄"	——悦恨性情
	在下爲"心"或"小"	——志忝恭慕
攴	在右爲"攵"	——牧教敗敬
水	在左爲"氵"	——江流瀏滴
火	在左爲"火"	——烽煬炤炆
	在下爲"灬"	——黑熬烈熙
爪	在上爲"爫"	——采爭受爰
犬	在左爲"犭"	——狗狩狂狼
玉	在左爲"王"	——玲琨理瑁
癶	在上爲"癶"	——登發
网	在上爲"罒"	——羅罷置罰
	在上或爲"冈"	——岡罔
	在上或爲"冖"	——罕
艸	在上爲"艹"	——菜菘菀暮
肉	在左爲"月"	——胳肌脂脖
	在右爲"月"	——胡
	在下爲"冃"	——腎胃臂膏
邑	在右爲"阝"	——鄭鄒邯鄧
舟	在左或下爲"月"	——朕服俞前
辵	在左爲"辶"	——逐逃過進
	在左下爲"彳"	——從徒徙
尾	在上爲"尸"	——屬
阜	在左爲"阝"	——陂陰隩陸

2. 隸書的特點

（1）漢字通過隸變，強烈地衝擊了小篆以前的古文字的結構體系，對小篆的結構作了全面的調整。更多地照顧書寫的方便和字形的佈局，而不是照顧構形理據。因簡化而造成的偏旁合併、分化及省變現象，使得小篆原有的表意特徵變得十分模糊，徹底結束了古文字階段，開創了今文字階段，爲漢字的發展揭開了新的一頁。

（2）在書寫筆法上將小篆圓勻的綫條改成點畫，從而徹底實現了漢字的筆畫化。此前的漢字書寫單位是一些圓轉的曲綫或者輪廓，難以區分出筆畫來，漢隸已經可以概括出橫、豎、撇、捺、點、鈎、折等幾種筆畫來了。

（3）在字體的態勢上變小篆的長圓體而爲扁方體，筆畫有意向左右兩側取勢，與小篆相比顯得更爲沉穩有力。

六、草書　楷書　行書

東漢時期，隸書成爲正規文字，日常書寫的草率隸書成爲新的手寫體，由此產生了草書和行書。草書分爲章草、今草、狂草、行草四種。

章草，一說出自漢元帝時黃門令史遊所書《急就章》（圖1-30），一說出自東漢章帝（圖1-31）。筆畫帶草意，有連筆，仍保留隸書的"波磔"。字字獨立，不相連屬，佈局也較勻稱。書寫比隸書簡便迅速得多。

圖1-30　史遊——急就章　　　圖1-31　漢章帝——章草

今草，相傳是東漢張芝（後人稱爲"草聖"）從章草加以變化而成的。這種草書體勢連綿、一筆到底、一氣呵成，雖偶有不連而血脈不斷，字字顧盼呼應、貫通一氣。書寫起來靈活流暢，簡易快速，但是往往難以辨認（如圖1-32）。

草書發展到"狂草"，書寫詭奇疾速，極難辨認，很少有實用意義，卻在書法藝術上有獨特的風格（如圖1-33、1-34）。

東漢末年，書法家鍾繇（yóu）把行草筆法融入隸書中，創造了楷書，也叫真書、正書。楷書流行於魏晉南北朝，完全成熟於隋唐，一直沿用至今。楷書產生的動因是爲了

圖 1-32　毛澤東——滿江紅·和郭沫若

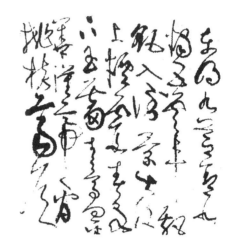

圖 1-33　張旭——肚痛帖　　　圖 1-34　張旭——古詩四帖

書寫的方便。隸書的蠶頭雁尾和波勢挑法影響了書寫速度，楷書則完全擺脫了隸書的筆法，形成了標準的筆畫，書寫更爲便利。

　　楷書是由隸書演變而來，所以也稱楷書爲今隸。"楷"是楷模、法式的意思，這説明楷書是供人學習和運用的正規書體（如圖 1-35、1-36、1-37、1-38）。

圖 1-35　王羲之——黃庭經　　圖 1-36　顏真卿——多寶塔碑

 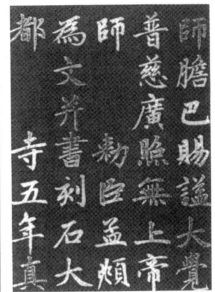

圖1-37　趙孟頫——壽春堂記　　圖1-38　趙孟頫——膽巴碑

楷書的特點是：

第一，在字體的態勢上，楷書變隸書的扁方字體爲正方字體，顯得剛正典雅，端莊大方。

第二，在筆法上，楷書對隸書做了很大的改進：橫筆改爲收鋒，不再上挑；撇改爲尖斜向下；鈎是硬鈎，不用彎鈎；另外還增加了斜鈎、挑等基本筆畫。至此，漢字中書寫今文字所需的各種點畫已經全部形成。雖說隸變實現了漢字的徹底筆畫化，但是，基本筆畫的標準樣式直到楷書階段纔算最後定型。

行書是爲了補救楷書的不便書寫和草書的難於辨認而產生的一種字體。筆勢不像草書那樣潦草，也沒有楷書那樣端正，是一種介於草書、楷書之間的字體。楷法多於草法的叫行楷，草法多於楷法的叫行草。行書相傳始於漢末，流行至今（如圖1-39、1-40、1-41、1-42）。

圖1-39　王羲之——蘭亭集序

圖1-40　顏真卿——祭侄文稿

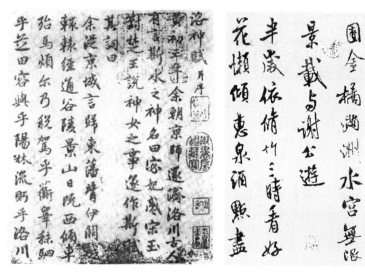

圖1-41　趙孟頫——洛神賦　　圖1-42　米芾——蜀素帖

文選

△季氏將伐顓臾

《論語·季氏》

季氏將伐顓臾①。冉有、季路見於孔子曰②：“季氏將有事於顓臾③。”孔子曰：“求！無乃爾是過與④？夫顓臾，昔者先王以爲東蒙主，且在邦域之中矣⑤，是社稷之臣也，何以伐爲⑥？”冉有曰：“夫子欲之⑦，吾二臣者皆不欲也。”孔子曰：“求！周任有言曰⑧：‘陳力就列⑨，不能者止。’危而不持，顚而不扶，則將焉用彼相矣⑩？且爾言過矣，虎兕出於柙，龜玉毀於櫝中⑪，是誰之過與？”

冉有曰：“今夫顓臾，固而近於費，今不取，後世必爲子孫憂⑫。”孔子曰：“求！君子疾夫舍曰‘欲之’而必爲之辭⑬。丘也聞有國有家者⑭，不患寡而患不均，不患貧而患不安⑮。蓋均無貧，和無寡，安無傾⑯。夫如是，故遠人不服，則修文德以來之⑰；既來之，則安之⑱。今由與求也，相夫子⑲，遠人不服，而不能來也；邦分崩離析，而不能守也，而謀動干戈於邦內。吾恐季孫之憂，不在顓臾，而在蕭牆之內也⑳。”

題 解

《季氏將伐顓臾》選自《論語·季氏》，通過孔子與其弟子冉有、子路的對話，論證季氏伐顓臾之非，從而表達了孔子"不患寡而患不均，不患貧而患不安""均無貧，和無寡，安無傾"的政治思想，以及以仁義教化來使"遠人"歸服的主張。文中多處運用比喻、排比、反詰和呼告的修辭格，以增強文章的藝術感染力。

注 釋

① 季氏：即季孫氏，當時魯國的貴族；這裏指季康子，名肥，魯國的大夫，於魯哀公三年當權，二十七年卒。顓臾（zhuān yú）：魯境的小國，附屬於魯，在今山東費縣附近。

② 冉有、季路：孔子的弟子。冉有：名求，字子有；季路：姓仲名由，字子路，又字季路。當時都任季康子的家臣。見：謁見。這是個部首字，目乃會意，凡取此字爲義的形聲、會意字多與看、目光或眼睛動作有聯繫。

③ 有事：指軍事行動。古代把祭祀和戰争稱爲國之大事。

④ 無乃……與：古漢語中固定格式，表示一種推測語氣。無乃：豈不，恐怕。過：動詞，責備。爾是過：爾作"過"的賓語，前置。是：指示代詞，在這裏復指賓語"爾"。全句意爲：恐怕應該責備你吧。與：同"歟"。

⑤ 先王：魯的始祖周公旦是周武王的弟弟，這裏指周王的先輩。以爲東蒙主：即以之爲東蒙主。東蒙：山名，即蒙山。在今山東蒙陰縣南。主：主管祭祀的人。邦域之中：指在魯國國境之内。

⑥ 社稷（jì）：社指土神，稷指穀神。古代帝王都祭社稷，後來用作國家的代稱，這裏指魯國。何以……爲：表示反問的一種固定格式。可譯爲：爲甚麽要……呢？爲：語氣助詞，相當于"呢"。

⑦ 夫子：古時對老師、長者的尊稱，這裏指季康子。之：代詞，代伐顓臾。

⑧ 周任：古代有名的史官。

⑨ 陳力就列：陳：陳列，這裏是施展的意思。就：動詞，走向，這裏指擔任。列：位，職務。意爲：能施展才能，（就去）擔任職務。

⑩ 危而不持，顛而不扶，則將焉用彼相矣：這是比喻的說法。危：危險，這裏指站立不穩。相：輔助，輔佐，這裏指盲人的護理人。全句意爲：盲人站立不穩，不去護持；盲人摔倒了，又不去攙扶；那還要攙扶人做什麽呢？

⑪ 過：過錯。兕（sì）：獨角犀牛。柙（xiá）：關猛獸的木籠子。龜：指龜甲，用於占卜。玉：指玉器，用於祭祀。櫝（dú）：匣子。是誰之過與："是"指示代詞作主語，"誰之過"作謂語。與：同"歟"，表疑問語氣。這是用比喻說明冉有、子路作爲季氏家臣未盡到諫止之責。

⑫ 今夫（fú）：句首語氣詞，表示另起一端，再發議論。固：□形古聲，本義爲城郭、關塞堅固，這裏用其本義，指城牆堅固。費（舊讀 bì）：季氏采邑，在今山東費（fèi）縣西南。

⑬ 疾：討厭。夫：指示代詞，那種。舍曰：回避說。爲之辭："之、辭"作爲的雙賓語。之：指代顓臾。辭：藉口，托詞。

⑭ 有國有家者：指諸侯（國）和大夫（家）。

⑮ 據下文和有關考證，"寡"和"貧"應互換。此句意爲不必擔憂貧窮，而應擔憂分配不均；不必擔憂人少，而應擔憂人們不能安定、團結。

⑯ 蓋：連詞，表原因。傾：傾覆。

⑰ 遠人：遠方的人。這裏指本國以外的人。文德：這裏指禮樂之類的德政教化。來之：使之來。來：不及物動詞，用作使動。

⑱ 來：通"徠"，招徠，引來。安之：使之安。安：形容詞用作使動。之：三個"之"字均指遠人。

⑲ 也：句中語氣詞，表停頓。相：輔佐。

⑳ 蕭牆之内：宮殿之内，暗指魯國國君哀公。時季康子把持魯國政權，魯君不能容忍，内變將作。蕭

牆：宮殿當門的小牆（照壁），又叫"屏"，借指宮殿。古時臣子進見國君，至屏而肅然起敬，故稱"蕭牆"。蕭：古通"肅"，肅敬。

文　選

△寡人之於國也

《孟子·梁惠王上》

梁惠王曰①："寡人之於國也，盡心焉耳矣②！河內凶，則移其民於河東，移其粟於河內；河東凶亦然③。察鄰國之政，無如寡人之用心者。鄰國之民不加少，寡人之民不加多，何也④？"

孟子對曰："王好戰，請以戰喻⑤：填然鼓之，兵刃既接，棄甲曳兵而走⑥，或百步而後止，或五十步而後止⑦。以五十步笑百步，則何如⑧？"

曰："不可，直不百步耳，是亦走也⑨。"

曰⑩："王如知此，則無望民之多於鄰國也⑪。不違農時，穀不可勝食也⑫。數罟不入洿池，魚鱉不可勝食也⑬。斧斤以時入山林，材木不可勝用也⑭。穀與魚鱉不可勝食，材木不可勝用，是使民養生喪死無憾也⑮。養生喪死無憾，王道之始也⑯。

"五畝之宅，樹之以桑⑰，五十者可以衣帛矣⑱。雞豚狗彘之畜，無失其時⑲，七十者可以食肉矣。百畝之田，勿奪其時⑳，數口之家可以無饑矣㉑。謹庠序之教，申之以孝悌之義㉒，頒白者不負戴於道路矣㉓。七十者衣帛食肉，黎民不饑不寒㉔，然而不王者，未之有也㉕。

"狗彘食人食而不知檢，塗有餓莩而不知發㉖，人死，則曰：'非我也，歲也。'是何異於刺人而殺之，曰：'非我也，兵也㉗。'王無罪歲，斯天下之民至焉㉘。"

題　解

本文選自《孟子·梁惠王上》，以"五十步笑百步"作喻，説明梁惠王"盡心於國"之舉，不是真正愛民，與"鄰國之政"同出一轍。只有實行"仁政"，使民耕者有其田，從事生產勞動，吃飽穿暖，接受教化，懂得"孝悌之義"，才能以"王道"統治天下，百姓方可安居樂業。

注　釋

① 梁惠王：即魏惠王，名罃（yíng）。他把都城由安邑（今山西夏縣）移至大梁（今河南開封市），故魏國又稱梁國，魏王又稱梁王。

② 寡人之於國也，盡心焉耳矣：我對於國家，那可真是夠盡心的了。之：連詞，用於名詞"寡人"和介詞結構"於國"之間，構成偏正短語，爲全句主語，謂語是"盡心焉"。也：句中語氣詞，用在主語後，表停頓。焉：等於説"於是"，"盡心焉"即"盡心於國"。由於前半句已有介詞結構"於國"，故"焉"的指代作用已弱化。耳矣：等於説"已矣""而已矣"，"耳"表限止語氣，"矣"表報導語氣，合用後表示確乎如此的陳述語氣。

③ 河內：指黃河北岸魏地，今河南濟源市一帶。河東：指黃河以東魏地，今山西西南部。凶：收成不好，遭饑荒。其：第一個"其"指河內的，第二個"其"指河東的。粟：穀子，這裏泛指糧食。然：如此，

這樣，指示代詞作謂語。

④ 鄰國之民不加少，寡人之民不加多，何也：何：疑問代詞。加：更。意爲鄰國的百姓並不因此而更少，我的百姓並不因此而更多，這是爲什麼呢？

⑤ 王好戰，請以戰喻：好（hào）：愛好，喜歡。請：表敬副詞。"請"後面的動作行爲是説話人自己的，而非對方的。意爲王喜歡戰争，那就讓我用戰争打個比方吧。

⑥ 填：象聲詞，形容鼓聲。然：詞尾。鼓：名詞用作動詞，擊。之：代詞，鼓。兵刃既接：兵器已經交接碰撞上了。指戰鬥已經開始。兵：兵器。刃：刀鋒。曳（yè）：拉，拖。走：跑，這裏指逃奔。

⑦ 或：無定代詞，有的人。

⑧ 以：介詞，表憑藉。

⑨ 直不百步耳，是亦走也：直：副詞，只是，不過。耳：語氣詞，而已、罷了，表限止。是：指示代詞，這，指"五十步而後止"。意爲只不過没有跑上百步，這也是逃跑。

⑩ 曰：□上加一，指事，説（孟子説。在一定語境中可以省略主語）。

⑪ 無：通"毋"，不要，下同。之：連詞，把"民"和"多於鄰國"構成一個偏正詞組充當"望"的賓語。意爲王如果懂得這個道理，就不要希望自己的百姓比鄰國多了。

⑫ 違：違背，違反，這裏指耽誤。時：季節。穀：糧食的統稱。勝（shēng）食：吃完。勝：盡。

⑬ 數（cù）：密。罟（gǔ）：網。古代曾規定，網眼在四寸（合今二寸七分多）以下的爲密網，禁止在池沼内捕魚以保魚苗。洿（wū）池：池沼，池塘。

⑭ 斧斤：同義詞，斧子。"斤"，象斧形；"斧"，斤形父聲。以時：按一定的季節。指在草木凋落的時候，那時生長的時節已過。

⑮ 是：指示代詞，指代"穀與魚鱉不可勝食，材木不可勝用"。養生、喪死：都是動賓關係，分別指供養老人、小孩，辦理死者喪事。

⑯ 王道：孟子理想中的政治局面，與"霸道"相對，其核心是以"仁義"治理天下。

⑰ 五畝：合今一畝二分多（下文的"百畝"以此類推）。一對夫婦受宅五畝、田百畝，這是當時儒家的理想。樹：從木，尌聲，種植草木。這裏用其本義，動詞，種樹。

⑱ 衣（yì）：穿。意爲五十歲的人就可以穿絲織品了。

⑲ 豚（tún）：小豬。彘（zhì）：大豬。畜（xù）：動詞，飼養。失：誤。意爲雞、豬、狗等家禽、家畜的飼養，不要耽誤它們的繁殖時機。

⑳ 奪其時：奪：失去，指耽誤。其：代詞。時：生産季節。

㉑ 無饑：没有挨餓的情況。

㉒ 謹：謹慎，這裏指認真從事。庠（xiáng）序：學校，殷代叫序，周代叫庠。申：反復，指反復進行。之：指代"庠序之教"。悌（tì）：敬愛兄長。義：道理。意爲認認真真地辦好學校教育，反復進行孝敬父母、敬愛兄長的教育。

㉓ 頒白：指鬚髮花白。頒，同"斑"。負：揹（bēi）。戴：頂在頭上。這句指尊老敬兄成爲社會風尚。

㉔ 黎民：百姓，民衆。黎：衆。

㉕ 然而：是兩個詞，"然"，指示代詞，如此，這樣。"而"，連詞，表轉折。王（wàng）：動詞，統一天下。未之有：之，代詞，在否定句中作賓語，應前置。意爲能達到這樣的情況（上述幾個方面的情況）卻不能統一天下而稱王的，是不曾有過的事。

㉖ 檢：約束，限制。塗：道路，後寫作"途"。餓莩（piǎo）：餓死的人。發：打開，指開倉濟民。意爲（富貴人家）讓豬狗吃人吃的東西，而不知道加以約束、限制；道路上有餓死的人，卻不知道打開糧倉賑救災民。

㉗ 歲：年成。這裏指"荒年"。是何異於……：這和……相比，有甚麼不同？殺：弄死，致死。這裏表示"刺"的結果。意爲老百姓死了，就説："這不是我的罪過，是年成不好造成的。"這種説法和拿刀刺人，把人殺死後，卻説"殺死人的不是我，是兵器"有甚麼不同？

㉘ 斯：連詞，用如"則"。至焉：至於是，到這裏來。這句話意思是説：不要怪罪客觀條件，百姓是否歸順，主要在於君王是否實施上面所講的仁政。

第二章
音韻

第一節　學習音韻的重要性

音韻又稱聲韻。

學習音韻確實有一定的難度。這方面的學問往往被稱爲"絕學"，這方面的著作往往被稱爲"天書"。這主要是古人不具備現代科學的語音理論，也没有現代科學的音標符號，其音韻著述往往讓後人有玄之又玄之感。然而，學習古代漢語不可以不學點音韻，否則就很難認識古代的一些語言現象。舉例來說吧：

有不少通假字，不識音韻就不知道其通假字之所以然。如成語"逐鹿中原"，不瞭解古代因"鹿"與"禄"音韻相同而通假，以爲原意是在中原打獵，追逐長頸鹿，那就大錯特錯了。"鹿"是"禄"的通假字，這裏的禄指權和利，"逐鹿中原"是指（當時各方勢力）在中原争權奪利。

漢字大多是形聲字，而某些形聲字的古今讀音已經起了變化，不識音韻就不知道其變化之所以然。如"打扮"的"扮"與"紛紜"的"紛"，聲旁都是"分"，二者上古都是重唇音（雙唇音），是同聲旁的字，可是後者後來成了輕唇音（唇齒音），聲旁讀音變化了。

古代文學作品中有大量詩作，不識音韻就不知道其中某些韻讀變化之所以然。如杜甫的《登高》，押韻字有"哀""回""來""台""杯"，可是現代"哀""來""台"是 ai 韻，"回""杯"是 ei 韻。這不是杜甫押錯了韻，唐代詩人不可能押現代韻，而是押中古韻。"哀""回""來""台""杯"這五個韻字在中古韻書（《平水韻》）中原來同屬"灰〔ɔi〕"韻。

自從有了反切，古人给漢字注音大多就採用反切了，不識音韻就不知道其中某些音讀變化之所以然。如"孝，呼教切"，即 h（ū）＋（j）iào，而古今音變衹可拼切成 xiào，無法拼切成 hiào（見本章第四節）。

搞方言調查，如果不識音韻，就會連《方言調查字表》聲調部分首欄兩直行、八橫行的那些字，也不知道其聲調歸類之所以然。方言與古音有歷史的聯繫，《方言調查字表》就是根據中古韻書（《廣韻》）來排列的，没有音韻知識，拿《方言調查字表》去搞方言調查，勢必有步履維艱之感。

這些衹是舉例而言，實際上音韻涉及古代漢語甚至其他古代文化知識的諸多方面，不學點音韻，學習古文難免會處處遇到"攔路虎"。可見學點音韻是重要的。前人曾經在這方面積累了一些可取的學習經驗，爲我們開闢了有效的學習途徑，尤其是一些現代語言學家運用現代科學的語音理論和音標符號詮釋了音韻的疑難之處，因此祇要我們踏踏實實下點功夫，入音韻之門也是可能的。

第二節　中　古　音　韻

從歷史音韻材料來看，先學中古音韻，以其爲突破點，可以上推下聯。《廣韻》是一部最重要的中古音韻著作，認識中古音韻系統，可從《廣韻》入手，旁及其他有關中古音韻著作。但《廣韻》祇標明了聲調和韻目，並未標明聲紐，不過其小韻韻目字後面注有反切。一般地說，反切上字表聲，反切下字表韻，因此後人還是可以用繫聯法來認識哪些反切上字屬同一聲母，從而歸納其聲紐系統。因此本節先講中古聲調，再講中古韻部，最後講中古聲紐。

一、中古聲調

聲調是漢語音節的重要構件，具有區別字義的作用。但古人沒有現代科學的録音工具，也沒有現代科學的音標符號，無法留下當時的調值。古人曾用文字來表述古代四聲，令後人難以捉摸。劉勰的《文心雕龍·聲律》稱古代四聲爲宫、商、徵、羽，並分析爲疾、徐、高、下，似乎相當精闢，後人卻無法認識古代四聲的調值。唐代處忠和尚的《元和韻譜》說："平聲哀而安，上聲厲而舉，去聲清而遠，入聲直而促。"明代真空和尚的《玉鑰匙歌訣》說："平聲平道莫低昂，上聲高呼猛烈强，去聲分明哀遠道，入聲短促急收藏。"這些文字表述，也祇能給人一種模糊概念。《廣韻》裏標有四個聲調，即平聲、上聲、去聲、入聲，至於調值也不得而知。但有聲調分類，即調類，對於瞭解中古聲調還是有一定的實際意義的。

《方言調查字表》聲調部分首欄列有 21 個例字，如下：

詩	梯
時	題
使矢	體
是士	弟
試世	替
事侍	第
識	滴
石食	笛

橫看 8 行，每兩行在《廣韻》中是同一個聲調，共有 4 個聲調，即詩、梯、時、題是平聲，使、矢、體、是、士、弟是上聲，試、世、替、事、侍、第是去聲，識、滴、石、食、笛是入聲。所謂古入聲，說得簡明一點就是塞輔音 b [p]、d [t]、g [k] 充當了韻尾，現在還典型地保留在粤語等方言中。

《方言調查字表》中聲調部分的例字用現代漢語普通話來念，顯然已經起了變化。怎麼變化的呢？不妨再看看下面的中古四聲和現代漢語普通話四聲對應表（表 2-1），就能知道其變化的條件了。

表 2-1　中古四聲和普通話四聲對應表

廣韻四聲	分化條件	例　　字	普通話四聲
平	清	東江支脂佳灰仙安	陰平
	次濁	微文麻人龍難雲員	陽平
	全濁	齊痕寒唐平扶從談	
上	清	董講紙旨海軫準隱	上聲
	次濁	尾姥吻阮武有女五	
	全濁	蟹駭旱厚杜戶柱父	去聲
去	清	送至志祭怪夬震愛	去聲
	次濁	用御硯暮願禡漾論	
	全濁	隊號便鳳定病尚宕	
入	清	1. 屋錫帖　2. 德國足 3. 百筆鐵　4. 克色促	1. 陰平　2. 陽平 3. 上聲　4. 去聲
	次濁	末六麥入岳物月玉	去聲
	全濁	白乏讀俗食宅合狄	陽平

　　看了這個對應表，比較古今聲調：中古的平聲字，按聲母的清濁分道揚鑣，清音聲母的平聲字今讀陰平，全濁音和次濁音聲母的平聲字今讀陽平；中古的上聲字，按聲母是否全濁音各走各的路，清音和次濁音聲母的上聲字今讀仍是上聲，全濁音聲母的上聲字今讀成了去聲，即所謂"全濁上聲歸去聲"，又謂"濁上歸去"（但此説其中"濁"字易誤認爲包括全濁和次濁）；中古的去聲字，固守"陣地"，不受聲母的全濁和次濁的影響，今讀仍屬去聲；中古的入聲字，"四分五裂"，今讀散歸陰平、陽平、上聲、去聲，即所謂"入派四聲"，不過全濁聲母的入聲字大多今讀陽平，次濁聲母的入聲字大多今讀去聲。根據這些分化規律，前面提到的《方言調查字表》聲調部分 21 個例字的今讀聲調就有可能對應出來。此外還要能辨認古代聲母的清濁，因爲清濁大多關係到聲調的分化。如果不能辨識，最簡單的辦法是查一查標有全濁、次濁標記的字典、字彙、字表之類的工具書，如中國大辭典編纂處編寫的《同音字典》（商務印書館）。

二、中古韻部

　　韻部是韻的分類，也稱韻類。一個韻部由一個漢字做代表來標目，謂之韻目，如

"東""支"。古韻書裏韻的分類大多不僅講求韻腹（主要元音）相同，或韻腹（主要元音）和韻尾相同，還要講求聲調相同，如"東""董""送""屋"，分別是平聲韻、上聲韻、去聲韻、入聲韻。這樣分調的韻目可以稱爲分調韻部，韻部當然就多了。《廣韻》大致就是這麼分韻的，所收 26 194 個韻字，分屬 206 韻（當然，《廣韻》分韻繁窄還有其他的原因）。

　　古代韻書多，現存比較完整的最古的一部就是《廣韻》了。《廣韻》是根據《唐韻》而作，《唐韻》又是根據《切韻》而作。從《切韻》殘卷看，《切韻》所收 12 158 個韻字，分屬 193 韻。《切韻》的作者是隋代陸法言，成書于隋文帝仁壽元年（公元 601 年）。傳至唐代，孫愐重爲刊定，改名《唐韻》。《切韻》《唐韻》今都祇存殘卷，但《唐韻》在宋大中祥符元年（公元 1008 年）曾由陳彭年、邱雍等人奉詔重修，賜名《大宋重修廣韻》。宋景祐四年（公元 1037 年），宋祁、鄭戩、賈昌朝、王洙等人奉詔按《唐韻》重修，並由丁度等撰成《集韻》，所收 53 525 個韻字，分屬 206 韻。從《切韻》到《唐韻》《廣韻》，再到《集韻》，其間幾經增補修訂，但大致上一直維持了《切韻》系統。唐以來寫詩押韻基本上都是依照這個系統的韻書。

　　然而《廣韻》中有些韻的韻腹（主要元音），或韻腹（主要元音）和韻尾都是相同的，祇是韻頭的開合不同，即開口與合口不同。所謂開口，就是韻腹（主要元音）前面沒有 [u] 做韻頭，如"寒"韻 [an]；所謂合口，就是韻腹（主要元音）前面有 [u] 做韻頭，如桓 [uan]，如果 [u] 充當韻的主要元音那也是合口。開口、合口並不影響分韻。按照韻的界說，"寒""桓"應屬同一個韻，但在《廣韻》中卻分作兩个韻，這無疑是其韻目繁窄的原因之一。

　　當然，更重要的原因是：《廣韻》（《切韻》）系統"因論南北是非，古今通塞"，"兼有古今方國之音"，即使唐人也不能一一分辨，於是允許按照"獨用"和"同用"的規定來押韻。唐初就由許敬宗奏定"獨用"和"同用"條例。所謂"獨用"，就是不跟任何韻通押；所謂"同用"，就是兩個或幾個窄韻可以通押。現存《廣韻》各本所注"獨用"和"同用"，後人有所竄改，互有參差。清代戴震曾經考定了《廣韻》的"獨用"和"同用"。今據戴震《聲韻考》卷二，轉錄《考定〈廣韻〉獨用同用四聲表》如下：

表 2-2　考定《廣韻》獨用同用四聲表

上平聲	上　聲	去　聲	入　聲
一東獨用	一董獨用	一送獨用	一屋獨用
二冬鍾同用		二宋用同用	二沃燭同用
三鍾	二腫	三用	三燭
四江獨用	三講獨用	四絳獨用	四覺獨用
五支脂之同用	四紙旨止同用	五寘至志同用	

上平聲	上聲	去聲	入聲
六脂	五旨	六至	
七之	六止	七志	
八微獨用	七尾獨用	八未獨用	
九魚獨用	八語獨用	九禦獨用	
十虞模同用	九麌姥同用	十遇暮同用	
十一模	十姥	十一暮	
十二齊獨用	十一薺獨用	十二霽祭同用	
		十三祭	
		十四泰獨用	
十三佳皆同用	十二蟹駭同用	十五卦怪夬同用	
十四皆	十三駭	十六怪	
		十七夬	
十五灰咍同用	十四賄海同用	十八隊代同用	
十六咍	十五海	十九代	
		二十廢獨用	
十七真諄臻同用	十六軫準同用	二十一震稕同用	五質術櫛同用
十八諄	十七準	二十二稕	六術
十九臻			七櫛
二十文獨用	十八吻獨用	二十三問獨用	八物獨用
二十一欣獨用	十九隱獨用	二十四焮獨用	九迄獨用
二十二元魂痕同用	二十阮混很同用	二十五願慁恨同用	十月沒同用
二十三魂	二十一混	二十六慁	十一沒
二十四痕	二十二很	二十七恨	
二十五寒桓同用	二十三旱緩同用	二十八翰換同用	十二曷末同用
二十六桓	二十四緩	二十九換	十三末
二十七删山同用	二十五潸產同用	三十諫襉同用	十四黠鎋同用
二十八山	二十六產	三十一襉	十五鎋

下平聲	上聲	去聲	入聲
一先仙同用	二十七銑獮同用	三十二霰線同用	十六屑薛同用
二仙	二十八獮	三十三線	十七薛
三蕭宵同用	二十九篠小同用	三十四嘯笑同用	
四宵	三十小	三十五笑	
五肴獨用	三十一巧獨用	三十六效獨用	
六豪獨用	三十二皓獨用	三十七號獨用	
七歌戈同用	三十三哿果同用	三十八箇過同用	
八戈	三十四果	三十九過	
九麻獨用	三十五馬獨用	四十禡獨用	
十陽唐同用	三十六養蕩同用	四十一漾宕同用	十八藥鐸同用
十一唐	三十七蕩	四十二宕	十九鐸
十二庚耕清同用	三十八梗耿靜同用	四十三敬諍勁同用	二十陌麥昔同用
十三耕	三十九耿	四十四諍	二十一麥
十四清	四十靜	四十五勁	二十二昔
十五青獨用	四十一迥獨用	四十六徑獨用	二十三錫獨用
十六蒸登同用	四十二拯等同用	四十七證嶝同用	二十職德同用
十七登	四十三等	四十八嶝	二十五德
十八尤侯幽同用	四十四有厚黝同用	四十九宥候幼同用	
十九侯	四十五厚	五十候	
二十幽	四十六黝	五十一幼	
二十一侵獨用	四十七寑獨用	五十二沁獨用	二十六緝獨用
二十二覃談同用	四十八感敢同用	五十三勘闞同用	二十七合盍同用
二十三談	四十九敢	五十四闞	二十八盍
二十四鹽添同用	五十琰忝同用	五十五艷㮇同用	二十九葉帖同用
二十五添	五十一忝	五十六㮇	三十帖
二十六咸銜同用	五十二豏檻同用	五十七陷鑑同用	三十一洽狎同用
二十七銜	五十三檻	五十八鑑	三十二狎

下平聲	上 聲	去 聲	入 聲
二十八嚴凡同用	五十四儼範同用	五十九釅梵同用	三十三業乏同用
二十九凡	五十五範	六十梵	三十四乏

　　我們從上表可以略知《廣韻》的編寫體例是以調爲綱、以韻爲目，即以調統韻，按平聲、上聲、去聲、入聲四聲分韻。每個韻用一個漢字做代表來標示其目，如"東""董""送""屋"。平聲57韻，上聲55韻，去聲60韻，入聲34韻，共206韻。從韻部的排列來看，有陰聲韻、陽聲韻、入聲韻的區分：以次要元音收尾或無韻尾的韻，謂之陰聲韻；以鼻輔音［m］、［n］、［ŋ］收尾的韻，謂之陽聲韻；以雙唇塞輔音［p］、舌尖塞輔音［t］和舌根塞輔音［k］收尾的韻，謂之入聲韻。入聲韻不與陰聲韻相配，只與陽聲韻相配，而且入聲韻和陽聲韻都按各自不同韻尾的發音部位相配成對，即［p］尾與［m］尾、［t］尾與［n］尾、［k］尾與［ŋ］尾分別相配成對。從現代方言來看：雙唇鼻輔音尾［m］，除了粵語尚存此音的［ɑm］、［em］、［im］之外，基本上已經消失；雙唇塞輔音［p］、舌尖塞輔音［t］和舌根塞輔音［k］收尾的入聲韻也僅典型地遺留在粵語中，在其他方言中大多逐漸消失，變爲喉塞音［ʔ］，也就是把喉部梗塞一下罷了（如吳方言、徽州方言），有的已經失落入聲尾（如長沙話、鄂東話）。

　　我們從上表中也可以概觀《廣韻》韻目繁窄的狀貌。儘管《廣韻》系統影響頗大，但由於其分韻繁窄，後世的改編之作遂相繼而出。金正大六年（公元1229年），王文郁遵奉金朝功令，索性把其中"同用"的韻部全部併合，另將原來不同用的上聲"迥"韻和"拯"韻也合爲一個韻部，編成《平水新刊韻略》，於是《廣韻》的206韻簡化爲106韻。南宋江北平水人劉淵也曾於宋淳祐十二年（公元1252年）編有《壬子新刊禮部韻略》，把《廣韻》的206韻簡化爲107韻，只是沒有把原來不同用的上聲"迥"韻和"拯"韻合二爲一。劉書比王書晚出23年，但已亡佚。王書和劉書都在書名上冠有"新刊"字樣，可見有所因襲。早于王、劉兩書53年，即金大定十六年（公元1176年），平陽人毛麾就曾編有《平水韻》一書，後人只見書目。而劉淵是平水人，一般都說平水韻系統是劉淵所編，詩壇上也稱之爲"平水韻"。到了清代康熙年間，平水韻系統由張玉書等人改定編成《佩文韻府》和《佩文詩韻》，影響較大。細看下面的《廣韻》和《平水韻》對較表（表2-3），可以幫助我們略知其中韻的併合概況。

　　後來又有學者把《廣韻》的206個分調韻部簡括爲十六攝，也就是把韻腹（主要元音）相同，或韻腹（主要元音）和韻尾相同的韻簡括爲一大類，叫作"攝"。"攝"在佛經裏有總括統轄的意思，借用來表示韻的大類，又稱爲"韻攝"。其名稱概念最早見於《四聲等子》（作者不詳）。元代劉鑑的《經史正音切韻指南》所簡括的十六攝爲後世學人所常用，以"通、江、止、遇、蟹、臻、山、效、果、假、宕、曾、梗、流、深、咸"分別表示攝目。各攝統轄的《廣韻》韻部見表2-4。

表 2－3　《廣韻》韻部和《平水韻》韻部對照表

平水韻	平		上		去		入	
	廣韻	平水韻	平水韻	廣韻	平水韻	廣韻	平水韻	廣韻
上平 1 東 uŋ	1 東	1 東 uŋ	1 董 uŋ	1 董	1 送 uŋ	1 送	1 屋 uk	1 屋
2 冬 oŋ	2 冬 3 鍾	2 冬 oŋ	2 腫 oŋ	2 腫	2 宋 oŋ	2 宋 3 用	2 沃 ok	2 沃 3 燭
3 江 ɔŋ	4 江	3 講 ɔŋ	3 講	3 絳 ɔŋ	4 絳	3 覺 ɔk	4 覺
4 支 i	5 支 6 脂 7 之	4 紙 i	4 紙 5 旨 6 止	4 寘 i	5 寘 6 至 7 志		
5 微 iəi	8 微	5 尾 iəi	7 尾	5 未 iəi	8 未		
6 魚 io	9 魚	6 語 io	8 語	6 御 io	9 御		
7 虞 u,iu	10 虞 11 模	7 麌 u,iu	9 麌 10 姥	7 遇 u,iu	10 遇 11 暮		
8 齊 iei	12 齊	8 薺 iei	11 薺	8 霽 iei 9 泰 ai	12 霽 13 祭 14 泰		
9 佳 ai	13 佳 14 皆	9 蟹 ai	12 蟹 13 駭	10 卦 ai	15 卦 16 怪 17 夬		
10 灰 oi	15 灰 16 咍	10 賄 oi	14 賄 15 海	11 隊 oi	18 隊 19 代 20 廢		
11 真 in	17 真 18 諄 19 臻	11 軫 in	16 軫 17 準	12 震 in	21 震 22 稕	4 質 it	5 質 6 術 7 櫛
12 文 iuən	20 文 21 欣	12 吻 iuən	18 吻 19 隱	13 問 iuən	23 問 24 焮	5 物 iuət	8 物 9 迄
13 元 ɐn	22 元 23 魂 24 痕	13 阮 ɐn	20 阮 21 混 22 很	14 願 ɐn	25 願 26 慁 27 恨	6 月 ɐt	10 月 11 没
14 寒 ɑn	25 寒 26 桓	14 旱 ɑn	23 旱 24 緩	15 翰 ɑn	28 翰 29 換	7 曷 ɑt	12 曷 13 末
15 刪 an	27 刪 28 山	15 潸 an	25 潸 26 產	16 諫 an	30 諫 31 襇	8 黠 at	14 黠 15 鎋

續 表

平		上		去		入	
平水韻	廣韻	平水韻	廣韻	平水韻	廣韻	平水韻	廣韻
下平 1 先 ien	1 先 2 仙	16 銑 ien	27 銑 28 獮	17 霰 ien	32 霰 33 線	9 屑 iet	16 屑 17 薛
2 蕭 iɛu	3 蕭 4 宵	17 篠 iɛu	29 篠 30 小	18 嘯 iɛu	34 嘯 35 笑		
3 肴 au	5 肴	18 巧 au	31 巧	19 效 au	36 效		
4 豪 ɑu	6 豪	19 皓 ɑu	32 皓	20 號 ɑu	37 號		
5 歌 ɑ	7 歌 8 戈	20 哿 ɑ	33 哿 34 果	21 箇 ɑ	38 箇 39 過		
6 麻 a	9 麻	21 馬 a	35 馬	22 禡 a	40 禡		
7 陽 aŋ	10 陽 11 唐	22 養 aŋ	36 養 37 蕩	23 漾 aŋ	41 漾 42 宕	10 藥 ak	18 藥 19 鐸
8 庚 əŋ	12 庚 13 耕 14 清	23 梗 əŋ	38 梗 39 耿 40 靜	24 敬 əŋ	43 映 44 諍 45 勁	11 陌 ɐk	20 陌 21 麥 22 昔
9 青 ieŋ	15 青	24 迥 ieŋ	41 迥	25 徑 ieŋ	46 徑	12 錫 iek	23 錫
10 蒸 əŋ	16 蒸 17 登		42 拯 43 等		47 證 48 嶝	13 職 ɔk	24 職 25 德
11 尤 əu	18 尤 19 侯 20 幽	25 有 əu	44 有 45 厚 46 黝	26 宥 əu	49 宥 50 候 51 幼		
12 侵 im	21 侵	26 寢 im	47 寢	27 沁 im	52 沁	14 緝 ip	26 緝
13 覃 am	22 覃 23 談	27 感 am	48 感 49 敢	28 勘 am	53 勘 54 闞	15 合 ap	27 合 28 盍
14 鹽 iɛm	24 鹽 25 添 28 嚴	28 琰 iɛm	50 琰 51 忝 54 儼	29 艷 iɛm	55 艷 56 㮇 59 釅	16 葉 iɛp	29 葉 30 帖 33 業
15 咸 iam	26 咸 27 銜 29 凡	29 豏 iam	52 豏 53 檻 55 范	30 陷 iam	57 陷 58 鑑 60 梵	17 洽 ap	31 洽 32 狎 34 乏

表 2-4 十六攝和《廣韻》韻部對照表

攝		平聲	上聲	去聲	入聲
通		1 東獨	1 董獨	1 送獨	1 屋獨
		2 冬鍾		2 宋用	2 沃燭
		3 鍾	2 腫獨	3 用	3 燭
江		4 江獨	3 講獨	4 絳獨	4 覺獨
止		5 支脂之	4 紙旨止	5 寘至志	
		6 脂	5 旨	6 至	
		7 之	6 止	7 志	
		8 微獨	7 尾獨	8 未獨	
遇		9 魚獨	8 語獨	9 御獨	
		10 虞模	9 麌姥	10 遇暮	
		11 模	10 姥	11 暮	
蟹		12 齊獨	11 薺獨	12 霽祭	
				13 祭	
				14 泰獨	
		13 佳皆	12 蟹駭	15 卦怪夬	
		14 皆	13 駭	16 怪	
				17 夬	
		15 灰咍	14 賄海	18 隊代	
		16 咍	15 海	19 代	
				20 廢獨	
臻		17 真諄臻	16 軫準	21 震稕	5 質術櫛
		18 諄	17 準	22 稕	6 術
		19 臻			7 櫛
		20 文獨	18 吻獨	23 問獨	8 物獨
		21 欣獨	19 隱獨	24 焮獨	9 迄獨
		22 元魂痕	20 阮混很	25 願恩恨	10 月沒
		23 魂	21 混	26 恩	11 沒
		24 痕	22 很	27 恨	
山		25 寒桓	23 旱緩	28 翰換	12 曷末
		26 桓	24 緩	29 換	13 末
		27 刪山	25 潸產	30 諫襇	14 黠鎋
		28 山	26 產	31 襇	15 鎋
		1 先仙	27 銑獨	32 霰線	16 屑薛
		2 仙	28 獮	33 線	17 薛
效		3 蕭宵	29 篠小	34 嘯笑	
		4 宵	30 小	35 笑	
		5 肴獨	31 巧獨	36 效獨	
		6 豪獨	32 晧獨	37 號獨	

續 表

攝				
果	7 歌戈 8 戈	33 哿果 34 果	38 箇過 39 過	
假	9 麻獨	35 馬獨	40 禡獨	
宕	10 陽唐 11 唐	36 養蕩 37 蕩	41 漾宕 42 宕	18 藥鐸 29 鐸
梗	12 庚耕清 13 耕 14 清 15 青獨	38 梗耿静 39 耿 40 静 41 迥獨	43 敬諍勁 44 諍 45 勁 46 徑獨	20 陌麥昔 21 麥 22 昔 23 錫獨
曾	16 蒸登 17 登	42 拯等 43 等	47 證嶝 48 嶝	24 職德 25 德
流	18 尤侯幽 19 侯 20 幽	44 有厚黝 45 厚 46 黝	49 宥候幼 50 候 51 幼	
深	21 侵獨	47 寑獨	52 沁獨	26 緝
咸	22 覃談 23 談 24 鹽添 25 添 26 咸銜 27 銜 28 儼凡 29 凡	48 感敢 49 敢 50 琰忝 51 忝 53 豏檻 54 檻 52 儼範 55 範	53 勘闞 54 闞 55 艷㮇 56 㮇 58 陷鑑 59 鑑 57 釅梵 60 梵	27 合盍 28 盍 29 葉帖 30 帖 31 洽狎 32 狎 33 業乏 34 乏

三、中古聲紐

1. 三十六字母

"聲紐"就是聲母，又稱"聲"和"紐"，是指漢語音節中輔音開頭構件的分類，一般也稱聲類。古人認爲任何音節都有聲紐，音節開頭沒有輔音則擬爲零聲母。傳統上所說"三十六字母"，也就是三十六聲紐。清代楊選杞的《聲韻同然集》把聲母稱爲"字父"，可見是與韻母相對而言，但"字父"之稱並不常用。

三十六字母的字母與拼音字母的字母不同，是從梵文字母得到啓發，用三十六個漢字表示三十六個聲紐名稱。三十六字母的確定是一個逐步完善的過程，開始還有"三十字母"的説法。至於三十字母、三十六字母的首創和完善的問題，學者看法不一。據敦煌《守温韻學殘卷》，唐末守温和尚首創了三十字母，分五音排列：

唇音	不芳並明	
舌音	端透定泥	（是舌頭音）
	知徹澄日	（是舌上音）
牙音	見溪群來疑	

齒音　精清從　　（是齒頭音）

　　　　審穿禪照　（是正齒音）

喉音　心邪曉　　（是喉中音清）

　　　　匣喻影　　（是喉中音濁）

　　守溫和尚按照雙聲原理，分脣音、舌音、牙音、齒音、喉音五音分析漢語音節的聲組發音部位，由前而後，而且把舌音分爲舌頭音（今稱舌尖中音）和舌上音（今稱舌面前音），齒音分爲齒頭音（今稱舌尖前音）和正齒音（今稱舌面前音），可知當時對聲組的分析已經有了一定的水平。但也有不合音理的地方，如“牙音”之稱實在費解，大概是古人以爲此音接觸軟齶，舌根緊靠大牙，與大牙有關，故稱牙音，但這與“齒音”之稱難以區分。其實“牙音”應當謂之“舌根音”。又如所謂“喉音”的“心”母“邪”母應當歸入齒頭音，“曉”母應當歸入牙音（舌根音）。再如把“日”母歸入舌音，“來”母歸入牙音，都可能是審音欠細造成的錯誤（詳後）。

　　三十字母中脣音祇有一類，即重脣音（指雙脣音），很可能是守溫和尚或其家鄉地區的口語尚未分化出輕脣音（指脣齒音）。相傳宋初學者（至今不知何人）開始從脣音中分出輕脣音，增補了“非”“敷”“奉”“微”四字母，另外還增補了“娘”“床（牀）”二字母，因此三十字母成了三十六字母。守溫和尚首創三十字母，後人也稱三十六字母爲“守溫字母”，如《守溫三十六字母圖》（見《通志·藝文略》《玉梅》）。清代江永在《四聲切韻表·凡例》中稱讚三十六字母説：“昔人傳三十六字母，總結一切有字之音，不可增減，不可移易。凡欲增減移易者，皆妄作也。”姑且不論此説是否有點絕對，但一般認爲三十六字母基本上就是中古聲組系統。表 2-5 是按發音部位和發音方法編制的三十六字母表。

表 2-5　三十六字母

發音部位舊名稱 / 發音部位新名稱		發音方法舊名稱和新名稱 / 三十六字母	全清（不送氣不帶音的塞音和塞擦音）	次清（送氣不帶音的塞音和塞擦音）	全濁（帶音的塞音和塞擦音）	次濁（帶音的鼻音、邊音和半元音）	全清（不帶音的擦音）	全濁（帶音的擦音）
脣音	重脣	雙脣音	幫 [p]	滂 [p·]	並 [b]	明 [m]		
	輕脣	脣齒音	非 [pf]	敷 [pf·]	奉 [v]	微 [ɱ]		
舌音	舌頭	舌尖中音	端 [t]	透 [t·]	定 [d]	泥 [n]		
	舌上	舌面前音	知 [ȶ]	徹 [ȶ·]	澄 [ȡ]	娘 [ɳ]		
齒音	齒頭	舌尖前音	精 [ts]	清 [ts·]	從 [dz]		心 [s]	邪 [z]
	正齒	舌面前音	照 [tɕ]	穿 [tɕ·]	床 [dʑ][①]		審 [ɕ]	禪 [ʑ]
牙音		舌根音	見 [k]	溪 [k·]	群 [g]	疑 [ŋ]		

發音部位舊名稱 ／ 發音部位新名稱 ／ 三十六字母	發音方法舊名稱和新名稱	全清（不送氣不帶音的塞音和塞擦音）	次清（送氣不帶音的塞音和塞擦音）	全濁（帶音的塞音和塞擦音）	次濁（帶音的鼻音、邊音和半元音）	全清（不帶音的擦音）	全濁（帶音的擦音）
喉音	零聲母	影 [o]					
	舌根音					曉 [x]	匣 [ɣ]
	半元音				喻 [j]		
半舌音	舌尖邊音				來 [l]		
半齒音	舌面鼻音加摩擦				日 [nz]		

注：①“床”母的“床”，有的書寫作“牀”（如王力《漢語音韻》，中華書局2003 年第一版），也有的書寫作“牀”的異體字“狀”（如王力《同源字典》，商務印書館1982 年第一版）。

此表內容有兩點需要補充說明：

第一，從發音部位看，按舊稱分唇音、舌音、齒音、牙音、喉音、半舌音、半齒音七音直排，與右邊的今稱一一對照。所謂“七音”，就是從五音中的舌音分出“來”母定爲半舌音（舌尖邊音），從五音中的齒音分出“日”母定爲半齒音（舌面鼻音加摩擦）。

第二，從發音方法看，按舊稱分全清、次清、全濁、次濁四重橫排，與括弧內的今稱一一對照。發音時不帶音不送氣的清音聲母謂之全清，不帶音而送氣的清音聲母謂之次清，由帶音而不送氣的塞音、塞擦音、擦音充當的濁音聲母謂之全濁，由帶音的鼻音、邊音、半元音充當的濁音聲母謂之次濁。這比現代漢語按發音時聲帶是否顫動來劃分聲母的清濁，可謂更加繁細。中古四聲在各方言裏的分化儘管不盡相同，但主要也是跟著聲母的清濁走的。大體上清的歸陰，濁的歸陽。因此搞清楚聲母的清濁對於歸納古今聲調的變化和方言調查有一定的實際意義。

2. 《廣韻》聲類

《廣韻》是部韻書，以調爲綱，以韻爲目，聲紐沒有系統明確的標示。直到清代陳澧著《切韻考》，採用繫聯法（即歸納法），才首次把《廣韻》的 452 個反切上字整理爲四十聲類。不過其中反切上字是有韻頭介音的，不宜等同地把四十聲類謂之四十聲紐，卻也不妨約略地把四十聲類與三十六字母對照比較：四十聲類多出“于”“莊”“初”“山”“神”五聲類，另把“明”“微”合爲一聲類。黃侃在《音略》中又分“明”“微”爲二，並表示：“今依陳澧説，附以己意，定四十一。”儘管後來學者在研討中各有異議，但一般大多採用四十一聲類的説法（如《漢語大字典》《辭源》《方言調查字表》，以及李榮、丁聲樹的《古今字音對照手冊》等），有的聲類只是更新類名。這裏用較爲通用的類名及擬音把四十一聲類列表如下（表2-6）：

表 2-6　中古四十一聲類

| 發音方法 | 清 | | 濁 | |
舊名 發音部位	全　清	次　清	全　濁	次　濁
重唇	幫 [p]	滂 [p·]	並 [b]	明 [m]
輕唇	非 [f]	敷 [f·]	奉 [v]	微 [ɱ]
舌頭	端 [t]	透 [t·]	定 [d]	泥 [n]
舌上	知 [t]　徹 [t·]		澄 [ɖ]	娘 [ɳ]
半舌				來 [l]
齒頭	精 [ts]　心 [s]	清 [ts·]	從 [dz]　邪 [z]	
正齒	莊 [tʃ]　生 [ʃ]	初 [tʃ·]	崇 [dʒ]	
	章 [tɕ]　書 [ɕ]	昌 [tɕ·]	船 [dʑ]　禪 [ʑ]	
半齒			日 [nʑ]	
牙	見 [k]	溪 [k·]	群 [g]	疑 [ŋ]
喉	曉 [x]		匣 [ɣ]	
	影 [ʔ]			云 [ɣi]
				以 [O]

　　表中把三十六字母的"照、穿、床（牀）、審"四母分爲"章、昌、船、書"和"莊、生、初、崇"八母（聲類），把三十六字母的"喻"母分爲"云"（喻三）、"以"（喻四）二母（聲類）。

　　這裏需要特別說明的是，《廣韻》年代，輕唇音已經有了明顯的區分。當時三十字母增爲三十六字母，其中分出輕唇音"非""敷""奉""微"四字母，就足以證實這一點。然而《廣韻》因襲《切韻》，没有依據實際語音新創切語來分化輕唇音，造成了拼切上的類隔，出現了反切上字與被切字聲紐的差異。爲了解決這種類隔問題，《廣韻》只好採取補救措施，在每卷末附加《新添類隔今更音和切》，對輕唇音混切的切語做了更動，以適拼切（見本章第四節）。後來的《集韻》乾脆把這些類隔反切改爲音和反切了。可見陳澧和黄侃正是尊重《廣韻》時代唇音分化的事實，纔在他們的分類中分出"非""敷""奉""微"四類輕唇音，這是很有道理的。

第三節　上古音韻

　　上古音韻又稱"古音"，是指秦漢時期的音韻系統。音韻學上的"古音"是相對於"今音"而言的，"今音"指中古音韻，即隋唐時期的音韻系統。"古音"和"今音"，是明清時期的傳統稱說。

　　研究中古音韻有現成的中古韻書（尤其是《廣韻》）可以利用，還可以從現代方言中獲得佐證。然而，研究上古音韻没有比較系統地反映上古音韻的資料可以利用，祇有另辟蹊徑，主要從《詩經》《楚辭》之類上古韻文的韻讀和《説文解字》的形聲字以及古籍的異文（同音同義而異形的上古字）、重文（異體字）、通假字、聯綿詞、音注、聲訓中去尋找材料，繫聯比較，歸納構建，工程十分繁難。可喜的是從前人和時賢的研究成果來看，上古音韻大部分問題都有了較爲成熟的説法。同時，前人也總結出一條較爲科學的方法，即以中古音韻爲橋梁，並利用中古音韻和那套名詞術語，對照傳統三十六字母和《廣韻》206 韻，分析和歸納上古時期的語言材料。因此，在瞭解中古音韻之後，回過頭來瞭解上古音韻，顯然會方便得多。

一、上古聲紐

　　上古聲紐的推求爲清錢大昕所首創，近代章炳麟、曾運乾等人也曾提出一些爲後世學者公認的見解。分項舉要，略述如下。

1. 古無輕唇音

　　古無輕唇音（指唇齒音）是指上古時期祇有重唇音（指雙唇音）。這一見解是清代錢大昕最先提出的。錢氏在《十駕齋養新錄》卷五和《潛研堂文集》中指出："凡輕唇之音，古讀皆爲重唇。""凡今人所謂輕唇者，漢魏以前皆爲重唇，知輕唇非古矣。"他從異文、音注、聲訓、方言諸多方面列舉了大量論據。如：伏羲即庖羲、伯服即伯犕、封域即邦域、文水即門水，佛讀如弼、負讀如背、妃讀如配、敷讀如鋪、分讀如幽、房讀如旁、文讀如閩。他還注意到以本地方言印證，如鰒魚爲鮑魚。在這些例子裏，下面加"·"的字，在上古讀音如同下面加"。"的字，聲紐都是"幫""滂""並""明"之類（可從本章所附資料"上古聲母常用字歸類表"中查對），不是"非""敷""奉""微"之類輕唇音（後來到了中古纔分化出"非""敷""奉""微"之類輕唇音）。

　　所謂古無輕唇音，用現代科學的語音理論來解釋，就是唇齒音 f 作聲母的音節在上古是雙唇音 b 和 p 作聲母，一些 u 領頭的零聲母字在上古是雙唇（鼻）音 m 作聲母。如"畐"作聲符的字"匐、富、副、福、幅、輻、蝠"的聲符今讀唇齒音 f，"菖、偪、楅、逼"的聲符今讀雙唇音 b；但在上古，"菖、富、福、幅、輻、蝠、逼"的聲符是"幫"母，"副、堛、楅"的聲符是"滂"母，"匐、輻"的聲符是"並"母，同屬雙唇音。又如"文水"的"文"，今讀是 u 領頭的聲母，但在上古的聲符是"明"母，也屬雙唇（鼻）音。江南有些方言區，"輔導"的"輔"還保留著雙唇音（重唇音），念成"pǔ 導"。

2. 古無舌上音

　　古無舌上音（指舌面前音）是指上古祇有舌頭音（指舌尖中音）。這一見解也是清代錢大昕最先提出的。錢氏在《十駕齋養新錄》卷五中指出："古無舌頭舌上之分。知、徹、澄三母，以今音讀之，與照、穿、床（牀）無別也，求之古音則與端、透、定無異。"他論證這一見解的方法與論證古無輕唇音一樣，舉了上古典籍的大量實例。如：趙如楣、豬如都、竹如篤、直如特、陟如得、根如棠、抽如搖、裯如禱、池如沱。在這些例子裏，下面加"‧"的字，在上古讀音如同下面加"。"的字，聲紐都是"端""透""定"之類舌頭音（可從本章所附資料"上古聲母常用字歸類表"中查對），不是"知""徹""澄"之類舌上音（後來到了中古纔分化出"知""徹""澄"之類舌上音）。

所謂古無舌上音，用現代科學的語音理論來解釋，就是 zh、ch 之類作聲母的部分音節，在上古是 d、t 之類作聲母。如"程""醒"二字，今聲母是 ch，但在上古同屬"定"母。又如"中"作聲符的字"忠""仲"的聲符今讀 zh，"忡"的聲符今讀 ch；但在上古，"忠"是"端"母，"忡"是"透"母，"仲"是"定"母。江西撫州一帶的方言音，"中""痔""暢"三字還保留著上古舌頭音的痕迹，把今聲母 zh、ch 分別念成 d、t，分別屬於上古的"端""透""定"三母。

3. 娘日歸泥

娘日歸泥，是指上古沒有"娘"母和"日"母，中古的"娘""日"二母是從上古的"泥"母中分化出來的。這一見解最先見於近代章炳麟的《國故論衡‧古音娘日二紐歸泥説》："古音有舌頭泥紐，其後支別，則舌上有娘紐，半舌半齒有日紐。于古皆泥紐也。"章氏從諧聲、異文、聲訓等方面舉出許多例子加以論證。如"涅從日聲"，《廣雅‧釋詁》："涅，泥也。"又，"涅而不緇"作"泥而不滓"。"日"作"泥"母字"涅"的聲符，"涅"和"泥"又在上古典籍中互爲異文，可證"日"母上古同"泥"母。又如"入之聲今在日紐"，而上古典籍有"以入爲内"。《釋名》："入，内也，内使還也。"可證"入""内"二字在上古同在"泥"母。再如"日"母的"若"爲"泥"母的"諾"字作聲符，而"若"與"乃"又都是對稱代詞，"乃"在中古是"娘"母，推而論之，"娘""日"二母在上古同歸"泥"母。其實"娘"母是舌上音，"泥"母是舌頭音，依據"古無舌上音"的原則，"娘"母在上古也應是舌頭音"泥"母。章氏的見解是很有道理的。

所謂娘日歸泥，用現代科學的語音理論來解釋，就是 n、r 作聲母的很多音節在上古都是 n 作聲母。這從形聲字的諧聲關係中還可以找到很多例子。如"弱"字今聲母是 r（"日"母），但在上古是 n（"泥"母），用"弱"作聲符的"愵""溺"等字的今讀還保留著"泥（n）"母的痕迹。現代方言裏還有不少活生生的例子。如"熱""肉""日"三字在南昌、徽州等地方言中聲母是"n"，還保留著上古時期的"泥"母的痕迹。

4. 于母歸匣、喻母歸定

于母歸匣，又稱"喻三歸匣"；喻母歸定，又稱"喻四歸定"。這一見解是近代曾運乾在《喻母古讀考》中提出的："喻于二母本非影母濁聲。于母古隸牙聲匣母，喻母古隸舌聲定母。部件秩然，不相陵犯。"這就是説，"喻"母應該一分爲二：一類在上古屬"匣"母，稱"于"母；一類在上古屬"定"母，仍稱"喻"母。曾氏運用大量上古典籍的實例論證了自己的見解。

（1）于母歸匣（喻三歸匣）。

如"環"是上古"匣"母字，"古讀營如環"。《韓非子‧五蠹》有"自營爲私"語，《説文解字》引作"自環爲私"，可證"營"也屬上古"匣"母字。又如"乎"是上古匣母字，"古讀于如乎"，《論語‧先進》有"以吾一日長乎爾"語，可證"于"也屬上古

"匣"母字。又如"或"是上古"匣"母字,"古讀域如或",《説文解字》説解爲"或又從土","或""域"二字乃古今字,可證"域"也屬上古"匣"母字。這就是説,所指"于"母字"營""于""域",上古均歸"匣"母。這類實例很多,諸如古讀羽爲扈、違如回、運如魂、瑗如奐等。

（2）喻母歸定（喻四歸定）。

如"隤"是上古"定"母字,"古讀遺如隤",《詩經·谷風之什·谷風》有"棄予如遺"語,《文選·歎逝賦》注引《韓詩章句》把"遺"作"隤",可證"遺"也屬上古"定"母字。又如"陶"是上古定母字,"古讀繇如陶",《尚書》有"皋陶",《離騷》《尚書大傳》《説文解字》並作"繇",可證"繇"也屬上古"定"母字。又如"狄"是上古"定"母字,"古讀易如狄",《管子·戒篇》的"易牙",《大戴禮記·保傅》《論衡·譴告》作"狄牙",可證"易"也屬上古"定"母字。這就是説,所指"于"母字"遺""繇""易",上古均歸"定"母。這類實例很多,諸如古讀逸如疊、夷如弟、軼如轍等。

總的來看,用諧聲、異文、古注和聲訓等考證上古聲紐,以傳統的中古三十六字母去推求上古聲紐,是清代以來的學者考證推求上古聲紐系統的基本途徑。上古沒有"非""敷""奉""微"和"知""徹""澄""娘",而"非""敷""奉""微"和"知""徹""澄""娘"是後來分別從"幫""滂""並""明"和"端""透""定""泥"分化出來的。"娘""日"二紐應該歸入上古"泥"紐。"喻"紐應當一分爲二:一類歸入上古"匣"紐,稱"于"母(喻三);一類歸入上古"定"紐,仍稱"喻"母(喻四)。這些經過前人考證推求而得出的見解,可以説基本上是符合音韻變化規律的,其中個別見解略有不同的看法。表2-7是王力構擬的上古聲紐系統。

表2-7　上古聲紐系統

發音部位 ＼ 發音方法	塞音			塞擦音			鼻音	擦音		邊音
	清		濁	清		濁		清	濁	
	不送	送		不送	送					
唇	幫 [p]	滂 [pʻ]	並 [b]				明 [m]			
舌音 舌尖中	端 [t]	透 [tʻ]	定 [d]				泥 [n]			來 [l]
舌音 舌面	照 [ȶ]	穿 [ȶʻ]	牀 [ȡ]				日 [ȵ]	審 [ɕ]	禪 [ʑ]	
齒音 齒頭				精 [ts]	清 [tsʻ]	從 [dzʻ]		心 [s]	邪 [z]	
齒音 正齒				莊 [tʃ]	初 [tʃʻ]	崇 [dʒ]		生 [ʃ]		
牙	見 [k]	溪 [kʻ]	群 [g]				疑 [ŋ]	曉 [x]	匣 [ɣ] 喻三	
喉	影 [o]									以(喻四) [j]

說明:俟母因收字太少,寄放在崇母中。

二、上古韻部

　　研究上古韻部的主要材料是《詩經》之類上古韻文的押韻字以及《説文解字》的形聲字。研究上古韻部的主要方法是用"絲聯繩引"法。所謂"絲聯繩引"就是輾轉繫聯的意思。如《詩經·衛風·氓》第一章有"蚩""絲""謀""淇""丘""期""媒"等韻腳字，而這些韻腳字又與《詩經》其他詩篇的一些字相押，如"期"又與《詩經·王風·君子於役》的"哉""塒""來""思"相押，"謀""淇"又與《詩經·邶風·泉水》首章的"思""姬"相押，"丘"又與《詩經·小雅·巷伯》末章的"詩""之"相押，把這些常在一起押韻的字繫聯起來，再用《説文解字》的諧聲系統來補正，歸納出一個韻部，用"之"做韻目，就成了上古的"之"部。這就是段玉裁在《六書音均表》中説的"同聲（即聲符）必同部（即韻部）"的原則。不過，就年代來看《説文解字》收的形聲字遠比《詩經》之類韻文要早，少數字由於語音的演變而同聲符未必同韻部，但這並不影響上古韻部的整體擬定。此外，前人還利用《廣韻》之類韻書來分析《詩經》之類韻文的押韻字，上推上古韻部。總的來看，是根據《詩經》之類韻文的押韻字和諧聲系統，把中古韻書裏的韻類重新安排一番，從而得出上古韻部系統。

　　從清代顧炎武開始，上古韻的分類越來越細密，江永、戴震、段玉裁、孔廣森、王念孫、江有誥、黃侃等都有貢獻。戴震確立了陰、陽、入三聲相配的廿五部，段玉裁分"侯""幽"爲兩部並分"真""文"爲兩部，黃侃分"質""物"爲兩部，王力又分"脂""微"爲兩部，於是形成了王力以陰、陽、入相配的上古韻的廿九部（如果再加上孔廣森最先發現的"冬"部，即爲王力所稱戰國時代的三十部）（如表 2-8）。

表 2-8　王力上古韻廿九部表

陰聲韻	入聲韻	陽聲韻
1. 之部 [ə]	10. 職部 [ək]	21. 蒸部 [əng]
2. 幽部 [u]	11. 覺部 [uk]	(30. 冬部) [ung]
3. 宵部 [ô]	12. 藥部 [ôk]	
4. 侯部 [o]	13. 屋部 [ok]	22. 東部 [ong]
5. 魚部 [a]	14. 鐸部 [ak]	23. 陽部 [ang]
6. 支部 [e]	15. 錫部 [ek]	24. 耕部 [eng]
7. 脂部 [ei]	16. 質部 [et]	25. 真部 [en]
8. 微部 [əi]	17. 物部 [ət]	26. 文部 [ən]
9. 歌部 [ai]	18. 月部 [at]	27. 元部 [an]
	19. 緝部 [əp]	28. 侵部 [əm]
	20. 盍部 [ap]	29. 談部 [am]

上表分爲十一類二十九部，陰、入、陽三聲相配（祇有一類缺陽聲，兩類缺陰聲），每類主要元音相同。而且，單元音收尾的陰聲，其相對應的入聲收音于 [-k]，陽聲收音于 [-ng]；韻尾爲 [-i] 的陰聲，其相對應的入聲收音于 [-t]，陽聲收音于 [-n]；至于 [-m] 與 [-p]，則是沒有陰聲和它們相對的。

三、上古聲調

中古聲調的調類有中古韻書作依據，可是上古沒有現成的韻書，祇有從《詩經》之類上古韻文的押韻中去推求。可是《詩經》之類上古韻文的用韻情況十分複雜，如果用中古四聲去推求上古韻字的調類，就會遇到四聲相互押韻的現象，因此古代學者對上古聲調的見解分歧很大。歸納起來，主要有五種見解：清代顧炎武的"四聲一貫説"，認爲四聲可以互通並用，等於上古不分四聲；段玉裁的"古無去聲説"，認爲上古沒有去聲，祇有平上入三聲；黃侃的"古惟平入説"，認爲上古沒有上去二聲，祇有平入二聲；王國維的"上古五聲説"，認爲上古的平聲有二類，上去入又各一類；江有誥和王念孫的"古有四聲説"，認爲上古有四聲，區分嚴格，至於《詩經》之類韻文中去聲字常與平上入三聲字相互押韻，正是上古四聲與中古四聲的區別所在。

聲調是漢語的一大特色，具有區別字義的特殊功能，無論古今漢語都應該是有聲調的。"古惟平入説"實際上否定了上古漢語的聲調。爲什麼呢？因爲入聲到了近代消失了，只有一個平聲調，豈不是等於漢語沒有聲調了！現代學者有的主張上古聲調分爲舒促二類，又各分爲長短二類，分別爲平、上、長入、短入，這實際上與"古無去聲説"相似。

關於上古聲調問題，唐作藩先生的解答比較合情合理："我們認爲江有誥和王念孫的意見是對的。江有誥的《唐韻四聲正》比較完備地考察了上古韻語中的字調情況。他的結論是，在先秦詩韻裏'平自韻平，上去入自韻上去入'，祇不過有許多字在上古所屬的調類跟後代不同罷了。例如'慶'字後代念去聲，在先秦應歸平聲；又如'戒'字後代念去聲，在先秦應歸入聲。因爲在先秦韻語中，它們都不和去聲字相押，而'慶'字只和平聲字相押，'戒'字只和入聲字相押。可見江有誥他們的主張是有一定的客觀根據的。"[①]

第四節　反　切　條　例

什麼叫反切？宋代《禮部韻略》説："音韻輾轉相協謂之反，亦作翻；兩字相摩以成聲謂之切，其實一也。"意思是説"反"就是"切"，"切"就是"反"，"輾轉相協"和"相摩成聲"都是指拼音而言。表 2-9 是"同"字反切拼音和字母拼音的比較表。

[①]《漢語音韻學常識》，上海教育出版社 2005 年 1 月第 4 版。

表 2-9 反切拼音和字母拼音比較表

古反切	被切字	切上字 今聲母 徒 t (ú)	切下字 今韻母及聲調 紅 (h) óng	普通話 讀音
	同	t	óng	tóng
今拼音	被拼字	聲母	韻母聲調	字音

先交代幾個術語："徒紅切"三字謂之切語，"同"是被切字。古代直行書寫，反切的兩個字一個在上，一個在下。"徒"叫作反切上字，簡稱切上字；"紅"叫作反切下字，簡稱切下字。看懂比較表，反切拼音的基本原理就顯而易見了；切上字代表被切字的聲母，拼音時要把它的韻母和聲調去掉；切下字代表被切字的韻母和聲調，拼音時要把它的聲母去掉。有留有去，這是反切拼音比今天字母拼音麻煩而落後的地方。但是，這一點，我們不能苛求古人，反切產生於漢末，遠在一千七八百年前，他們是不可能制定出科學的音素化字母的。

一、反切的規則及局限

反切之法，正如陳澧所説："以二字爲一字之音。上字與所切之字雙聲（即聲母相同），下字與所切之字疊韻（即韻母相同）；上字定其清濁，下字定其平、上、去、入。"這段話的意思是，反切上字與所切之字同聲母、同清濁；反切下字與所切之字同韻母、同開合口和聲調。這就是反切的基本規則。例如"好，呼報切"，"好"是被切字，"呼"是反切上字，"報"是反切下字。"好"與"呼"同屬曉母，清音；"好"與"報"同屬去聲號韻（"好"兩讀，一讀上聲，歸皓韻；一讀去聲，歸號韻）。把反切用拼音字母記下來，得出下面這個公式：

好，呼報切　h（ū）＋（b）ào ——→ hào

"呼"字是清聲母平聲字，"報"是去聲號韻字，上字去韻，下字去聲並定調，相拼就成爲 hào。按照這個反切拼音公式再舉四條反切拼音例如下：

純，常倫切　ch（áng）＋（l）ún ——→ chún

紅，胡龍切　h（ú）＋（l）óng ——→ hóng

勸，去願切　q（ù）＋（y）üàn ——→ quàn

暖，乃管切　n（ǎi）＋（g）uǎn ——→ nuǎn

運用反切的基本規則能直接拼出被切字今讀的語音，這叫作反切正例，傳統音韻學稱之爲音和切。爲了便於記憶，我們把反切的基本規則簡化爲四句口訣：上字取聲，下字取韻，上字定清濁，下字定四聲。

反切的標音方法在當時人們的文化學習上確實起了很大作用，但是由於它使用兩個漢字來拼切，就決定了它具有一些克服不了的缺點。缺點約有下列三個方面。

1. 切語用字太多，不易記

以被認爲規範的《廣韻》反切來說吧，它的反切上字有四百五十二個，反切下字約有一千二百來個。要記住這麼多字，顯然是很不容易的。

2. 反切上下字用的都是音節而不是音素，不易拼

漢字的字音是聲、韻、調的統一體。但是，反切在拼音時，一般衹用切上字的聲母和切下字的韻母及聲調。也就是説，拼音時必須把切上字的韻母、聲調和切下字的聲母淘汰掉。這對不具備一定語音學知識的人來説，是不容易做到的。

3. 不少反切字用字筆畫多，難寫、難認

用它們作反切上下字，更不易切出被切字的讀音。如：《廣韻》反切上字中的"暨、衢、馨、羲、驚、癡、麤"等字，切下字中的"蠓、鶺、羈、髓、瞢、樴、賾、憾、蹇、钁"等字。

反切這三個缺點，歸結到一點上，就是它沒能採用音素化的字母。相比之下，我們自然就能體會到今天《漢語拼音方案》的優越性。

二、反切變讀

前面所講的，按照反切的基本規則，即上字取聲，下字取韻及聲調，能拼出被切字今天普通話的讀音，這是反切正例，但是有很大一部分切語，由於古今音變，切上字與切下字拼讀出來的今讀音與被切字的今讀音不同了。如"飄，符宵切"，被切字"飄"今聲母是 p，而切上字"符"的今聲母是 f，拼出來的不是"piāo"。這類不能用切上字聲母，切下字韻母及聲調直接拼出今讀音來的切語，我們稱之爲反切變讀（也叫反切變例），傳統音韻學稱之爲類隔切。有的是聲母的變讀，有的是韻母的變讀，有的是聲調的變讀，現按其順序舉例説明如下。

1. 聲母變讀

（1）z、c、s、g、k、h 與 j、q、x 的變讀。

A. 千，蒼先切　c（āng）＋（x）iān——→ciān
　　　　　　　　　　　　　　　　　　└──→qiān

　　線，私箭切　s（ī）＋（j）iàn——→siàn
　　　　　　　　　　　　　　　　　└──→xiàn

B. 牽，苦堅切　k（ǔ）＋（j）iān——→kiān
　　　　　　　　　　　　　　　　　└──→qiān

　　鷄，古奚切　g（ǔ）＋（x）ī——→gī
　　　　　　　　　　　　　　　　└──→jī

　　孝，呼教切　h（ū）＋（j）iào——→hiào
　　　　　　　　　　　　　　　　　└──→xiào

"└──→"爲變讀符號。A 組聲母 z、c、s，是中古"精""清""從""心"等聲母，在長期的語音發展過程中分化成兩套音。洪音韻母（即開口呼，合口呼韻母）前的聲母仍然保持 z、c、s 的中古讀音，但細音韻母（即齊齒韻、撮口韻）前的聲母就分化爲 j、q、x，如"千"由 c 變讀爲 q，"線"由 s 變讀爲 x。B 組切上字聲母是中古"見""溪""群""曉"等聲母，在洪音韻母前，被切字聲母仍讀 g、k、h，但切下字是細音韻母時，

被切字聲母應變讀爲 j、q、x，如"牽""雞""孝"。

（2）f 變 b、p。

平，符兵切　f（ǔ）＋（b）īng ⟶ fīng
　　　　　　　　　　　　　　　⟶ pīng

弼，房蜜切　f（áng）＋（m）ì ⟶ fì
　　　　　　　　　　　　　　⟶ bì

悲，府眉切　f（ǔ）＋（m）éi ⟶ féi
　　　　　　　　　　　　　　⟶ bēi

胚，芳杯切　f（āng）＋（b）ēi ⟶ fēi
　　　　　　　　　　　　　　⟶ pēi

f 與開口呼或齊齒呼相拼，要變讀 b 或 p，即所謂"古無輕唇音"，如"平""弼""悲""胚"。如何變讀 b 或 p，取決於切上字古聲母的清濁。凡切上字是全濁聲母的，若切下字是平聲，被切字今讀送氣音 p，如"平"；若切下字是仄聲，被切字今讀不送氣音 b，如"弼"。凡切上字是古清聲母的，"幫"母自然讀成不送氣音 b，如"悲"；"滂"母自然讀成送氣音 p，如"胚"。

值得注意的是切下字今聲母 f 的開口呼複韻母、鼻韻母字。這類字原是合口呼被擠掉韻頭而成了開口呼。如：

梵，扶泛切　f（ú）＋（f）àn ⟶ fàn
肺，芳廢切　f（āng）＋（f）èi ⟶ fèi

2. 韻母變讀

（1）切上字翹舌音，切下字韻母若是齊齒韻，去掉 i。

站，陟陷切　zh（ì）＋（x）iàn ⟶ zhiàn
　　　　　　　　　　　　　　⟶ zhàn

臭，尺救切　ch（ǐ）＋（j）iù ⟶ chiòu
　　　　　　　　　　　　　　⟶ chòu

贍，時艷切　sh（í）＋（y）iàn ⟶ shiàn
　　　　　　　　　　　　　　⟶ shàn

然，如延切　r（ú）＋（y）ián ⟶ rián
　　　　　　　　　　　　　　⟶ rán

抄，楚交切　ch（ǔ）＋（j）iāo ⟶ chiāo
　　　　　　　　　　　　　　⟶ chāo

這五個字，中古時分屬"知""莊""章"三組聲母，先後都演變成了翹舌音。在普通話裏 zh、ch、sh、r 祇和開口呼、合口呼韻母相拼，不和齊齒呼、撮口呼韻母相拼，因此拼音時當然要把介音 i 去掉。

（2）ong 變 eng。

蒙，莫紅切　m（ò）＋（h）óng ⟶ móng
　　　　　　　　　　　　　　　⟶ méng

豐，敷空切　f（ū）＋（k）ōng ⟶ fōng
　　　　　　　　　　　　　　　⟶ fēng

鳳，馮貢切　f（éng）＋（g）òng ⟶ fòng
　　　　　　　　　　　　　　　⟶ fèng

“ong”（實際音值是［uŋ］）這個鼻韻母本身的讀音，古今沒有什麼明顯的變化，但它與唇音聲母相拼時，卻影響了它的主要元音的音色。“o”（實際是 u）是個雙唇撮口的元音，它與唇音聲母相連，不好發音。在拼音時自然音變的過程中，“o”被異化爲不圓唇元音“e”了，於是“ong”變成了“eng”。在讀傳統反切時，不瞭解這一點，就會拼不出今天普通話的讀音來。

3. 聲調變讀

（1）全濁平聲字改讀陽平。

古代漢語裏祇有一個平聲，到了《中原音韻》（元代周德清編著）時期平聲分成了兩個：陰平和陽平。分化條件是聲母的清濁。古平聲中清聲母字讀陰平，濁聲母字讀陽平。這個變化，使較多切語在聲調上出現了“變讀”現象。如：

東，德紅切　d（é）＋（h）óng ⟶ dóng
　　　　　　　　　　　　　　　⟶ dōng

安，烏寒切　o（ū）＋（h）án ⟶ án
　　　　　　　　　　　　　　　⟶ ān

黃，胡光切　h（ú）＋（g）uāng ⟶ huāng
　　　　　　　　　　　　　　　⟶ huáng

郎，魯當切　l（ǔ）＋（d）āng ⟶ lāng
　　　　　　　　　　　　　　　⟶ láng

“東”“安”切語下字的聲調都是陽平，但切上字聲母都是清音（“德”雖然讀陽平，但它是一個清音字，是古清音入聲今歸四聲而歸到陽平去的），所以被切字定爲陰平。“黃”“郎”切下字都是陰平，但切上字聲母都是濁音，所以被切字要定陽平。

（2）全濁上聲改讀去聲。

駭，侯楷切　h（óu）＋（k）ǎi ⟶ hǎi
　　　　　　　　　　　　　　　⟶ hài

靜，疾郢切　j（í）＋（y）ǐng ⟶ jǐng
　　　　　　　　　　　　　　　⟶ jìng

像，徐兩切　x（ú）＋（l）iǎng ⟶ xiǎng
　　　　　　　　　　　　　　　⟶ xiàng

這三個字的切上字都是古全濁聲母字，切下字雖是上聲字，按古全濁上聲今讀去聲的規律，被切字的聲調應由上聲改讀爲去聲。而下面則與之相反。如：

董，多動切　d（uō）＋（d）òng → dòng
　　　　　　　　　　　　　　　　└→ dǒng

叟，蘇後切　s（ū）＋（h）òu → sòu
　　　　　　　　　　　　　　　└→ sǒu

乃，奴亥切　n（ú）＋（h）ài → nài
　　　　　　　　　　　　　　　└→ nǎi

“董”“叟”的切上字是清聲母，“乃”的切上字是次濁音（鼻音聲母），切下字“動”“後”“亥”的今聲調都是去聲，被切字“董”“叟”“乃”的今聲調都變讀爲上聲。從切下字的古聲調來説，“動”“後”“亥”古屬全濁上聲字，今天讀去聲。反切規則，切下字定韻母和聲調，但不是指今讀聲調，而是切下字的古聲調。聲調演變規則是：古清音及次濁聲母上聲今讀上聲。因此，“董”“叟”“乃”三個被切字應改讀爲上聲。

第五節　詩　體　韻　律

從詩體韻律角度來講，古代詩歌大致可分古詩和律詩兩大類。古詩又稱古體詩和古風，律詩又稱近體詩和今體詩。

一、律詩的基本格式

律詩是跟唐以前尤其漢魏六朝的古詩相對而言的。在韻律上，律詩講求押韻，又講求平仄，此外還要講求對仗。

律詩的押韻，説得簡略一點就是每聯的對句必須押韻，一般只押平聲韻，極少押仄聲韻，而且要求一韻到底，不得換韻，也不得押鄰韻。首聯出句可以入韻（七言入韻者多），也可以不入韻（五聯不入韻者多）。

律詩的平仄，可以説是律詩的主要特徵，律詩就是在押韻的基礎上以平仄爲綱的。就語音形式而言，律詩美就美在平仄上，抑揚交替構成優美的旋律。這裏著重講律詩的平仄格律，同時結合實例講律詩的押韻。

清人錢良擇在《唐音審體》中説：“律詩始於唐初，至沈、宋而其格始備。”所謂“沈、宋”，是指初唐人沈佺期和宋之問。沈、宋總結了前人和同時代人應用格律創作的實踐經驗，從而讓後人寫詩有了明確的詩律可以遵循。先看五言絕句《渡漢江》：

嶺外音書斷，　　A.　仄仄平平仄
經冬復歷春。　　B.　平平仄仄平
近鄉情更怯，　　C.　平平平仄仄
不敢問來人。　　D.　仄仄仄平平

（平仄外面畫方框表示可平可仄，下面加小圓點表示押韻。）

五言絕句又稱五絕。絕句是指四句爲一首的詩體，有五言、七言之分，有古絕、律絕之別。古絕屬古詩，律絕屬律詩。《渡漢江》是律絕，全首四個平仄律句都是由“仄仄平平”和“平平仄仄”加尾或加頭構成的。所謂加尾，就是在“仄仄平平”和“平平仄仄”的後面分別加上一個相反的平仄字，構成“仄仄平平仄”和“平平仄仄平”兩個平仄律句。所謂加頭，就是在“平平仄仄”和“仄仄平平”的前面分別加上一個相同的平仄字，構成“平平平仄仄”和“仄仄仄平平”兩個平仄律句。這是平仄的四種基本律句。爲了講授的方便，我們把“仄仄平平仄”叫作 A 型律句，把“平平仄仄平”叫作 B 型律句，把“平平平仄仄”叫作 C 型律句，把“仄仄仄平平”叫作 D 型律句。

“仄仄平平仄、平平仄仄平、平平平仄仄、仄仄仄平平”就是由上面四種類型律句組成的平仄的基本格式。根據寫詩的需要，可以作小的移動，把第五字（仄）跟第三字（平）對換一下位置，首句就入韻了（如王安石的《梅花》）。也可以作大的移動，C 型律句跟 A 型律句、D 型律句跟 B 型律句分別對換一下位置，就成爲五絕另一種平仄格式了（如李端的《聽箏》）。還可以同時作大的移動和小的移動，成爲五絕的另一種首句入韻的平仄格式（如盧綸的《塞下曲》）。再看白居易的七言絕句《憶江南》：

曾栽楊柳江南岸，	A.	平平	仄仄平平仄
一別江南兩度春。	B.	仄仄	平平仄仄平
遙憶青青江岸上，	C.	仄仄	平平平仄仄
不知攀折是何人。	D.	平平	仄仄仄平平

七言絕句又稱七絕。七絕可以看作是五絕平仄的基本格式的擴展。上面直線左邊的每行分別增加了兩個相反的平仄字，這就構成了七絕平仄的基本格式。根據寫詩的需要，同樣可以作小的移動，把首句的第七字（仄）跟第五字（平）對換一下位置，首句就入韻了（如李白的《早發白帝城》）。也可以作大的移動，把 C 型律句跟 A 型律句、D 型律句跟 B 型律句分別對換一下位置，就成爲七絕的另一種平仄格式了（如蘇軾的《贈劉景文》）。還可以同時作大的移動和小的移動，成爲七絕的另一種首句入韻的平仄格式（如李商隱的《夜雨寄北》）。因此，無論五絕還是七絕，祇要記住平仄的基本格式，瞭解前面説的小的移動和大的移動的簡明規律就行了，不必死記硬背那麼多的平仄格式。

五言律詩簡稱五律，七言律詩簡稱七律。五絕、七絕合稱律絕，五律、七律合稱律詩，但廣義的律詩又包括五絕、七絕和五律、七律。我們不妨把五律、七律看作是五絕、七絕的一次逆反（一説五絕、七絕是截取五律、七律的一半），二者的平仄格式和律句類型基本上是相同的。先看杜甫的五言律詩《春夜喜雨》：

好雨知時節，	A.	仄仄平平仄	首聯
當春乃發生。	B.	平平仄仄平	
隨風潛入夜，	C.	平平平仄仄	頷聯
潤物細無聲。	D.	仄仄仄平平	
野徑雲俱黑，	A.	仄仄平平仄	頸聯
江船火獨明。	B.	平平仄仄平	

曉看紅濕處，　　C. 平 平平仄仄 ⎤
花重錦官城。　　D. 仄 仄仄平平 ⎦ 尾聯

　　全首八句由五絕平仄的基本格式逆反一次組成，即由 A、B、C、D 四個平仄律句逆反一次組成。根據寫詩的需要，同樣可以作小的移動，把首句第五字（仄）跟第三字（平）對換一下位置，首句就入韻了（如杜甫的《朝》），也可以作大的移動，把頷聯和尾聯的 C 型律句跟首聯和頸聯的 A 型律句、頷聯和尾聯的 D 型律句跟首聯和頸聯的 B 型律句分別對換一下位置，成爲五律的另一種平仄格式（如王維的《山居秋暝》）。還可以同時作大的移動和小的移動，成爲五律的另一種首句入韻的平仄格式（如李商隱的《晚晴》）。再看劉禹錫的七言律詩《酬樂天揚州初逢席上見贈》：

巴山楚水淒涼地，　A. 平平 仄 仄平平仄 ⎤
二十三年棄置身。　B. 仄 仄平平仄仄平 ⎦ 首聯

懷舊空吟聞笛賦，　C. 仄 仄 平 平平仄仄 ⎤
到鄉翻似爛柯人。　D. 平 平 仄 仄仄平平 ⎦ 頷聯

沉舟側畔千帆過，　A. 平平 仄 仄平平仄 ⎤
病樹前頭萬木春。　B. 仄 仄平平仄仄平 ⎦ 頸聯

今日聽君歌一曲，　C. 仄 仄 平 平平仄仄 ⎤
暫憑杯酒長精神。　D. 平 平 仄 仄仄平平 ⎦ 尾聯

　　全首八句由七絕平仄的基本格式逆反一次組成，即由 A、B、C、D 四個平仄律句逆反一次組成。根據寫詩的需要，同樣可以作小的移動，把首句第七字（仄）跟第五字（平）對換一下位置，首句就入韻了（如祖咏的《望薊門》）。也可以把頷聯和尾聯的 C 型律句跟首聯和頸聯的 A 型律句、頷聯和尾聯的 D 型律句跟首聯和頸聯的 B 型律句分別對換一下位置，成爲七律的另一種平仄格式（如杜甫的《聞官軍收河南河北》）。還可以同時作大的移動和小的移動，成爲七律的另一種首句入韻的平仄格式（如文天祥的《過零丁洋》）。因此，無論五律和七律，祇要記住平仄的基本格式，瞭解前面說的小的移動和大的移動的簡明規律就行了，不必死記硬背那麼多的平仄格式。五絕、七絕、五律、七律合計至少也有十六套平仄格式，都是用平仄二字，記背錯了，或者把平仄二字弄混了，就很可能犯律的。

　　律詩經過了大約三百年的創作實踐，纔生成一套系統的規則，詩壇上稱爲詩律。講求音聲抑揚交替的優美詩律，有三條基本要求：第一，句中的平仄要相間，無論是 A 型律句、B 型律句、C 型律句還是 D 型律句的平仄都是異音相間的。第二，對句和出句的平仄要相對，如平仄的基本格式中 A 型律句和 B 型律句的平仄是相對的，C 型律句和 D 型律句的平仄也是相對的。第三，後聯出句和前聯對句的平仄要相粘，如平仄的基本格式中 C 型律句和 B 型律句的平仄是相粘的。不合第一條，就很可能是拗句，畫方框可平可仄者除外。不合第二條，謂之“失對”。不合第三條，謂之“失粘”。

二、律詩的變化格式

　　現在講詩律平仄的變化格式，即變格。詩壇上有所謂“一、三、五不論，二四六分

明"的説法，這是就律句而言的，就是説律句的一、三、五字不在節奏（類似音步）點上，比較自由一點，而律句二、四、六字正好在節奏點上，要求必須嚴格。這一説法有其相對的道理，尤其對於初習詩的人們有一定的用處，但也不是絶對的。在人們的寫詩實踐中，平仄作爲音聲抑揚交替的旋律，一、三、五字並非一概不論。五言 B 型律句"平平仄仄平"的第一個字和七言 B 型律句"仄仄平平仄仄平"的第三個字就不可不論，而且非論不可。如果不採取補救措施，就犯了孤平。所謂"孤平"，就是 B 型律句除去韻腳平聲字不算，全句祇有一個平聲字。孤平是詩律的大忌。但孤平可以補救，就是把五言 B 型律句的第三字改爲平聲字，成爲"仄平平仄平"；把七言 B 型律句的第五字改爲平聲字，成爲"仄仄仄平平仄平"。如：

　　　　李白《夜宿山寺》："恐驚天上人。"

　　　　孟浩然《與諸子登峴山》："往來成古今。"

　　　　許渾《咸陽城東樓》："山雨欲來風滿樓。"

　　　　王昌齡《浣紗女》："江上女兒全勝花。"

　　五言 D 型律句"仄仄仄平平"第三字和七言 D 型律句"平平仄仄仄平平"第五字也不可不論，否則末三字成了三平調。這是古詩的特點，律詩應當避免。而若五言 C 型律句"平平平仄仄"第三字和七言 C 型律句"仄仄平平平仄仄"第五字拗了，又總是把後面的一個仄聲字改爲平聲字，分別構成"平平仄平仄"和"仄仄平平仄平仄"。如：

　　　　王維《觀獵》："回看射雕處。"

　　　　王勃《送杜少甫之任蜀川》："無爲在歧路。"

　　　　杜牧《九日齊安登高》："古今往來只如此。"

　　　　陸游《夜泊水村》："記取江湖泊船處。"

　　此外，五言 A 型律句"仄仄平平仄"第三字和七言 A 型律句"平平仄仄平平仄"第五字用了仄聲字，如果不論，那就成了另一種拗。當然，這拗也還是可以補救的，即在對句同一位置上改仄爲平。如：

　　　　李白《贈孟浩然》："吾愛孟夫子，風流天下聞。"

　　　　杜甫《送友人》："江上幾人在，天涯孤棹還。"

　　　　劉禹錫《秋日送客至潛水驛》："鵲噪晚禾地，蝶飛秋草畦。"——此例"秋"字既救前句"晚"字之拗，又救當句"蝶"字造成的孤平。

　　　　蘇軾《新城道中》："野桃含笑竹籬短，溪柳自搖沙水清。"——此例"沙"字既救前句"竹"字之拗，又救當句"自"字造成的孤平。

　　不過若是五言 A 型律句第三字和七言 A 型律句第五字拗了，因爲不在節奏點上，祇算半拗，所以也有見拗不救的。如：

　　　　王維《輞川閑居贈裴秀才迪》："復值接輿醉，狂歌五柳前。"——上句"接"字拗，沒在下句第三字救。

　　　　柳宗元《別舍弟宗一》："一身去國六千里，萬死投荒十二年。"——上句"六"字拗，沒在下句第三字救。

　　由此看來，所謂"一、三、五不論"的説法不是絕對的。那麼"二、四、六分明"的説法又如何呢？也並非絕對的。五言 A 型律句"仄仄平平仄"第四字和七言 A 型律句"平平仄仄平平仄"第六字如果用了仄聲而拗了，分別在下句（五言）B 型律句的第三字和（七言）B 型律句的第五字改仄爲平補救。如：

　　　　賈島《憶江上吳處士》："此地聚會夕，當時雷雨寒。"——上句"聚會"二字拗，下句"雷"字救，一字救兩字。

　　　　陸游《夜泊水村》："一身報國有萬死，雙鬢向人無再青。"——上句"有萬"二字拗，下句"向"字又犯孤平，統由下句"無"字救，一字救三字。

　　因此，"一、三、五不論"不是絕對的，"二、四、六分明"也不是絕對的。

　　律詩的平仄有一條總的規律，就是講求"異音相從"（劉勰《文心雕龍》語），美就美在避同求異。句中講求平仄相間，是"異音相從"。出句和對句講求平仄相對，是"異音相從"。後聯出句和前聯對句講求平仄相粘，孤立地看似乎不是異音相從，其實是爲了前後兩聯避同求異，從聯的角度看依然是"異音相從"。而且在出現孤平和拗字的情況下採取各種變格手法，也是爲了講求"異音相從"。從這個意義看平仄，出句和對句的第二字必須相對，後聯出句和前聯對句的第二字必須相粘，二者纔是絕對不可不論，必須分明的。

　　至於律詩的對仗，出句與對句不可同字對，必須平對仄，仄對平，否則也屬失對。字面上，一般只求義類上的對仗。五絕、七絕，前兩句可以對仗，尤其七絕。五律、七律的頷聯和頸聯分別要求對仗，首聯對仗與否沒有嚴格的要求，一般五律首聯多見對仗，七律首聯少見對仗。但在律詩定型化之前頸聯有不對仗的，也有四聯全對仗的。詩人的風格不同，對仗的形式還略有差異，不一一講述了，可以從讀詩中細細體會。

三、古詩的主要特點

　　古詩是種半自由體詩。字句數目都沒有限制，也沒有固定的格式。句式有四言、五言、七言，有三五雜言、三五七雜言、錯綜雜言。純粹的古風，以五言、七言爲主。如李白的《秋浦歌》（其十）是六句五言詩：

　　　　千千石楠樹，　　　萬萬女貞林。
　　　　山山白鷺滿，　　　澗澗白猿吟。
　　　　君莫向秋浦，　　　猿聲碎客心。

而李白的古詩《夢遊天姥吟留別》，可謂四、五、六、七、九言構成的錯綜雜言詩，長達四十五句。

　　古詩的押韻比較寬，可以押平聲韻，也可以押仄聲韻。如李白的《月下獨酌》：

　　　　花間一壺酒，　　　獨酌無相親。
　　　　舉杯邀明月，　　　對影成三人。
　　　　月既不解飲，　　　影徒隨我身。
　　　　暫伴月將影，　　　行樂須及春。
　　　　我歌月徘徊，　　　我舞影零亂。

> 醒時同交歡，　　醉後各分散。
>
> 永結無情遊，　　相期邈雲漢。

全首十四句，前八句押平聲韻（親、人、身、春），後六句押仄聲韻（亂、散、漢）。另有一種句句押韻的古詩，即柏梁體（據傳漢武帝建柏梁臺和大臣們聯句賦一種七言詩，句句用韻腳，不入律，無對仗，後世稱爲柏梁體）。

不拘平仄、孤平、孤仄、三平調（詩句後面連用三個平聲字）、三仄調（詩句後面連用三個仄聲字）是古詩的一大特點。如王維的《送別》：

> 下馬飲君酒，　　問君何所之。
>
> 君言不得意，　　歸臥南山陲。
>
> 但去莫復問，　　白雲無盡時。

其中"南山陲"就是三平調。

关于對仗，古詩沒有固定的要求。如果詩中有對仗，那也不是格律上的要求，主要是出於寫詩修辭上的需要，而且可以不避同字對。如李白的《蜀道難》中"朝避猛虎，夕避長蛇"的"避"字就是同字對。

入律的古風，句數不定，平聲韻和仄聲韻可以交替，一般四句一換韻。如王勃的《滕王閣诗》。

另有一種稱爲"詞"的詩體，起源於唐而盛於宋（如本章後面文選中的《鳳棲梧》《江城子》），其韻律以詞譜爲依據（如《白香詞譜》）。

第六節　古 音 通 假

一、雙聲疊韻

古音通假與雙聲疊韻有一定的聯繫，因此我們先從雙聲疊韻談起。

1. 上古是雙聲

現在不是的。如"繽紛"，上古都是幫母字，是雙聲，語音發展到現在卻不是雙聲詞，因爲"繽"的聲母是 b，而"紛"的聲母是 f。"蕭瑟"，上古都是心紐字雙聲，今天"蕭"的聲母是 x，"瑟"的聲母是 s，非雙聲。

2. 上古是疊韻

現在不是的。如"倉庚"（黃鶯的別名）上古同歸陽部，是疊韻，現在"倉"的韻母是 ang，"庚"的韻母是 eng，不是疊韻。"茉苢"（草名）上古都是之部字，是疊韻，今普通話念 fú yǐ，並不同韻。

3. 古今均爲雙聲

如"參差"（不齊貌），今讀 cēn cī，雙聲；上古同歸初紐，雙聲。"馳騁"今音 chí chěng，聲母相同；古聲母，按其反切來説，"馳"，直離切，澄紐，"騁"，丑郢切，徹母；中古舌上音全歸端組聲母（見前錢大昕"古無舌上音"），"馳"屬定紐，"騁"屬透紐，音極其相近。"拮據"，今音 jié jū，聲母相同，上古同屬見紐。

4. 古今均爲疊韻

如“窈窕”（文静美好貌），今音 yǎo tiǎo，疊韻（不計韻頭），上古同屬宵部。“綢繆”，今讀 chóu móu，韻母相同，上古同屬幽部。“須臾”，今讀 xū yú，韻母相同，上古同屬魚部。

以上雙聲疊韻都是選的雙音節詞，這是爲了便于記憶。單音節詞可否組成雙聲疊韻呢？同樣可以，如“彬、本、表、封”四字在上古同爲幫母，四字雙聲；“桑、荒、狂、明”上古同屬陽部，四字疊韻。

二、古音通假

1. 甚麽叫古音通假

所謂通假，就是在古代漢語裏，本有其字不用，卻用一個音同或音近的字來假借通用。如“早”，本義是早晨，但《詩經·豳風·七月》卻把它寫成“跳蚤”的“蚤”。“四之日其蚤，獻羔祭韭。”高亨注：“蚤，借爲早。”《史記·項羽本紀》：“旦日不可不蚤自來謝項王。”“蚤”之所以能與“早”通假，是因爲二者聲音相同，上古都屬精母幽部。“蚤”是通假字，也稱借字；“早”是被通假字，也稱本字。

再如“信”字，《説文·人部》：“誠也。”《老子》：“信言不美，美言不信。”其中的“信”字，用的是它的本義：語言真實。而《孟子·告子上》：“今有無名之指屈而不信，非疾痛害事也。”句中的“信”若按“信”的本義便解釋不通。《説文》“信”字條段玉裁注：“古多以爲屈伸之伸。”按“伸”之伸直、伸展義解釋，則文從字順，則“信”在《孟子·告子上》文中通假爲“伸”。這兩個字所以能通假，是因爲它們的上古讀音相近，都屬上古真部，是疊韻字。《史記·廉頗藺相如列傳》：“相如一奮其氣，威信鄰國。”“信”通“伸”，爲伸展、伸張義。“蚤”義單一，“信”卻是多義詞，哪一個義項與“伸”字通假呢？一定要明確其範圍。《古漢語常用字字典》“信”字條共收有八個義項，第八義項“shēn，通伸，伸展”。研究通假字不能脱離語音，也不要忽略通假字與被通假字相通的範圍。

爲甚麽要明確通假字與被通假字的上古讀音？清代戴震説：“六經字多假借。”陳澧在《東塾讀書記》中説：“古人用字多假借……實以無分部之字書，故至於歧異耳。《説文》既出，用通假之字者少矣。”戴、陳二氏的話說明用字上的通假現象主要出現在上古經典著作中，其次説明通假字較多的原因。古代沒有字書（即工具書），《説文解字》面世後，這種情況大爲減少。通假字既然是上古典籍中的用字現象，就一定“要從上古音的角度加以説明”。我們在“通假”二字之前冠以古音，理由也就在此。後代文人的文言文作品中的通假字，有很多是相沿襲用，如明代馬中錫的《中山狼傳》：“狼欣然度之，信足先生。”這個“信”字是“伸”之通假字。

2. 通假字的種類

根據通假字的原則“音相同或相近而通假”，可分爲同音通假和近音通假兩大類。

（1）**同音通假**：通假字與被通假字的聲母、韻部都相同。

①“由”通“猶”。“由”的常用義是：經由、走過。《論語·雍也》：“誰能出不由戶？”“猶”之常用義如“同”。《孟子·梁惠王上》：“今之樂猶古之樂也。”

“由”通“猶”（同屬上古幽部），《孟子·梁惠王上》：“民歸之由水之就下。”《墨子·兼愛下》：“爲彼者，由爲己也。”畢沅校注：“由同猶。”

②“壺”通“瓠”。“壺”“瓠”詞義單一：“壺”，容器名；“瓠”，蔬類名。但運用的時候，由於“壺”“瓠”上古同屬匣紐魚部，可以互爲通假。如以“壺”通“瓠”，《詩經·豳風·七月》：“七月食瓜，八月斷壺。”孔穎達《毛詩正義》：“以‘壺’與‘瓜’連文，則是可食之物，故知‘壺’爲‘瓠’（即瓠瓜），謂甘瓠可食，就蔓斷取而食之。”《鶡冠子·學問》①：“中河失船，一壺千金。”陸佃注：“壺，瓠也。佩之可濟涉，南人謂之腰舟。”“瓠”可通“壺”，如《爾雅·釋器》：“康瓠（即破瓦器）謂之甈（qì，陶制的壺）。”邢昺疏：“康瓠一名甈瓠，即壺也。”

③“麋”通“眉”。“麋”“眉”這兩個詞，意義也比較單純：“麋”，小鹿；“眉”，眉毛。由于它們的上古音同爲明紐脂部，故“麋”可通“眉”。如《荀子·非相》：“伊尹之狀，面無鬚麋。”楊倞注曰：“麋與眉同。”《大戴禮記·主言》：“孔子愀然揚麋曰：‘參！女以明主爲勞乎？’”其本字爲“眉”，通假字爲“麋”。

（2）**近音通假**：所謂近音，是指通假字與被通假字音相近。具體地説，它們之間，或聲母相同或韻部相同。包含雙聲通假、疊韻通假兩種情況。

（3）**雙聲通假**。

①“栗”通“裂”。“栗”的本義是樹名，板栗樹。“裂”即“列”，它們是今古字的關係。“裂”的常用義爲“分裂”，如《淮南子·覽冥訓》：“四極廢，九州裂。”

“栗”通“裂”，如《詩經·豳風·東山》：“有敦瓜苦，烝在栗薪。”鄭玄箋曰：“栗，析也……古者栗、裂同聲也。”孔穎達《毛詩正義》：“析薪是分裂之義。……古者聲栗、裂同，故得借‘栗’爲‘裂’。”所謂聲同，即它們同屬古來紐字，韻部：“栗”，質部；“裂”，月部。同爲入聲字，聲相近而通假。

②“亡”通“無”。“亡”的常用義：逃跑。如《漢書·韓信傳》：“（蕭）何聞信亡，不及以聞，自追之。”成語：“亡羊補牢。”“無”的常用義：沒有。如《詩經·小雅·車攻》：“之子出征，有聞無聲。”（有善聞而無喧嘩之聲）

“亡”通“無”，如《漢書·李陵蘇武傳》：“終不得歸漢，空自苦亡人之地。”《説文解字》段注：“亡亦假借爲‘有無’之‘無’，雙聲相借也。”“亡”，明紐陽部；“無”，明紐魚部。“亡”“無”雙聲，韻部亦相近。

③“報”通“赴”。“報”的常用義：報答、報復。如《左傳·成公三年》：“無怨無德，不知所報。”其中的“報”就是常用義“報答”。《説文解字》“報”字條段注：“報又假爲‘赴疾’之‘赴’。”如《孔雀東南飛》：“卿但暫還家，吾今且報府。”“報”通“赴”，用“赴”之義（常用義是到、去）。之所以能通假，因爲“報”屬幫紐幽部，“赴”屬滂紐魚部，因幫、滂同爲唇音，音相近而通假。

_____

① 鶡冠子，相傳戰國時楚人，姓名不詳，因隱居深山，以鶡羽爲冠，故有此號。《漢書·藝文志》著錄《鶡冠子》一篇。

（4）**疊韻通假**。

①"詳"通"佯"。"詳"的常用義：詳細、詳盡。如《晉書・哀帝紀》："詳議法令。""佯"的詞義是假裝，如《孫子兵法・軍争》："佯北勿從。"（北，指敗退；從，追趕。）

"詳"通"佯"，如《史記・李將軍列傳》："行十餘里，廣詳死。"《史記・吳王世家》："公子光詳爲足疾。"《索隱》："詳，詐也。字亦變作佯。""詳"，上古邪紐陽部；"佯"，喻紐陽部，同屬陽部而通假。

②"説"通"悦"與"脱"（"説"，書紐；"悦"，喻紐；"脱"，透紐）。"説"通"悦""脱"乃一字多通之例證，這三個詞詞義互不關聯。"説"，説解，如《禮記・檀弓》："而天下其孰能説之？""悦"，高興、愉快。《史記・吳起列傳》："吳起不悦。""脱"，脱落、脱離。《老子》："魚不可脱于淵。"

"説"通"悦"，《論語・雍也》："非不説子之道，力不足也。""説"通"脱"，《禮記・文王世子》："文王有疾，武王不説冠帶而養（養，奉養）。"其所以能相通假，就因爲這三個詞古同屬月部，疊韻通假。

③"許""所"互通（"所"，山紐；"許"，曉紐）。"許"的常用義是允許，《左傳・隱公元年》："公弗許。""所"的常用義是處所，《論語・爲政》："爲政以德，譬如北辰，居其所而衆星拱之。"

"許"通"所"，《世説新語・方正》："張玄與王建武先不相識，後遇于范豫章許。"（指在范豫章住所相遇。）陶潛《五柳先生傳》："先生不知何許人也。""所"通"許"。《史記・留侯世家》："（張）良殊大驚，隨目之，父去里所復還。"（"里所"的"所"表約數。）《史記・滑稽列傳》："從弟子女十人所，皆衣繒單衣，立大巫後。"其所以能互通，因爲"許""所"皆古魚部字。

古籍中經常出現通假字，因此，我們讀古書，就一定要突破通假字這一關。首先要結合上下文意，細細分辨，看看通假字和本字之間上古讀音是否相同或相近，有無雙聲、疊韻等關係；其次，還應該儘可能找到從漢代以來有關文字和訓詁方面的參證資料，以及上古典籍的通假運用方面的文字説明。若缺乏文意上的鑽研，又缺乏古籍參證資料，僅憑上古聲韻，不可貿然斷定。其實這是就廣義的通假字而言，嚴格地説"説與悦"之類應屬古今字（請參"文字"章）。

文　選

寄揚州韓綽判官
杜　牧

青山隱隱水迢迢，秋盡江南草未凋①。二十四橋明月夜，玉人何處教吹簫②？

題　解

杜牧（803—852），字牧之，京兆萬年（今陝西西安市）人。太和二年（828）進士，歷任黄、池、睦、湖等州刺史，後入爲司勛員外郎，官至中書舍人。他的詩在晚唐自成一家，後人稱之爲"小杜"。其詩長於七律和絕句，於拗折峭健之中，見風華掩映之美。有《樊川文集》。

這是一首寄贈詩。韓綽是杜牧好友，其人事迹不詳。杜牧另有《哭韓綽》詩。唐薛逢也有《送韓綽歸淮南寄韓綽先輩》詩。這首詩以風調悠揚蘊藉見稱。

注 釋

① 草未凋：又本作"草木凋"。

② "二十四橋"二句：二十四橋，唐時揚州城内有二十四橋，詩中以代稱揚州。玉人，當指韓綽。這裏詩人本是問候友人近況，卻故意用玩笑的口吻調侃韓綽，問他當此秋盡之時，每夜在何處教人歌吹取樂呢？

押 韻

迢、凋、簫，"蕭"韻。

文 選

△柳橋晚眺①

陸 游

小浦聞魚躍，横林待鶴歸。閑雲不成雨，故傍碧山飛。

題 解

陸游（1125—1210），字務觀，號放翁，越州山陰（今浙江紹興）人。孝宗朝賜進士出身。曾任鎮江、隆興、夔州通判。光宗時升爲朝議大夫、禮部郎中。後被劾去職。他是南宋傑出的愛國詩人，詞和散文的成就也很高，題材廣闊，内容多激昂慷慨之作。其詞多雄慨之篇，亦有纖麗之作。有《劍南詩稿》《渭南文集》。

這是詩人晚年家居山陰時作的一首寫景小詩。通過景色的描寫，反映出作者恬澹的胸懷和壯志未酬的淡淡哀思。

注 釋

① 柳橋：在浙江紹興縣城東南。

押 韻

歸、飛，"微"韻。

文 選

△贈孟浩然

李 白

吾愛孟夫子，風流天下聞①。紅顔棄軒冕，白首卧松雲。醉月頻中聖，迷花不事君②。高山安可仰，徒此揖清芬③。

題　解

　　李白（701—762），字太白，號青蓮居士。盛唐傑出詩人。三十五歲之前他曾漫遊十
餘年。唐玄宗天寶元年（742）應詔赴長安，供奉翰林。兩年後又開始了漫遊生活。安史
之亂中隱於廬山，因參加永王李璘的幕府，後受牽連，流放夜郎（今貴州省桐梓縣），中
途遇赦。六十二歲時病歿於當塗（今安徽省當塗縣）。李白性格豪邁，傲視權貴，同情人
民。同時也流露出人生如夢、及時行樂的情緒。他是屈原之後最傑出的浪漫主義詩人。
詩風雄奇飄逸、真率自然。有《李太白全集》。

　　這首詩大致寫在寓居湖北安陸時期（727—736），此時李白常往來襄漢一帶，與比他
長十二歲的孟浩然結下了深厚的友誼。詩中描繪了孟浩然風流儒雅的形象，同時透露了
自己與之共鳴的思想感情。風格自然飄逸。

注　釋

① 夫子：對男子的敬稱。這兩句用一種舒展的咏嘆語調來表達詩人的敬慕之情，具有疏朗古樸
　之風。

②“紅顏”四句：前兩句用了互文的手法。中（zhòng）聖：就是醉酒的意思。這裏用了曹魏時徐邈喜
　酒的故事，他將清酒叫作聖人，濁酒叫作賢人。此四句勾勒出一個高臥林泉、風流自賞的詩人
　形象。

③ 高山：《詩經·小雅·車舝》：“高山仰止，景行行止。”“高山”兩句意思是山太巍峨了，不可仰望，
　衹能在此向孟浩然純潔芳馨的品格拜揖。

押　韻

　　聞、雲、君、芬，“文”韻。

文　選

小寒食舟中作

杜　甫

　　佳辰強飲食猶寒，隱几蕭條戴鶡冠①。春水船如天上坐，老年花似霧中看。娟
娟戲蝶過閑幔②，片片輕鷗下急湍。雲白山青萬餘里③，愁看直北是長安。

題　解

　　杜甫（712—770），字子美。生於今河南鞏縣。二十歲起南遊吳越，東遊齊趙。三十
五歲入長安求仕，困居十年。安史亂中，逃奔鳳翔謁見肅宗，拜左拾遺，又出爲華州司
功參軍。後棄官至成都，不久，被舉爲檢校工部員外郎。五十九歲時病逝於湘江舟中。
杜詩真實而深刻地描寫了唐代社會由盛轉衰的歷史，有“詩史”之稱。杜甫又有“詩聖”
之譽，其詩衆體兼長。有《杜工部集》。

　　這首詩寫於去世前半年多，即大曆五年（770）春淹留潭州的時候。詩中表達了詩人
暮年落泊江湖卻依然深切關懷唐王朝安危的思想感情。全詩在自然流轉中顯現深沉凝煉，
突出地表現了杜甫晚年詩風蒼茫而沉鬱的特色。

注 釋

① "佳辰"二句：小寒食指寒食次日，即清明節前一天。寒食禁火，故言"食猶寒"。鶡冠：傳爲楚隱者鶡冠子所戴的鶡羽制成的帽子。

② 娟娟：形容舞蝶翩躚之貌。閑幔：布簾閑捲。

③ "雲白"句：尾三字用了"仄平仄"的典型拗救句式，出語鏗鏘。

押 韻

寒、冠、看、湍、安，"寒"韻。

文 選

△鳳棲梧

柳 永

　　竚倚危樓風細細①。望極春愁，黯黯生天際。草色烟光殘照裏，無言誰會憑欄意？　　擬把疏狂圖一醉。對酒當歌，强樂還無味。衣帶漸寬終不悔，爲伊消得人憔悴②。

題 解

　　柳永（987？—1055？），字耆卿，原名三變，排行第七，也稱柳七。祖籍河東（今屬山西永濟縣），後移居崇安（今屬福建）。宋景祐元年（1034）進士。官終屯田員外郎，世稱柳屯田。他是北宋詞壇婉約派的代表人物，精通音律，善於鋪叙和使用俚俗語言。其詞流傳甚廣，有《樂章集》。

　　《鳳棲梧》爲唐教坊曲名，又名《鵲踏枝》《蝶戀花》等。這是一首懷人之作，柳永把漂泊異鄉的落魄感受，同懷念意中人的纏綿情思結合在一起，抒情寫景，結合自然，感情真摯。

注 釋

① 危樓：高樓。風細細：指微風。

② "衣帶"二句：畫龍點睛地揭示出主人公的内心世界。王國維稱之爲"專作情語而絶妙者"。寬，寬鬆。伊，那人。

押 韻

細、際，"霽"韻；裏、意，"紙"韻。醉，"寘"韻；味，"未"韻；悔，"賄"韻；悴，"寘"韻。

文 選

△江城子密州出獵①

蘇 軾

　　老夫聊發少年狂，左牽黃，右擎蒼②。錦帽貂裘，千騎捲平岡③。爲報傾城隨太守，親射虎，看孫郎④。　　酒酣胸膽尚開張，鬢微霜，又何妨⑤？持節雲中，何日遣馮唐⑥？會挽雕弓如滿月，西北望，射天狼⑦。

題　解

蘇軾（1037—1101），字子瞻，號東坡居士，眉州眉山（今四川眉山）人。嘉祐二年（1057 年）進士，神宗時曾任祠部員外郎，知密州、徐州、湖州。因反對王安石變法，以“作詩謗訕朝廷”罪貶謫黃州團練副使。後召回京，任起居舍人、中書舍人、翰林學士。又因反對司馬光等人盡廢新法，再度被排擠。哲宗親政，又被貶惠州、儋州。徽宗即位，內遷，病死常州。謚文忠。

蘇軾思想以儒家爲主，兼容佛老。他始終關心人民疾苦，爲人耿直，爲官政績斐然。他放曠樂觀，才氣邁峻，在很多方面有傑出成就。其文論證精闢，縱橫馳騁，有如行雲流水，充滿詩情畫意，與歐陽修並稱“歐蘇”。其詩開一代詩風，與黃庭堅並稱“蘇黃”。其詞一掃當時綺艷柔靡的風尚，開創豪放詞派，對後世影響深遠，與辛棄疾並稱“蘇辛”。他是北宋詩文革新運動的集大成者，又善行、楷，與蔡襄、黃庭堅、米芾並稱“宋四家”，繪畫亦精。有《蘇東坡集》、《東坡樂府》等。

這是宋神宗熙寧八年（1075）作者知密州時的作品。作者豪放的性格和報國的壯志躍然紙上。

注　釋

① 密州：今山東諸城縣。
② 黃：黃狗，典出李斯。李斯臨刑時，曾對他的兒子說：“吾欲與若牽黃犬，俱出上蔡東門逐狡兔，豈可得乎？”擎（qíng）：舉着。蒼：指蒼鷹。
③ 這句是說千騎從平岡上席捲而過。
④ 爲報：替我告訴。太守：隋唐時稱郡的長官，宋稱州長官爲知州，相當於太守。孫郎：指孫權。
⑤ 尚：還，仍然。開張：開闊氣壯。
⑥ 雲中：漢郡名，今山西大同市以北和內蒙古一帶。馮唐：漢文帝時人。《史記·馮唐列傳》載：雲中郡守魏尚是抵禦匈奴的良將，因小過被判刑，馮唐向漢文帝指出後，“是日遣馮唐持節赦魏尚，復以爲雲中守。”這裏作者拿魏尚自比。
⑦ 會：當。天狼：星名，主侵掠。《楚辭·九歌·東君》：“舉長矢兮射天狼。”這裏比喻抗擊西夏的入侵。

押　韻

狂、黃、蒼、岡、郎，“陽”韻。張、霜、妨、唐、狼，“陽”韻。

資　料

上古聲母常用字歸類表 *

本表把上古三十二個聲母按傳統的發音部位分類（喉、牙、舌、齒、唇）排列出來，

＊ 選錄自王力主編《古代漢語》。

列舉常用字，以供參考。收在同一聲母下的字按今音的韻母次序排列。韻母次序爲：

a	ia	ua		e	o	uo
ie	üe	i（ı，ʅ）		er	u	ü
ai	uai			ei	uei	
ao	iao			ou	iou	
an	ian	uan	üan	en	in	uen	ün
ang	iang	uang		eng	ing	ong	ueng	iong

一、喉音

1. 影母

阿鴉鴨押壓亞軋搵窪蛙挖惡遏厄扼軛窩渦倭斡握渥幄齷沃謁噎約猗漪伊醫衣依揖一壹倚掎縊暗殪翳懿肆意邑悒浥憶億臆抑益烏嗚汙屋淤迂紆於嫗鬱彧哀埃唉藹靄矮愛曖璦隘偎煨萎威猥委畏慰尉熬坳襖媼奧懊澳夭妖幺窈要歐鷗甌毆嘔憂優庵幽黝幼庵諳鵪安鞍暗闇按案淹閹腌焉鄢嫣煙燕閼胭奄掩偃蝘厭靨晏堰燕嚥咽宴豌彎灣碗宛婉菀畹腕惋蜎冤鴛淵苑怨恩音陰瘖因姻茵絪湮堙殷慇飲隱蔭印蘊慍醞盎汪枉鷹膺鶯櫻鸚英嬰攖纓縈瀅營影應映翁甕雍壅邕擁

2. 曉母

哈蝦瞎花譁化呵喝豁赫嚇火伙夥貨霍藿歇蠍脅血靴醯羲犧曦爔嘻嬉僖禧熹熙希稀晞欷吸喜戲饎呼虎滸琥唬笏虛噓吁許詡栩酗煦畜蓄旭咍海醢黑灰麾撝揮輝暉徽悔毀燬賄晦誨咳諱卉蒿薅好郝栩囂曉孝吼休朽嗅鬩喊罕漢嘆掀險獫顯憲獻歡驩喚煥渙奐軒喧暄萱壎烜咺絢釁欣昏婚閽葷熏曛勳勛訓夯香鄉享響饗向嚮荒肓慌謊亨興馨兄凶兇匈洶胸

3. 匣（中古的匣母和喻三）母

霞瑕遐暇狹峽洽匣狎俠轄下夏廈華驊滑猾樺畫話劃何河菏禾和龢合盒盍闔曷貉劾核賀褐鶴活禍穫鑊或惑獲諧鞋攜協挾頡絜械薤蟹邂學穴兮奚傒檄繫系胡湖糊葫餬鬍弧狐壺瓠乎蝴斛觳斛戶滬扈怙祜互護孩骸亥害駭淮懷槐環回迴茴匯潰會繪惠蕙慧螮豪毫號壕浩皓顥昊鎬肴淆效俲校侯喉猴厚後后候堠醐含函涵頷邯寒韓撼菡憾旱汗捍翰瀚艦檻咸鹹銜嫌閑嫻賢弦舷陷餡限莧見現縣桓狟還環寰鬟圜緩浣換幻患宦豢完丸紈皖莞玄懸泫眩炫衒痕很恨渾魂混圂溷行航杭降項巷黃簧璜皇煌惶遑凰蝗篁晃幌恒衡蘅桁橫莖形型刑陘滎杏荇幸螢熒弘黌宏閎竑紅洪鴻虹閧

曰越戉鉞樾熠于盂竽雩雨宇禹羽芋域彙爲帷韋違闈偉煒葦緯衛位胃渭謂猬尤郵疣有友又右佑祐宥囿侑炎員圓圜袁園猿轅爰援垣遠院瑗媛云雲耘蕓隕殞韻運暈王往旺瑩榮

二、牙音

4. 見母

家加枷嘉猳佳夾莢頰鋏假賈嘏甲稼嫁架駕價瓜刮刳寡掛卦歌哥戈鴿割葛閣格骼隔革個個各柯鍋郭國虢幗馘果裹過括皆階稽喈街揭結劫孑羯潔解介界芥疥屆戒誡偕厥蹶蕨決訣抉譎攫覺珏催雞稽笄羈畸飢肌几基箕菁姬機譏饑激擊急級汲吉棘亟殛机麂給戟計繼繫薊髻寄冀驥紀記既暨季姑沽辜蛄孤觚古估牯股瞽蠱骨汩穀轂谷故固錮雇顧忽惚居車裾拘

駒俱橘菊鞠掬翠莒據鋸倨踞句屨該垓賅改概溉蓋丐乖拐怪夬會儈檜膾繪瑰圭閨規龜歸詭
軌晷簋癸鬼劌桂貴高膏篙皋羔糕稿縞呆搞告誥絞狡佼姣矯皎繳曒脚角教校較叫徼梟勾鉤
溝狗苟垢穀够構購媾姤遘赳糾九久玖韭灸救厩疚甘柑泔干肝乾竿感敢捍贛幹旰緘監兼縑
兼艱間姦肩堅豜減鹼檢簡柬揀蹇繭鑑監劍諫澗建見官棺觀冠鰥關管貫灌罐盥慣涓鵑蠲卷
捲眷畎跟根艮亘今襟巾斤筋矜錦緊謹禁勁袞鯀滾昆崑琨鯤均鈞君軍岡剛綱鋼缸肛港崗
疆僵殭薑姜江繮講構降絳光廣礦更庚羹耕梗鯁耿埂兢京荊驚經涇景警儆到境敬競鏡勁徑
肱公工功攻弓躬宮恭供龔拱觥貢共垌扃炯

5. 溪母

揩恰誇拷跨胯珂軻科窠蝌顆殼可課克刻客闓廓鞞怯愜篋契鍥闋缺閡郤確愨榷溪谿觭
欺崎啟稞綮綺企起杞屺豈乞歧器棄哑气氣泣枯刳骷骨窟哭苦庫褲酷礐祛胠笙區軀驅屈詘麯
曲去墟開揩凱愷鎧塏皚闓慨楷鍇愾蒯塊快噲盍虧窺魁奎睽傀喟恢詼考攷烤靠犒敲蹺巧竅
摳口叩扣寇丘邱蚯堪戡龕勘看刊坎砍侃瞰闞謙慳悠騫褰牽嗛遣繾譴欠歉綮寬款犬勸券懇
墾肯欽嵌衾坤髡捆閫困康糠慷抗伉亢羌腔匡筐曠壙纊框眶坑鏗硜卿輕傾頃慶磬罄空孔恐
控芎穹

6. 群母

桀傑杰竭碣茄伽掘倔崛瘸屐極技妓伎芰騎暨忌悸期局巨拒距炬詎遽醵劇具俱懼瞿衢
渠跪櫃喬橋僑蕎翹臼舅咎舊樞求球述裘仇虯儉件鍵健鉗箝黔鈐乾虔芡倦圈卷蜷拳權僅廑
瑾饉近琴芩禽擒勤懃芹窘郡羣强狂競鯨黥勃擎檠共瓊邛

7. 疑母

牙芽衙涯崖訝迓瓦蛾鵝俄娥峨訛譌額餓愕顎萼鄂噩鱷我臥業虐瘧月刖嶽岳樂倪霓麑
猊輗蜺擬逆宜儀疑嶷蟻藝刈詣羿誼義議劓屹鷁吳蜈吾梧齬五伍午仵忤誤悟晤寤兀魚漁禺
隅愚虞娛語御馭御遇寓玉獄皚獃礙艾外危桅嵬巍僞魏敖熬遨獒鰲鰲鵝翱傲堯咬偶耦藕岸巖嚴
顏言研妍儼眼驗雁彥諺唁硯阮玩頑元沅黿原源願吟銀垠齦印昂凝迎喁顒

三、舌音

8. 端（中古端、知兩母）母

答搭奆妲靼打得德多掇朵氐低羝隄滴嫡鏑的底抵牴坻柢帝蒂諦嚏都督堵賭睹肚篤
妬蠹獃戴帶堆碓對刀舠島搗禱倒多刁貂雕凋凋釣弔鳥兜斗抖陡鬥耽眈妉湛擔丹單簞彈膽
疸旦掜巔滇點典店坫墊殿端短斷鍛敦墩頓當璫黨擋登燈等凳丁叮頂鼎訂東冬董懂凍棟

劄吒咤蟄輒哲磔謫卓桌涿琢啄輟知蜘縶黹徵智致陟質置室豬誅蛛株邾竹築竺貯著駐
註摘追綴朝着罩嘲啁肘晝沾霑鱣饘展輾站轉傳珍貞禎鎮瑱張長漲帳脹椿徵癥中忠衷冢

9. 透（中古透、徹兩母）母

他它塔獺踏榻闥撻忒慝忑拖脫託妥唾柝橐拓魄籜撻貼帖鐵餮梯踢剔體替屜涕剃薙惕
逖倜突禿土吐兔菟台胎態太汰泰推腿退蛻帖叨慆掏韜縚弢條饕討佻挑桃跳糶偷婾透貪坍
灘攤癱志毯坦探炭歎添天忝覥靦瑱湍瞳吞湯鐋倘躺燙趟聽廳汀町珽通桶捅統痛

詫忂撤掣螭魑絺郗痴笞恥飭敕褚楮黜怵畜矗拆蠆超抽瘳丑魗詔偵琛郴椿倀昶暢悵幽
瞠撐蟶樘牚逞騁忡寵

10. 定（中古定、澄兩母）母

達大特奪鐸舵馱墮憜度踱陀駝沱跢紽酡鼉跌疊碟牒蝶諜迭垤絰耋笛迪敵狄荻翟糴滌
覿弟悌娣第睇遞棣褅締地啼蹄綈稊黃題提醍獨讀牘犢瀆櫝毒杜肚度渡鍍徒屠途塗荼圖突
凸待怠殆迨紿代袋岱黛玳逮埭苔臺擡駘隊兌頹導道稻蹈盜悼幬濤燾桃逃咷陶淘掉調條調
迢苕宨挑豆逗痘荳竇頭投淡唊憺澹誕但憚彈蛋覃潭譚罈曇談痰壇檀袒簞墊電奠殿澱甸佃
畋鈿澱甜恬田填闐殄斷段鍛團摶囤沌盾鈍遁遯屯豚臀蕩盪宕碭唐糖塘螗棠堂螳鄧滕騰謄
藤滕錠定亭停廷庭霆蜓艇挺梃動洞恫峒同銅桐筒童僮瞳潼彤佟慟

擇澤轍蟄着濁濯擢擿池馳篪踟遲埠坻持术术逐舳燭躅杼宁苧紵筯柱住除儲躇廚櫥躕
翟縋墜椎槌錘櫂召趙肇兆晁朝潮軸妯紂宙胄酎紬綢稠籌儔疇躊湛綻纏廛躔篆傳椽朕鵃陣
沉陳塵橙丈杖長萇腸場撞幢鄭澄澂懲根呈程醒重仲冲蟲

11. 泥（中古泥、娘兩母）母

納衲那訥挪懦糯諾捏聶鑷躡涅泥尼呢怩你膩暱溺奴孥駑努弩怒女忸乃迺奶耐鼐奈柰
餒內猱撓鐃呶腦惱鬧淖溺尿耨紐扭狃鈕男南楠諵喃難籹黏拈鮎年碾撚攆念暖嫩囊曩娘釀
能寧佞濘農儂膿濃

12. 來母

拉邋臘蠟辣剌樂勒仂捋羅蘿鑼籮邏騾螺臝裸摞洛落駱絡獵鬣躐烈列裂劣略掠犁黎藜
鰲離蘺灘蘺縭罹驪鸝梨犛狸嫠氂禮澧醴蠡李里裏理鯉俚悝例厲勵礪蠣麗儷隸戾唳荔詈利
痢蒞吏立粒笠苙栗力曆歷瀝櫪礫櫟鬲盧爐鸕瀘蘆鱸壚鱺轤廬臚魯鹵虜擄路賂露潞璐輅鷺
祿碌鹿麓籙轆陸戮錄驢閭呂侶旅膂縷樓屢履慮律綠來萊徠睞賚猍賴癩籟瀨勒雷擂儽娞蕾
磊累壘耒誄酹類類淚肋撈勞癆牢醪嘮老澇烙酪落燎僚遼撩繚療聊寥蓼了廖料鐐樓糭僂螻
搜簍漏陋鏤瘻流硫旒劉瀏留榴瘤琉柳綹餾溜雷六婪嵐藍籃襤闌蘭攔瀾覽攬懶濫纜爛廉鐮
簾匳帘濂連漣鰱聯憐蓮斂臉殮練煉楝戀孿鸞戀欒卵亂林淋琳霖臨鄰燐鱗麟嶙轔璘凛廩檁
賃吝藺遴論崙輪倫綸侖掄郎廊狼琅榔瑯莨朗浪良涼量糧梁粱兩緉亮諒輛冷陵凌菱綾鯪靈
鈴伶零齡玲聆翎瓴羚囹領嶺令龍籠嚨聾朧瓏隆窿隴壟弄

13. 余（喻四）母

耶爺也野冶夜葉頁曳拽掖液腋悅閱躍龠瀹鑰移迻夷姨痍彝怡貽詒胰頤扡遺迤匜已以
苡檖裔易異溢鎰逸夫軼泆佾亦奕弈譯繹驛嶧懌斁場疫役予余餘昇興歟俞榆逾渝愉瑜臾腴
萸庾與窳譽豫預愈裕喻諭籲聿裔燏鷸育毓昱煜鷺欲浴峪維惟唯搖謠窯遙瑤姚舀鷂耀曜藥
攸悠由油游遊猶猷輶蚰酉莠牖卣羑誘柚釉鹽簷閻延筵蜒埏綖沿埮剡演衍兗艷豔焰鳶緣淫
霪寅夤嫄引蚓尹胤勻允孕羊洋佯徉陽楊揚瘍煬颺養癢恙樣漾蠅盈楹贏嬴瀛營塋郢穎穎媵
容熔溶蓉庸傭塘甬勇涌俑踴俑用佣

14. 章母

遮摺折者赭蔗柘鷓浙拙酌灼斫焯支枝肢卮梔只脂之芝汁織隻執職摭跖紙只咫幟帜枳
旨指止趾址沚芷制製實至摯贄鷙志誌痣識幟桎蛭質鑽驚炙諸朱硃珠侏銖燭麈渚主囑矚鸞
注炷蛀鑄祝錐佳贅惴昭招召沼照詔周週綢舟州洲粥帚呪詹瞻占氈饘鸇旃栴佔戰顫專磚顓
針斟箴真甄枕診疹畛軫縝稹振震賑諄準准章樟漳彰璋鄣掌障瘴正征鉦整拯證症政終螽鐘

鍾蛊種腫踵衆

15. 昌母

車扯掣綽啜鷗蚩嗤娬佟齒尺熾叱赤出處杵觸樞姝吹炊醜弨臭幨超闡川穿喘舛串釧嗔瞋稱春蠢昌倡猖菖鯧敞厰氅唱俿秤充衝憧銃

16. 船母

蛇舌射麝實食蝕示諡朰贖述贖船神葚唇漘盾吮順乘脤繩澠剩賸

17. 書母

奢賒捨舍赦攝設説爍鑠翅奢施尸屍鳲著詩濕失識豕弛矢屎始世勢試弒式軾拭飾室適釋奭書舒抒紓輸叔菽暑鼠黍庶恕戍倏束水税帨燒少收手首守獸狩苫氈扇煽陝閃深身申伸呻紳娠審沈哂矧舜瞬商傷殤觴賞晌餉升昇陞聲勝聖舂

18. 禪母

佘折社涉碩匙豉時塒蒔鰣十什拾寔石誓逝噬筮氏是視嗜市恃侍殊殳孰熟淑署薯蜀屬墅曙豎樹澍誰垂睡瑞韶勺芍紹邵劭召仇酬受綏授壽售蟾禪蟬單嬋澶剡贍善膳鄯嬗擅遄忱諶晨長宸臣甚腎慎蜃純莼蒪醇淳鶉常嘗償嫦裳徜上尚承丞成城盛

19. 日母

惹熱若箬弱日馹兒而腝魶爾邇耳洱餌珥二貳刵如茹儒濡汝乳孺入辱褥縟蓐蕤蕊芮枘饒蕘擾繞柔揉輮蹂肉髯然燃染冉苒廿軟壬任人仁稔忍荏妊紝刃認韌仞軔閏潤瓤攘禳穰壤讓仍戎絨茸

四、齒音

20. 精母

匝則作左佐做嗟接睫節癤姐借爵貲觜訾資姿咨粢諮兹滋孳孜紫姊秭子梓恣躋齎齏積即鶺擠脊祭際稽濟霽鯽稷迹蹟績租卒鏃足祖組蹙災栽哉宰載再嘴最醉樵遭糟早蚤棗澡藻躁竈焦蕉椒鷦僬剿醮醨雀簪攢贊讚尖殲煎箋剪翦戩僭箭濺薦鑽纂纘鐫褽緌津儘浸進晉揖緝尊樽遵俊駿峻儁臧臟葬將漿槳奬蔣醬增曾憎矰罾繒甑精晶旌睛菁井稜鬷宗鯼縱蹤總粽綜

21. 清母

擦搓磋蹉撮瑳挫銼剉錯措厝切且妾鵲雌此泚砒刺束次妻淒悽姜七漆戚砌緝茸粗醋猝簇蔟蹴促蛆趨取娶趣猜採采彩菜蔡崔催漼璀焠啐脆毳翠操糙草悄愀俏峭秋楸湫鰍鞦參驂餐慘慆粲燦璨簽僉遷千仟阡淺墊槧倩蒨茜氽竄爨悛詮銓痊荃侵駸親寢村忖寸竣倉蒼艙滄鶬傖槍搶蹌鏘蹡清青鯖蜻請聰璁驄囱匆忽蔥樅

22. 從母

雜砸昨鑿坐座祚胙阼柞酢作瘥嵯捷截藉絶嚼爝漬呰眥自字牸瓷疵茨慈磁集輯疾蒺籍瘠薺劑寂齊臍蠐族徂殂聚在纔財材裁才賊罪摧萃悴瘁皂造曹槽嘈嶕樵譙憔誚就鷲酋遒蝤暫瓚酇慚殘踐賤餞薦潛錢前隽泉全盡秦存奘藏臟匠牆嬙檣薔贈曾層静靖婧靚净情晴叢琮淙从從

23. 心母

撒颯卅薩塞娑蘘梭莎鎖瑣索些楔寫瀉卸薛削雪伺斯撕廝私司絲思緦偲死賜四泗駟肆

笥棲西犀息熄悉蟋膝惜析淅晰晳媳昔臘錫洗壐徙細蘇酥甦素訴恕溯速蕭夙宿粟疽睢胥須鬚娶戌絮壻恤腮鰓塞賽粹雖綏睢髓碎歲總祟邃燥臊騷搔掃嫂鞘消宵霄硝銷逍蕭簫瀟小篠笑肖嘯修羞宿秀銹繡三傘散姍珊暹纖孅銛仙秈鮮先躚癬彌銑跣洗綫霰酸狻算蒜祘宣瑄選渲心辛新薪信旬孫猻蓀飧損筍隼潯浚峻荀詢洵恂汛訊巽遜迅桑喪顙嗓松菘淞嵩悚竦聳慫送宋

24. 邪母

邪斜謝榭詞祠辭嗣兕似祀巳妃姒耜汜寺嗣飼夕習襲隰席蓆俗徐序叙緒續嶼隨隋遂隧燧穗囚泅袖岫涎羨旋璿鏇爐尋潯旬循巡馴殉徇詳祥翔庠象像橡誦頌訟

25. 莊母

絮查扎札酢眨詐榨抓爪責幘簀仄昃側捉齜淄輜菑錙緇第櫛齋窄債笮鄒縐騶斬醡盞簪榛臻蓁溱莊裝妝壯靜

26. 初母

柵叉差插察岔刹惻測策冊齔廁初剳楚礎釵揣喳抄鈔炒吵攙鑱剗懺廁篡閂拴涮參讖襯齭瘡窗闖創愴

27. 崇母

閘鍘茌乍鐲俟士仕柿事鋤雛寨砦豺儕柴巢驟愁棧饞讒巉屠潺撰簌岑涔狀牀崇

28. 山母

灑沙紗鯊杉殺煞鎩傻刷澀瑟嗇穡色縮所朔槊數師獅蝨史使駛梳疏蔬漱篩骰曬衰帥率蟀梢捎筲鞘稍渳搜颼餿搜瘦溲產摻衫芟山刪澘訕汕痧森參詵駪滲霜孀雙爽生牲笙甥省

五、唇音

29. 幫（中古幫、非兩母）母

巴犯八霸波播鉢撥剝博駁伯跛簸迫憋別逼彼鄙匕比姒筆蔽薜閉嬖裨俾臂泌秘閟畢庇痺畀畢必碧壁辟璧補卜布佈濮譜圃擺百柏拜杯碑卑悲北貝董背臂覊褒包胞苞剝寶保堡葆褓鴇飽報豹爆臕鑣標飆彪表班斑頒般搬板版扮半絆砭鞭編緶邊籩蝙貶窆褊扁匾變褊遍奔賁本畚彬斌邠豳賓濱瀕殯鬢儐擯幫邦浜榜榜謗崩繃郴迸檳冰兵稟秉丙炳邴昺柄餅並併摒

發法髮蝠幅輻府腑俯斧甫脯黼付咐賦傅富腹複非扉緋飛匪篚誹廢痱沸否缶藩蕃反返販畈分吩粉糞奮噴方坊枋倣防放風封葑諷

30. 滂（中古滂、敷兩母）母

葩怕帕坡頗潑叵破粕魄撇瞥睥批砒坯披丕伓秠紕劈霹嚭匹癖媲濞譬屁僻醅怖鋪撲仆普溥浦璞模拍湃派胚醅沛霈配拋泡砲炮飄漂縹剽剖攀潘番盼判泮篇偏翩騙片噴繽姘品聘滂霧雱胖烹澎怦砰抨傰

敷孵郛莩稃麩俘孚拂彿撫拊赴訃副覆蝮妃霏菲騑斐肺費汛泛氾芬紛氛雰芳妨仿彷訪捧豐澧鄷峰蜂鋒烽豐

31. 並（中古並、奉兩母）母

拔跋魃菝把杷琶罷爬鈸勃渤泊箔帛舶薄婆都別鱉算敝斃陛髀婢避比篦弼愎鼙皮疲埤脾裨陴妣貔枇琶蚍否痞圮開闢躄跸哺捕部簿步埠蒲菩脯葡匍僕瀑曝白稗敗排俳徘牌倍蓓

背悖焙被備培陪賠裴邳佩雹抱鮑暴袍咆庖匏跑瓢殍莩瘢瓣辦伴拌盤槃磐蟠磻叛畔辨辯弁昪卞汴忭辮便緶楩駢諞笨盆臏貧頻瀕蘋顰嬪牝傍棒蚌旁膀彷龐朋鵬彭膨篷蓬病並憑馮淣平坪評蘋瓶屏萍洴

乏伐閥罰佛符苻夫蚨扶芙鳧浮蜉桴匐罘涪服鵩伏茯袱釜腐輔父附駙鮒賻婦負阜縛復复馥鰒肥淝腓翡吠帆凡煩繁蘩燔璠膰藩蕃樊礬范範犯梵飯焚汾棼蚡枌墳憤忿分份防房魴肪馮逢縫鳳奉俸

32. 明（中古明、微兩母）母

麻馬瑪罵禡摸魔磨摩摹饃模謨膜末抹沫没歿莫寞漠墨默陌貊貉滅蔑篾蠛迷謎縻糜彌瀰獼麋米靡弭密蜜宓謐覓冪汨姥母拇畝牡暮慕墓募幕木沐目穆牧睦苜埋霾買賣邁勱麥脈梅枚媒煤莓玫眉嵋湄楣黴每浼美袂妹昧媚魅寐猫毛髦旄芼茅矛蝥卯昴茆冒帽瑁耄貌茂貿懋瞀袤苗描藐渺秒眇廟妙繆謀眸侔牟某謬蠻瞞蹣謾鰻饅蔓滿慢嫚縵漫幔墁曼綿棉眠免勉娩冕緬愐湎偭沔澠丏眄面麪門捫悶懣岷緡閩閔閔憫敏愍泯黽皿忙芒茫邙尨厖盲虻莽蟒漭甍萌盟蒙濛艨朦曚檬猛懵孟夢明鳴名銘冥溟暝蓂瞑螟茗酩命

襪巫誣無毋蕪武鵡舞憮廡侮務霧鶩騖婺物勿微薇尾娓未味晚挽輓萬万蔓曼文紋蚊雯聞吻刎紊問抆砇亡忘罔網惘輞魍妄望

詩韻常用字表*

一、上平聲

【一東】 東同銅桐筒童僮中（中間）衷忠蟲沖終戎崇嵩（崧）弓躬宮融雄熊穹窮馮風楓豐充隆空（空虛）公功工攻蒙濛籠（名詞，董韻同，又動詞，獨用）聾櫳洪紅鴻虹叢翁蔥聰驄通蓬逢朧怱（匆）峒狨幪忡酆椶朦曨巃

【二冬】 冬農宗鍾鐘龍舂松衝容蓉庸封胸雍（和也）濃重（重復，層）從（順從，隨從）逢縫（縫紉）縱茸峰蜂鋒烽筇慵恭供（供給）鬆凶溶邛縱（縱橫）匈兇洶豐彤

【三江】 江釭（燈也）窗邦缸降（降伏）瀧雙龐腔撞（絳韻同）舡

【四支】 支枝移爲（施爲）垂吹（吹嘘）陂碑奇宜儀皮兒離施知馳池規危夷師姿遲龜眉悲之芝時詩棋旗辭詞期祠基疑姬絲司葵醫帷思（動詞）滋持隨癡維卮螭麾墀彌慈遺（遺失）肌脂雌披嬉尸狸炊湄籬兹差（參差）疲茨卑虧蕤陲騎（跨馬）歧岐誰斯私窺熙欺疵貲羈彝髭頤資糜飢衰錐姨楣夔祇涯（佳麻韻同）伊追緇箕椎羆篪萎匙澌治（治理，動詞）驪颸屍怡尼而鴟推（灰韻同）縻璃祁綏絺羲羸騏獅嗤咨其漓睢蠡（瓠勺，齊韻同）迤淇淄氂廝痍貔貽鸝瓷鴂羅嵋蚩罹禆丕惟猗庳梔錘劘椅（音漪，木名）郿雖麒崎隋緦逶踟琵枇仳唯

【五微】 微薇暉輝徽揮韋圍幃闈違霏菲（芳菲）妃飛非扉肥威祈旂畿機幾（微也，如見幾）譏磯饑稀希衣（衣服）依歸郗

【六魚】 魚漁初書舒居裾車（麻韻同）渠蕖余予（我也）譽（動詞）輿餘胥狙鋤疏

* 此表爲中古平水韻系統，王力核訂。

（疏密）疎（同疏）蔬梳虛嘘徐豬閭廬驢諸除儲如墟萖（萖）璵畬苴檽攄於茹（茅茹）沮蛆楖淤妤鷗躇歔耡据（拮据）齬洳

　　【七虞】　　虞愚娛隅芻無蕪巫于衢儒濡襦須鬚株誅蛛殊銖瑜楰諛愉腴區驅嶇朱珠趨扶符鳧雛敷夫膚紆輸樞廚俱駒模謨蒲胡湖瑚乎壺狐弧孤辜姑菰徒途塗荼圖屠奴呼吾梧吳租盧鱸爐蘆蘇酥烏汙（汙穢）枯粗都鋪禹謣竽雩吁瞿蚑繻需殳逾（踰）揄萸臾渝嶇苻俘桴迂姝蹰拘瑜醐糊觚酤鴣沽菟覦雓遻艫徂拏瀘毋芙幠轤瓠鸕侏鵂菜廚餔淠嗚洿葡蝴幠晡

　　【八齊】　　齊臍黎犁藜梨釐（支韻同）鷖妻（夫妻）萋凄悽隄（堤）低題提蹄啼緹鵜篦雞稽兮奚稀蹊倪霓（蜺）醯西棲（棲）犀嘶梯鼙批（屑韻同）躋齏齎迷泥（泥土）溪圭（珪）閨攜畦睽鸝

　　【九佳】　　佳*街鞋牌柴釵差（差使）崖涯*（支麻韻同）階偕諧骸排乖懷淮豺儕埋霾齋媧*蝸*皆蛙*槐（灰韻同）

　　（有*號的字，詞韻屬第十部；其餘屬第五部。）

　　【十灰】　　灰恢魁隈回徊（音回）槐（音回，佳韻同）枚梅媒煤瑰雷罍隤（頹）催摧堆陪杯醅嵬（賄韻同）推（支韻同）開*哀*埃*臺*苔*該*才*材*財*裁*來*萊*栽*哉*災*猜*胎*台*顋*（腮）孩*頦俖洄崔裴培騤*詼迴徘（音裴）

　　（有*號的字，詞韻屬第五部；其餘屬第三部。）

　　【十一真】　　真因茵辛新薪晨辰臣人仁神親申伸紳身賓濱鄰鱗麟珍瞋塵陳春津秦頻蘋顰嚬銀垠筠巾囷緡民貧莘（莘）淳醇純脣倫綸輪淪匀旬巡馴鈞均臻榛姻宸寅嬪旻彬鶉皴遵循甄岷諄（震韻同）椿詢恂峋漘呻磷轔閩闉逡泯（軫韻同）詵駪湮驎燐甤荀郇蓁紉嶙黁

　　【十二文】　　文聞紋蚊雲氛分（分離）紛芬焚墳羣裙君軍勤斤筋勳薰曛醺葷耘云芸汾濆雯氳欣芹殷（衆也）沄紜

　　【十三元】　　元*原*源*黿*園*猿*轅*垣*煩*繁*蕃*樊*翻*幡*（旛）暄*萱*喧*冤*言*軒*藩*魂渾溫孫門尊樽（罇）存蹲敦墩暾屯豚村盆奔論（動詞）坤昏婚痕根恩吞沅*湲*援*蹯*番*璠*壎*（塤）騫*鵷*掀*昆鯤捫蓀飧侖跟袁*鴛*蜿*髡臀

　　（有*號的字，詞韻屬第七部；其餘屬第六部。）

　　【十四寒】　　寒韓翰（羽翮）丹單安鞍難（艱難）餐壇灘檀彈殘干肝竿幹（乾濕）闌欄瀾蘭看（翰韻同）刊丸桓紈端湍酸團摶攢官觀（觀看）冠（衣冠）鸞孌巒歡（驩）寬盤蟠漫（大水貌）鄲歎（翰韻同）攤珊姍玕奸（奸犯）棺磐潘攔完般磻狻邯

　　【十五刪】　　刪潺（潺韻同）開彎灣還環鬟寰班斑頒蠻顏姦（奸）攀頑山鰥間（中間）艱閑閒（安閒）嫺慳孱（先韻同）潺（先韻同）殷（朱殷）患（諫韻同）

　　二、下平聲

　　【一先】　　先前千阡箋韉天堅肩賢絃弦煙燕（國名）蓮憐田填鈿（霰韻同）年顛巔牽妍淵涓蠲邊編玄懸泉遷仙鮮（新鮮）錢煎然燃延筵氊筋鱣邅禪（參禪，逃禪）蟬纏躔連聯漣篇偏便（安也）縣全宣鐫穿川緣鳶鉛捐旋（迴旋）娟船涎鞭銓笙專磚（甎）圓員乾（乾坤）虔愆權拳椽傳（傳授）焉躚濺（濺濺，疾流貌）舷闐駢鵑遄翩扁（扁舟）沿詮痊

悛轋畋滇汧蜒潺（刪韻同）屝（刪韻同）嬋梗顠褰搴癲單（單于）鸇璇棉臕

【二蕭】　蕭簫挑（挑撻）貂刁凋雕鵰迢條髫跳蜩苕調（調和）梟澆聊遼寥撩寮僚堯么宵消霄綃銷超朝潮囂樵驕嬌焦蕉椒憔饒橈燒（焚燒）遙徭姚搖謠瑤韶昭招飆標鑣瓢苗描貓要（要求，要盟）腰邀鴞喬橋橋妖夭（夭夭）漂（漂浮）飄翹翛桃佻徼（徼幸，徼福）鷂飄瀟驍獠鷯嘹逍憔（顦）剽嫖

【三肴】　肴巢交郊茅嘲鈔抄包膠爻苞梢蛟庖匏坳敲胞拋鮫崤鐃哮捎撓洨啁教（使也）咆鞘抓鴼姣（蟲名）

【四豪】　豪毫操（操持）條髦刀萄猱褒桃糟漕旄袍撓（巧韻同）蒿濤皋號（呼號）陶螯翱鼇敖曹遭糕篙羔高嘈搔毛滔騷韜繰膏牢醪逃槽濠勞（勞苦）洮叨舠饕熬臊淘咷嗷壕遨

【五歌】　歌多羅河戈阿和（平和）波科柯陀娥蛾鵝蘿荷（荷花）何過（經過，箇韻同）磨（琢磨，磨滅）螺禾窠哥娑駝沱鼉峨佗（他）苛訶珂軻（孟軻）痾莎蓑梭婆摩魔訛贏（騾）鞾（靴）坡頗（偏頗）俄拕（拖）呵麼渦窩迦磋跎蹉鍋鑼

【六麻】　麻花霞家茶華沙（砂）車（魚韻同）牙蛇瓜斜芽嘉瑕紗鴉遮叉葩奢槎琶衙賒涯（支佳韻同）誇巴加耶嗟遐笳差（差錯）蟆譁蝦葭呀杷蝸爺芭枒驊丫裟杈植袈邪

【七陽】　陽楊揚香鄉光昌堂章張王（帝王）房芳長（長短）塘妝常涼霜藏（收藏）場央決薔秧狼牀方漿觴梁（樑）娘莊黃倉皇裝殤穰驤相（互相）湘廂箱創（創傷）忘亡望（觀望，漾韻同）嘗償檣槍坊囊郎唐狂強（剛強）腸康岡蒼匡荒遑行（行列）妨棠翔良航颺倡羌姜僵薑繮（韁）疆糧穰將（送也，持也）牆桑剛祥詳洋佯梁量（衡量，動詞）羊傷湯魴彰漳璋猖商防筐煌篁隍凰徨蝗惶璜廊浪（滄浪）滄綱亢鋼喪（喪葬）肓簧忙茫傍（側也）旁汪臧琅蜋（蜋）當（應當）璫裳昂糖鏘匟杭邙滂驪攘鶬螿瀼搶（突也）螳闖蔣（菰蔣）亡殃嬙薔敤媚瘡閬（漾韻同）

【八庚】　庚更（更改）羹秔坑（阬）盲橫（縱橫）觥彭棚亨鏗（鼎類）英烹平評枰京驚荊明盟鳴榮瑩（徑韻同）兵兄卿生甥笙牲鶊鯨迎行（行走）衡耕萌氓甍宏莖罌鶯櫻泓橙爭箏清情晴精睛菁晶旌盈楹瀛嬴贏營嬰纓貞成盛（盛受）城誠呈程聲征正（正月）鉦輕名令（使令）並（交並）傾縈瓊鸘賡撐瞠崢勍鏗嶸鸚轟蜻（青韻同）鶊（青韻同）塋偵

【九青】　青經涇形刑硎堅陘亭庭廷霆蜓停寧丁釘仃馨星腥醒（迥韻同）俜靈櫺齡鈴苓伶零娉舲翎鴒瓴聆聽（聆也，徑韻同）廳汀冥溟螟銘瓶屏萍熒螢榮扃垌瞑暝婷鷀（庚韻同）蜻（庚韻同）

【十蒸】　蒸烝承丞懲澄（澂）陵凌綾菱冰膺鷹應（應當）蠅繩澠（音繩，水名）乘（駕乘，動詞）滕昇升勝（勝任）興（興起）繒憑仍兢矜徵（徵求）凝稱（稱贊）登燈（鐙）僧崩增曾憎罾矰層嶒能棱（稜）朋鵬肱薨騰滕藤塍恒崚憑（徑韻同）姮

【十一尤】　尤郵優憂流旒留榴騮劉由油游遊猷悠攸牛修脩羞秋楸周州洲舟酬讎矛儔疇籌稠邱抽瘳遒收鳩搜（蒐）驑愁休因求裘毬（球）仇浮謀牟眸侔矛侯猴喉謳鷗樓婁陬偷頭投鈎溝韝幽虯疣綢鞧鶖猶啾酋覜售（宥韻同）踩揉鄒泅禂尋兜勾惆呦謬琉（瑠）蚯躊丘

【十二侵】　侵尋潯林霖臨針（鍼）箴斟沈砧（碪）深淫心琴禽擒欽衾吟今襟（衿）金音陰岑簪（覃韻同）駸琳琛忱壬任（負荷）霃黔（鹽韻同）嶔歆禁（力能勝任）森參（參差；又音森，星名）涔淋裸

【十三覃】　覃潭譚曇參（參拜，參考）驂南枏男諳庵含涵函（包函）嵐蠶簪（侵韻同）探貪耽龕堪談甘三（數名）酣籃柑憨藍擔（動詞）痰梦

【十四鹽】　鹽檐（簷）廉簾嫌嚴占（占卜）髯匲纖籤瞻蟾炎添兼縑霑（沾）尖潛閻鐮幨黏淹箝甜恬拈砭鉆詹殲黔（侵韻同）鈐兼漸（人也，又浸潤）

【十五咸】　咸鹹函（書函）緘讒銜（唧）巖帆衫杉監（監察）凡饞巉鑱芟嵌（山深貌）攙

三、上聲

（注意：許多上聲字現在都讀成去聲①。）

【一董】　董動孔總籠（名詞，東韻同）頠唪桶洞（屮洞）

【二腫】　腫種（種子）踵寵隴（壟）擁壅冗重（輕重）冢奉捧勇涌（湧）踊（踴）甬蛹恐拱栱鞏竦悚聳

【三講】　講港棒蚌項

【四紙】　紙只咫是枳砥氏靡彼毀燬委詭髓累（積累）妓綺觜此蕊徙屣爾邇鈚婢佊弛豸紫企旨指視美否（臧否，否泰）兒幾妹㲋比（比較）姒軌水止市恃徵（角徵）喜己紀跪技蟻（螘）鄙麂簋晷子梓矢雉死履壘誄癸沝沚芷時祀跂以已苡似巳祀史使（便令）駛耳裏理里李鯉起鸂寙士仕俟燿始峙齒矣擬恥滓壐趾址倚被（寢衣）痏你佹

【五尾】　尾鬼葦卉（未韻同）幾（幾多）偉篚斐菲（菲薄）豈匪

【六語】　語（言語）圉圄齬呂侶旅苧抒宁杼佇與（給予）予（賜予）渚煮汝茹（食也）暑鼠黍杵處（居住，處理）貯褚女許拒距炬鉅苣所楚礎阻俎沮舉敔序緒嶼墅籹巨詎欅淑去（除也）粔

【七麌】　麌雨羽禹宇舞父府鼓虎古股賈（商賈）蠱土吐（遇韻同）譜圃庚户樹（種植，動詞）煦努罟肝輔組乳弩補魯櫓覩豎腐鹵數（動詞）簿姥普侮五廡斧聚午伍釜縷部柱矩武脯苦取撫浦主杜塢（塢）祖堵愈扈虜甫腑俯（俛）估怒（遇韻同）詡拄鴟睹僂莽（養韻同）

【八薺】　薺禮體米啓醴陛洗邸底詆抵牴柢坻弟悌遞（霽韻同）涕（霽韻同）濟（水名）蠡（范蠡）澧棨禰眯醍

【九蟹】　蟹解駭買灑楷獬澥擺枴矮

【十賄】　賄悔改*采*彩*綵*海在*（存在）罪宰*醢*載*（年也）餧（餒）鎧*愷*待*怠*殆*倍猥嵬（灰韻同）蕾俖蓓每亥*乃*

（有 * 號的字，調韻屬第五部；其餘屬第三部。）

【十一軫】　軫敏允引尹盡忍準隼筍盾（阮韻同）閔憫泯（真韻同）菌蚓診畛哂腎脤

---

① 即古全濁上聲字，今歸去聲。

牝窘蝱隕殞蠢緊愍朕（朕兆）矧

【十二吻】　吻粉蘊憤隱謹近（遠近）忿（問韻同）攟刎

【十三阮】　阮*遠*（遠近）本晚*苑（願韻同）返*反*阪*損飯*（動詞）偃*袞遁（遯，願韻同）穩蹇*（銑韻同）巘（銑韻同）婉*琬*閫很懇墾畚盾（軫韻同）綣*混沌

（有*號的字，詞韻屬第七部；其餘屬第六部。）

【十四旱】　旱暖管琯滿短館（翰韻同）緩盥（翰韻同）盌（碗）款（欵）懶傘卵（哿韻同）散（散布）伴誕罕澣（浣）斷（斷絕）侃算（動詞）纘但坦袒悍（翰韻同）纂

【十五潸】　潸（刪韻同）眼簡版板盞（醆）產限撰棧（諫韻同）綰（諫韻同）柬揀

【十六銑】　銑善（善惡）遣淺典轉（自轉，不及物動詞）衍犬選冕輦免展繭辯辨篆勉翦（剪）卷（同捲）顯餞（霰韻同）踐畎（霰韻同）喘薜軟獮（阮韻同）蹇（阮韻同）演舛扁（不正圓，又扁額）闡兗跣腆鮮（少也）辮件撚單（音亶，姓也，又單父，縣名）畎褊殄齞緬沔湎鍵澠（音湎，澠池）繾

【十七篠】　篠小表鳥了曉少（多少）擾繞遶紹杪秒沼眇矯蓼皛皎瞭朓杳窅窈嬝裊（裏）窈挑（挑引）掉（嘯韻同）肇旐縹渺緲藐森殍悄繚夭（夭折）趙兆繳（繳納，又纏也）蔦（嘯韻同）

【十八巧】　巧飽卯昂狡爪鮑撓（豪韻同）攪絞拗咬炒

【十九皓】　皓寶藻早棗老好（好醜）道稻造（造作）腦惱鳥倒（仆也）禱（號韻同）擣（搗）抱討考燥掃（號韻同）嫂槁潦保葆堡鴇稿草昊浩顥皁襖蚤澡杲縞磽

【二十哿】　哿火舸軃柁（舵）我娜荷（負荷）可坷左果裹朵鎖（鏁）瑣墮垛惰妥坐（坐立）裸跛頗（稍也）叵禍夥顆卵（旱韻同）

【二十一馬】　馬下（上下）者野雅瓦寡社寫瀉（禡韻同）夏（華夏）冶也把賈（姓也）假（真假）捨（舍）赭厦閜惹踝且

【二十二養】　養癢鞅像象橡仰朗獎槳敞氅枉顙強（勉強）盪惘倣（仿）雨讜儻曩杖響掌黨想榜爽廣享丈仗（漾韻同）幌晃莽（虞韻同）漭紡蔣（姓也）魍長（長幼）上（升也）網蕩壤賞往岡蟒魑廠慷

【二十三梗】　梗影景井嶺領境警請餅永騁逞穎潁頃整靜省幸頸郢猛炳杏丙打哽秉鯁耿荇皿礦冷靖

【二十四迥】　迥炯茗挺梃艇鋌酊醒（青韻同）並等鼎頂泂肯拯酩

【二十五有】　有酒首手口母*後柳友婦*斗走狗久負*厚叟守綬右否*（是否）醜受牖偶耦阜*九后咎藪吼帚（箒）垢畝*舅紐藕朽臼肘韭剖誘牡*缶*酉扣（叩）笱莠丑苟糗某*玖塿壽（宥韻同）

（有*號的字，在詞韻中兼入麌韻。）

【二十六寢】　寢飲（飲食）錦品枕（衾枕）審甚（沁韻同）廩衽（袵）稔稟沈（姓也）凜懍喋瀋朕（我也）荏嬸

【二十七感】　感覽攬膽澹（淡，勘韻同）噉（啖）坎慘憯敢頷糝撼毯黲頷

【二十八儉】 儉琰錟斂（豔韻同）險檢臉染掩點簟貶冉苒陝諂奄漸（徐進）玷忝（豔韻同）崦剡芡閃歉儼嶄

【二十九豏】 豏檻範減艦犯湛斬黯範

四、去聲

【一送】 送夢鳳洞（巖洞）衆甕弄貢凍痛棟仲中（射中，擊中）糉諷慟控空（空缺）控

【二宋】 宋重（再也）用頌誦統縱（放縱）訟種（種植）綜俸共供（供設，名詞）從（僕從）縫（隙也）雍（州名）

【三絳】 絳降（升降）巷撞（江韻同）

【四寘】 寘置事地意志治（治安，太平）思（名詞）淚吏賜字義利器位戲至次累（連累）僞寺瑞智記異致備肆翠騎（車騎，名詞）使（使者）試類棄餌媚鼻易（容易）轡墜醉議翅避笥幟粹侍誼帥（將帥）廁寄睡忌貳萃穗二臂嗣吹（鼓吹，名詞）遂恣四驥季刺駟泗識（音志，記也，又標識）誌寐魅燧隧悴謚熾飼食（音寺，以食與人也）積被（覆也）芰懿悸覩冀暨洎穊媿（愧）匱饋（餽）簣比（近也）庇閟秘鷙贄躓稚祟豉珥示伺自痢緻輊譬肄啻企爲（因爲）膩遺（餽遺）值墜櫃薏（職韻同）

【五未】 未味氣貴費沸尉畏慰蔚魏緯胃渭彙謂諱卉（尾韻同）毅既衣（著衣）翡蜎暨

【六御】 御處（處所）去（來去）慮譽（名詞）署據馭曙助絮著（顯著）豫箸恕與（參與）遽疏（書疏）庶預語（告也）踞鋸飫蕷覷

【七遇】 遇路輅賂露鷺樹（樹木）度（制度）渡賦布步固素具數（數量）怒（麌韻同）務霧騖鶩附兔故顧句墓暮慕募注駐祚裕誤悟寤晤住戍（戍守）庫護屨訴蠹妒懼趣娶鑄綺（袴）傅付諭喻嫗芋捕汙（動詞）忤措醋赴惡（憎惡）互孺怖寓沍吐（麌韻同）屢塑婺愬

【八霽】 霽制計勢世麗歲衛濟（渡也）第藝惠慧幣砌滯際厲涕（薺韻同）契（契約）弊獘帝蔽敝髻鋭戾裔袂繫係祭隸閉逝綴翳製替細桂税壻例誓筮蕙詣礪勵瘞噬繼脆諦系叡（睿）毳曳蒂睇憩彗睨斕沴逮芮薊妻（以女妻人）睥箅遞糲嬖棣澆荔泥（拘泥）儷唳薛捩羿謎蚋嚖繐

【九泰】 泰* 會帶* 外* 蓋大*（箇韻同）旆瀨* 賴* 籟* 蔡害* 最貝靄* 藹* 沛艾* 兑丐* 柰* 奈* 繪檜膾（鱠）儈薈太汰霈酹（隊韻同）狽蕞

（有*號的字，詞韻屬第十部；其餘屬第五部。）

【十卦】 卦* 掛* 懈廨隘賣畫*（圖畫）派債怪壞誡戒界介芥械薤拜快邁話* 敗稗曬瘵届疥玠湃蒯

（有*號的字，詞韻屬第十部；其餘屬第五部。）

【十一隊】 隊内塞*（邊塞）愛* 輩佩代* 退載*（載運）碎態* 背穢菜* 對廢誨晦昧礙* 戴* 貸* 配妹喙潰黛* 吠概* 岱* 肺溉* 耒慨* 塊乂碓賽刈耐* 曖在*（所在）再* 酹（泰韻同）瑇*（玳）鼐* 珮

（有＊號的字，詞韻屬第五部；其餘屬第三部。）

【十二震】　震信印進潤陣鎮刃順慎鬢晉駿閏峻釁（衅）振俊（雋）舜齊燼訊仞軔迅瞬橀諄（真韻同）僅覲僅認瑾趁浚搢徇

【十三問】　問聞（名譽）運暈韻訓糞奮忿（吻韻同）醖郡分（名分）絭汶慍近（動詞）

【十四願】　願＊論（名詞）怨＊恨萬＊飯＊（名詞）獻＊健＊寸困頓遜（阮韻同）建＊憲＊勸＊蔓＊券＊鈍悶遜嫩販＊涊遠＊（動詞）巽艮苑＊（願韻同）

（有＊號的字，詞韻屬第七部；其餘屬第六部。）

【十五翰】　翰（翰墨）岸漢難（災難）斷（決斷）亂歎（寒韻同）幹觀（樓觀）散（解散）畔旦算（名詞）玩（翫）爛貫半案按炭汗贊讚漫（寒韻同，又副詞獨用）冠（冠軍）灌爨竄幔粲燦換煥喚悍彈（名詞）憚段看（寒韻同）判叛腕渙絆惋鸛縵鍛瀚衍幹館（旱韻同）盥（旱韻同）

【十六諫】　諫雁患（刪韻同）澗間（間隔）宦晏慢辦盼綻棧（潸韻同）慣串莧綻幻屰綰（潸韻同）瓣扮

【十七霰】　霰殿面縣變箭戰扇膳傳（傳記）見硯院練鍊譴燕宴賤電饌薦絹彥掾甸便（便利）眷麵線倦羨奠徧（遍）戀囀眩釧倩卞汴嚥片禪（封禪）譴絢諺顫擅鈿澱繕旋（已而，副詞）喭茜濺善（動詞）晛（銑韻同）轉（以力轉動，及物動詞）餞（銑韻同）卷（書卷）

【十八嘯】　嘯笑照廟竅妙詔邵要（重要）曜耀燿調（音調）釣弔叫嶠少（老少）徼（邊徼）眺峭誚科肖掉（篠韻同）耀燒（野火）療醮藋（篠韻同）

【十九效】　效（効）教（教訓）貌校孝鬧豹爆罩窖樂（喜愛）較礉砲櫂（棹）覺（寐也）稍

【二十號】　號（號令，名號）帽報導盜操（所守也）噪竈奧告（告訴）暴（強暴）好（喜好）到蹈勞（慰勞）傲耗躁造（造就）冒悼倒（顛倒）犒掃（皓韻同）禱（皓韻同）

【二十一箇】　箇個（个）賀佐做軻（轗軻）大（泰韻同）餓過（經過，歌韻同；又過失，獨用）和（唱和）挫課唾播簸磨（石磑也）座坐（行之反，又同座）破臥貨涴

【二十二禡】　禡駕夜下（降也）謝榭罷夏（春夏）暇霸灞嫁赦借藉（憑藉）炙（音蔗，砲火，名詞）蔗假（借也，又休假）化舍（廬舍）價射罵稼架詐亞跨麝怕帕御瀉（馬韻同）乍

【二十三漾】　漾上（上下）望（觀望，陽韻同；又名望，獨用）相（卿相）將（將帥）狀帳浪（波浪）唱讓曠壯放向仗（養韻同）暢量（度量，數詞，名詞）葬匠障謗尚漲餉樣藏（庫藏）航訪靚醬嶂抗當（適當）釀亢（高亢，又星名）況臟瘴王（王天下，霸王）諒亮妄愴怆喪（喪失）悵宕傍（依傍）羌創（開創）旺

【二十四敬】　敬命正（正直）令（命令）政性鏡盛（多也）行（品行）聖詠姓慶映病柄鄭勁競淨竟孟迸聘窚靜泳硬獍更（更加）橫（橫逆）夐併（合併）

【二十五徑】　徑定聽（聆也，青韻同；又聽從，獨用）勝（勝敗）磬應（答應）乘（車乘，名詞）媵贈佞稱（相稱）罄鄧甄瑩（庚韻同）證孕興（興趣）甯（姓也）剩（賸）凭（蒸韻同）凳逕

【二十六宥】　宥候堠就授售（尤韻同）壽（有韻同）秀繡宿（星宿）奏富*獸門漏陋狩晝寇茂舊胄宙袖（褎）岫柚覆（蓋也）救廄臭嗅幼佑（祐）囿豆竇逗溜構（搆）遘購透瘦漱咒鏤貿副*詬究謬疚驟皺縐又逅讀（句讀）復（又也）

（有*號的字，在詞韻中兼入遇韻。）

【二十七沁】　沁飲（使飲）禁（禁令，宮禁）任（負擔）蔭纖浸譖鴆枕（動詞）喋甚（寢韻同）

【二十八勘】　勘暗（闇）濫啗（啖）擔（名詞）憾纜瞰紺三（再三）暫澹（感韻同）憨淡

【二十九豔】　豔（艷）劍念驗贍壪店占（佔據）斂（聚斂，儉韻同）厭灩焰瀲墊欠僭釅忝（儉韻同）

【三十陷】　陷鏗監（同鑒，又中書監）汎梵懺賺蘸嵌（嵌入）站

五、入聲

【一屋】　屋木竹目服福禄穀熟谷肉族鹿腹菊陸軸逐牧伏宿（住宿）讀（讀書）犢牘牘櫝殰轂復粥肅育六縮哭幅斛戮僕畜蓄叔淑菽獨卜馥沐速祝麓鏃蹙築穆睦啄麴禿穀覆（翻也）撲（扑）鶩輻瀑澳悋（忸）鵬竺簇曝（暴）掬郁複簏蓿塾蹴碌踘舳蝠轆凩蝮俶倏苜莍髑孰騙

【二沃】　沃俗玉足曲粟燭屬録辱獄緑毒局欲束鵠蜀促觸續浴酷縟矚躅褥旭蓐慾項梏篤督牘劚跼勗淥騄鵠告（音梏，忠告）

【三覺】　覺（知覺）角桷榷摧嶽（岳）樂（禮樂）捉朔數（頻數）斮卓涿啄（啅）琢剥駁（駮）雹璞樸（朴）殼確濁擢濯幄喔握渥犖學

【四質】　質（性質）日筆出室實疾術一乙壹吉秩密率律逸（佚）失漆栗恤（卹）蜜橘溢瑟膝匹述慄黜躓弼七叱卒（終也）蝨悉詰戌（地支名）櫛噎窒必姪秫蟀嫉蓽篳（韠）怵師（動詞）溣聿溧蕀蟋窸宓颲

【五物】　物佛拂屈鬱乞掘（月韻同）訖吃（口吃）紱黻綍弗髴祓詘勿迄不

【六月】　月骨髮闕越謁没伐罰卒（士卒）竭窟笏鉞歇發突忽襪勃蹶鶻（黠韻同）揭（屑韻同）筏厥蕨掘（物韻同）閥歿粵兀碣（屑韻同）橛羯渤齕（屑韻同）蠍字紇蝎揖榾日

【七曷】　曷達末闥活鉢脱奪褐割沫拔（拔起）葛閼渴撥豁括聒抹秣遏撻薩掇（屑韻同）跋趽獺（黠韻同）撮怛剌栝鈸潑斡拺妲

【八黠】　黠札猾拔（拔擢）鶻（月韻同）八察殺軋轄戛瞎獺（曷韻同）刮帕刷鍛滑

【九屑】　屑節雪絶列烈結穴説血舌潔別缺裂熱決鐵滅折拙切悦轍訣泄咽噎傑徹哲鼈設齒劣碣（月韻同）掣譎抉截竊纈閲暼撇臬蝶抉掣洌蹩襒氉襭巀齧涅頡擷撒跌蔑浙篾瀄揭（月韻同）孑孽蘖薛紲渫啜桀轍爇迭姪洌掇（曷韻同拮捏）桔拽（扡）

【十藥】　藥薄惡（善惡）略作樂（哀樂）落閣鶴爵弱約腳雀幕洛壑索郭錯躍若縛酌託削鐸灼鑿卻（却）絡鵲度（測度）諾蕚橐漠鑰著（着）虐掠穫泊搏籬鍔藿嚼勺博酪謔廓綽霍爍鑊莫箬鑠繳（弓繳）諤鄂恪箔攫駱膜粕拓鰐昨柝酢貉愕寞膊藥噩各芍濩

【十一陌】　陌石客白澤伯迹（跡）宅席策碧籍（典籍）格役帛戟璧驛麥額柏魄積（積聚）脈（脉）夕液冊尺隙逆畫（同劃）百闢赤易（變易）革脊獲翮屐適幘劇戹（厄）磧隔益柵窄核覈舃擲賾坼借癖僻辟掖腋釋舶拍擇軛摘繹懌斥奕弈帟迫疫譯昔瘠赫炙（動詞）謫虢碩頤歺亦鬲骼隻珀躑場蝎蹐嶧綌蓆貊擘蹠（跖）汐摭嚇卻鶺

【十二錫】　錫壁歷櫪擊績笛敵滴鏑檄激寂覡逖糴析皙溺覓狄荻幂鷁戚慼滌菂喫甓霹瀝靂惕踢剔礫嫡迪淅蜥倜

【十三職】　職國德食（飲食）蝕色力翼墨極息直得北黑側飾賊刻則塞（閉塞）式軾域殖植敕（勒）飭棘惑默織匿億臆憶特勒劾仄昃稷識（知識）逼（偪）克剋蟈即拭弋陟測翊抑惻肋亟殛忒鶩（鶒）嶷淢穡嗇鯽或薏

【十四緝】　緝輯戢立集邑急入泣澀習給十拾什襲及級澀粒揖汁笈（葉韻同）蟄笠執隰汲吸縶葺岌翕襲浥熠悒挹檝（楫，葉韻同）

【十五合】　合塔答納榻閤雜臘蠟匝闔蛤衲沓榼鴿踏颯拉遝盍塌呷

【十六葉】　葉帖貼牒接獵妾蝶疊篋涉鬣捷頰楫（楫，緝韻同）攝躡諜堞協俠莢愜魘睫浹笈（緝韻同）懾熠踥挾鋏屧燮鑷靨讋摺餲魘怗躐輒衱婕聶唊

【十七洽】　洽狹（陝）峽硤法甲業鄴匣壓鴨乏怯劫脅插鍤歃押狎袷掐業夾恰眨呷

【第三章

詞彙

　　詞彙是構成語言的三大要素之一，它是語言的建築材料，有了詞彙，語言才有了表達絢麗多彩的大千世界的可能。語言是發展的，相對于語音、語法而言，詞彙的發展變化最爲迅速。人類對社會認識的每一個微小變化都會在詞彙上表現出來。從某種意義上說，古代漢語和現代漢語的區別主要體現在詞彙上，閱讀古書、學習古代漢語的最大障礙就是詞彙問題。因此要學好古代漢語，必須在古代漢語詞彙方面多下功夫。

第一節　古代漢語詞彙的構成和發展

　　要掌握古代漢語詞彙，必須瞭解古代漢語詞彙的構成及其特點，瞭解漢語詞彙發展的概況。

　　詞是語言中能夠獨立運用的最小的語言單位。詞是語音、語義的結合體，其中語音是詞的形式，語義是詞的内容。語言中所有詞的總和就是詞彙。

　　根據不同的標準，可以對詞進行不同的分類。

　　根據詞表示的意義性質和語法功能，可將詞分成"實詞"和"虛詞"兩大類。實詞主要用來表示詞彙意義，可以單獨充當句法成分，如天、人、日、擊、高、鳥等；虛詞主要用來表示語法意義，一般不能單獨充當句法成分，往往需要同實詞連在一起充當，如夫、乎、與、者等。

　　音節是語言最自然的表音單位。從語音形式看，漢語的詞有一個音節的，也有兩個或多個音節的。根據音節的多少，可將詞分爲"單音詞"和"複音詞"兩大類，祇有一個音節的詞叫單音詞，如天、地、日、月、人、鳥等。有兩個以上音節的詞叫複音詞，如苜蓿、君子、社稷、鍛煉、沛然、華不注、觀世音、三閭大夫等。在複音詞中，兩個音節的詞即雙音詞，佔了絕大多數。古漢語中三個以上音節的詞很少，而且大都是外來的音譯詞、方言詞和人名、地名、官名一類的專有名詞等，如上面提到的"華不注"是山名，"觀世音"是外來詞，"三閭大夫"是楚國的官名。三個以上音節的複音詞，不少在後來的使用過程中都雙音節化了，如"觀世音"變成了"觀音"。

　　詞是由詞素構成的，詞素是語言中最小的表義單位。有的詞由一個詞素構成，有的詞由兩個或兩個以上的詞素構成。根據所含詞素的多少，可將詞劃分成"單純詞"和"合成詞"兩大類：祇含一個詞素的詞叫單純詞，如上舉的天、地、日、月、人、鳥、苜蓿、觀世音等；含兩個以上詞素的詞叫合成詞，如上舉的君子、社稷、鍛煉、沛然等。

下面首先根據音節的多少，將詞分成"單音詞"和"複音詞"兩大類，單音詞祇含一個詞素，所以必然是單純詞。複音詞再按詞素的多少分成"單純複音詞"和"合成複音詞"兩類。

一、單音詞

（一）單音詞在古代漢語詞彙中的地位

在古代漢語中，單音詞佔優勢，單音詞的數量和使用頻率都大大超過了複音詞。有人對先秦文獻進行定量分析，結果發現，單音詞的數量大約是複音詞的三倍。例如《孟子》全書共用詞二千二百七十八個，其中單音詞一千五百六十五個。在單音詞中，使用頻率在二十次以上的有二百三十一個，一百次以上的有五十一個，四百次以上的有十個，一千次以上的有三個。複音詞七百一十三個，其中人名就有一百九十七個，如果再扣除地名、書名等專有名詞，普通詞語祇有五百個左右。從使用頻率來看，複音詞的使用頻率絕大多數在十次以下，祇有二十四個超過了十次。複音詞的使用頻率遠遠沒有單音詞高。再看下面這段文字：

潁考叔爲潁谷封人，聞之，有獻於公。公賜之食。食舍肉。公問之，對曰："小人有母，皆嘗小人之食矣，未嘗君之羹，請以遺之。"公曰："爾有母遺，繄我獨無！"潁考叔曰："敢問何謂也？"公語之故，且告之悔。對曰："君何患焉？若闕地及泉，隧而相見，其誰曰不然？"公從之。公入而賦："大隧之中，其樂也融融。"姜出而賦："大隧之外，其樂也洩洩。"遂爲母子如初。

這段文字選自《左傳·隱公元年》，共有一百二十八個字，其中雙音詞有"潁谷""封人""小人""融融""洩洩"五個，三音節詞祇有"潁考叔"一個，而單音詞有六十多個。再看使用頻率，"潁考叔""小人"各出現兩次，而單音詞"公"出現了七次，"之"出現十一次，"曰"出現五次等。

古代漢語中單音詞的優勢地位，在先秦時代最爲明顯，產生的新詞中也以單音詞爲多。到中古，複音詞的數量越來越多，所佔比重越來越大，使用頻率也越來越高，單音詞的優勢地位有所削弱。儘管如此，至遲到唐宋時期，單音詞仍保持着優勢地位。

（二）單音詞的特點

單音詞祇含一個詞素，當然也是單純詞，它的詞義和詞素義基本重合。單音詞進入書面就是一個漢字，詞和字基本統一。我們可以用"四個一"來概括單音詞，那就是一詞、一字、一音節、一詞素。單音詞最大的特點就是它的多義性。而單音詞又在古代漢語中佔有絕對優勢，因此要學好古代漢語，必須要學會辨析單音詞的各種意義。所謂多義，就是一個詞包含幾個意義。複音詞雖然也有一詞多義的現象，但多義複音詞的義項數量要少得多，意義系統一般也比較簡單。而單音詞，一個詞往往有好幾個意義，而且這些意義之間往往還存在着十分複雜的關係。在未進入語言交流時，這些意義祇是潛在的，而一旦進入了語言交流，受具體語言環境的制約，多義詞的某一個意義就會被激活，由潛在義轉變成顯性義。這個意義就是我們從語言交流中、從文獻中感受到的意義，它是唯一的，其他的意義都被排斥了。要抓住這個意義、理解這個意義，必須熟悉具體的語言環境，儘量多閱讀古典文獻，在實踐中培養語感，積累知識。

多義詞的各個意義之間並不是雜亂無章、漫無頭緒的，它們之間存在有十分密切的關係。多義詞的意義是一個由本義和由本義派生的引申義構成的系統。在這個系統中，本義是綱，是整個意義系統的核心，所有的引申義都是由本義直接或間接派生出來的。祇要抓住本義，理清詞義引申的路綫，就能掌握單音詞的詞義系統，從而更好地理解古義，讀懂古書。

（三）單音詞的發展變化

單音詞在古代漢語中佔優勢，而在現代漢語中則是雙音詞佔優勢。

有些古漢語單音詞在現代漢語裏已不再作爲詞來運用，祇是作爲詞素保留在現代漢語的複合詞裏，如“朋友”的“朋”，“憂慮”的“慮”，“誹謗”的“謗”等；有些古漢語單音詞在現代漢語中仍然可以以單音詞的形式存在，獨立地運用于交際，如天、人、高、鳥等，這類詞大多是基本詞，當然，那些現在仍然可以作爲詞來運用的古漢語單音詞也大都可以在現代漢語中以詞素的形式出現，如天空、人渣、高中、鳥群等。除了新詞產生、舊詞消亡、詞義的演變之外，古漢語單音詞的發展變化主要表現在向雙音詞的轉化上。轉化的方式主要有三種。

（1）以原有單音詞爲詞根，加一個意義相同相近、相反相對或相關的詞根。如：

朋——朋友　慮——憂慮　謗——誹謗

行——運行　强——加强　物——事物

劣——惡劣　備——完備　雲——雲彩

（2）以原有單音詞爲詞根，加一個詞綴。如：

鼻子　桌子　旗子　寂然　浩然　愕然

盆兒　繩兒　事兒　石頭　前頭　裏頭

阿姨　阿爺　阿母　老鼠　老虎　老鷹

（3）換一個雙音詞。將古代用單音詞表達的概念，改用相應的雙音詞來表達。多義單音詞則分別用不同的雙音詞來表達不同的意義。如：

常——規律　日——太陽　鄙——邊境

嗣——後代　用——消費　亡——消失

畏——害怕　弛——放鬆　廉——便宜

毒——危害，禍殃，怨恨

盈——充滿，滿足，增長，有餘

雙音化是漢語的詞在語音形式上的發展趨勢。單音詞的發展要受到語音形式的制約，單音詞過多，就會產生過多的同音詞，或者使詞義過於複雜，不便人們進行交際。雙音化爲分化同音詞提供了有利條件，可以大大減少同音詞的數量和一詞多義的現象，使語言更好地發揮交際功能。雖然上古產生的新詞以單音詞爲主，但在後來新產生的詞中，雙音詞的比例不斷增大，以致後來很少再産生單音詞了。

二、複音詞

在古代漢語中有的複音詞由一個詞素構成，有的由兩個或兩個以上詞素構成。根據所含詞素的多少，我們將複音詞劃分成"單純複音詞"和"合成複音詞"兩類。合成複音詞實際上就是合成詞，可以由詞根和詞綴合成，也可以由詞根和詞根合成，前者叫派生詞，後者叫複合詞。

（一）單純複音詞

單純複音詞是祇含一個詞素的複音詞。單純複音詞有三個或三個以上音節的，如比丘尼、耶律楚材等，多是外來的音譯詞、方言詞和人名、地名一類的專有名詞等；也有兩個音節的，如苜蓿、參差、蝴蝶、婆娑、望洋、首鼠等。在單純複音詞中，最值得注意的是雙音節的單純複音詞，這種詞又包括疊音詞和連綿詞兩類。

1. 疊音詞

疊音詞是兩個音節相同的單純複音詞。前人稱爲"重言"。這類詞多用來表示事物的性狀或描摹聲音，詞義與記録疊音詞的單字所表示的單音詞的詞義無關。如：

關關雎鳩，在河之洲。（《詩經·周南·關雎》）

桃之夭夭，灼灼其華。（《詩經·周南·桃夭》）

無邊落木蕭蕭下。（杜甫《登高》）

"關關"是鳥叫聲，"夭夭"是茂盛貌，"灼灼"是花盛貌，"蕭蕭"是樹葉在風中掉落的聲音。這些詞的詞義分別與單音詞"關"（門扃）、"蕭"（艾蒿）、"夭"（屈）、"灼"（炙）無關，可見，尋求疊音詞的詞義是不能從字形分析入手的。

疊音詞和單音詞的重疊使用在形式上相同，但在意義上是不一樣的。清人邵晉涵在《爾雅正義》中已經注意到了這一點：

古者重語，皆爲形容之詞，有單舉其文，與重語同義者，如"肅肅，敬也"，"丕丕，大也"，祇言"肅"、祇言"丕"，亦爲"敬也""大也"；有單舉其文即與重語異義者，如"坎坎，喜也"，"居居，惡也"，祇言"坎"、祇言"居"，則非"喜"與"惡"矣。

"蕭蕭""丕丕"分別是單音詞"蕭"與"丕"的重疊使用，詞義仍然是"敬""大"。"坎坎""居居"是疊音詞，詞義則與"坎""居"無關，下面再舉幾個例子予以説明。

燕燕于飛，差池其羽。（《詩經·邶風·燕燕》）

行行重行行，與君生別離。（《古詩十九首》）

樹樹皆秋色，山山惟落暉。（王績《野望》）

"燕燕"是名詞"燕"的重疊，仍是指燕。"行行"是"行"這個動作行爲的重復，"行行重行行"的意思是：走啊走啊，走了又走。"樹樹""山山"是名詞的重疊，重疊後，在"樹""山"義的基礎上增加了"每一"的意思，"樹樹"表示"每一棵樹"，"山山"表示"每一座山"。

2. 連綿詞

連綿詞是兩個音節不同的單純複音詞。它表示的是一個詞，祇包含一個詞素，讀起來是兩個音節，寫出來是兩個字，這兩個字在記錄連綿詞時，祇是純粹的記音符號，各自記錄的單音詞的詞義與連綿詞的詞義無關。由於漢字同音的很多，所以連綿詞的書寫形式也往往不祇一種，如"匍匐"，還寫作"扶服""蒲伏""匍扶""蒲服""匐伏"等，"猶豫"還寫作"猶與""猶預""由豫""由夷""猶夷""優與""猶予""容與""由與"等。連綿詞的詞義寓於兩個音節組成的語音組織之中，兩個音節共同地表示一個意義，不能拆開分析解釋，一般也不能分開運用。王念孫在《讀書雜誌·漢書第十六》中說："凡連語之字，皆上下同義，不可分訓。說者望文生義，往往穿鑿而失其本旨。"王念孫說的"連語"並不全是連綿詞，但這段話卻很好地概括出了連綿詞的特徵。下面舉例說明：

> 今閩越王狼戾不仁。（《漢書·嚴助傳》）

句中的"狼戾"，顏師古注："狼性貪戾，凡言狼戾者，謂貪而戾。"表面看來，把"狼戾"解釋爲"貪而戾"似乎也文意暢通，事實上，這樣的解釋犯了望文生訓的錯誤。"狼戾"是個連綿詞，"狼""戾"二字起的僅僅是記錄"狼戾"這兩個音節的作用，"狼戾"一詞還可寫作"狼盭""梁厲"等。"狼戾"的詞義是"乖背"，與"狼""戾"這兩個單音詞的詞義沒有任何關係。

連綿詞的兩個音節大都具有雙聲或疊韻的關係，語音上的這個特點使它和疊音詞一樣，得到了文學家們的青睞。爲了使自己的作品更富韻律美、聲色美，更具有藝術感染力，文學家們都十分喜愛使用連綿詞和疊音詞。劉勰的《文心雕龍·物色》對此作了高度的評價：

> 詩人感物，聯類不窮。流連萬象之際，沉吟視聽之區，寫氣圖貌，既隨物以宛轉，屬采附聲，亦與心徘徊。故"灼灼"狀桃花之鮮，"依依"盡楊柳之貌，"杲杲"爲日出之容，"瀌瀌"擬雨雪之狀，"喈喈"逐黃鳥之聲，"喓喓"學草蟲之韻。"皎日""嘒星"，一言窮理；"參差""沃若"，兩字連形，並以少總多，情貌無遺矣。

古文獻，特別是文學作品中，有很多連綿詞，我們必須重視對連綿詞的學習，正確理解連綿詞的含義，才能真正讀懂古書，品嘗到漢語的韻律之美。

然而，對連綿詞，人們很容易犯望文生義的錯誤，就是很有名的注釋家，也避免不了。他們往往拘泥於字形，根據漢字的字義臆測連綿詞的詞義。除上舉的"狼戾"外，再如《詩經·周南·卷耳》中"陟彼高崗，我馬玄黃"之"玄黃"，漢代著名的注釋家毛亨解釋說："玄馬病則黃。"這種解釋顯然是牽強附會，產生錯誤的根源在於毛亨沒有認識到"玄黃"作爲連綿詞的根本特徵，"玄黃"祇形容馬病的狀態，而與"玄""黃"兩種顏色無關。"猶豫"這個連綿詞是"遲疑不決"的意思，與"猶""豫"二詞的詞義無關。顏師古的注釋卻是："猶，獸名也。《爾雅》曰：'猶如麂，善登木。'此獸性多疑慮，常居山中，忽聞有聲，即恐有人且來害之，每豫上樹，久之無人，然後敢下。須臾又上，如此非一，故不決者稱猶豫焉。""窈窕"是個連綿詞，形容女子姣好美麗，揚雄《方言》

卻將"窈窕"拆開解釋爲"美心爲窈""美狀爲窕"。這類例子很多，祇有抓住連綿詞的特徵，廣泛閱讀古書，注重分析比較，並藉助於一定的工具書、參考書，纔可能比較全面、準確地掌握連綿詞。

古代漢語中的單純複音詞到了現代漢語中，有的消亡了，如"颯颯""簿築"，有的則作爲古語詞繼承下來，如"猶豫""躊躇"等。書寫形式已基本定型，如"匍匐"祇能寫成"匍匐"，不能再寫成"扶服""蒲伏""匍扶""蒲服""匐伏"等形式；"彷徨"祇能寫作"彷徨"，不能再寫成"方皇""旁皇""房皇""傍徨"等形式。

（二）派生詞

派生詞是由詞根和詞綴合成的詞。在派生詞中，有的是把詞綴放在詞根的前面，有的是把詞綴放在詞根的後面。在詞根前面的詞綴叫前綴，也叫詞頭；在詞根後面的詞綴叫後綴，也叫詞尾。

古漢語中比較常見的詞頭有"有""于""阿"等。如：

我不可不監于有夏，亦不可不監于有殷。（《尚書·召誥》）

友于兄弟，施于有政。（《論語·爲政》）

有嚴有翼。（《詩經·小雅·六月》）

燕燕于飛，差池其羽。（《詩經·邶風·燕燕》）

阿爺無大兒，木蘭無長兄。（《樂府詩集·木蘭詩》）

阿梁，卿忘我也？（《洛陽伽藍記·法雲寺》）

阿六，汝生活大可。（《南史·臨川靖惠王宏傳》）

"有"作爲名詞詞頭，一般用於國名、族名、地名前，如"有夏""有殷"，也有用於一般名詞前的，如"有政"；也可作爲形容詞詞頭，如"有嚴""有翼"。"于"爲動詞詞頭，如"于飛"。"阿"是漢魏以後出現的用於親屬、人名、排行等的名詞詞頭，如"阿爺""阿梁""阿六"等。

比較常見的詞尾有"如""若""爾""然""焉""子""頭"等。如：

有美一人，婉如清揚。（《詩經·鄭風·野有蔓草》）

孔子於鄉黨，恂恂如也，似不能言者。（《論語·鄉黨》）

桑之未落，其葉沃若。（《詩經·衛風·氓》）

子路率爾而對。（《論語·先進》）

我善養吾浩然之氣。（《孟子·公孫丑上》）

睠言顧之，潸焉出涕。（《詩經·小雅·大東》）

煥乎其有文章。（《論語·泰伯》）

烏弋有桃拔、師子、犀牛。（《漢書·西域志》）

南市買轡頭，北市買長鞭。（《樂府詩集·木蘭詩》）

"如""若""爾""然""焉"是形容詞詞尾，"婉如""恂恂如""沃若""率爾""浩然""潸焉"等都是形容詞，這些形容詞詞尾出現的歷史較早，先秦時期就比較常見。"子"本來是實詞，漢魏以後才虛化而成名詞詞尾，如"師子"。"頭"的本義是"人頭"，六朝時虛化成名詞詞尾，如"甕頭"。

（三）複合詞

複合詞是由詞根和詞根合成的詞。兩個音節的複合詞叫雙音複合詞。古代漢語的複合詞幾乎都是兩個音節的，下面就以雙音複合詞爲主來談。

1. 複合詞的結構類型

複合詞是由構成它的幾個詞素依據一定的語法關係有機合成的。現代漢語一般根據詞素結合方式的不同，將複合詞分爲聯合式複合詞、偏正式複合詞、主謂式複合詞、動賓式複合詞、動補式複合詞五類。這也同樣適用于古代漢語，祇是在數量比例上有些差異。在先秦文獻中，以聯合式複合詞和偏正式複合詞最爲常見，主謂式複合詞和動賓式複合詞次之，動補式複合詞最少。

（1）聯合式複合詞。

詞素之間有並列關係。這類詞所含的詞素性質相同，詞素義可以相同相近，也可以相反相對。

由意義相同相近的名詞性詞素合成的，如：

公平　股肱　爪牙　土地　朋友　干戈　琴瑟　喉舌

由意義相反相對的名詞性詞素合成的，如：

乾坤　朝夕　巨細　陰陽　寒暑　左右　上下　夫婦

由意義相同相近的動詞性詞素合成的，如：

經歷　爭奪　言談　背叛　雕琢　觀賞　討論　馳騁

由意義相反相對的動詞性詞素合成的，如：

得失　起居　出入　進退　呼吸　毀譽　成敗　生死

由意義相同相近的形容詞性詞素合成的，如：

空虛　淺薄　壯麗　貧賤　懈怠　正直　強盛　褊小

由意義相反相對的形容詞性詞素合成的，如：

否泰　好歹　緩急　輕重　異同　安危　多少　長短

（2）偏正式複合詞。

詞素之間有附加修飾的關係。這類詞經常是用前一個詞素來修飾、限制後一個詞素，而在整個詞義的構成上，則以後一個詞素爲主。如：

雲梯　布衣　農夫　天年　少年　黃金　大人　長城
流言　辯士　產業　長生　周流　百姓　三軍　萬歲

（3）主謂式複合詞。

詞素之間有陳述和被陳述的關係。這類詞的前一個詞素是被陳述的對象，後一個詞素則是陳述部分。如：

冬至　夏至　耳順　屋漏　肢解　自殺

（4）動賓式複合詞。

詞素之間有支配和被支配的關係。這類詞的前一個詞素表示動作或行爲，後一個詞素表示動作或行爲所支配的對象。如：

　　　將軍　牽牛　變法　成名　洗馬　執事　屏風　折中

（5）動補式複合詞。

　　詞素之間有補充説明的關係。這類詞經常是用後一個詞素來補充説明前一個詞素，而在整個詞義的構成上，則以前一個詞素爲主。這類複合詞在先秦文獻中極爲罕見，中古仍然很少，但在現代漢語中卻又大量存在，這是漢語詞彙在結構方式方面的一大發展。如：

　　　擺脱　割裂　了卻　説合　織成　撲滅

2. 複合詞的特點

　　單音詞多義性的特點體現在它唯一的詞素上，複合詞的特點則是體現在構成複合詞的幾個詞素的有機合成上。

　　複合詞是由詞根和詞根按照一定的語法關係結合而成的，這使它和前面講到的單音詞、單純複音詞、派生詞有很大不同。單音詞、單純複音詞祇含一個詞素，詞義落實在唯一的詞素上；派生詞雖然含有兩個詞素，但詞綴祇表示附加意義，派生詞的詞義主要落實在表示基本意義的詞根上。和它們不同的是，複合詞的詞義是由構成它的幾個詞素有機整合而成的，而不是幾個詞素義的簡單相加。例如“社稷”，這個複合詞由“社”、“稷”兩個詞素有機結合而成。“社”字從示、土會意，“社”的本義是“土地神”；“稷”原指“五穀之一”，後也用來指“穀神”，“社稷”一詞不是指“土地神和穀神”，而是指國家。《左傳·宣公二年》：“君能有終，則社稷之固也，豈惟君臣賴之。”這裏的“社稷”就是國家的意思。再如“良人”，“良”是好的意思，但“良人”並不是“好人”的意思，而是“丈夫”或“妻子”的意思。《孟子·離婁下》：“良人者，所仰望而終身者也。”這裏的“良人”指丈夫。《詩經·唐風·綢繆》：“今夕何夕，如此良人。”這裏的“良人”指妻子。“社稷”雖然不等于“社”加“稷”，但它們仍有聯繫，因爲“社”加“稷”在古人眼裏是一個國家的象徵。“良人”雖然不是“好人”的意思，但夫妻雙方互敬互愛，相互依靠，互稱對方爲“良人”也在情理之中。要真正理解和掌握複合詞的詞義，就必須分析所含詞素的意義及詞素間的關係，弄清複合詞詞義的形成由來。

　　有一部分聯合式複合詞的情況比較特殊，雖然其中包含的並列詞素在意義上相同相近或相反相對，但這部分詞祇吸收其中一個詞素的意義作爲詞義，另一個詞素祇起陪襯的作用，意義不進入詞義。這樣的複合詞一般稱爲偏義複詞。顧炎武的《日知錄》卷二十七“通鑑注”已經注意到這種現象，他説：

　　　愚謂“愛憎”，憎也，言憎而並及愛，古人之辭寬緩不迫故也。又如“得失”，失也，《史記·刺客傳》：“多人不能無生得失。”“利害”，害也，《史記·吳王濞傳》：“擅兵而別，多佗利害。”“緩急”，急也，《史記·倉公傳》：“緩急無可使者。”《遊俠傳》：“緩急，人之所時有也。”“成敗”，敗也，《後漢書·何進傳》：“先帝嘗與太后不快，幾至成敗。”“同異”，異也，《吳志·孫皓傳》注：“蕩異同如反掌。”《晉書·王彬傳》：“江州當人强盛時，能立異同。”“嬴縮”，縮也，《吳志·諸葛恪傳》：“一朝嬴縮，人情萬端。”“禍福"，禍也，晉歐陽建《臨終詩》："潛圖密已構，成此禍福端。"

俞樾《古書疑義舉例》卷二"因此以及彼例"也注意到了"偏義複詞"的現象：

此皆因此及彼之辭，古書往往有之。《禮記·文王世子篇》："養老幼於東序。"因老而及幼，非謂養老兼養幼也。《玉藻篇》："大夫不得造車馬。"因車而及馬，非謂造車兼造馬也。

顧炎武、俞樾所談的"愛憎""得失""利害""緩急""成敗""同異""贏縮""禍福""老幼""車馬"等都是偏義複詞，下面再舉幾個例子予以說明：

今有一人，入人園圃，竊其桃李。（《墨子·非攻上》）

懷怒未發，休祲降於天。（《戰國策·魏策》）

晝夜勤作息，伶俜縈苦辛。（《孔雀東南飛》）

"園圃""休祲""晝夜"這三個詞的意義分別落在其詞素"園""祲""夜"上，詞素"圃""休""晝"在相應的詞中祇是陪襯。讀古書時遇到這類偏義複詞，必須聯繫具體的上下文意，才能斷定詞義偏在哪一個詞素上。如"園圃"，"園"本來指果園，"圃"本來指菜圃，既然所竊的是桃李，而不是什麼菜，當然所入的就是果園了，由此可以斷定"園圃"是偏義複詞，其詞義是"園"，而不是"圃"。再如《禮記·玉藻篇》"大夫不得造車馬"之"車馬"，因爲馬不是製造得來的，所以"車馬"的詞義就祇能落在"車"上了。

古漢語複合詞的形成，大多經過了一個由單音詞的臨時組合到經常組合、最終凝固成詞的歷史過程。所以一般說來，古漢語複合詞還有以下兩個特點：

（1）構成複合詞的詞素本身大多能够獨立成詞。

構成複合詞的成分兼有詞素和詞的兩重性，有時作爲複合詞的詞素，有時作爲單音詞獨立運用。例如"國家"，"國""家"原本都是單音詞，"國"是諸侯統治的政治區域，"家"是卿大夫統治的政治區域。"國""家"可以各自單獨使用，表示各自的意義。《論語·季氏》："丘也聞有國有家者，不患寡而患不均，不患貧而患不安。"這裏的"國""家"分開使用，用的正是原義。有時"國""家"連在一起使用，仍然是原義，那麼這時的"國家"就是詞組，但還不是複合詞。《左傳·襄公二十四年》："諸侯貳則晉國壞，晉國貳則子之家壞……德，國家之基也。""晉國"之"國"與"子之家"裏的"家"各自單獨使用，當然是單音詞。"國家之基"中的"國家"是單音詞的連用，是詞組，其中的"國"承上文指諸侯國，"家"承上文指卿大夫之家。當"國家"祇指"國"而不含"家"義時，"國家"就可以被判定爲複合詞了。賈誼《過秦論》："施及孝文王、莊襄王，享國日淺，國家無事。""國家"的詞義落在"國"上，"家"祇是陪襯，此處的"國家"便是個複合詞。

（2）結構形式不够穩定。

這是就凝固過程中的複合詞而言的，主要指構成複合詞的詞素排列的次序位置不固定。例如"恭敬"，有時是"恭敬"，《荀子·修身》："體恭敬而心忠信。"有時卻是"敬恭"，《詩經·大雅·雲漢》："敬恭神明。"再如"險阻"，它的結構形式上古時也不穩定，有時是"險阻"，《左傳·成公十二年》："逾越險阻。"有時卻是"阻險"，《史記·淮陰侯列傳》："吾恐至阻險而還。"

　　古漢語的複合詞，特別是先秦漢語的複合詞正處在發展形成的過程中，作爲單音詞連用的詞組和複合詞混在一起，那麼怎樣區分詞組和複合詞呢？這就要根據複合詞的第一個特點來作判斷：如果這個詞語的意義是兩個單音詞意義的簡單相加，將兩個單音詞的意義並行代入上下文，文意暢通，那麼這個詞語就是單音詞的連用，是詞組；如果這個詞語的意義不是兩個單音詞意義的簡單相加，而是兩個單音詞意義的有機合成，或者說，在兩個單音詞意義的基礎上產生了新的意義，那麼這個詞語就是複合詞。《論語·子路》："居處恭，執事敬。"其中"執"是"執掌"，"事"是"事務"，"執事"是"執掌事務"，"執""事"的意義相加等於"執事"的意思，"執""事"連用並沒有產生新的意義，可見，這裏的"執事"是單音詞的連用，"執事"是個動賓詞組。《國語·吳語》："王總百執事，以奉其社稷之祭。"其中的"執事"指措置具體事務的官吏，其意義是"執掌事務"意義的引申發展，與"執掌事務"的意義有所不同，由此可斷定這個"執事"是動賓式複合詞。再如"寒暑"，《列子·湯問》："寒暑易節，始一反焉。"其中"寒暑"是"嚴寒酷暑"的意思，是"寒""暑"二義的相加，沒有產生新的意義，該"寒暑"是單音詞的連用。《列子·楊朱》："無羽毛以禦寒暑。"羽毛用來防寒，要是用來防暑，祇能起反作用，可見句中的"寒暑"祇有"寒"的意義，"暑"的意義虛化，在詞中祇是一個陪襯的音節，所以該"寒暑"是複合詞。

　　閱讀古書時，我們既不能把複合詞當成連用的單音詞來理解，也不能把連用的單音詞誤認爲是複合詞，隨便拿複合詞的意義去解釋。有時兩個連用的單音詞按複合詞的意義去解釋，如不細加品味，似乎也講得通，實際卻不合古書的原意。如：

　　嗟乎！貧窮則父母不子，富貴則親戚畏懼。（《戰國策·秦策》）

　　光與左將軍桀結婚相親。（《漢書·霍光傳》）

　　先帝不以臣卑鄙，猥自枉屈，三顧臣於草廬之中，咨臣以當世之事。（諸葛亮《出師表》）

　　例中的"貧窮""結婚""卑鄙"都不是複合詞，而是單音詞的連用。如果不全面把握上下文意，直接按複合詞的意義去理解，就會誤解古書。先看"貧窮"，在古代，缺衣食錢財叫"貧"，不得志、沒出路叫"窮"，聯繫上下文，"貧"與"富"相對，"窮"與"貴"相對，《史記》引作"貧賤"，可見"窮"與"賤"義相同，如果把該句中"貧窮"當成是複合詞，僅指生活資料缺乏，那麼對該句的理解就有些片面了。乍一看，霍光與左將軍上官桀"結婚"不可思議，其實，"結婚"是"結成親家"的意思，其中"結"是"結合"，"婚"是"婚姻"，即"親家"的意思。"卑鄙"之"卑"指身份低微，"鄙"指見識淺陋，這是諸葛亮的自謙之辭。複合詞"卑鄙"的意思是"下流、低劣"，顯然諸葛亮不會在給皇帝的文書中如此作踐自己。

第二節　古今詞義的異同

　　語言是發展的，在語言諸要素中，詞彙的發展演變最爲突出。詞彙的發展除了舊詞消亡、新詞産生、語音形式的雙音節化等情況外，主要表現在詞義的演變上。現代漢語是從古代漢語發展而來的，隨着社會的發展，歷史的變遷，新事物不斷産生，舊事物不斷消亡，人們對自然、社會的認識日益深化，除一小部分詞的詞義基本未變之外，漢語大部分詞的詞義發生了程度不同的變化。因此學習古代漢語，必須要有歷史的觀點，正視古今詞義差異的客觀事實，用歷史的眼光分析古漢語的詞義。不分古今，無視詞義演變的事實，將無法看懂古漢語文獻。

關於古今詞義的異同，概括起來有以下三種情況。

一、古今詞義基本相同

古代漢語中有一些詞至今意義基本未變，現代漢語中仍然繼續使用。例如“一”“二”“三”“四”“十”“百”“千”“萬”（數詞），“人”“天”“地”“日”“月”“星”“山”“馬”“牛”“羊”“虎”“橋”“鯨”（名詞），“大”“小”“多”“新”“輕”“重”“黑”“白”“長”“短”“方”“圓”（形容詞），“出”“入”“起”“立”“笑”“罵”“打”“殺”（動詞）等。這些詞都是漢語的基本詞，它們數量雖然不多，但最鮮明地體現了古今詞義的繼承關係。從學習古漢語的角度看，這類詞不會給我們造成理解的困難。這裏所説的古今詞義基本相同，並不是絕對相同或一成不變，隨着客觀事物的發展和人們認識的深化，不少基本詞的詞義也相應發生了一些變化。例如“橋”，《説文·木部》：“橋，水梁也。”段玉裁注：“水梁者，水中之梁也。凡獨木曰杠，駢木曰梁。”可見，“橋”最初是指水上並架的木頭。後來有了石頭橋、磚橋，現代又有了鋼筋混凝土橋，雖然用材不同，但都統稱爲“橋”。“橋”所指對象有了發展，“橋”這個詞的詞義也有了變化，變爲“架在水面上或空中以便行人、車輛等通行的建築物”。再如“鯨”，鯨這種動物生活在水中，體形長大，外形似魚，古人把它看成是一種大魚，造字時，將“鯨”字造成一個形聲字，從魚京聲，《説文·魚部》釋“鯨”爲“海大魚”。後來人們研究發現，鯨用肺呼吸，根本不是什麼魚類動物，而是一種水棲的哺乳動物。“鯨”所指對象本身沒有發生變化，但隨着人們認識的深入，詞義發生了相應的變化。

二、古今詞義完全不同或差異很大

有一些詞，從形式看，古今相同；從意義看，古今完全不同或有很大差異。如：

該 古代的常用義是“完備”，現代的常用義是“應當”。《楚辭·招魂》：“招具該備，永嘯呼些。”王逸注：“該，亦備也。言撰設甘美招魂之具，靡不畢備，故長嘯大呼以招君也。”《方言》卷十二：“備、該，咸也。”揚雄《太玄經》中“萬物該兼”之“該”用的就是“完備”的意思。到了近古，“該”才有了“應當”的意思。

羞 古義指“精美的食品”，今義是“害羞”“不好意思”。《周禮·天官·膳夫》：“膳夫掌王之食飲膳羞。”鄭玄注：“羞，有滋味者。”《楚辭·離騷》：“折瓊枝以爲羞，精糜瓊以爲糧。”

像“該”“羞”這些古今詞義完全不同或有很大差異的詞，在漢語詞彙中的數量是比較少的。不過需要指出的是，“完全不同”“很大差異”的説法，是相對那些古今詞義基本未變或變化很小的詞而言的。很難説"該""羞"這樣的詞古今詞義没有什麽關係。嚴格地説，任何詞的新義都不是從天上掉下來的，都是從詞的本義引申發展而來的，祇是因爲我們研究不够，它們的來歷和繼承關係還没有被發現罷了。

　　古今詞義完全不同或有很大差異的詞，對初學古漢語的人來説，是一種困難，但祇要勤查字典辭書，這種困難還是容易克服的。從另一個方面説，正是因爲這些詞的詞義古今差別大，才容易引起初學者的注意，從而減少誤解古書的可能性。

三、古今詞義有同有異

　　大多數詞的古今詞義之間既有相同之處，又有不同之處。從相同之處可以看出古今詞義之間的聯繫和繼承，從不同之處可以瞭解古今詞義之間的區別與發展。我們要注意到"同"的歸納，更要重視對"異"的分析。這類詞是我們要掌握的重點。下面將對這類詞進行重點討論。

　　詞義是對概念的反映，但詞義並不等於概念，除反映日常概念外，還帶有一些感情色彩等。我們將有同有異的詞分爲兩類論述。

（一）詞義範圍的差異

1. 詞義擴大

　　詞義擴大指今義的範圍大於古義，古義被包括在今義的範圍之中。如：

　　江　本來專指長江。《説文·水部》："江，江水也。出蜀湔氐徼外崏山，入海。"《荀子·子道》："昔者，江出於岷山。"現泛指"大河"。如黄浦江、金沙江等。

　　河　本來專指黄河。《説文·水部》："河，河水。出敦煌塞外昆侖山，發原注海。"《左傳·僖公三十三年》："公使陽處父追之，及諸河，則在舟中矣。"《尚書·禹貢》："浮於洛，達於河。"這兩處的"河"都指黄河。"河"現泛指"天然的或人工的大水道"。長江在南，黄河在北，所以南方大河多稱"江"，北方大河多稱"河"。如洛河、渭河、汾河等。

　　貨　本來指"錢財"。《説文·貝部》："貨，財也。"《左傳·襄公四年》："戎狄薦居，貴貨易土，土可賈焉。"《論語·先進》："賜不受命，而貨殖焉。"後來，"貨"的詞義擴大，泛指一切有價值的東西，包括財和物兩個方面。《漢書·食貨志》："貨謂布帛可衣及金刀龜貝。""布帛可衣"指物，"金刀龜貝"指財。

　　響　古義是"回聲"。《尚書·大禹謨》："惠迪吉，從逆凶，惟影響。"孔傳："迪，道也。順道吉，從逆凶，吉凶之報，若影之隨形，響之應聲。"《左傳·昭公十二年》："今與王言如響，國其若之何?"杜預注："謹其順王心，如響應聲。"《玉篇》："響，應聲也。""響"在先秦的基本義是"回聲"。最遲在西漢末年，"響"的意義擴大爲"一切聲響"，揚雄《劇秦美新》："炎光飛響。"李善注："飛響，震聲也。"

　　雌　雄　本來指鳥類的雌雄。《説文·隹部》："雌，鳥母也。"又"雄，鳥父也。"《詩經·小雅·正月》："誰知烏之雌雄?"後來詞義擴大，所有動物，甚至植物都可稱雌雄。如《木蘭詩》："雙兔傍地走，安能辨我是雄雌?"在現代漢語中，"雌"指"生物中能產生卵細胞的"，"雄"指"生物中能產生精細胞的"。

睡 古義是坐着打瞌睡。《説文·目部》："睡，坐寐也。從目垂。"段玉裁注："知爲坐寐者，以其字從垂也。《左傳》曰：'坐而假寐。'此以會意包形聲也。目垂者，目瞼垂而下，坐則爾。"《史記·商君列傳》："孝公既見衛鞅，語事良久，孝公時時睡，弗聽。"這裏的"睡"無疑是"坐着打瞌睡"，如果理解爲秦孝公在與臣下"語事"過程中，時時躺下睡覺，實在是有悖情理。後來，"睡"的詞義擴大了，無論是坐着睡還是躺下睡，都可稱作"睡"。《現代漢語詞典》對"睡"的解釋是："睡覺，進入睡眠狀態"。

其他如"狂"原指"狗發瘋"，後擴大指一切瘋狂；"理"原指"理玉"，後擴大指整理一切事物；"嘴"原專指"鳥嘴"，後擴大指一切動物的嘴，甚至一切東西上類似嘴的部分也可以稱"嘴"；"臉"原指"頰"，後擴大指整個面部；"牙"原指"牡齒"，後擴大指所有的牙齒。

2. 詞義縮小

詞義縮小指今義的範圍小於古義，今義被包括在古義的範圍之中。如：

瓦 古義指一切陶製品。《説文·瓦部》："土器已燒之總名。"《楚辭·卜居》："黃鐘毀棄，瓦釜雷鳴。"今義縮小爲蓋在屋頂上的瓦片。

祥 古義是預示吉凶的徵兆。《左傳·僖公十六年》："是何祥也？吉凶安在？"杜預注："祥，吉凶之先見者。"《説文·示部》"祥"字段玉裁注："凡統言則災亦謂之祥。"在先秦兩漢的文獻中，"祥"指"吉"、指"凶"的都有：《詩經·大雅·大明》"文定厥祥"、《左傳·僖公三年》"棄德不祥"、《老子》"兵者不祥之器"等句中的"祥"都是着眼於吉的方面；《左傳·昭公十八年》"將有大祥"中的"祥"着眼於凶的方面。"祥"的今義專指"吉利"，詞義範圍小於古義。

子 古義是父母的後代，不論兒子，還是女兒，都可稱爲"子"。《禮記·哀公問》："子也者，親之後也。"《儀禮·喪服》："故子生三月則父名之。"鄭玄注："凡言子者，可以兼男女。"在先秦兩漢的文獻中，"子"指"女兒"、指"兒子"的都有：《論語·公冶長》中"以其子妻之"又"以其兄之子妻之"兩句中的"子"都指"女兒"；《韓非子·五蠹》中"今人有五子不爲多"句中的"子"指"兒子"。"子"的今義縮小爲專指"兒子"。

蟲 古義是動物的總稱。《禮記·儒行》："鷙蟲攫搏。"鄭玄注："鷙蟲，猛鳥猛獸也。"孔穎達疏："蟲是鳥獸通名，故爲猛鳥猛獸。"徐灝《説文解字注箋》亦云："蟲者，動物之通名。"《大戴禮記·易本命》："有羽之蟲三百六十，而鳳皇爲之長；有毛之蟲三百六十，而麒麟爲之長；有甲之蟲三百六十，而神龜爲之長；有鱗之蟲三百六十，而蛟龍爲之長；倮之蟲三百六十，而聖人爲之長。此乾坤之美類，禽獸萬物之數也。"《呂氏春秋·孝行覽·本味》："夫三群之蟲，水居者腥，肉玃者臊，草食者羶，臭惡猶美，皆有所以。"這裏的"蟲"顯然是動物的通稱。"蟲"的今義是"昆蟲"之總稱。《現代漢語詞典》釋"蟲"爲"蟲子"，今義的範圍小於古義。蟲的"動物總稱"義衹在某些方言中存在，如吳方言稱老鼠爲"老蟲"，北方有些地方稱蛇爲"長蟲"。

其他如"丈夫"古泛指男子，今專指婚後女人的配偶；"穀"原爲糧食的統稱，今專指稻穀一種糧食作物；"親戚"原指族內外親屬，包括父母兄弟，今專指族外親屬；"臭"原指所有氣味，今專指"臭味"；"金"原來泛指五金，今專指"黃金"；"丈人"原指一般年老之人，今專指"岳父"。

3. 詞義轉移

詞義轉移指詞義由古義轉移到今義後，古義就不再存在了，古義和今義的範圍不同。兩者表面看來似乎互不相容，但實際又存在某種聯繫。

湯　古義是"熱水"。《説文・水部》："湯，熱水也。"《論語・季氏》："見善如不及，見不善如探湯。"劉寶楠正義："探湯者，以手探熱。"《孟子・告子上》："冬日則飲湯，夏日則飲水。"《楚辭・九歌・雲中君》："浴蘭湯兮沐芳，華采衣兮若英。"這兩句中的"湯"都應當作"熱水"講。"湯"的今義則是"帶液汁的菜、熟食的液汁"，如菜湯、米湯等，作爲"熱水"的用法在普通話中已經不存在了，祇有在"赴湯蹈火"等成語中還保留着。

葷　古義指氣味、滋味都較有刺激性的葱、薑、蒜一類蔬菜。《説文・艸部》："葷，臭菜也。"又"菜，艸之可食者。"《儀禮・士相見禮》："夜侍坐，問夜，膳葷，請退可也。"鄭玄注："葷，辛物，葱薤之屬，食之以止卧。"《禮記・玉藻》："膳於君有葷桃茢。"鄭玄注："葷，薑及辛菜也。""葷"在古代是比較貴重的，《莊子・人間世》："顏回曰：'回之家貧，唯不飲酒、不茹葷者數月矣。'"顏回因爲家貧而不飲酒、不茹葷。"葷"今義是"雞、鴨、魚、肉等食物（跟"素"相對）"。"葷"的古義指植物性食物，今義指動物性食物，似乎毫不相干，但二者在各自時代都屬於比較貴重的食物，在這方面又有一些相似。

涕　古義是"眼淚"。《説文・水部》："涕，泣也。"《詩經・陳風・澤陂》："涕泗滂沱。"毛傳："自目曰涕，自鼻曰泗。"《詩經・小雅・小明》："念彼恭人，涕零如雨。"《莊子・大宗師》："孟孫才其母死，哭泣無涕，中心不戚。"這裏的"涕"是"眼淚"的意思。因目、鼻相近，淚、涕常相混。後來，"涕"轉指鼻涕。杜甫《聞官軍收河南河北》："劍外忽傳收薊北，初聞涕淚滿衣裳。"王褒《僮約》："目淚下，鼻涕長一尺。"前者"涕""淚"連用，後者"涕""淚"分述，則"涕"指鼻涕無疑。在現代口語中，"涕"不再表示"眼淚"，而祇表示"鼻涕"的意思。

腳　古義是"小腿"。《説文・肉部》："腳，脛也。""腳"和"脚"是異體字。《説文》"脛"字段玉裁注："厀下踝上曰脛。"古時"股腳"連用，《莊子・徐無鬼》："乳間股腳。""股"是"大腿"，則"腳"就是小腿，因爲大腿和小腿相連。同時，"股"和"脛"渾言則同，析言則異，也可用來證明"腳"有"脛"義。《淮南子・地形》："有修股民。"高誘注："股，腳也。"《廣雅・釋親》："股，脛也。"王念孫疏証："凡對文，則膝以上爲股，膝以下爲脛……散文則通謂之脛。""股"一釋爲"腳"，一釋爲"脛"，可証"腳""脛"意義相同。"腳"的今義專指"足"，不再具有"小腿"義。

其他如"聞"的古義是"耳朵聽"，今義爲"鼻子嗅"；"假"的古義是"借""非正式的"，今義爲"虛假""不是真的"；"暫"的古義是"突然"，今義爲"暫時"。

（二）詞義感情色彩的差異

有些詞古今意義的差異，不僅僅表現爲詞義範圍的變化，而且在感情色彩上也有明顯的不同。

1. 褒義詞變爲貶義詞

有的詞古義是褒義，今義是貶義，如：

爪牙　古義是"得力的武士猛將"，是褒義詞。《詩經・小雅・祈父》："祈父，予王之爪牙。"《漢書・李廣傳》："將軍者，國之爪牙也。"《國語・越語》："然謀臣與爪牙之士，不可不養而擇也。""爪牙"與"謀臣"相提並論，顯然是褒義詞。"爪牙"今義是貶義，《現代漢語詞典》的解釋是："爪和牙是猛禽、猛獸的武器，比喻壞人的黨羽。"

2. 貶義詞變爲褒義詞

有的詞古義是貶義，今義是褒義，如：

鍛煉　在古代除了"冶煉"的意義外，還有"枉法陷人於罪"的意思。《漢書・路温舒傳》："上奏畏卻，則鍛煉而周内之。"《後漢書・韋彪傳》："忠孝之人，持心近厚；鍛煉之吏，持心近薄。"注："鍛煉，猶成熟也，言深文之吏，入人之罪，猶工冶與陶鑄，鍛煉使之成熟也。""鍛煉"的今義則是褒義，如體育鍛煉，勞動鍛煉等。

3. 中性詞變爲貶義詞

有的詞古義是中性義，今義是貶義，如：

謗　先秦時的主要意義是"議論"，無所謂褒貶。朱駿聲《説文通訓定聲・言部》："謗者，道人之實事，與誣譖不同。大言曰謗，小言曰誹、曰譏。"《左傳・襄公十二年》："士傳言，庶人謗。"《史記・夏本紀》："女無面諛，退而謗予。"這兩處的"謗"都是"議論"的意思。《戰國策・齊策》："能謗譏於市朝，聞於寡人之耳者，受下賞。"在這裏，齊威王將"謗譏"與"面刺""上書諫"並列，還決定給"聞於寡人之耳"的"謗譏"以"下賞"。這裏的"謗"顯然不是貶義。《史記・文帝本紀》："古之治天下，朝有進善之旌、誹謗之木。"所謂"誹謗之木"就是立於朝中讓人批評朝政的木柱，如有意見，可寫在木柱上。這也説明古之"謗"無貶義。後來，"謗"的詞義的感情色彩變了，由中性變成了貶義。現在一般將"謗"理解爲"誹謗"。

侵　先秦時的主要意義是"進攻"，也無所謂褒貶。《左傳・莊公二十九年》："凡師，有鐘鼓曰伐，無曰侵，輕曰襲。"《周禮・夏官・大司馬》："以九伐之法正邦國……負固不服則侵之。"鄭玄注："侵之者，兵加其竟而已。"如果諸侯邦國自恃險固，違背王命，大司馬就率兵"侵之"，可見"侵"沒有貶義。《春秋》是魯國的編年史，書中記載了許多魯公"侵"其他諸侯國的事，也説明"侵"不具貶義。"侵"的今義是"侵犯""侵略"，帶有貶義。

4. 中性詞變爲褒義詞

有的詞古義是中性義，今義是褒義，如：

聖　古義是"通曉事理"。《説文・耳部》："聖，通也。"朱駿聲《説文通訓定聲・耳部》："耳順謂之聖。"《尚書・洪範》："睿作聖。"孔傳："於事無不通謂之聖。"《詩經・邶風·凱風》：“母氏聖善。”毛傳：“聖，睿也。”孔穎達疏：“皆以明智言之，非必如孔周也。”可見“聖”最初不過是指通曉事理而已，後來變成了褒義詞，指無所不通、無所不曉。

另外，還有一些詞，衹在古代使用，如今消亡了，但它們作爲古代詞語保留在古代文獻之中，要讀懂古書，也必須瞭解他們的含義。例如《荀子·勸學》“吾嘗終日而思矣，不如須臾之所學也”之“須臾”，賈誼《過秦論》“於是廢先王之道，焚百家之言，以愚黔首”之“黔首”，《資治通鑑·漢紀·赤壁之戰》“權起更衣，肅追於宇下”之“更衣”等，這些詞雖然已經消亡，但他們表示的意義和概念仍然存在，現代漢語可以用新的詞語來代替。“須臾”相當於“片刻”“一會兒”，“黔首”相當於“老百姓”，“更衣”相當於“去廁所”。再如“豬”（三個月的豬）、“豝”（兩歲的豬）、“豜”（三歲的豬狗）之類的詞，它們表示的事物、概念雖然還存在，但由於後來的詞義概括，這類區分很細的詞就消亡了，這類詞在現代漢語中衹能用詞組來對譯。“笏”“俑”之類的詞表示的事物、概念已不復存在，在現代漢語中，它們衹作爲特定文化現象的符號偶有提及。

總之，古今詞義異同的情況十分複雜，掌握的難處不在同，而在異，不在迥別，而在微殊。衹有將學習研究的重點放在“異”，特別是“微殊”上，抱着求其解的態度，多讀古書，勤查資料，認真辨析，仔細推敲，經過長期積累，才能最終有所收穫。

第三節　詞的本義和引申義

古代漢語中一詞多義的現象十分普遍，要精確理解詞義，把握一個詞的複雜多樣的意義，必須弄清詞的本義與引申義的關係，瞭解詞義發展演變的規律。

一、什麼是詞的本義和引申義

詞的本義就是詞的本來的意義。嚴格地説，詞的本義應該是指詞最初產生時所具有的原始意義，但是，由於漢語的歷史非常悠久，而記錄漢語的漢字則衹有幾千年的歷史，在漢字產生以前，遠古漢語的詞義情況已無從考察，這裏所説的詞的本義衹能是有語言文字材料作佐證的詞的本來意義。

一個詞往往不衹具有一個意義，大都具有兩個或兩個以上的意義，除本義外，其餘的都是引申義。所謂引申義，就是從本義引申出來的意義，或者説是在本義基礎上派生出來的意義。如：

顧　常用的有三個意義：① 回頭看。《孟子·梁惠王下》：“王顧左右而言他。”② 探望，拜訪。諸葛亮《出師表》：“三顧臣於草廬之中。”③ 關心，照顧。《詩經·魏風·碩鼠》：“莫我肯顧。”其中，“回頭看”是“顧”的本義，《説文·頁部》：“顧，還視也。”其他兩個是引申義。

引　常用的意義有三個：① 開弓。《説文·弓部》：“引，開弓也。”《孟子·盡心下》：“君子引而不發，躍如也。”② 拉。《史記·廉頗藺相如列傳》：“左右或欲引相如去。”③ 伸長。《左傳·成公十三年》：“我君景公引領西望。”④ 帶領。《史記·高祖本紀》：“項羽乃引兵東擊彭越。”⑤ 引退。馬中錫《中山狼傳》：“肩舉驢上，引避道左。”其中，“開弓”是本義，其他幾個意義是引申義。

引申義是從本義派生出來的新的意義。一個詞的本義祇有一個，引申義卻可以有幾個，它們與本義構成各種不同的關係。從引申義與本義的關係看，可將引申義分爲直接引申義和間接引申義兩類。直接引申義是指直接從本義派生出來的意義。直接引申義與本義的關係近，所以直接引申義又叫近引申義。間接引申義是指從引申義派生出來的意義。間接引申義是從引申義再引申出來的，與本義的關係較遠，所以又叫遠引申義。例如："向"，《説文·口部》："向，北出牖也。"本義是"朝北的窗户"。《詩經·豳風·七月》："塞向墐户。"引申出"朝向"，《戰國策·燕策》："北向迎燕。"又引申出"方向、趨向"，《國語·周語》："明利害之向。""朝向"義是由本義直接派生出來的，因此是直接引申義，又是近引申義。"方向""趨向"義是由引申義"朝向"派生出來的，因此是間接引申義，又是遠引申義。

詞的意義是由本義和由本義派生的引申義構成的系統，在這個系統中，本義是整個意義系統的核心，所有的引申義都是由本義直接或間接派生出來的。本義是綱，引申義是目，我們祇要抓住本義，理清詞義引申的路綫，就能掌握整個詞義系統。

二、探求詞的本義的方法

本義是詞義引申的源頭，一旦掌握了一個詞的本義，也就抓住了這個詞的綱，紛繁的詞義就變爲簡單而有系統的了。古人説："本義明，引申義亦明。"講的就是這個道理。要準確理解詞義，首先必須辨明本義。

(一) 分析字形

古漢語以單音詞爲主，一個單音詞寫出來就是一個漢字。而漢字是表意文字，造字時義寄于形，形體結構和詞義之間總有密切的關係，分析漢字的形體結構有助於探求詞的本義。

依據字形分析本義，最有參考價值的書當屬東漢許慎的《説文解字》和清代段玉裁的《説文解字注》。江沅在爲段玉裁《説文解字注》寫的後敍中説："許書之要，在明文字之本義而已。先生發明許書之要，在善推許書每字之本義而已矣。"而《説文解字》明本義的方法主要就是分析字形。王筠在《説文釋例》中指出："許君之立説也，推古人造字之由，先有字義，繼有字聲，乃造字形，故其説義也，必與形相比附。"如：

豆　　古食肉器也。從口象形。

刃　　刀堅也。象刀有刃之形。

戒　　警也。從廾戈，持戈以戒不虞。

快　　喜也。從心夬聲。

關於漢字的形體結構，傳統有"六書"的説法，根據《説文解字》，"六書"指指事、象形、形聲、會意、轉注、假借，其中象形、指事、會意、形聲是造字之法，而轉注、假借則是用字之法。從字的形體結構與所記詞的本義之間的聯繫緊密程度來看，象形字、指事字、會意字與所記詞的本義聯繫較爲密切，通過字形分析較易找出詞的本義，其中，又以象形字反映詞的本義最爲直接。例如上舉的"豆"字是一個象形字，字形像放有東西的高腳盤，"豆"的本義是"盛肉的器皿"。《國語·吳語》："觴酒豆肉簞食。""刃"字是一個指事字，刀上的一點是指事符號，表明這裏是刀口、刀鋒。《莊子·庖丁解牛》："是以十九年刀刃若新發於硎。"《荀子·議兵》："有莫邪之長刃。"這兩個"刃"用的都是本義"刀口、刀鋒"。"戒"字是一個會意字，字形像雙手持戈，表示戒備，《詩經·小雅·采薇》："豈不日戒，玁狁孔棘。"這裏的"戒"用的就是本義"戒備"。

在漢字大家族中，象形字、指事字、會意字所佔比例很小，絕大多數漢字是形聲字，因此，熟練掌握探求形聲字所記詞的本義的方法具有十分重要的意義。

形聲字的聲旁記音，形旁表示詞的意義類屬。形聲字的字形雖不直接反映本義，但其形旁對探求詞的本義有縮小範圍的提示作用，有助於推斷、確定詞的本義。例如"快"，《孟子·梁惠王上》："抑王興甲兵，危使臣，構怨於諸侯，然後快於心與？"其中"快"的意思是"快樂""高興"。《晉書·王湛傳》："此馬雖快，然力薄不堪苦行。"其中"快"的意思是"迅速"。杜甫《戲題王宰畫山水圖歌》："焉得并州快剪刀，剪取吳淞半江水。"其中"快"的意思是"鋒利"。"快"字的形旁是"心"，本義必然與心情有關，《說文·心部》："快，喜也。從心夬聲。"可見，"快"的本義是"快樂""高興"。再如"誅"，《尚書·胤征》："昏迷于天象，以干先王之誅。"其中"誅"的意思是"殺戮"。《楚辭·卜居》："寧誅鋤草茅，以力耕乎？"其中"誅"的意思是"鏟除"。《論語·公冶長》："宰予晝寢。子曰：'朽木不可雕也，糞土之牆不可杇也。於予與何誅？'"其中"誅"的意思是"責備"。"誅"字的形旁是"言"，可見在"誅"的這幾個意義中，"責備"應是本義。《說文·言部》："誅，討也。"正是"責備"義。

漢字在長期的流傳、使用過程中，形體發生了幾次大的變化，有的變得面目全非，有的甚至發生了訛傳，到今天，多數漢字已很難從字形上看出他們所記詞的本義。探求本義所依據的字形應當是盡可能早的古文字形體。瞭解一些字形演變的情況，對確定本義很有幫助，可避免因訛生訓的錯誤。小篆對分析漢字有一定的作用，但有些小篆形體不是漢字的最初形符。許慎說解的一些錯誤，就是因爲他依據的小篆形體已有訛變而導致的。如"射"字，甲骨文從"又"（手）持弓、矢形，它所表示的詞的本義很明顯是"射箭"，但小篆"射"的字形已訛變爲從身、從寸。許慎依之作解，自然不可能與原意相符。

（二）考核文獻

利用漢字形體結構來探求詞的本義是一個切實可行的方法，但有時單憑字形分析很難決斷。有些詞沒有專造字，如假借字所記錄的詞、與書面形式僅有語音關係的聯綿詞，這類詞當然無法利用字形分析、探求本義，它們的本義祇能通過文獻考核來確定。有專造字的詞，要探求確切本義，往往也要依靠文獻資料的佐證。如形聲字所記的詞，形聲字的形旁表示詞的意義類屬，對探求詞的本義祇有縮小範圍的提示作用，字形並不直接反映本義，單據字形無法確定詞的本義，必須利用文獻資料才能最後指實。即使是象形字、指事字、會意字，要最終確證本義，也離不開文獻資料的幫助。因爲漢字的形體結構是造字時對詞義理解的反映，它祇在一定程度上反映了詞義，單憑字形結構分析詞的本義，容易仁者見仁，智者見智，很難達成共識。而語言文字是約定俗成的，用某字記録某詞，如果已經得到了社會的承認，那麼應當能够在歷史文獻中找出相應的用例。因此，通過字形分析出的本義，也需要通過歷史文獻資料的考核和驗證，才能最終確認。所謂文獻資料，一是指古代經史子集等歷史文獻，二是指甲骨文、金文等新出土的文字材料，三是指字典辭書，如《説文》《廣雅》《集韻》等。一般來説，一個字的形體結構所表現出來的意義與實際語言中作爲詞的意義相符合時，就是造字時候的本義。例如"行"，《説文・彳部》："行，步趨也。從彳從亍。"後來，人們發現甲骨文、金文"行"字像十字路口，便從字形判定其本義應當爲"道路"。再看文獻用例，《詩經・周南・卷耳》："置彼周行。"《詩經・豳風・七月》："遵彼微行。"這兩例的"行"都作"道路"講。至此，可確定"行"的本義爲"道路"。再如"元"，《説文・儿部》："元，始也。從一從兀。"《公羊傳・隱公元年》："元年者何？君之始年也。"可見"元"確有"始"義。杜預、趙岐發現有一些"元"的用例當"始"講不通，便綜合大量文獻材料進行研究，認爲應訓爲"首"。清代朱駿聲《説文通訓定聲》也持同樣的觀點。《左傳・僖公三十三年》："狄人歸其元，面如生。"《孟子・滕文公下》："勇士不忘喪其元。"這兩例的"元"都作"頭"講。後又從古文字得到旁證，甲骨文"元"字像一個人，強調頭部。至此，"元"的本義爲"頭"得到確證。

　　總之，探求詞的本義一般可分兩步：首先分析字形結構，找出字形與詞義的關係；然後尋找文獻實例作爲佐證。有時，在特定情況下，也可單獨通過字形分析探求本義，或通過文例排比，歸納本義，這樣得出的所謂本義往往隨意性較大，需要進一步考證才能最終確認。那些没有專造字的詞，雖説是"本無其字，依聲託事"，詞義與字形無關，但要知道某詞是否有專造字，一般説也是在分析字形後才能真正確定，從這個意義上説，探求詞的本義都是以字形分析作爲基礎的。

三、詞義引申的形式

　　詞義引申的形式多種多樣，十分複雜，研究詞義引申的形式，可以幫助我們瞭解詞義系統的內部聯繫，使複雜的詞義條理化，便於掌握。詞義引申的形式歸納起來，大致有鏈條式、輻射式、綜合式三種類型。

（一）鏈條式引申

　　鏈條式引申又叫綫性引申，它從甲義引申出乙義，再由乙義引申出丙義，如此環環相扣，接連引申。這種形式的引申是單向的，其中某個引申義祇與前後相鄰的兩個意義有直接聯繫，而與其他意義聯繫不大，有時甚至難以看出有什麼聯繫。如：

　　朝　本義是"早晨"。《説文・月部》："朝，旦也。"《論語・里仁》："朝聞道，夕死可矣。"

　　（1）朝見、朝拜。《孟子・公孫丑下》："孟子將朝王。"

　　（2）朝廷。《孟子・梁惠王上》："使天下仕者皆欲立於王之朝。"

　　（3）朝代。杜甫《蜀相》："三顧頻煩天下計，兩朝開濟老臣心。"

　　"朝"的本義是"早晨"，由於古代臣子要在早晨拜見君王，便引申爲"朝見、朝拜"；由"朝見、朝拜"又引申指朝見、朝拜的處所"朝廷"；由一代代君王都是在朝廷上發號施令，再引申指整個王朝或某一皇帝的統治時期"朝代"。"朝"的詞義引申形式如圖 3-1 所示。

圖 3-1　"朝"的詞義引申形式

繩　本義是繩索。《説文·糸部》："繩，索也。"《易·繫辭》："上古結繩而治，後世聖人易之以書契。"

（1）繩墨。《尚書·説命上》："惟木從繩則正。"

（2）標準、法令。《商君書·開塞》："王者有繩。"

（3）糾正。《尚書·冏命》："繩愆糾謬，格其非心，俾克紹先烈。"

"繩"的本義是"繩索"，因爲木工用的墨綫是用繩做的，所以引申爲"繩墨"；繩墨是木工直曲直的工具，是木直的標準，因而引申出"標準、法令"義；若不符合標準，不符合法令的要求，應當使之符合，故引申出"糾正"義。

（二）輻射式引申

輻射式引申又叫圓形引申，是以某一意義爲引申中心，向四面輻射引申出衆多不同意義的詞義引申形式。如：

首　《説文·首部》釋"首"爲"頭"，金文"首"字像人頭形，首的本義是"人頭"。《楚辭·國殤》："首身離兮心不懲。"

（1）動物的頭。《詩經·小雅·苕之華》："牂羊墳首。"

（2）器物頂端。《禮記·曲禮》："進劍者左首。"

（3）開端。《史記·孝武本紀》："以正月爲歲首。"

（4）首先。《史記·項羽本紀》："陳涉首難。"

（5）首領。《史記·趙世家》："盾雖不知，猶爲賊首。"

（6）首要。《尚書·秦誓》："予誓告汝羣言之首。"

（7）朝向。《楚辭·哀郢》："狐死必首丘。"

（8）自首。《漢書·文三王傳》："恐復不首實對。"

"首"的本義是"人頭"，引申爲所有動物的頭；人頭處於人體的頂端，所以"首"引申爲"器物的頂端"；人頭是分娩時最先出現的部分，所以引申爲開端；人頭最先分娩出來，所以又引申爲首先；人頭處於人體的最高部位，與一個組織的領導人地位最高類似，因此引申爲"首領"；人頭對人來説，是最重要的，所以引申爲"首要"；頭上有用於觀察事物的眼，因而引申出"朝向"義；由"人頭"引申爲低頭認錯，所以"首"又有"自首"義。"首"的這八個引申義是以本義"人頭"爲中心向不同方向派生的結果。"首"的詞義引申形式如圖 3-2 所示。

圖 3-2　"首"的詞義引申形式

(三) 綜合式引申

綜合式引申是鏈條式引申和輻射式引申兩種引申形式的交叉綜合。在古漢語詞義引申的三種形式中，以綜合式引申較爲普遍。義項較多的詞的詞義引申形式幾乎都是綜合式引申。如：

歸　《説文・止部》："歸，女嫁也。"本義是"女子出嫁"。《詩經・周南・桃夭》："之子于歸，宜其室家。"《公羊傳・隱公二年》："婦人謂嫁曰歸。"

(1) 回家、回去。陶淵明《歸去來兮辭》："田園將蕪，胡不歸?"

(2) 歸屬、依附。《孟子・梁惠王上》："民歸之，由水之就下。"

(3) 死。《列子・天瑞》："夫言死人爲歸人，則生人爲行人矣。行而不知歸，失家者也。"又"鬼，歸也，歸其真宅。"《韓詩外傳》："死者爲鬼。鬼者歸也。"

(4) 歸還。《史記・廉頗藺相如列傳》："臣請完璧歸趙。"

(5) 終。《呂氏春秋・報更》："而言之與響，與盛與衰，以之所歸。"

(6) 匯聚。《論語・子張》："天下之惡皆歸焉。"

(7) 藏。《易・説卦傳》："萬物之所歸也。"

(8) 自首。《史記・張丞相列傳》："(鼂) 錯恐，夜入宮上謁，自歸景帝。"

(9) 稱許。曹植《名都篇》："觀者咸稱善，衆工歸我妍。"

(10) 歸趨。《孟子・梁惠王下》："仁人也，不可失也，從之者如歸市。"

(11) 委任。《後漢書・順帝紀》："今刺史二千石之選，歸任三司。"

古人認爲女子嫁到夫家才是真正回到家，所以由"女子出嫁"引申出"回家"；在古人眼裏，女子出嫁，等於有了歸屬，因此，又由"女子出嫁"引申出"歸屬"。以"回家"義爲中心，輻射式引申出三個意義：回家是一個階段的終止，所以引申爲"終"；古人認爲人體死亡是"歸其真宅"，所以又引申爲"死"；人是家的有機成分，回家等於將人歸還給家這個整體，所以由"回家"引申爲"歸還"。以"歸屬"爲中心輻射式引申出六個意義：由大量事物一起歸屬，引申出"匯聚"義；將某事物自上向下歸屬，可引申出"委任"義；因有罪害怕對方不接受自己的歸屬而自動投案，由此可引申出"自首"義；歸集而不散失，引申爲"藏"；因有值得稱道處，才能使人歸屬，引申爲"稱許"；歸屬之心迫切，引申爲"歸趨"。"歸"的詞義引申形式如圖3-3所示。

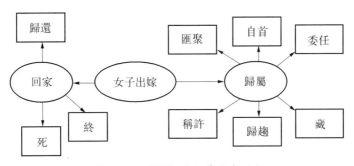

圖3-3　"歸"的詞義引申形式

綜上所述，多義詞的衆多意義之間存在一定的聯繫，祇要細心分析，就能將看似互不相關的意義組織到一個系統之中。詞的本義是詞義引申的源頭，它可以是詞義引申的中心，如上舉的"首"的幾個引申義就是以其本義爲中心輻射引申出來的；也有可能不是詞義引申的中心，而由某一個引申義充當詞義引申的中心。有時，所謂的引申中心甚至還可能存在幾個，如上舉的"歸"就是這樣，先由"歸"的"女子出嫁"本義引申出"回家"和"歸屬"二義，然後又分別以"回家"和"歸屬"爲中心輻射引申出更多意義。

四、詞義引申的方式

詞義引申是一種複雜的現象，但也並非茫無頭緒，沒有規律可言。由具體到抽象、由個別到一般、由實到虛是詞義引申的基本規律。

詞義引申是客觀事物不斷發展和人類抽象思維日益發達的反映，也是語言本身不斷發展的產物。語言是人們交際和思維的工具。隨着社會的發展，新事物、新概念不斷出現，語言也必須發生相應的變化，於是新詞便不斷產生，但祇是創造新詞，就會受到語言其他因素的制約，會嚴重妨礙語言經濟性能的發揮，因此須在原有詞彙的基礎上，根據已有的認識，從詞的原有意義發展出新義來表示新事物、新概念，這產生出來的新義就是引申義。

詞義引申就某個階段而言，指由某一個義項派生出另一個新的義項。這兩個義項所指事物之間必然存在一定的聯繫，這種聯繫就是詞義引申的根據。詞義引申就是根據這兩種事物之間的聯繫，借助於聯想來實現的。語言具有民族性，由於生活環境不同，不同民族的人接觸到的事物不完全一樣，觀察事物的方法、心理也不盡相同，他們捕捉到的事物特點必然會有不同程度的差異。所以，詞義引申具有强烈的民族性，要歸納古漢語詞義引申的規律，分析詞義引申的方式，必須緊密結合漢民族的生活環境、思維特點，從具體的文獻材料入手，同時輔以合乎情理的聯想推理，才能有所成就。

所謂詞義引申的方式就是指如何由某一個義項引申出另一個新的義項。它是詞義引申規律的具體體現。瞭解詞義引申的方式，能夠幫助我們深入理解詞義，理順紛繁的詞義系統。

詞義引申的方式大體可分爲以下三種。

(一) 相似引申

本來指甲事物，引申指與甲事物在性狀特徵、功用等方面相似的乙事物。相似引申基於聯想的類似律。根據兩事物相似點的不同，可將相似引申大致分爲以下兩類。

1. 性狀特徵相似引申

本來指甲事物，引申指與甲事物的性狀特徵相似的乙事物。如：

斗 "斗"本指一種有把、勺形的酌酒器。《詩經·大雅·行葦》："酌以大斗，以祈黃耇。"斗星的形狀和它相似，所以也叫"斗"，《詩經·小雅·大東》："雖北有斗，不可以挹酒漿。"

斷 "斷"的本義爲"砍斷",《周易·繫辭》:"斷木爲杵。"砍斷的特點是大刀闊斧,迅猛有力,即刻見效,而人下決心做事、拿定主意時也是這樣,所以引申爲"決斷"。《漢書·霍光傳》:"當斷不斷,反受其亂。"

2. 功用相似引申

本來指甲事物,引申指與甲事物的功用相似的乙事物。如:

關 "關"本來指門閂,《左傳·襄公二十三年》:"臧紇斬鹿門之關以出。"門閂是控制出入的,由此引申爲"關卡"。《史記·孟嘗君列傳》:"孟嘗君至關,關法雞鳴而出客。"

術 "術"本來指城邑中的道路。左思《吳都賦》:"亦有甲第,當衢向術。"道路是到達目的地的具體路徑,由此引申爲"法術、手段"。《韓非子·定法》:"君無術則弊於上,臣無法則亂於下。"

(二) 相關引申

本來指甲事物,引申指與甲事物相互關聯的乙事物。相關引申基於聯想的接近律。由於事物之間的相互關係十分複雜,這裏祇能根據兩事物相關點的不同,將相關引申進行大致的分類。

1. 性狀特徵相關引申

由指事物的性質、狀態、特徵引申指事物。如:

企 "企"的本義爲"抬起腳跟"。《説文·人部》:"企,舉踵也。"人在仰望時往往抬起腳跟,由此狀引申爲"望"。曹植《閑居賦》:"登高丘以延企。"《廣韻·寘韻》:"企,望也。"

走 "走"的本義爲"跑"。《説文·走部》:"走,趨也。"獸類善跑,經常處於"走"的狀態,因此,"走"引申指"獸類"。張衡《西京賦》:"上無逸飛,下無遺走。"

波 "波"本來指水紋起伏之狀,《説文·水部》:"水湧流也。"蘇軾《前赤壁賦》:"清風徐來,水波不興。"引申指"水"。《尚書·禹貢》:"導弱水,至于合黎,餘波入于流沙。"

兔 月中有一陰影像兔子的形狀,由此,"兔"引申指"月"。黃頗《聞宜春諸舉子陪郡主登河梁玩月》:"虹影迴分銀漢上,兔輝全寫玉筵中。"

2. 功用相關引申

由指事物的功用引申指事物,或由指事物引申指事物的功用。如:

導 "導"有"疏導、疏通"的意義,引申指具有疏導、疏通功能的一種首飾。《釋名·釋首飾》:"導,所以導櫟鬢髮使入巾幘之裏。"《南史·諸澄傳》:"又贖彥回介幘犀導及彥回常所乘黃牛。"這是由功用引申指事物。

梳 "梳"本來指一種梳理頭髮的工具,《説文·木部》:"梳,理髮也。"段玉裁注:"器曰梳,用之理髮,因亦曰梳。"揚雄《長楊賦》:"頭蓬不暇梳,飢不及餐。"此例的"梳"是"梳理"的意思。這是由事物引申指其功用。

3. 所在相關引申

由指事物所在的位置、方位引申指事物。如：

室　"室"本來指房屋。《禮記·曲禮上》："三十曰壯，有室。"孔穎達注："壯有妻，妻居室中，故呼妻爲'室'。"

岡　"岡"的本義是"山頂"，《説文·山部》："岡，山脊也。"因山頂和山坡相連，所以山坡也叫"岡"。《廣雅·釋丘》："岡，阪也。"左思《招隱詩》："白雲停陰岡，丹葩曜陽林。"

後　"後"本來指後方、後面。肛門在身後，"後"因而引申指"肛門"。《戰國策·韓策一》："寧爲雞口，無爲牛後。"

4. 動作行爲相關引申

動作行爲相關引申依據的事物間關係是以動作行爲爲核心的，即動作行爲與其發出者、對象、目的、方式、情狀、處所、時間、工具、結果等的關係；或者是以動作行爲爲樞紐的，即發出者與對象、工具、情狀、時間、處所等的關係。如：

賊　"賊"本來指"殺害"。《韓非子·內儲説下》："二人相憎而欲相賊也。"引申爲"殺人者、刺客"。《史記·秦始皇本紀》："燕王昏亂，其太子丹乃陰令荆軻爲賊。"這是由指動作行爲引申指動作行爲的發出者。

兵　"兵"的本義是"兵器"，《説文·八部》："兵，械也。"《左傳·隱公元年》："繕甲兵，具卒乘。"引申爲拿兵器的人，即"士兵，軍隊"。《左傳·昭公十四年》："夏，楚子使然丹簡上國之兵於宗丘，且撫其民。"孔穎達疏："兵者，戰器之名。戰必令人執兵，因即名人爲兵也。"這是由動作行爲的工具引申指動作行爲的發出者。

麻　古時喪服用麻布製成，所以喪服也叫"麻"。《禮記·雜記下》："麻不加於采。"鄭玄注："麻，吊服是也。"這是由動作行爲的對象引申指動作行爲的結果，即通常説的由指材料引申指製成品。

5. 因果相關引申

由指事物的原因（或結果）引申指事物的結果（或原因）。如：

伐　"伐"有"征伐"義，《詩經·商頌·殷武》："奮伐荆楚。"引申爲"功勞"，《左傳·莊公二十八年》："且旌君伐。"杜預注："伐，功也。"又引申爲"誇耀"，《左傳·襄公十三年》："小人伐其技以馮君子。"杜預注："自稱其能爲伐。"因"征伐"才有"功勞"，因有"功勞"才"誇耀"，這是由原因引申指結果。

暵　"暵"的本義是"乾旱"，《説文·日部》："暵，乾也。"引申爲"曝曬"，《齊民要術·大小麥》："大小麥皆須五月六日暵地。"這是由結果引申指原因。

6. 整體部分相關引申

由指事物的部分（或整體）引申指事物整體（或部分）。如：

軫　"軫"本指車箱底部的橫木，《説文·車部》："軫，車後橫木也。"引申指"車箱"，《周禮·考工記·序官》："加軫與轐焉，四尺也。"又引申指"車"，《國語·晉語四》："若資貧困，亡在長幼，還軫諸侯，可謂貧困。"韋昭注："還軫，猶回車。"

朝　　"朝"的本義是"早晨"，《説文·月部》："朝，旦也。"引申指"日"，李白《王昭君》："今日漢宮人，明朝胡地妾。"這兩例是由部分引申指整體。

體　　"體"是全身的總稱，本義是"身體"，《廣雅·釋親》："體，身也。"《禮記·祭義》："身也者，父母之遺體也。"引申指身體的某一部分，《論語·微子》："四體不勤，五穀不分。"這是由整體引申指部分。

7. 特定普通相關引申

由指特定（或普通）事物引申指普通（或特定）事物。如：

沐　　"沐"的本義是"洗頭髮"。《説文·水部》："沐，濯髮也。"《詩經·小雅·采綠》："予髮曲局，薄言歸沐。"引申指一般的"洗滌"，《文選·宋玉〈神女賦〉》："沐蘭澤，含若芳。"李善注："沐，洗也。"這是由特定引申指普通。

宮　　"宮"本來指普通的"房屋"，《爾雅·釋宮》："宮謂之室，室謂之宮。"《説文·宀部》："宮，室也。"《孟子·滕文公上》："且許子何不爲陶冶，舍皆取諸其宮中而用之？"這裏的"宮"顯然是"房屋"的意思。後來特指"帝王的住房"。陸德明《經典釋文·爾雅音義》："宮，古者貴賤同稱宮，秦漢以來惟王者所居稱宮焉。"《周禮·天官·閽人》："閽人掌守王宮之中門之禁，喪服兇器不入宮，潛服賊器不入宮，奇服怪民不入宮。"這是由普通引申指特定。

（三）反向引申

從原義引申出與原義相反的意義。反向引申基於聯想的對比律。對一詞有相反兩義的現象，現存訓詁著作裏最早談及的是東晉郭璞的《爾雅注》。《爾雅·釋詁》："治、肆，故也。"又，"肆、故，今也。"郭注："肆既爲故，又爲今；今亦爲故，故亦爲今。此義相反而兼通者。"又："徂、在，存也。"郭注："以徂爲存，猶以亂爲治，以曩爲曏，以故爲今。此皆故訓義有反覆旁通、美惡不嫌同名。"這就是傳統語言學史上著名的反訓。段玉裁《説文解字注·人部》"價"字條："價，訓'鄉'，亦訓'背'，此窮則變、變則通之理。如廢置、徂存、苦快之例。"段玉裁用道家"窮則變、變則通"的哲學原理來解釋反訓產生的原因，是十分精闢的。事物本來就是矛盾的統一體，相反的事物之間也有某些方面的聯繫，以這些聯繫爲切入點，自然也可以進行詞義的反向引申。根據反向引申的詞義的類型，可將反向引申大致分爲以下四類。

1. 美惡引申

美惡引申指由褒揚（貶斥）性質的意義引申出貶斥（褒揚）性質的意義。如：

誕　　"誕"有"欺詐"和"誠實"兩種相反的意義。《吕氏春秋·應言》："令許綰誕魏王。"高誘注："誕，詐也。"《史記·扁鵲倉公列傳》："中庶子曰：'先生得無誕之乎？何以言太子可生也。'"這裏的"誕"也是"欺詐"的意思。《廣雅·釋詁》："誕，信也。"王念孫疏証："誕者，《文選·陸雲〈大將軍讌會〉》詩：'誕隆駿命。'李善注引薛君《韓詩章句》云：'誕，信也。'""信"就是"誠實"的意思。

比　　"比"有正當的"親近"和不正當的"勾結"兩種相反的意義。《論語·里仁》："君子之於天下也，無適也，無莫也，義之與比。"邢昺疏："比，親也。"《玉篇·比部》：

"比，近也，親也。"這裏的"比"指正當的相互"親近"。《論語·爲政》："君子周而不比，小人比而不周。"朱熹集注："比，偏黨也。"《玉篇·比部》："比，阿黨也。"這裏的"比"指不正當的相互"勾結"。

2. 肯否引申

肯否引申指由肯定（或否定）的意義引申出否定（或肯定）的意義。否定的意義前面應該加一個"不"字，運用時卻沒有加。如：

危　"危"有"不正"與"正"兩種相反的意義。"危"的本義爲"高"，高容易傾側不正。《廣韻·支韻》："危，不正也。"《荀子·榮辱》："故薄薄之地，不得履之，非地不安也，危足無所履者，凡在言也。"楊倞注："危足，側足也。"由"不正"義引申爲"正"。《廣雅·釋詁》："危，正也。"《論語·憲問》："子曰：'邦有道，危言危行；邦無道，危行言孫。'"王念孫《廣雅疏証》即用《論語·憲問》"危言危行"之"危"來驗證"危"有"正"義。《史記·日者列傳》："宋忠、賈宜瞿然而悟，獵纓正襟危坐。""危坐"就是端正地坐着。

3. 施受引申

施受引申反映的實質上是同一動作行爲的發出者（即施動者）與接受者（即受動者）之間的關係，這一動作行爲在發出者一方爲"施"，在接受者一方爲"受"。如：

乞　"乞"有"乞討"和"給予"兩種相反的意義。其中"乞討"義常見，《漢書·朱買臣傳》："居一月妻自經死，買臣乞以其夫錢另葬之。"此例中的"乞"當"給予"講。

受　"受"，《說文·又部》："受。相付也。""相付"兼釋"授""受"二義。《尚書·大禹謨》："滿招損，謙受益。"這裏的"受"是"接受"的意思。《商君書·定分》："今聖人爲書而傳之後世，必師受之，乃知所謂之名。"這裏的"受"是"授予、傳授"的意思。

4. 反正引申

反正引申反映的是同一事物相互矛盾着的兩個方面，這矛盾着的兩個方面一個爲"反"，一個爲"正"。如：

偭　"偭"有"面向"和"背向"兩種相反的意義。《說文·人部》："偭，鄉也。"段玉裁注："鄉，今人所用之'向'字也。……偭，訓'鄉'，亦訓'背'。"《廣雅·釋詁》："偭，偝也。"《禮記·少儀》："尊壺者偭其鼻。"孔穎達疏："尊與壺悉有面，面有鼻，鼻宜向於尊者，故言'面其鼻'也。"《楚辭·離騷》："偭規矩而改錯。"王逸注："偭，背也。"《漢書·賈誼傳》："偭蟂獺以隱處兮。"王逸、應劭注均爲："偭，背也。"

艫　"艫"有"船頭"和"船尾"兩種相反的意義，《說文·舟部》："艫，船頭。"《漢書·武帝紀》："舳艫千里，薄樅陽而出。"顏師古注引李斐曰："艫，船前頭刺棹處也。"《小爾雅·廣器》："尾謂之艫。"《文選·左思〈吳都賦〉》："弘舸連舳，巨檻接艫。"李善注引劉逵云："艫，船後也。"

第四節　同　義　詞

一、什麼是同義詞

（一）同義詞的性質和範圍

同義詞是意義相同或相近的詞。意義完全相同的詞，即等義詞幾乎没有，即使有的方言詞、外來詞在初入共同語時可能會造成等義詞的出現，但往往不久就在語言規範化的過程中被淘汰，或者意義就產生了分化，不再完全相同。

絶大多數的同義詞是意義相近的詞，即近義詞，它們的意義有同有異。"同"是我們名之爲同義詞的依據，對一組詞來説，袛要有一個意義相同，而且不管這個意義是否是實質義、常用義，就可被看成同義詞。例如：《詩經·大雅·雲漢》"周餘黎民"的"黎"，《大雅·靈臺》"庶民子來"的"庶"，《大雅·烝民》"天生烝民"的"烝"，《大雅·緜》"戎醜攸行"的"醜"，《大雅·板》"曾莫惠我師"的"師"，《魯頌·閟宮》"敦商之旅"的"旅"，都有"衆"的意思，所以《爾雅·釋詁二》將這些詞放在一起，用一個同義詞"衆"來解釋。這些詞除"衆"義外，還有别的意義。如："庶"還有"平民""非正妻生的孩子"等義；"醜"還有"類""同""比"等義；"旅"還有"軍隊""子弟""共同"等義。而"衆"對這三個詞來説，都不是主要意義，但並不妨礙它們與"黎""烝""師"等詞在"衆"義上成爲同義詞。

同義詞的產生，是語言適應社會發展和人們認識深化的結果。詞義的發展變化使幾個多義詞的意義之間很容易產生相同相近的情況，從而構成同義詞。而多義單音詞向複音詞的發展，又使以某一單音詞爲詞根構成的雙音詞之間，經常存在同義關係。

在古漢語中，一詞多義的現象十分普遍，一個多義詞有幾個意義，它就可能有幾組同義詞，例如"信"有"誠實不虛偽""信使""書信"等多個意義，在這幾個意義上可以分别與"誠""使""書"等構成同義詞。

同義詞具有一定的時代性。研究同義詞，也應該具有歷史的觀點。由於詞義的發展變化，本來不是同義詞的一組詞會在某一歷史時期演變成爲同義詞。例如："徐"和"慢"，就本義而言，它們不是同義詞，《説文·彳部》："徐，安行也。"《孟子·告子下》："徐行後長者謂之弟，疾行先長者謂之不弟。"此句"徐"與"疾"相對，可見"徐"有緩慢的意思。以《説文》的"安行"爲本義，則"緩慢"已是引申義了。《説文·心部》："慢，惰也。"《周易·繫辭》："上慢下暴。"其中"慢"用如本義。《釋名》："過時而不葬曰慢。"其中"慢"已有由"惰"向"緩慢"引申的跡象，《廣雅·釋詁二》："慢，緩也。"看來，漢、魏時，"慢"已有"緩慢"義了，於是在"緩慢"義上，"徐"和"慢"成了一對同義詞。同樣，在某一共時平面上的一組同義詞，到另一時期，也有可能演變成爲非同義詞。例如"信"和"誠"，《説文·言部》："信，誠也。""誠，信也。"《爾雅·釋詁》："誠，信也。"兩詞都有真誠不虛偽的意思，在先秦有一段時期是一對同義詞。《老子》："信言不美，美言不信。"《列子·湯問》："帝感其誠。"其中"信"和"誠"的意思相近。在後來的詞義發展中，"誠"的"誠實"義基本保留，而"信"的演變就比較複雜，其引申義有“相信”“信使”“書信”等，與本義越來越遠。“誠”和“信”遂不再同義。

一般來説，同義詞的詞性是相同的。意義有相同之處，但詞性不同的詞不能看作是同義詞。如“柔”“煣”和“輮”，“柔”表示事物柔和、柔曲的形狀，是形容詞，“煣”表示用火使物體柔曲，是動詞，“輮”表示使物體柔曲後形成的產品，即車的輪圈，是名詞。這三個詞的意義雖然在“柔曲”這一點上相同，但它們的詞性各不相同，所以不是同義詞。

（二）同義詞的類型

從詞義系統即本義與引申義的角度，可將同義詞分爲以下三類。

1. 本義相同的同義詞

這類同義詞較少，根據前人統計，有三百多組，主要是《説文》中互訓的詞，如：“頂，顛也”，“顛，頂也”；“僵，偃也”，“偃，僵也”。其他古籍中也有這類同義詞，如《爾雅·釋宮》：“宮謂之室，室謂之宮。”

2. 一詞本義與另一詞引申義相同的同義詞

這類同義詞原本不同義，後來其中一個經過引申變得與另一方同義。如：

第—宅　“宅”的本義是“住宅”，《詩經·大雅·崧高》：“王命召伯，定申伯之宅。”《爾雅·釋言》：“宅，居也。”“第”的本義是“次第”，《説文·弟部》：“弟，韋束之次弟也。”“弟”即“第”。《小爾雅·釋詁》：“第，次也。”《吕氏春秋·原亂》：“亂必有弟。”高誘注：“弟，次也。”在先秦時，“第”無“住宅”義。《漢書·高帝紀》：“爲列侯食邑者，皆佩之印，賜大第室。”顏師古注：“孟康曰：‘有甲乙次第，故曰第也。’”《史記·外戚世家》：“甲第以賜姊。”其中“第”指住宅。至此，在“住宅”義上，“第”和“宅”是同義詞。

3. 引申義相同的同義詞

屬這類同義詞的詞的本義不同，後來都經詞義引申，纔變成同義詞。這類同義詞數量最多，上舉的“徐”和“慢”就是這類同義詞。再如：

嚴—厲　“嚴”的本義是“緊急”，《説文·口部》：“嚴，教命急也。”“厲”的本義是“磨刀石”，《説文·厂部》：“厲，旱石也。”後來經過詞義引申，在“嚴厲”義上成爲同義詞。《論語·述而》：“子溫而厲。”《韓非子·難四》：“君明而嚴，則群臣忠。”其中的“嚴”和“厲”都是“嚴厲”的意思。

（三）同義詞的作用

古漢語同義詞十分豐富，同一事物、同一概念往往可以用幾個、甚至幾十個同義詞來表達。例如表示“看”這一動作行爲，單音詞有“視”“望”“觀”“見”“瞻”“察”“顧”“相”等，複合詞有“視察”“審視”“省視”“觀察”“觀測”“觀光”“瞭望”“企望”“盼望”“看見”“瞻仰”“觀瞻”“瞻望”“展望”“明察”“回顧”等，能夠表達“看”各種各樣的情形、姿態。如“望”是“向遠處看”，“觀”是“注意地看、向各方面看”，“見”是“看到”，“瞻”是“擡頭看”，“察”是“仔細看”，“顧”是

"回頭看","相"是"偏重對象外形的看"等。表示"看"的詞,古漢語中還能找出很多。

豐富的同義詞的存在,對於交流思想、增强語言的表現力有很大的積極作用。靈活巧妙地運用同義詞,能夠精細地反映出事物之間的細微差別,同時又能避免用詞重復,可以達到更好的修辭效果。

二、確定同義詞的方法和依據

古人十分重視同義詞的運用。要想真正讀懂古書,領悟古人思想,感受古人觀察之仔細,思維之縝密、認識之深刻、感情之細膩、表達之嚴密,首先必須找出其中的同義詞。那麽如何確定古書中的同義詞呢?

前文説過,"同"是確定同義詞的依據,對一組詞來説,祇要有一個意義相同,就可確定爲同義詞。據此,我們將確定同義詞的方法和依據歸納爲以下幾點。

(一)利用古書注釋

利用古書注釋和《爾雅》一類工具書確定同義詞。這是一種最爲方便有效的方法。古人釋詞有很多是利用同義詞來進行的,《爾雅》《方言》等書幾乎可以説是古代漢語的"同義詞詞典"。訓詁學中的直訓、互訓、遞訓和同訓都是利用同義詞來進行的,直訓、互訓、遞訓和同訓是我們確定同義詞較直接的客觀依據。

(1)直訓。指直接用一個詞解釋另一個詞。如:

《爾雅·釋言》:"逆,迎也。""增,益也。""挾,藏也。"

《説文》:"警,戒也。""誤,謬也。""喜,樂也。"

《方言》:"茹,食也。吴越之間凡貪飲食者謂之茹。"

《左傳·隱公元年》:"多行不義必自斃,子姑待之。"杜預注:"斃,踣也。姑,且也。"

(2)互訓。指兩個詞相互解釋,甲詞解釋乙詞,乙詞也解釋甲詞。如:

《爾雅·釋宮》:"宮謂之室,室謂之宮。"

《説文》:"更,改也。""改,更也。""恐,懼也。""懼,恐也。"

《方言》:"羅謂之離,離謂之羅。"

(3)遞訓。指甲詞解釋乙詞,乙詞解釋丙詞。如:

《爾雅·釋言》:"速,徵也。""徵,召也。"速、徵、召遞次爲訓。

《説文·辵部》:"遭,遇也。""遇,逢也。"遭、遇、逢遞次爲訓。

《淮南子·本經訓》高誘注:"變,更也。"《説文·支部》:"更,改也。"《國語·魯語下》章昭注:"改,易也。"《淮南子·修務訓》高誘注:"易,革也。"變、更、改、易、革遞次爲訓。

(4)同訓。指用同一個詞去解釋兩個或兩個以上的詞。如:

《詩經·小雅·伐木》:"出自幽谷,遷於喬木。"毛傳:"喬,高也。"

《風俗通·山澤》:"嵩者,高也。"

《考工記總目》"崇於軫四尺"注:"崇,高也。"

《爾雅·釋詁》："喬、嵩、崇，高也。"用"高"解釋"喬"、"嵩"、"崇"三個詞。

互訓、遞訓和同訓都以直訓爲基礎，互訓是訓詞和被訓詞位置互換的兩個直訓，遞訓是遞次訓釋的幾個直訓，同訓則是幾個直訓的匯集。相對來説，將直訓、互訓的詞確定爲同義詞比較可信。遞訓和同訓的情況就比較複雜一些，在遞訓中，甲訓乙，甲乙是同義詞，乙訓丙，乙、丙是同義詞，而甲與丙是不是同義詞就不一定了，它們可能是同義詞，也可能不是同義詞；在同訓中，"甲、乙、丙、丁……癸也"，甲、乙、丙、丁……分別與癸構成一對同義詞，而甲、乙、丙、丁……之間是不是同義詞則不一定。

（二）利用互文

利用互文確定同義詞。在古書中，幾個上下平行的句式中（如排比句），上下句相應部分的詞往往是同義詞。如：

《吕氏春秋·貴公》："甘露時雨，不私一物；萬民之主，不阿一人。"私、阿互文。

《鹽鐵論·遵道》："説西施之美無益於容，道堯舜之德無益於治。"説、道互文。

《法言·五百》："言可聞而不可殫，書可觀而不可盡。"殫、盡互文。

這種方法直接以古書原文爲依據，作爲確定同義詞的一種手段，使用互文時應當格外慎重，最好結合其他手段一同使用。

（三）利用異文

利用異文確定同義詞。在不同的古書中，内容、結構全同的兩個句子相應位置的詞往往是同義詞。如：

《左傳·文公元年》："楚國之舉，恆在少者。"《史記·楚世家》："楚國之舉，常在少者。"恆、常異文。

《韓非子·十過》："昔者黄帝合鬼神於泰山，駕象車而六蛟龍。"《論衡·紀妖篇》："昔者黄帝合鬼神於西大山之上，駕象輿。"車、輿異文。

《史記·司馬相如列傳》："故空借此三人爲辭。"《漢書·司馬相如傳》："故虛借此三人爲辭。"空、虛異文。

當然，確定同義詞的方法和依據不是孤立的，我們在確定同義詞時，應當盡可能多地搜集材料，綜合運用各種方法分析判斷。

三、辨析同義詞的方法

辨析同義詞，可以幫助我們瞭解詞義的演變，準確理解詞義，從而讀懂古書，領會古人用詞的準確、生動、形象。

同義詞的特點是同中有異，辨析同義詞主要是辨析同義詞之間的差異，即同中求異。所謂差異是同義詞在表現同一事物、現象時，各個詞所表現出的不同的補充意義、風格特徵和感情色彩等。同義詞的差異往往十分細微，所以捕捉起來比較困難。一般來説，同義詞的差異可從詞的詞彙意義、語法意義兩方面考慮。詞的詞彙意義除了表示日常概念外，常帶有一些感情色彩、風格特徵等補充的意義，這也是同義詞辨析應該注意的方面。古漢語常從以下幾個方面來辨析同義詞。

（一）詞義側重點不同

完—備　兩詞都有"全"的意思，但它們反映事物的角度不同。"完"着眼於整體的完整無缺，沒有損壞。《戰國策·西周策》："是公以弊高都而得完周也，何不與也?"《荀子·勸學》："風至苕折，卵破子死，巢非不完也，所係者然也。"《史記·廉頗藺相如列傳》："城入趙而璧留秦；城不入，臣請完璧歸趙。"這幾例的"完"都是"完整"的意思。"備"着重於數量上齊全，應有盡有，沒有缺漏。《論語·微子》："無求備於一人。"意思是不要要求一個人各種美德都具備。《國語·楚語下》："夫神，以精明臨民者也，故求備物，不求丰大。"這裏的"備"指祭品樣樣齊全。

銳—利　兩詞都有"銳利"的意思，但它們的側重點不同，"銳"指鋒芒尖銳，重在其"尖"；"利"則指刀口快，重在其"快"。"銳"的反面是"挫"，《淮南子·時則》："柔而不剛，銳而不挫。""利"的反面是"鈍"。《韓非子·顯學》："水擊鵠雁，陸斷駒馬，則臧獲不疑利鈍。"《淮南子·氾論訓》："薛燭庸子見若狐甲於劍，而利鈍識矣。"

恭—敬　二者都在"肅"義上同訓。《説文·心部》："恭，肅也。"又"敬，肅也。""恭"重在外貌，"敬"重在内心。《禮記·少儀》："賓客主恭，祭祀主敬。"鄭玄注："恭在貌也，而敬又在心。"孔穎達疏："恭在貌，敬在心，賓客輕，故主恭；祭祀重，故主敬。"《論語·子路》："居處恭，執事敬。"朱熹注："恭主容，敬主事，恭見於外，敬主乎中。"

（二）範圍大小不同

法—律　在"法律""法令"上同義，上古時，"法"多指"法律""法令""制度"，範圍大；"律"多指"刑法條文"，範圍小。揚雄《解嘲》："秦法酷烈，至漢權制而蕭何造律，宜也。""法""律"對用，區別明顯。

聽—聞　二者都有"聽"的意思，但"聽"祇表示"聽"這種動作行爲，而不管是否聽到，而"聞"則是"聽見"，除指"聽"這種動作行爲外，還必須有結果，即聽到了什麽。《禮記·大學》："聽而不聞。"意思是聽了但沒有聽見。"聽"與"聞"的區別體現得比較明顯。

（三）適應對象不同

琢—磨　二者都有"琢磨"的意思，但適應的對象不同。《爾雅·釋器》："玉謂之琢，石謂之磨。"《詩經·衛風·淇奥》："有匪君子，如切如磋，如琢如磨。"毛傳："治玉爲琢，石爲磨。"《孟子·梁惠王下》："今有璞玉於此，雖萬鎰，必使玉人雕琢之。"《論語·陽貨》："不曰堅乎，磨而不磷；不曰白乎，涅而不緇。"這裏兩處的"琢"與"磨"正體現了這兩個詞適應對象的不同。

賜—獻　兩詞都有"給予"的意思，但"賜"是上對下賞賜，"獻"是下對上進獻。《禮記·曲禮》："長者賜，少者、賤者不敢辭。"《史記·留侯世家》："漢王賜良金百鎰。"《周禮·地官·鄉大夫》："獻賢能之書於王，王再拜受之。"《史記·秦始皇本紀》："魏獻地於秦。"

適應對象不同的同義詞還有很多：如一般男人的配偶稱"妻""妾"，皇帝的稱"后"

"妃"；又如"坟"，一般人稱"墓"，皇帝稱"陵"；再如表示人死的詞，《禮記·曲禮》："天子死曰崩，諸侯曰薨，大夫曰卒，士曰不祿，庶人曰死。"

（四）輕重程度不同

飢—餓　二者都有"挨餓"的意思。《説文·食部》："飢，餓也。"又"餓，飢也。""飢""餓"互訓，可見二者同義。但"飢"指沒有足够的東西吃，祇是一般的吃不飽。《詩經·陳風·衡門》："泌之洋洋，可以樂飢。"鄭玄注："飢者，不足於食也。""餓"則是嚴重挨餓，詞義輕重程度有明顯的差異。《韓非子·飾邪》："家有常業，雖飢不餓。"《淮南子·説山訓》："寧一月飢，無一旬餓。""飢""餓"對用，可以看出它們的不同。

疾—病　二者都有"生病""疾病"的意思，但"疾"是輕病，一般的病，而"病"則是重病。《説文·疒部》："疾，病也。"又"病，疾加也。"段玉裁注："析言之則病爲疾加，渾言之則疾亦病也。"《論語·子罕》："子疾病，子路使門人爲臣。"何晏集解："疾甚曰病。"《韓非子·喻老》："君之疾在腠理，不治將恐深。"又："君之病在腸胃，不治將益深。""疾在腠理"説明疾病還在初發階段，祇是輕病；"病在腸胃"説明病情已經加重，此"病"是重病。《左傳·宣公十五年》："初，魏武子有嬖妾，無子。武子疾，命顆曰：'必嫁是。'疾病，則曰：'必以爲殉。'及卒，顆嫁之，曰：'疾病則亂，吾從其治也。'"魏武子生輕病時，頭腦清楚，要兒子在自己死後將愛妾改嫁；病重後，又要求兒子將愛妾殉葬。"疾""病"的區別在這裏表現得十分明顯。

（五）感情色彩不同

征—伐—侵—襲　都有"軍事進攻"的意思，但它們的褒貶色彩不同。"征"是以有道進攻無道，是典型的褒義詞。《孟子·盡心下》："征者，上伐下也，敵國不相征也。"《左傳·僖公四年》："五侯九伯，汝實征之，以夾輔周室。""征"是奉周天子之命討伐無道的諸侯國，用的是褒義。《左傳·莊公二十九年》："凡師有鐘鼓曰伐，無曰侵，輕曰襲。""伐"是公開進攻，本來是中性詞。《左傳·莊公十年》："齊師伐我。"這是站在魯國的立場上，記錄齊國軍隊"伐我"，可以肯定這個"伐"不是褒義詞。後來，"伐"逐漸用爲褒義。《孟子·梁惠王下》："湯放桀，武王伐紂。""侵"是個中性詞，指一般的軍事進攻。《左傳·僖公四年》："齊侯以諸侯之師侵蔡。"齊侯對蔡國的軍事行爲得到了周天子的授權，屬於合法行爲，可見"侵"最初没有貶義。"襲"是乘人不備地突襲，顯然是貶義詞。《吕氏春秋·察今》："荆人將襲宋。"

子—若—汝　都是第二人稱代詞，但感情色彩不同。"子"表示尊稱，和"您"相當。《論語·爲政》："子奚不爲政？""若"是一般稱呼。《史記·項羽本紀》："吾翁即若翁，必欲烹而翁，則幸分我一杯羹。""汝"常帶有輕視、厭惡或不尊重的感情色彩。《列子·湯問》："汝心之固，固不可徹。"

（六）語法功能不同

恥—辱　二者都有"恥辱"的意義。《説文·心部》："恥，辱也。"又："辱，恥也。"二者都可以活用爲動詞，但"恥"一般是意動用法，"辱"一般是使動用法。據楊伯峻先生的《論語譯注》統計，《論語》中"恥"用爲動詞共九次，都是意動用法。《論語·公冶長》："敏而好學，不恥下問，是以謂之'文'也。""不恥下問"即不以下問爲恥。"辱"多爲使動用法。《論語·子路》："行己有恥，使於四方，不辱君命，可謂士矣。""不辱君命"即不使君命受到屈辱。《史記·廉頗藺相如列傳》："我見相如，必辱之。""辱之"，即使之受辱。

往—適　用作動詞時，二者都有"去"的意思，但"往"不能帶賓語，"適"則必須帶賓語。《史記·滑稽列傳》："幸來告語之，吾亦往送女。"馬中錫《中山狼傳》："墨者東郭先生將北適中山以干仕。"

畏—恐—懼　三詞在"害怕"的意義上同義。《廣雅·釋詁》："畏，懼也。"又"畏，恐也。"《說文·心部》："恐，懼也。"三詞的語法功能不同，"畏"一般用作及物動詞，能帶賓語。《論語·季氏》："君子有三畏：畏天命，畏大人，畏聖人之言。"《史記·樂書》："喜則天下和之，怒則暴亂者畏之。""恐""懼"一般用作不及物動詞，"懼"帶賓語，一般是使動用法，《老子》："民不畏死，奈何以死懼之。""懼之"是"使之懼"。此句中"懼"與"畏"的語法功能差異對比明顯。"恐"用作及物動詞時，賓語一般很長，否則就一定是個動詞性詞組。《孟子·梁惠王下》："民唯恐王之不好勇也。"《史記·吕后本紀》："帝年少，大臣恐爲變。"

（七）語體風格不同

迎—逢—逆　三者都有"迎"的意思，但"迎"是共同語，"逢""逆"是方言詞。《方言》卷一："逢、逆，迎也。自關而西或曰迎，或曰逢，自關而東曰逆。"《說文·辵部》："逆，迎也。從辵屰聲。關東曰逆，關西曰迎。""迎""逢""逆"是一組方言同義詞。

智慧—般若　二者都有"智慧"的意思，但"智慧"是共同語，而"般若"則是個佛教用語。"般若"是梵文的音譯，"般若"一詞在梵文中的意思相當於"智慧"。隨着佛教的傳入，"般若"進入了漢民族共同語，與漢語原有的"智慧"構成了一對外來語同義詞。

辨析同義詞除了從上述的幾個方面進行之外，還應注意到各組同義詞和其他一些多義詞之間的交叉關係，從詞義引申分化的角度來進行辨析。另外，有些同義詞的差異不衹表現在一個方面，這就需要我們從不同的角度進行綜合辨析。

文　選

鴻　門　宴

《史記·項羽本紀》

行略定秦地①。函谷關有兵守關②，不得入。又聞沛公已破咸陽③。項羽大怒，使當陽君等擊關。項羽遂入，至於戲西④。沛公軍霸上⑤，未得與項羽相見。沛公左司馬曹無傷使人言於項羽曰⑥："沛公欲王關中⑦，使子嬰爲相，珍寶盡有之。"項羽大怒，曰："旦日饗士卒⑧，爲擊破沛公軍！"當是時，項羽兵四十萬，在新豐鴻門⑨；沛公兵十萬，在霸上。范增說項羽曰："沛公居山東時⑩，貪於財貨，好美姬；

今入關，財物無所取，婦女無所幸⑪，此其志不在小。吾令人望其氣，皆爲龍虎，成五采，此天子氣也⑫。急擊勿失！”

楚左尹項伯者，項羽季父也⑬，素善留侯張良⑭。張良是時從沛公，項伯乃夜馳之沛公軍，私見張良，具告以事⑮，欲呼張良與俱去。曰：“毋從俱死也。”張良曰：“臣爲韓王送沛公⑯，沛公今事有急，亡去不義，不可不語⑰。”良乃入，具告沛公。沛公大驚，曰：“爲之奈何？”張良曰：“誰爲大王爲此計者？”曰：“鯫生説我曰⑱：‘距關毋内諸侯，秦地可盡王也⑲。’故聽之。”良曰：“料大王士卒足以當項王乎？”沛公默然，曰：“固不如也，且爲之奈何？”張良曰：“請往謂項伯，言沛公不敢背項王也⑳。”沛公曰：“君安與項伯有故㉑？”張良曰：“秦時與臣游，項伯殺人，臣活之。今事有急，故幸來告良。”沛公曰：“孰與君少長㉓？”良曰：“長於臣。”沛公曰：“君爲我呼入，吾得兄事之㉔。”張良出，要項伯㉕。項伯即入見沛公。沛公奉卮酒爲壽㉖，約爲婚姻㉗，曰：“吾入關，秋毫不敢有所近㉘，籍吏民㉙，封府庫，而待將軍㉚。所以遣將守關者，備他盜之出入與非常也㉛。日夜望將軍至，豈敢反乎！願伯具言臣之不敢倍德也㉜。”項伯許諾。謂沛公曰：“旦日不可不蚤自來謝項王㉝！”沛公曰：“諾。”於是項伯復夜去，至軍中，具以沛公言報項王。因言曰：“沛公不先破關中，公豈敢入乎？今人有大功而擊之，不義也。不如因善遇之㉞。”項王許諾。

沛公旦日從百餘騎來見項王，至鴻門，謝曰：“臣與將軍戮力而攻秦，將軍戰河北，臣戰河南㉟，然不自意能先入關破秦㊱，得復見將軍於此。今者有小人之言，令將軍與臣有郤。”項王曰：“此沛公左司馬曹無傷言之，不然，籍何以至此㊲。”項王即日因留沛公與飲。項王、項伯東嚮坐㊳。亞父南嚮坐，亞父者，范增也㊴。沛公北嚮坐。張良西嚮侍㊵。范增數目項王㊶，舉所佩玉玦以示之者三㊷。項王默然不應。范增起，出召項莊㊸，謂曰：“君王爲人不忍㊹，若入前爲壽㊺，壽畢，請以劍舞，因擊沛公於坐殺之。不者㊻，若屬皆且爲所虜㊼。”莊則入爲壽。壽畢，曰：“君王與沛公飲，軍中無以爲樂，請以劍舞。”項王曰：“諾。”項莊拔劍起舞，項伯亦拔劍起舞，常以身翼蔽沛公㊽，莊不得擊。於是張良至軍門見樊噲㊾。樊噲曰：“今日之事何如？”良曰：“甚急！今者項莊拔劍舞，其意常在沛公也。”噲曰：“此迫矣！臣請入，與之同命㊿！”噲即帶劍擁盾入軍門。交戟之衛士欲止不内⓾，樊噲側其盾以撞⓿，衛士仆地⓫，噲遂入。披帷西嚮立⓬，瞋目視項王⓭，頭髮上指，目眥盡裂⓮。項王按劍而跽曰⓯：“客何爲者⓰？”張良曰：“沛公之參乘樊噲者也⓱。”項王曰：“壯士！賜之卮酒！”則與斗卮酒⓲。噲拜謝，起立而飲之。項王曰：“賜之彘肩⓳！”則與一生彘肩。樊噲覆其盾於地，加彘肩上⓴，拔劍切而啗之。項王曰：“壯士！能復飲乎？”樊噲曰：“臣死且不避，卮酒安足辭㉕？夫秦王有虎狼之心，殺人如不能舉，刑人如恐不勝⓶，天下皆叛之。懷王與諸將約曰：‘先破秦入咸陽者王之。’今沛公先破秦入咸陽，毫毛不敢有所近，封閉宫室，還軍霸上，以待大王來。故遣將守關者，備他盜出入與非常也。勞苦而功高如此，未有封侯之賞，而聽細説⑧，欲誅有功之人。此亡秦之續耳，竊爲大王不取也⑩！"項王未有以應，曰："坐！"樊噲從良坐⑪。坐須臾，沛公起如廁⑪，因招樊噲出。

沛公已出，項王使都尉陳平召沛公⑫。沛公曰："今者出，未辭也，爲之奈何？"樊噲曰："大行不顧細謹，大禮不辭小讓，如今人方爲刀俎⑭，我爲魚肉，何辭爲⑮！"於是遂去。乃令張良留謝。良問曰："大王來何操⑯？"曰："我持白璧一雙，欲獻項王；玉斗一雙，欲與亞父。會其怒⑰，不敢獻。公爲我獻之。"張良曰："謹諾。"當是時，項主軍在鴻門下，沛公軍在霸上，相去四十里。沛公則置車騎⑱，脱身獨騎，與樊噲、夏侯嬰、靳彊、紀信等四人持劍盾步走⑲，從酈山下⑳，道芷陽間行㉑。沛公謂張良曰："從此道至吾軍，不過二十里耳，度我至軍中，公乃入㉒。"沛公已去，間至軍中㉓，張良入謝。曰："沛公不勝桮杓㉔，不能辭。謹使臣良奉白璧一雙，再拜獻大王足下㉕；玉斗一雙，再拜奉大將軍足下。"項王曰："沛公安在？"良曰："聞大王有意督過之㉖，脱身獨去，已至軍矣。"項王則受璧，置之坐上。亞父受玉斗，置之地，拔劍撞而破之，曰："唉！豎子不足與謀㉗！奪項王天下者，必沛公也，吾屬今爲之虜矣㉘！"沛公至軍，立誅殺曹無傷㉙。

題　解

本文選自《史記·項羽本紀》，題目是後加的。公元前 206 年，秦王朝已瀕于滅亡，項羽和劉邦奉楚懷王之命向秦王朝的首都咸陽進攻，並約定"先入咸陽者王之"。此後，反秦力量中的兩大主力開始了爭奪帝位的楚漢戰爭。《鴻門宴》描述了宴會過程中劍拔弩張的緊張氣氛和充滿殺機的驚險場面，表明雙方的矛盾已發展到白熾化的程度。

注　釋

① 行：將要。略定：攻佔。秦地：指秦王朝建立前舊秦國的本土，即今陝西省爲中心的地區。行略定秦地，項羽將領兵攻佔舊秦地區。

② 函谷關：秦時故關，在今河南省靈寶縣西南。《會注本》"函"上有"至"字。時劉邦先已入關破秦，派兵東守函谷關，故云有兵守關。

③ 沛公：即劉邦。咸陽：秦王朝的首都，在今陝西西安市西北。

④ 戲西：戲水之西。戲水源出驪山，下流入渭，在今陝西省臨潼縣東三十里。

⑤ 軍，作動詞，駐軍。霸上：亦作灞上，即灞水西白鹿原，在今陝西省長安縣東，接藍田縣界。

⑥ 左司馬：武官名，主管軍政。

⑦ 王（wàng）：作動詞，稱王。關中：大約相當於現在的陝西省。因爲東有函谷關，西有隴關（今陝西隴縣附近），所以稱關中。

⑧ 旦日：明日。饗（xiǎng）：用酒肉款待。

⑨ 新豐：即秦驪邑，漢高祖十年始置新豐縣。鴻門：指鴻門阪（阪是斜坡的意思），在新豐東十七里，今名項王營。

⑩ 山東：戰國時泛稱六國之地爲山東。

⑪ 幸：親近，寵愛。

⑫ 望其氣……天子氣也：當時軍中覘候者（觀測氣象的人）之言。據古代迷信的説法，帝王頭上常有奇異的雲氣。皆爲龍虎，都是龍虎的形狀。五采，青、黃、紅、白、黑五種顏色組合在一起。

⑬ 項伯：名纏，字伯。左尹：楚官，令尹之佐。季父：叔父。

⑭ 素善：向來熟識友好。善，作動詞。張良：字子房，韓國舊貴族出身，劉邦的重要謀士，漢朝建立後封爲留侯（留，在今江蘇沛縣東南）。

⑮ 具告以事：即以項羽欲擊沛公之事全部告知張良。

⑯ 張良曾經勸説項梁立韓公子成爲韓王，他任韓國司徒（相當於國相）。沛公引兵經過韓地，張良引兵從之。沛公令韓王成留守，與良俱西入武關。故云臣爲韓王送沛公。

⑰ 亡去：猶言溜走。語（yù）：相告。

⑱ 鯫（zōu）生：見識淺陋的小人。鯫，本義是小雜魚，這裏有輕視的意思。説（shuì）：勸説。

⑲ 距：通“拒”。内（nà），納的本字。距關毋内諸侯，秦地可盡王也：抵守函谷關不讓項羽等人入關往西來，可以全部佔有秦地而稱王。

⑳ 背：違背，背離。

㉑ 有故：有舊交情。

㉒ 幸來告：猶言虧他肯來告知。

㉓ 孰與君少長：跟您比，年紀誰小誰大？

㉔ 兄：名詞作狀語。事：對待，侍奉。

㉕ 要（yāo）：堅約，有强邀之意。

㉖ 卮（zhī）：酒器。爲壽：即上壽，古代給尊長者獻酒祝壽的禮節。

㉗ 約爲婚姻：彼此聯姻，攀做兒女親家。

㉘ 秋豪：獸類新秋更生之細毛，喻微細。豪是毫之本字，細毛也。

㉙ 籍：記録、登記户籍册。

㉚ 將軍：指項羽。

㉛ 非常：變故。

㉜ 倍：通“背”。倍德：猶言忘恩負義。

㉝ 蚤：通“早”。謝：謝罪，道歉。

㉞ 遇：對待。

㉟ 從：使……跟從。河北，黃河以北。河南：黃河以南。

㊱ 不自意：自己没有料到。

㊲ 何以至此：怎麽會到這種地步。

㊳ 東嚮坐：面向東坐，表示尊大。嚮：同“向”。

㊴ 亞父：僅次於父。時范增年已七十，表示對他的尊敬。

㊵ 張良西嚮侍：張良其時位同陪臣，身份略次，故云。

㊶ 數目項王：即屢次向項王使眼色。目：動詞，視也。

㊷ 玉玦（jué）：半璧也。璧：圓形，中有孔，略如環。剖璧爲兩，便叫玦，亦稱璜。范增以玉玦三次示意項王，希望他能够會意下決心殺死劉邦。

㊸ 項莊：項羽的堂弟。

㊹ 忍：狠心。

㊺ 若：你。前爲壽：上前獻禮致敬。

㊻ 不者：不然的話。一説不讀如否，不者猶否則。

㊼ 若屬皆且爲所虜：你等都將被沛公所俘虜。

㊽ 翼蔽：像鳥那樣張翅掩護。翼：名詞作狀語。

㊾ 軍門：軍營之門。樊噲（kuài）：沛人，隨劉邦起兵，屢立戰功，是劉邦的重要將領。

(50) 與之同命：和沛公共生死。
(51) 擁盾：抱着盾牌。
(52) 交戟（jǐ）之衛士：持戟交叉着把守軍門的警衛。戟：古代一種兵器。欲止不內：意欲阻止不讓他進去。
(53) 撞：橫擊。
(54) 仆地：跌倒在地。
(55) 帷：圍在四周的帳幕。披帷西嚮立：揭開帷帳向西立，正在張良的背後，面對着項王。
(56) 瞋（chēn）目：瞪大了眼睛。
(57) 目眦（zì）盡裂：眼角都要裂開了。與上言“頭髮上指”都是誇張語。
(58) 按劍：握着劍把，一種準備拔劍的姿勢。跽（jì）：半跪，挺起上身，表示敬意或感到緊張時的一種動作。這裏指項羽緊張戒備的情態。
(59) 客何爲者：你是幹甚麽來的。
(60) 參乘（cān shèng）：也作驂乘，站在車上右邊負責侍衛的人。
(61) 斗：酒器之最大者。斗卮（zhī）酒：一大斗酒。
(62) 彘（zhì）肩：豬的前腿。
(63) 覆其盾於地：把盾牌扣在地上。
(64) 加彘肩上：把生豬腿放在盾牌的上面。
(65) 啗（dàn）：同“啖”，喫。
(66) 安足辭：哪裏值得推辭的。
(67) 殺人如不能舉，刑人如恐不勝：就是説殺人好像唯恐不能殺盡，對人用刑好像唯恐不够。舉：全，盡。勝（shēng）：盡。
(68) 聽細説：聽信小人之言。
(69) 此亡秦之續耳，竊爲大王不取也：這是繼續走已經滅亡的秦國的道路，我替大王考慮，希望你不要採取這種做法。竊：謙辭。
(70) 從良坐：即在張良身旁坐下。
(71) 如：往也，到……去。
(72) 都尉：軍中參謀之類的副官。陳平第二年去楚歸漢，漢惠帝時做了丞相。
(73) 大行不顧細謹，大禮不辭小讓：當時成語，就是説做大事不考慮拘守小節，行大禮不講究細小的辭讓。大行、大禮：喻大關節目。細謹、小讓：喻瑣屑末務。
(74) 俎（zǔ）：切肉的案板，相當於現在的砧（zhēn）板。
(75) 魚肉：被割待烹之物，指沛公方面。何辭爲：告辭幹什麽。
(76) 操：執持，拿。來何操：來的時候帶些什麽。
(77) 會：適逢，正碰上。
(78) 置：抛棄，留放。
(79) 步走：徒步逃跑。
(80) 酈（lì）山：在今陝西臨潼縣東南，位于鴻門西，即驪山。
(81) 芷（zhǐ）陽：秦時所置縣，漢時改爲霸陵，在今陝西長安縣東。間（jiàn）行：抄小路走。
(82) 乃：纔。
(83) 間至軍中：抄小路回到霸上。這是張良心中的估計。
(84) 桮：同“杯”。杓（sháo）：取酒的器皿。桮杓：代指酒。不勝桮杓：禁不起酒力，猶言已醉。這是一種委婉的説法。
(85) 再拜：拜兩次。
(86) 安在：在哪裏。督過：責備，問罪。
(87) 豎子不足與謀：這小子不配跟他商量大事。這句話明罵項莊暗指項羽。

⑧ 吾屬今爲之虜矣：我們這些人現在要成爲他的俘虜了。

⑧ 立：立即。

文選

△李廣酣戰

《史記·李將軍列傳》

李將軍廣者，隴西成紀人也①。其先曰李信②，秦時爲將逐得燕太子丹者也③。故槐里，徙成紀④。廣家世世受射⑤。孝文帝十四年，匈奴大入蕭關⑥，而廣以良家子從軍擊胡⑦，用善騎射，殺首虜多，爲漢中郎⑧。廣從弟李蔡亦爲郎⑨，皆爲武騎常侍⑩，秩八百石⑪。嘗從行⑫，有所衝陷折關及格猛獸⑬，而文帝曰：“惜乎，子不遇時！如令子當高帝時，萬戶侯豈足道哉⑭！”及孝景初立，廣爲隴西都尉⑮，徙爲騎郎將⑯。吳、楚軍時⑰，廣爲驍騎都尉⑱，從太尉亞夫擊吳、楚軍⑲，取旗，顯功名昌邑下⑳。以梁王授廣將軍印，還，賞不行㉑。徙爲上谷太守㉒，匈奴日以合戰㉓。典屬國公孫昆邪爲上泣曰㉔：“李廣才氣，天下無雙，自負其能㉕，數與虜敵戰，恐亡之㉖。”於是乃徙爲上郡太守㉗。後廣轉爲邊郡太守，徙上郡㉘。嘗爲隴西、北地、雁門、代郡、雲中太守㉙，皆以力戰爲名㉚。

匈奴大入上郡，天子使中貴人從廣勒習兵擊匈奴㉛。中貴人將騎數十縱㉜，見匈奴三人，與戰。三人還射傷中貴人㉝，殺其騎且盡㉞。中貴人走廣㉟。廣曰：“是必射雕者也㊱。”廣乃從百騎往馳三人㊲。三人亡馬步行㊳，行數十里。廣令其騎張左右翼㊴，而廣身自射彼三人者，殺其二人，生得一人，果匈奴射雕者也。已縛之上馬㊵，望匈奴有數千騎，見廣，以爲誘騎，皆驚，上山陳㊶。廣之百騎皆大恐，欲馳還走㊷。廣曰：“吾去大軍數十里㊸，今如此以百騎走㊹，匈奴追射我立盡㊺。今我留，匈奴必以我爲大軍誘之㊻，必不敢擊我。”廣令諸騎曰：“前！”前未到匈奴陳二里所㊼，止，令曰：“皆下馬解鞍！”其騎曰：“虜多且近㊽，即有急，奈何㊾？”廣曰：“彼虜以我爲走，今皆解鞍以示不走，用堅其意㊿。”於是胡騎遂不敢擊。有白馬將出護其兵(51)，李廣上馬與十餘騎犇射殺胡白馬將(52)，而復還至其騎中，解鞍，令士皆縱馬臥(53)。是時會暮(54)，胡兵終怪之，不敢擊。夜半時，胡兵亦以爲漢有伏軍於旁，欲夜取之，胡皆引兵而去。平旦(55)，李廣乃歸其大軍。大軍不知廣所之，故弗從(56)。

居久之(57)，孝景崩，武帝立(58)，左右以爲廣名將也，於是廣以上郡太守爲未央衛尉(59)，而程不識亦爲長樂衛尉(60)。程不識故與李廣俱以邊太守將軍屯。及出擊胡，而廣行無部伍行陳(63)，就善水草屯(64)，舍止人人自便(65)，不擊刁斗以自衛(66)，莫府省約文書籍事(67)，然亦遠斥候(68)，未嘗遇害。程不識正部曲行伍營陳(69)，擊刁斗，士吏治軍簿至明(70)，軍不得休息，然亦未嘗遇害。不識曰：“李廣軍極簡易，然虜卒犯之無以禁也(71)，而其士卒亦佚樂(72)，咸樂爲之死。我軍雖煩擾，然虜亦不得犯我。”

是時漢邊郡李廣、程不識皆爲名將，然匈奴畏李廣之略(73)，士卒亦多樂從李廣而苦程不識(74)。程不識孝景時以數直諫爲太中大夫(75)。爲人廉，謹於文法(76)。

題 解

本文選自《史記·李將軍列傳》，題目是編者加的。主要記述了漢朝名將李廣深入敵寇酣戰，吏士皆無人色，而他却意氣自如的情節，把人物形象寫得栩栩如生，鮮明突出，富有藝術感染力。

注 釋

① 成紀：漢所置縣，故治在今甘肅省秦安縣北三十里。初屬隴西郡（今甘肅省東部），故云隴西成紀。

② 其先：李廣的祖先。李信：戰國末年，秦國的名將，燕太子丹使荆軻刺秦王不中，秦派信伐燕，得丹，滅燕國。

③ 逐得：追獲。

④ 故：舊居。槐里：漢代縣名，今陝西省興平縣東南十里。徙（xǐ）：搬遷。

⑤ 廣家世世受射：李廣家世代都熟習射箭法。"受""授"古代同詞，後來才分開。

⑥ 大入：大舉侵入。蕭關：今甘肅省環縣西北，爲當時關中四大關之一。

⑦ 良家子：家世清白人家的子弟。那時的制度，醫、巫、商、賈、百工都不得列入良家。

⑧ 用善騎射，殺首虜多，爲漢中郎：因爲擅長騎馬射箭，砍掉敵人的首級多，抓獲的敵人多，被提拔爲漢廷的中郎官。用：因爲，由于。中郎：屬中郎令，掌管宫廷侍衛、值夜等，皇帝出巡，則充當車騎護衛。

⑨ 從（zòng）弟：同祖父的弟弟，堂弟。

⑩ 武騎常侍：皇帝侍從，郎官的加銜。

⑪ 秩：官吏的俸禄。秩八百石，官階達到八百石待遇的地位。

⑫ 嘗從行：經常跟隨文帝出行。嘗：通"常"。

⑬ 有所衝陷折關及格猛獸：在衝鋒陷陣、抵御防守以及格殺猛獸等方面表現出他的勇力。格：格鬥，格殺。

⑭ 如令子當高帝時，萬户侯豈足道哉：假使讓你生在高帝打天下的時候，做個萬户侯又算得了什麽！萬户侯：食邑有萬户的列侯。

⑮ 隴西都尉：即隴西郡尉。郡尉是郡太守的輔佐，掌管一郡的武備軍卒，漢景帝時改都尉，秩比二千石。

⑯ 徙：調遷。騎郎將：騎馬護從皇帝車駕的郎官。郎官有户、車、騎三將，秩皆比千石。

⑰ 吴、楚軍時：對吴、楚用兵之時。漢景帝三年（前154）以吴王濞（bì）爲首的吴、楚等七國諸侯，以"清君側"名義，發動叛亂，後被周亞夫帶兵削平。

⑱ 驍騎都尉：率領驍騎的都尉。驍（xiāo）騎（jì）：騎兵中的一種，如輕騎兵之類。驍：輕捷。

⑲ 太尉：掌管全國軍事的最高長官。

⑳ 昌邑：地名，故城在今山東省金鄉縣西北四十里。

㉑ 梁王：即梁孝王劉武，漢文帝的兒子。這句是説，因爲李廣是朝廷的官員而私自接受諸侯國王給他的將軍印，不合漢朝法令，因此功不抵過，回來後不給獎賞。

㉒ 上谷：秦所置郡，郡治在今河北省懷來縣南。

㉓ 匈奴日以合戰：匈奴每天都來交鋒打仗。

㉔ 典屬國：處理外族、屬國事務的官。公孫：復姓；昆邪（hún yē），名。爲上泣曰：對着皇上哭泣説。

㉕ 自負其能：自以爲有了不起的才能。

㉖ 恐亡之：怕他陣亡。

㉗ 上郡：在今陝西省延安以北及内蒙古自治區鄂爾多斯左翼一帶，郡治在今陝西省綏德縣東南。

㉘ 後廣轉爲邊郡太守，徙上郡：此爲插叙語，説的是他從上谷太守歷轉沿邊諸郡太守，然後乃徙上郡太守。其下"嘗爲隴西……雲中太守"一語即此一系列邊轉的實例，故以"嘗"提示它，並不是説做了上郡太守以後乃歷轉各邊郡太守。

㉙ 北地：郡名，約當今寧夏及甘肅省東北部一帶。雁門：郡名，約在今山西省西北部。代郡：郡名，今河北、山西省北部地方。雲中：郡名，今山西省大同一帶地方。

㉚ 皆以力戰爲名：都以同匈奴大力作戰而出名。

㉛ 天子：指景帝。中貴人：親幸的宦官（太監），言居中恃寵而貴，非有德望可説，故其姓名不顯示。勒：部勒，統率。這句是説皇帝派宦官隨軍練習並受李廣約束。

㉜ 將（jiàng）騎（jì）數十縱：率領數十名騎兵縱馬衝向敵人。

㉝ 還射：返身射箭。還讀如旋。有人認爲"還射"即"環射"（輪番射箭），也通。

㉞ 殺其騎（jì）且盡：幾乎把中貴人帶去的騎兵殺光了。

㉟ 走廣：逃到李廣跟前，訴説經過。

㊱ 射雕者：專射雕鳥的能手。

㊲ 從：帶領，使……跟從。往馳：奔去追趕。

㊳ 亡：通"無"。

㊴ 張左右翼：分兵兩路從左右兩邊像展開兩翅那樣（包抄過去）。

㊵ 縛之上馬：把活捉的一人捆了，提放在馬上。

㊶ 上山陳：跑到山上，擺開陣勢。陳：通"陣"。

㊷ 欲馳還走：想要策馬趕快往回跑。

㊸ 去大軍：離開大部隊。

㊹ 以百騎走：憑着百多個騎兵想逃跑。

㊺ 立盡：立刻就被消滅光。

㊻ 必以我爲大軍誘之：一定以爲我們是替大部隊來誘惑他們上當的。我：我們。

㊼ 二里所：二里左右。

㊽ 虜：指敵人。

㊾ 即有急，奈何：一旦有急難，怎麼辦？

㊿ 用堅其意：用來堅定他們認爲我們是誘餌的想法。

(51) 有白馬將出護其兵：有一個騎白馬的將領出來監護他的士兵。

(52) 犇射：一邊奔跑一邊射箭。犇：同"奔"。

(53) 令士皆縱馬卧：命令士兵都把馬放開了，隨便躺下。

(54) 會暮：恰巧天色剛黑。

(55) 平旦：第二天天剛亮。

(56) 故弗從：所以沒有發兵接應。

(57) 居久之：過了好長時間。

(58) 武帝：即漢武帝劉徹，是漢景帝劉啓的兒子。

(59) 左右：皇帝身旁的親信。

(60) 未央衛尉：未央宫（皇帝所居之皇宫）的禁衛軍長官。

(61) 長樂衛尉：長樂宫（太后居住地）禁衛軍長官。

(62) 故：從前。俱：都。以邊太守將（jiàng）軍屯：擔任邊郡上的太守兼管軍隊駐屯等事務的。將：帶領。

(63) 廣行無部伍行（háng）陳：李廣行軍沒有固定的編制與一定的行列和陣勢。部伍：部曲。那時將領軍都有部曲，大營將軍五部，部有校尉一人；部下有曲，曲有軍候一人；曲下有屯，屯有屯長一人。行陳即行列和陣勢。

㉔ 就：靠近，這裏指選擇。屯：駐紮。

㉕ 舍止：猶起居。

㉖ 刁斗：即刁斗。古無"刁"字，借刀爲刁。刁斗：銅鍋，可盛一斗量。行軍時，白天用來煮飯，夜裏用來敲擊巡更以報警自衛。

㉗ 莫府：幕府，實指將帥大帳幕。省約：簡化。文書籍事：辦理公文報表之類事項。

㉘ 遠斥候：在前敵遙遠的地方就布置了偵探的哨兵。斥：偵察。候：窺視。斥候便是偵探敵情的哨兵。

㉙ 正部曲行伍營陳：嚴肅地約束手下的部隊，整頓編制軍規。正：使……正，整齊劃一。營陳：營盤陣勢。

㉚ 士吏治軍簿至明：軍中的管事人員辦理文書到天亮。

㉛ 卒犯之無以禁：驟然來進攻也不能奈何李廣的部隊衝鋒陷陣。卒：同"猝"（cù），倉促。無以禁：無法阻擋。

㉜ 佚樂：安逸而快樂。佚同"逸"。

㉝ 略：計謀，戰略。

㉞ 苦：意動用法，認爲……苦。

㉟ 太中大夫：掌管議論的官。這句話是説程不識因爲屢次向皇上直言勸諫而被封爲太中大夫。

㊱ 謹於文法：謹慎地按照朝廷的文書法令去辦事。

文 選

△周亞夫軍細柳
《史記·絳侯周勃世家》

文帝之後六年①，匈奴大入邊。乃以宗正劉禮爲將軍②，軍霸上；祝兹侯徐厲爲將軍，軍棘門③；以河內守亞夫爲將軍，軍細柳④，以備胡⑤。上自勞軍⑥。至霸上及棘門軍，直馳入，將以下騎送迎⑦。已而之細柳軍，軍士吏披甲，銳兵刃⑧，彀弓弩⑨，持滿⑩。天子先驅至，不得入。先驅曰："天子且至！"軍門都尉曰⑪："將軍令曰：'軍中聞將軍令，不聞天子之詔。'"居無何⑫，上至，又不得入。於是上乃使使持節詔將軍⑬："吾欲入勞軍。"亞夫乃傳言開壁門⑭。壁門士吏謂從屬車騎曰："將軍約，軍中不得驅馳。"於是天子乃按轡徐行⑮。至營，將軍亞夫持兵揖曰："介胄之士不拜⑯，請以軍禮見。"天子爲動，改容式車⑰。使人稱謝："皇帝敬勞將軍。"成禮而去。既出軍門，群臣皆驚。文帝曰："嗟乎，此真將軍矣！曩者霸上、棘門軍⑱，若兒戲耳，其將固可襲而虜也。至于亞夫，可得而犯邪！"稱善者久之⑲。月餘，三軍皆罷，乃拜亞夫爲中尉⑳。

題 解

本文選自《史記·絳侯周勃世家》。周勃、周亞夫爲父子，在漢王朝的建立與鞏固以及在平定七國之亂、維護國家統一過程中作出了重要貢獻，但他們最後都因莫須有的罪名慘遭殺害。本文描寫了周亞夫的治軍才能。

注 釋

① 文帝之後六年：孝文帝十七年時，改年號爲後元元年。後六年爲公元前 158 年。

② 宗正：當時九卿之一，主管叙録皇族的支派系統等事務。

③ 棘門：原爲秦宫門，在今陕西省咸陽市東北。

④ 細柳：古地名，在今陕西省咸陽市西南渭河北岸。

⑤ 胡：我國古代西北部民族的統稱。秦漢時多指匈奴。

⑥ 上自勞軍：皇上親自慰勞軍隊。

⑦ 將以下騎送迎：疑爲“將以下，下騎送迎”。

⑧ 鋭兵刃：即指刀出鞘。

⑨ 彀（gòu）弓弩：即所謂弓上弦。彀：張。

⑩ 持滿：把弓拉圓。劉奉世曰：“言‘彀弓弩’是也，敵未至，何遽‘持滿’？何時已乎？此二字疑衍。”
（《漢書補注》引）

⑪ 軍門都尉：把守營門的都尉官。

⑫ 居無何：過了一會兒。

⑬ 節：古代使者所持的一種憑證。

⑭ 壁門：即營門。壁：營壘。

⑮ 按轡：壓着韁繩，使馬徐行。

⑯ 介胄之士不拜：按禮節，穿戴介胄服的士兵不行拜禮。介：甲，鎧甲。胄（zhòu）：頭盔。

⑰ 爲動：被感動。改容式車：面帶莊重尊敬的神情扶着軾敬禮。式：通“軾”，設在車廂前供人憑倚的横
木。軾車：古人表示恭敬而做出的一種姿態。

⑱ 曩（nǎng）：從前，以往。

⑲ 稱善者久之：長時間地稱贊表揚周亞夫治軍有方。

⑳ 中尉：京城維持治安的武官，後改稱執金吾。

【 第四章

詞類

　　語言的語法規律具有一定的穩固性，然而語言總是隨着社會的發展而發展變化的。古代漢語不同於現代漢語的語法規律往往是閱讀古書和教學古文的困難所在之一。爲了解決閱讀和教學的實際困難，古代漢語語法擬分"詞類""句式"兩章來介紹，採用比較法，着重闡述古今的異同。"重在異而不在同"，"唯其異，才用得着比較，或大同而小異，或小同而大異，或同中有異"（黎錦熙《比較文法》）。

　　本章先講詞類。應當注意的是：漢語不同於印歐語，詞類的區分基本上是依據詞義與詞法而定的。所謂詞法主要指各類詞的用法。這是一條符合古代漢語實際的原則。

第一節　實　詞

　　實詞和虛詞的概念，古已有之。祇不過古人把實詞叫作實字，把虛詞叫作虛字（也叫"助字"）。如：

　　（1）東坡教諸子作文，或辭多而意寡，或虛字多，實字少，皆批諭之。（宋周煇《清波雜志》卷七）

　　（2）用虛字要沉實不浮，用實字要轉移流動。（明費經虞《雅倫》卷二十二）

　　（3）說文之例，實字爲部首者，可以收虛字，虛字爲部首者，不得領實字。（清王筠《說文釋例》卷九）

　　古人所謂"詞"是專指虛字而言（也寫作"辭"），不同於今人的說法。《廣雅·釋詁》："乎、些、只，詞。"《詩經·齊風·猗嗟》："猗嗟昌兮，頎而長兮。"毛傳："猗嗟，嘆辭。"因此，學習古代漢語語法，還須重視古今術語的區別。

　　實詞和虛詞的範圍，傳統的說法和現在一般的說法也不盡一致。傳統的說法，實詞祇指名詞、動詞、形容詞，虛詞除這三類外幾乎無所不包，尤其是代詞，因爲所代的人或事物不固定，在古代漢語裏有些代詞（如"之""其"）又不能單獨表達意義，所以傳統的說法都把代詞歸入虛詞。

　　關於古代漢語的詞類系統，爲了講授的方便，我們採取一般教學上的說法：實詞有名詞、動詞、形容詞、數量詞、代詞；虛詞有副詞、介詞、連詞、助詞、語氣詞。代詞跟名詞、動詞、形容詞、數量詞一樣，可以做語法結構的主要成分，所以歸入實詞。副詞祇能做語法結構的次要成分（即"枝葉"），應當歸入虛詞；介詞、連詞、助詞、語氣詞，一般祇在語法結構的組合和表達中起某種作用，當然更祇能歸入虛詞。

現在先講實詞。

古代漢語的實詞，有一個共同的特點，就是詞類活用。這就是説，古代漢語的實詞在一定的語境裏往往可以臨時改變它的語法性質，即臨時改變它的基本語法功能。這種現象是古代漢語詞法的主要特徵之一，也叫詞性變換。下面分類講授。

一、名詞

(一) 名詞用爲動詞

1. 名詞用爲一般動詞

名詞用爲一般動詞，是指某個名詞在具體的語法結構中由於語境提供的條件而臨時改變了詞性，活用爲動詞。

第一，名詞連用，不是並列關係或偏正關係，而是動賓關係、動補關係或主謂關係，其中必有一個名詞活用爲動詞。如：

(1) 魏桓子肘韓康子，康子履魏桓子，躡其踵。(《戰國策·秦策》)

(2) 手熊羆，足野羊。(《史記·司馬相如列傳》)

(3) 晉軍函陵，秦軍氾南。(《左傳·僖公三十年》)

(4) 大楚興，陳勝王。(《史記·陳涉世家》)

第二，名詞後面連帶代詞，顯然是動賓關係，這個名詞則活用爲動詞。如：

(1) 驢不勝怒，蹄之。(唐柳宗元《黔之驢》)

(2) 然則德我乎？(《左傳·成公三年》)

第三，名詞前面有助動詞、副詞之類，這個名詞通常活用爲動詞。如：

(1) 王亦能軍。(《左傳·桓公五年》)

(2) 小信未孚，神弗福也。(《左傳·莊公十年》)

(3) 晚來天欲雪，能飲一杯無？(白居易《問劉十九》)

第四，名詞後面附有介賓短語，這個名詞無疑活用爲動詞。如：

(1) 晉師軍於廬柳。(《左傳·僖公二十三年》)

(2) 后妃率九嬪蠶於郊，桑於公田。(《呂氏春秋·上農》)

第五，名詞用“而”連接，無論在“而”前在“而”後，一概活用爲動詞。如：

(1) 夫子式而聽之。(《禮記·檀弓下》)

(2) 君人者，隆禮尊賢而王。(《荀子·天論》)

(3) 不耕而食，不蠶而衣。(《鹽鐵論·相刺》)

第六，名詞用在“所”後面活用爲動詞。如：

(1) 妾請母子俱遷江南，無爲秦所魚肉也。(《史記·張儀列傳》)

(2) 是以令吏人完客之所館。(《左傳·襄公三十一年》)

(3) 置人所罾魚腹中。(《史記·陳涉世家》)

以上僅是舉要而已，閱讀古書時我們可以舉一反三。在實際語言中名詞活用爲動詞比簡單地運用相應的某個動詞要顯得形象些，可以引起讀者的想象。這種修辭作用正是臨時改變詞性而产生的。

名詞活用爲動詞基本上都是由於某個名詞在具體的語境裏臨時具有動詞的某些功能，而且往往不僅僅是單一地表現出來的。如：

（1）曹子手劍而從之。（《左傳・莊公十三年》）

（2）夫鼠，晝伏夜動，不穴於寢廟，畏人故也。（《左傳・襄公二十三年》）

例（1）"手劍"兩個名詞連用，前一個名詞活用爲動詞，後一個名詞做它的賓語，同時"手劍"又用"而"來連接下一個動賓短語"從之"。例（2）名詞"穴"的前面有副詞，後面有介賓短語，也是同時具有兩項條件。

可見，古代漢語的名詞活用爲動詞並非任意而爲，它在具體的語法結構中是受語境條件制約的。離開了具體的語法結構，没有語境提供活用的條件，名詞的性質是不會變換的。因此，古代漢語裏詞類活用的現象並不影響"詞有定類"。值得注意的是，詞類活用和詞的兼類不是一碼事。詞類活用是指臨時用爲別類詞，詞的兼類是指本來就兼屬別類詞，是詞的基本類屬問題，一般是不難認識的。如：

（1）一物爲萬物一偏。（《荀子・天論》）

（2）物其地圖而授之。（《周禮・地官》）

例（1）的"物"是名詞，例（2）的"物"是動詞，前者指"事物"，後者指"物色""察看"，詞典裏就有這個義項。二者無論離開具體的上下文與否，詞類和詞義都各自存在，可見這裏説的"物"就是兼類詞。下面例句裏標有黑點的"物"就祇能是名詞活用爲動詞：

物物而不物於物，則胡可得而累邪！（《莊子・山木》）

2. 名詞的使動用法和意動用法

使動（致動）和意動，自從 1922 年陳承澤在《國文法草創》中提出以來，一直被古代漢語的教科書所沿用，現在分項叙述如下。

第一，名詞的使動用法。所謂名詞的使動用法就是名詞活用爲動詞所表示的動作行爲不是主語發出的，而是主語使賓語發出的。換句話説，就是某個名詞在用爲一般動詞的同時具有"使賓語怎麽樣"的性質。如：

（1）舍相如廣成傳舍。（《史記・廉頗藺相如列傳》）

（2）君王之于越也，繄起死人而肉白骨也。（《國語・吳語》）

（3）王不如東蘇子，秦必疑而不信蘇子矣。（《戰國策・燕策》）

使動用法也叫使動句，具有使令義，跟使令義的兼語句是同義句（或稱同義結構），因此二者可以轉換：

舍相如廣成傳舍——使相如舍廣成傳舍

肉白骨——使白骨肉

王不如東蘇子——王不如使蘇子東

第二，名詞的意動用法。所謂名詞的意動用法就是名詞活用爲動詞所表示的動作行爲，是主語對賓語的認定。換句話説，就是某個名詞在活用爲一般動詞的同時具有"認爲賓語怎麼樣”的性質。如：

(4) 扁鵲過齊，齊桓侯客之。(《史記·扁鵲倉公列傳》)

(5) 今也小國師大國，而恥受命焉。(《孟子·離婁上》)

(6) 睹其一戰而勝，欲從而帝之。(《戰國策·趙策》)

(7) 然則君何不相之？(《呂氏春秋·期賢》)

(8) 涉曰：“尹君何壹魚肉涉也？”(《漢書·游俠傳》)

意動用法也叫意動句，具有認定義，跟認定義的兼語句是同義句（或稱同義結構），因此二者可以轉換：

齊桓侯客之──齊桓侯以之爲客

小國師大國──小國以大國爲師

欲從而帝之──欲從而以之爲帝

君何不相之──君何不以之爲相

尹君何壹魚肉涉──尹君何壹以涉爲魚肉

那麼名詞的使動用法和名詞的意動用法有何不同呢？其實我們依據使動句跟使令義兼語句、意動句跟認定義兼語句的不同轉換關係，就可以明白二者的區別了。從句義的角度和切面來看，使動句見於事實，不以主觀認定爲存在條件，而意動句即使有見於事實的，也必以主觀認定爲存在條件。如“肉白骨”作爲使動用法，是“使白骨（生）肉”。已經生出的肉，是完全可以離開主觀認定而客觀存在的；已經生出的肉，不管主觀認定與否，都是不可否認的事實。這種情形跟“魚肉涉”完全不同。作爲意動用法的“魚肉涉”祇是一種主觀認定，根本不可能使“涉”變成“魚肉”。其餘“客之”“師大國”“帝之”“相之”，都是以主觀認定爲條件的，不可離開主觀認定，如沒有齊桓侯認定就不再是“客”，或者不可取消這種主觀認定，如罷免了“相”之類的職務。這種用法，有人對高誘所注《戰國策》《呂氏春秋》《淮南子》三書作過統計，祇有一處注爲“使……爲相”，其餘的都注爲“以……爲……”。這個數據，説明了古人的語感。我們千萬不可以用今人的語感去臆改古人的語感。

(二) 名詞作狀語

現代漢語祇有時間名詞可以單獨用在謂語動詞的前面作狀語，一般名詞都得跟介詞組成介賓短語纔能用爲狀語。古代漢語中時間名詞和一般名詞單獨用爲狀語卻是常見的語法現象，大致有以下四種情形。

1. 表示方位和處所

例如：

(1) 上食埃土，下飲黃泉。(《荀子·勸學》)

(2) 曹操自江陵將順江東下。(《資治通鑑·漢紀·赤壁之戰》)

(3) 是故敗吳於囿，又敗之於沒，又郊敗之。(《國語·越語上》)

(4) 夫山居而谷汲者，膢臘相遺以水。(《韓非子·五蠹》)

例（1）的"上""下"，例（2）的"東"，例（3）的"郊"，例（4）的"山""谷"，這些名詞狀語，如果翻譯成現代漢語就得加"向""在"之類的介詞。

2. 表示工具和依據

例如：

（1）伍子胥橐載而出昭關。（《史記·范雎蔡澤列傳》）

（2）羣臣吏民能面刺寡人之過者，受上賞。（《戰國策·齊策》）

（3）（將軍）復立楚國之社稷，功宜爲王。（《史記·陳涉世家》）

例（1）的"橐"是"用橐"，例（2）的"面"是"當面"，例（3）的"功"是"按功（依據功勞）"。古代漢語名詞可以直接作狀語，一般不用"用""當""按（依據）"之類的介詞。

3. 表示待人的態度

例如：

（1）君爲我呼入，吾得兄事之。（《史記·項羽本紀》）

（2）齊將田忌善而客待之。（《史記·孫子吳起列傳》）

（3）人皆得以隸使之。（張溥《五人墓碑記》）

（4）今而後知君之犬馬畜伋。（《孟子·萬章下》）

"吾得兄事之"就是"我要把他當作哥哥來侍奉他"，名詞"兄"作狀語不用介詞，可是翻譯成現代漢語就得加上"當作"之類的介詞。其餘幾例可以類推。

4. 表示比喻的狀語

例如：

（1）將不勝其忿而蟻附之。（《孫子·謀攻》）

（2）有狼當道，人立而啼。（馬中錫《中山狼傳》）

（3）失時不雨，民且狼顧。（賈誼《論積貯疏》）

（4）西門豹簪筆磬折，向河立侍良久。（《史記·滑稽列傳》漢褚少孫補）

例（1）的"蟻"，例（2）的"人"，例（3）的"狼"，例（4）的"磬"，從語法的角度和切面來看，都沒用介詞"像"而直接作了狀語。那麼從修辭的角度和切面來看，當然也就沒有比喻詞"像"，但表達上都具有"像……（那樣）"的修辭語義。

（三）名詞作謂語

名詞在現代漢語判斷句裏一般不可直接作謂語，要用上判斷詞"是"，但在古代漢語判斷句裏不用判斷詞是常見的語法現象。如：

（1）管叔，兄也。（《孟子·公孫丑下》）

（2）虎者，戾蟲。（《戰國策·秦策》）

（3）荀卿，趙人。（《史記·孟子荀卿列傳》）

（4）吾所欲者，土地也。（《韓非子·五蠹》）

"兄""戾蟲""趙人""土地"這些名詞或名詞性短語在判斷句裏都直接作了謂語，這也是古今漢語名詞功能的差別之一。

二、動詞

（一）動詞的使動用法

　　所謂動詞的使動用法，就是句子的"主謂賓"結構没有改變，可是句子結構的意念關係有了變化，即謂語動詞所表示的動作行爲不是主語發出的，而是在主語的影響下使賓語發出的。如：

　　（1）相如固止之。（《史記·廉頗藺相如列傳》）

　　（2）莊公寤生，驚姜氏。（《左傳·隱公元年》）

　　（3）秦公圍大梁，破魏華陽下軍，走芒卯。（《史記·魏公子列傳》）

　　（4）不戰而屈人之兵，善之善者也。（《孫子·謀攻》）

　　（5）子何故乃肯逃我？（《韓非子·外儲説左下》）

例（1）的"止之"就是"使之止"，例（2）的"驚姜氏"就是"使姜氏驚"，例（3）的"走芒卯"就是"使芒卯走（即把芒卯趕跑）"，例（4）的"屈人之兵"就是"使人之兵屈"，例（5）的"逃我"就是"使我逃（即讓我逃）"。這些都是不及物動詞的使動用法，可以從結構和詞性關係上辨認出來，即不及物動詞是不帶賓語的，現在卻帶上了賓語。可是及物動詞本來就是可以帶上賓語的，一般用法和使動用法就很難從結構和詞性關係上分辨出來。如：

　　（6）孟子將朝王。（《孟子·公孫丑下》）

　　　　　武丁朝諸侯。（《孟子·公孫丑上》）

　　（7）涉間不降楚。（《史記·項羽本紀》）

　　　　　單于愈益欲降武。（《漢書·蘇武傳》）

例（6）"孟子將朝王"的"朝"是及物動詞的一般用法，而"武丁朝諸侯"的"朝"卻是及物動詞的使動用法。例（7）"涉間不降楚"的"降"是及物動詞的一般用法，而"單于愈益欲降武"的"降"卻是及物動詞的使動用法。這類同形句（或稱同形結構）也不是完全無法辨別的，一般憑藉常識和事理還是可以把及物動詞的一般用法和使動用法區分清楚的。"孟子將朝王"，當然是孟子朝拜齊王，不可能是齊王朝拜孟子，所以"朝"是及物動詞的一般用法。"武丁朝諸侯"，武丁是帝王，不可能朝拜諸侯，當然是武丁使諸侯朝拜（或朝見），所以"朝"是及物動詞的使動用法。雖然及物動詞的使動用法没有不及物動詞的使動用法那麼多見，但也不是個別的。下面再舉兩例：

　　（8）晉侯飲趙盾酒，伏甲而攻之。（《左傳·宣公二年》）

　　（9）王辟左右。（《漢書·龔遂傳》）

（二）動詞的爲動用法

　　不及物動詞帶上賓語有兩種情形：① 賓語是這個不及物動詞所要表達的動作行爲的發出者，這就是上面説到的不及物動詞的使動用法；② 賓語是這個不及物動詞所要表達的動作行爲的"爲動"者，這就是現在要説的不及物動詞的爲動用法。所謂"爲動"，就是"爲賓語而動"。這種用法跟及物動詞的一般用法所表示的動賓關係也有性質上的區別。如：

（1）吾非悲刖也。（《韓非子·和氏》）

（2）禹勞天下。（《淮南子·氾論訓》）

（3）等死，死國可乎？（《史記·陳涉世家》）

（4）既泣之三日，乃誓療之。（龔自珍《病梅館記》）

例（1）的"悲刖"是"爲刖悲"，例（2）的"勞天下"是"爲天下勞"，例（3）的"死國"是"爲國死"，例（4）的"泣之"是"爲之泣"。不及物動詞"悲""勞""死""泣"在這裏都是爲動用法，即爲賓語而發出的動作行爲。有時及物動詞也有爲動用法，這就值得注意了：

（5）文嬴請三帥。（《左傳·僖公三十三年》）

（6）夫人將啟之。（《左傳·隱公元年》）

"請""啟"在這裏都是爲動用法，不可誤作一般的動賓關係。"請三帥"，不是"請求三帥"，而是"爲三帥請求"。

簡單地説：凡是動詞對賓語具有"爲了"之意，就叫作動詞的爲動用法。名詞也有爲動用法，即名詞活用爲一般動詞的同時對賓語具有"爲了"之意。如：

（7）公子皆名之。（《史記·魏公子列傳》）

（8）佗脈之。（《三國志·魏志·華佗傳》）

例（7）的"名之"是"爲之名（命名）"，例（8）的"脈之"是"爲之脈（診脈）"。

（三）動詞用爲名詞

某個動詞在具體的語法結構中依據語境提供的條件也可以臨時改變詞性而活用爲名詞，不表示動作行爲而表示跟動作行爲有關的某個事物的名稱，從修辭的效果來説比用相應的名詞要形象些。如：

（1）子釣而不綱，弋不射宿。（《論語·述而》）

（2）夫大國難測也，懼有伏焉。（《左傳·莊公十年》）

（3）陳良楚産也。（《孟子·滕文公上》）

例（1）動詞"宿"實指歇宿的鳥，並不表示動作行爲。例（2）的動詞"伏"實指伏兵，也並非動作行爲。這是動詞兼代中心詞（"宿"兼代中心詞"鳥"，"伏"兼代中心詞"兵"）而活用爲名詞，是古代漢語常用的一種借代修辭手法。例（3）的動詞"産"在判斷句中活用爲名詞"土著"，更是借代和比喻的綜合運用，全句的意思是："陳良（是）楚國的土著。"

三、形容詞

（一）形容詞用爲動詞

1. 形容詞用爲一般動詞

（1）衆庶莫不多光。（《漢書·霍光傳》）

（2）卒使上官大夫短屈原于頃襄王。（《史記·賈生屈原列傳》）

（3）問其深，則其好游者不能窮也。（王安石《游褒禪山記》）

（4）世之所高，莫若黃帝。（《莊子·盜跖》）

形容詞用爲一般動詞不很多見，活用的條件略同于名詞用爲一般動詞，即具備了動詞的某些詞法功能。例（1）的形容詞“多”，例（2）的形容詞“短”，跟各自後面的名詞“光”“屈原”連用，不是偏正關係，而是動賓關係，則用爲一般動詞，“多”表示稱頌的意思，“短”表示詆毀的意思。例（3）的形容詞“窮”，前面有助動詞，必定用爲一般動詞，表示走盡的意思。例（4）的形容詞“高”用在“所”後面，無疑用爲一般動詞，表示推崇的意思，“所高”即所推崇的（人）。

2. 形容詞的使動和意動

形容詞的使動用法，就是形容詞活用爲動詞時所表示的動作行爲不是主語發出的，而是主語使賓語發出的，換句話説就是某個形容詞在用爲一般動詞的同時具有“使賓語怎麼樣”的性質。形容詞的意動用法，就是形容詞活用爲動詞所表示的動作行爲是主語對賓語的認定，換句話説就是，某個形容詞在用爲一般動詞的同時具有“認爲賓語怎麼樣”的性質。先看兩個例子：

（1）匠人斷而小之，則王怒。（《孟子·梁惠王下》）

（2）孔子登東山而小魯。（《孟子·盡心上》）

例（1）的“小”是使動用法，“小之”則是“使之小”。例（2）的“小”是意動用法，“小魯”是“以魯爲小”（即認爲魯國小）。木料斲小了，不論主觀認爲怎樣，“小”是見於事實了；至於認爲魯國小，衹是一種主觀認定，事實上魯國還是那麼大。可見形容詞的使動用法是見於事實的，不以主觀認定爲條件；形容詞的意動用法則是純粹以主觀認定爲條件的。下面分別再看幾個例子：

形容詞的使動用法例：

（3）浚洙者，深洙也。（《春秋穀梁傳·莊公九年》）

（4）於是梁王虛上位，以故相爲上將軍。（《戰國策·齊策》）

（5）君子正其衣冠。（《論語·堯曰》）

形容詞的意動用法例：

（1）時充國年七十餘，上老之。（《漢書·趙充國傳》）

（2）其家甚智其子。（《韓非子·説難》）

（3）是故明君貴五穀而賤金玉。（晁錯《論貴粟疏》）

（二）形容詞用爲名詞

形容詞用爲名詞，語法上屬詞類活用。但如果透過修辭去看語法，其實是形容詞取代了名詞。如：

（1）將軍身披堅執銳，伐無道，誅暴秦。（《史記·陳涉世家》）

（2）今梁、趙相攻，輕兵鋭卒必竭於外，老弱罷於内。（《史記·孫子吳起列傳》）

（3）請略陳固陋。（司馬遷《報任安書》）

例（1）的“堅”代堅甲，“鋭”代鋭兵，都作賓語；例（2）的“老弱”代老兵弱卒作主語；例（3）的“固陋”代固陋的看法（或意見），作賓語。諸如此類的形容詞用爲名詞，都是以事物的性狀兼代事物的名稱，其實所表達的語義容量相當於一個省略了中心詞的名詞性偏正短語。這種現象，修辭上屬借代手法。

四、數詞和量詞

（一）數量表示法

1. 基數和序數

基數和序數的用法，古今大致相同，但有幾點值得注意：

第一，百、千、萬前面的"一"，通常不用。如：

(1) 俘二百五十人，馘百人。（《左傳·宣公二年》）

(2) 今地千里，百二十城。（《戰國策·楚策》）

第二，零數一般不用"零"補位。如：

(3) 至於孝平，郡國百三。（《後漢書·郡國志》）

(4) 膠東國，戶七萬二千二。（《漢書·地理志》）

例（3）的"百三"就是"一百零三"，例（4）的"七萬二千二"就是"七萬二千零二"。

第三，整數和零數中間往往用"有"（讀去聲，有時寫作"又"）來表示零數。如：

(5) 對聯題名並篆文，爲字共三十有四。（魏學洢《核舟記》）

(6) 今夫差衣水犀之甲者億有三千。（《國語·越語》）

第四，序數除了在基數前面加"第"表示外，還有用"太上"表第一，第二以下用"次""次之""次者"或"其次"之類。如：

(7) 蕭何第一，曹參次之。（《史記·蕭何相國世家》）

(8) 奮（萬石君，名奮）長子建，次子甲，次子乙，次子慶。（《史記·萬石張叔列傳》）

(9) 太上有立德，其次有立功，其次有立言。（《左傳·襄公二十四年》）

例（8）的三個"次"分別爲第二、第三、第四，例（9）的兩個"其次"，分別爲第二、第三。

第五，有時用"孟（伯）仲叔季"以及天干地支之類表示序數，這裏不一一舉例。特別有趣的是，用"甲""冠""首"來表示第一。如：

(10) 吳楚地方千里，象犀珠玉之富甲于天下。（蘇軾《表忠觀碑》）

(11) 當是時，楚兵冠諸侯。（《史記·項羽本紀》）

(12) 得志於諸侯而誅無禮，曹其首也。（《左傳·僖公二十三年》）

另有一個"再"，也值得注意：既可表示整數"二"，又可表示序數"第二"。如：

(13) 既馳三輩畢，而田忌一不勝而再勝。（《史記·孫子吳起列傳》）

(14) 一呼而不聞，再呼而不聞，於是三呼邪，則必以惡聲隨之。（《莊子·山木》）

例（13）和例（14）的"再"分別表示"兩次""第二次"。

2. 分數和倍數

分數表示法不同於現代漢語的主要有兩種情形。

第一，分母是十（什）位數或百位數，而分子是個位數，即分母和分子中間無"之"。如：

（1）漢兵物故什六七。（《史記·匈奴列傳》）

（2）持戟百萬，秦得百二焉。（《漢書·高帝紀》）

例（1）的“什六七”即“十分之六七”，例（2）的“百二”即“百分之二”。

第二，分母和分子之間不僅有“之”，而且“之”前面的分母還帶有名詞。如：

（3）大都不過參（sān）國之一。（《左傳·隱公元年》）

“參國之一”即“國都的三分之一”。這種用法，分母和名詞之間還常常再用“分”來表示分數。如：

（4）方今大王之眾，不能十分吳楚之一。（《史記·淮南衡山列傳》）

倍數表示法不同於現代漢語的主要表現爲往往用數詞直接表示倍數，有時用“倍”字表示一倍，用“蓰”字表示五倍。如：

（5）臣聞之，利不百，不變法；功不十，不易器。（《商君書·更法》）

（6）夫物之不齊，物之情也；或相倍蓰，或相什百，或相千萬。（《孟子·滕文公上》）

例（5）的“百”“十”就是“百倍”“十倍”，只用數詞不用“倍”字。例（6）的“什百”“千萬”是指“十倍百倍”“千倍萬倍”，而“倍蓰”是指“一倍五倍”。

3. 虛數和概數

虛數並非實數，在表達上不是誇大（極言其多）就是縮小（極言其小），實在是一種修辭表示法，叫作“誇飾”。如：

（1）此百世之怨，而趙之所羞。（《史記·平原君列傳》）

（2）飛流直下三千尺，疑是銀河落九天。（李白《望廬山瀑布》）

（3）轉軸撥弦三兩聲，未成曲調先有情。（白居易《琵琶行》）

概數又叫約數，即大概大約之數，並非確數，但也非虛數。古代漢語的概數表示法主要是取其整數，或取其兩個鄰數。如：

（4）以德服人者，中心悅而誠服也。如七十子之服孔子也。（《孟子·公孫丑上》）

（5）即不幸有方二三千里之旱，國胡以相卹？（賈誼《論積貯疏》）

例（4）取其整數“七十”表示概數，例（5）取其兩個鄰數“二三”表示概數。也有在數詞前面加“可”或後面加“許”“所”“餘”之類表示概數的詞。如：

（6）章小女年可十二。（《漢書·王章傳》）

（7）高四尺所。（《禮記·檀弓》）

（8）自富陽至桐廬，一百許里。（吳均《與朱元思書》）

（9）地之相去也千有餘里。（《孟子·盡心下》）

例（6）的“可十二”祇是大概十二，例（7）、（8）、（9）的“四尺所”“一百許里”“千有餘里”都並非確數，而祇是概數。

（二）名量和動量

1. 名量詞

名量詞在甲骨文、金文裏就有了萌芽，到春秋戰國時代有所發展，到了兩漢魏晉時代已較爲完備。如：

（1）一簞食，一瓢飲。（《論語·雍也》）

（2）門前一株棗，歲歲不知老。（《樂府詩集·折楊柳枝歌》）

（3）一尺布，尚可縫，一斗粟，尚可舂。（《史記·淮南衡山列傳》）

（4）作縣唯日食一升飯而莫飲酒。（《南齊書·傅琰傳》）

往往還在名詞後面用上表示事物數量的詞語，如：

（5）陳子文有馬十乘。（《論語·公冶長》）

（6）負服矢五十個。（《荀子·議兵》）

（7）漢王賜良金百鎰，珠五斗。（《史記·留侯世家》）

（8）令民入米六百斛爲郎。（《漢書·王莽傳》）

（9）成都有桑八百株。（諸葛亮《出師表》）

但上古漢語又往往不用名量詞，數詞直接放在名詞的前面。如：

（10）一言以蔽之。（《論語·爲政》）

（11）使弈秋誨二人弈。（《孟子·告子上》）

（12）齊爲衛故，伐晉冠氏，喪車五百。（《左傳·哀公十五年》）

例（10）、（11）是數詞放在名詞前面，上古較常見；例（12）是數詞放在名詞後面，上古較少見。

2. 動量詞

上古時期表示動作數量往往不用動量詞，而是把數詞直接放在動詞的前面。如：

（1）魯人從君戰，三戰三北。（《韓非子·五蠹》）

（2）公輸般九設攻城之機變，子墨子九距之。（《墨子·公輸》）

（3）齊王四與寡人約，四欺寡人。（《史記·蘇秦列傳》）

有時爲了強調動作的數量，把數詞移到後面的位置上，並用"者"字與前面的部分構成"者"字結構，這樣後面表動量的數詞就成了全句的謂語了。如：

（4）范增數目項王，舉所佩玉玦以示者三。（《史記·項羽本紀》）

（5）于是平原君欲封魯仲連，魯仲連辭讓者三，終不肯受。（《戰國策·趙策》）

（三）數詞用爲動詞

數詞可以像名詞、形容詞那樣，臨時改變詞性，活用爲動詞。如：

（1）古者，天下散亂，莫之能一。（《史記·秦始皇本紀》）

（2）晉侯秦伯圍鄭，以其無禮於晉，且貳於楚。（《左傳·僖公三十年》）

（3）民參其力，二入於公，而衣食其一。（《左傳·昭公三年》）

（4）（此三子者）與臣而將四矣。（《戰國策·魏策》）

例（1）的"一"活用爲動詞，是"統一"的意思；例（2）的"貳"活用爲動詞，是"又屬於楚國而對中原國家不忠"的意思；例（3）的"參"活用爲動詞，是"分成三份"的意思；例（4）的"四"活用爲動詞，是"成爲四個"的意思。

五、代詞

(一) 人稱代詞

1. 自稱、對稱、他稱

自稱代詞　主要的有"吾""我""予""余"。如：

(1) 今者吾喪我，汝知之乎?（《莊子·齊物論》）

(2) 彼以其爵，我以吾義。（《孟子·公孫丑下》）

(3) 三人行，必有我師焉。（《論語·述而》）

(4) 予三宿而出晝（晝，地名），於予心猶以爲速。（《孟子·公孫丑下》）

(5) 噫! 天喪予!（《論語·先進》）

(6) 余不食三日矣。（《國語·吳語》）

(7) 自始合，而矢貫余手及肘。（《左傳·成公二年》）

(8) 女爲惠公來求殺余。（《左傳·僖公二十四年》）

其實，"我""予""余"在西周以前就常用了，上古時已常作主語、賓語和定語。"吾"在西周以前不常用，《詩經》裏不見"吾"，《尚書》裏也祇略見一、二例。春秋戰國時期，"吾"用開了，祇是常作主語和定語。大概魏晉以後，無論肯定句和否定句，"吾"作賓語算是常見了。

上古的自稱代詞還有"朕""卬（áng）""台（yí）"。如：

(9) 朕皇考曰伯庸。（《楚辭·離騷》）

(10) 樵彼桑薪，卬烘于煁。（《詩經·小雅·白華》）

(11) 非台小子敢行稱亂。（《尚書·湯誓》）

"朕""卬""台"沒有"吾""我""余""予"用得廣，尤其"朕"自秦始皇開始就爲帝王所專用，所以秦以後常見的自稱代詞祇有"吾""我""余""予"。其實"吾""我""余""予""朕""台""卬"這麼多的自稱代詞，祇是由于不同寫法表示不同的上古方音或是書寫習慣罷了，並無嚴格的語法上的區分。

對稱代詞　主要有"爾""汝（女）""若"和"而""乃"等。"爾""汝（女）""若"經常作主語、賓語、定語。如：

(12) 我無爾詐，爾無我虞。（《左傳·宣公十五年》）

(13) 不狩不獵，胡瞻爾庭有懸貆兮!（《詩經·魏風·伐檀》）

(14) 汝何爲者哉?（《史記·平原君虞卿列傳》）

(15) 三歲貫女，莫我肯顧。（《詩經·魏風·碩鼠》）

(16) 往之女家。（《孟子·滕文公下》）

(17) 我勝若，若不吾勝。（《莊子·齊物論》）

(18) 吾翁即若翁。（《史記·項羽本紀》）

"而""乃"是兩個常作定語的對稱代詞。如：

(19) 其害于而家，凶于其國。（《尚書·洪範》）

(20) 王曰："舅氏，余嘉乃勛。"（《左傳·僖公十一年》）

"乃"有時借爲"迺"。如：

（21）高帝罵之曰："迺公居馬上得之，安事《詩》《書》?"（《史記·酈生陸賈列傳》）

值得注意的是，"而""乃"有時也作主語和賓語。如：

（22）而忘越王之殺而父乎?（《左傳·定公十四年》）

（23）余知而無罪。（《左傳·昭公十五年》）

（24）今欲廢之，乃能從我乎?（《漢書·翟義傳》）

（25）上曰："此後非乃所知也。"（《漢書·高帝紀》）

上古對稱代詞"爾""汝（女）""若"和"而""乃"，屬"泥"紐（上古"泥""娘""日"三紐不分），其所以分爲幾種寫法，可能出於同源，或許代表上古不同的方音，然而語法上也並無嚴格的區分。

他稱代詞 祇有"之""其"兩個，實際上並未全部具備他稱代詞的語法功能。"之"，基本用法祇是作賓語，可以代人，也可以代事物。如：

（26）愛共叔段，欲立之，亟請於武公。（《左傳·隱公元年》）

（27）左右欲兵之。（《史記·伯夷列傳》）

（28）秦將聞之，爲卻軍五十里。（《戰國策·趙策》）

（29）學而時習之。（《論語·學而》）

例（26）、（27）的"之"代人，例（28）的"之"代事，例（29）的"之"代物。但"之"不能在句中作主語，祇是有時可以作定語，相當于"他（它）的"。如：

（30）項羽乃疑范增與漢有私，稍奪之權。（《史記·項羽本紀》）

（31）子文以爲之功，使爲令尹。（《左傳·僖公二十三年》）

"其"的基本用法就是作定語，可以代人，也可以代事物，相當于"他（它）的"。如：

（32）其妻獻疑。（《列子·湯問》）

（33）今吾于人也，聽其言而觀其行。（《論語·公冶長》）

（34）既克，公問其故。（《左傳·莊公十年》）

（35）北冥有魚，其名爲鯤。（《莊子·逍遙遊》）

但"其"不能在句中作賓語，祇是偶爾在句中作複指成分的主語。如：

（36）齊晉秦楚，其在成周，微甚，封或百里，或五十里。（《史記·十二諸侯年表序》）

不過漢、魏之後，"其"有時也作主語和賓語。如：

（37）其若見問，當作依違答之。（《宋書·劉邵傳》）

（38）孔稚珪從其受道法。（《南齊書·褚伯玉傳》）

有趣的是，"之"和"其"在一定的語境中，主要是在對話的情況下可以轉換爲自稱代詞和對稱代詞。如：

（39）朱亥笑曰："臣乃市井鼓刀屠者，而公子親數存之。"（《史記·魏公子列傳》）

（40）子曰：“善哉問！先事後得，非崇德與？攻其惡，無攻人之惡，非修慝與？一朝之忿，忘其身，以及其親，非惑與？”（《論語·顏淵》）

（41）士季曰：“諫而不入，則莫之繼也。”（《左傳·宣公二年》）

（42）莊辛曰：“臣誠見其必然者也。”（《戰國策·楚策》）

例（39）的“之”和例（40）的“其”轉換爲自稱，例（41）的“之”和例（42）的“其”轉換爲對稱。

他稱代詞還有“彼”和“夫”。如：

（43）彼，君之讎也，天或者將棄彼矣。（《左傳·襄公二十七年》）

（44）夫非而仇乎？（《左傳·哀公五年》）

例（43）的“彼”和例（44）的“夫”確實是在主語的位置上，但這樣的他稱代詞都帶有較明顯的指示性質。兩漢之後，“夫”不再用作他稱，“彼”也很少用作他稱。

此外，“諸”也有代詞用法，可以表示他稱，但也祇作賓語。如：

（45）潘崇曰：“能事諸乎？”（《左傳·文公元年》）——潘崇說：“（你）能夠侍奉他嗎？”

（46）其子不忍食諸，死于窮門。（《左傳·襄公四年》）——他的兒子不忍心吃它，在窮門死去。

“諸”有時既作代詞（相當于“之”），又兼作介詞（相當于“於（乎）”），所以一般把具有這種用法的“諸”稱作兼詞。如：

（47）子張書諸紳。（《論語·衛靈公》）

（48）穆公訪諸蹇叔。（《左傳·僖公三十二年》）

（49）晉人敗諸崤。（《國語·周語中》）

例（47）的“書諸紳”是“書之於紳”；例（48）的“訪諸蹇叔”是“訪之於蹇叔”；例（49）的“敗諸崤”是“敗之於崤”。從語義上來看，“諸”就是兼有“之”和“於（乎）”兩詞的意義。如果從語音上來看，“諸”實在是“之”和“於（乎）”的合音，所以又把這種性質的詞叫合音詞，陳望道的《修辭學發凡》稱爲修辭上的“節縮”。這種詞爲數不多，爲了不打亂古代漢語語法的詞類系統，我們只在有關部分聯繫着講，不另設類，習慣上叫它兼詞，也叫它合音詞。至于個別的詞（實際上祇有一個“焉”）並非兩詞的合音，祇兼有兩詞的語義，那麼就叫它兼詞。值得注意的是，“他”在上古不是他稱代詞，只表示“其他”“別的”之類意思。如：

（50）王顧左右而言他。（《孟子·梁惠王下》）

這是《孟子》裏的例子。《孟子》一書，此類例子計有 15 次。《論語》裏也有此類用法，但祇見極少幾次。如：

（51）他人之賢者，丘陵也，猶可踰也。（《論語·述而》）

“他”用作他稱代詞大概始於晉，如：

（52）長房曰：“還他馬，赦汝罪。”（《後漢書·方術傳》）

可見，上古並無可以充當主語的他稱代詞。在表達上，或者重復前面出現過的名稱，如：

（53）子適衛，冉有僕。子曰："庶矣哉！"（《論語•子路》）

或者干脆省略，如：

（54）齊侯陳諸侯之師，V 與屈完乘而觀之。（《左傳•僖公四年》）——"V"表示省略。

2. 人稱代詞的複數

古代漢語的人稱代詞，單數、複數基本上是同一形式，二者區分的主要依據是上下文的語義。如：

（1）子墨子曰："胡不見我於王。"（《墨子•公輸》）

（2）由射於百步之外也，其至，爾力也。（《孟子•萬章下》）

（3）公語之故。（《左傳•隱公元年》）

（4）如今人方爲刀俎，我爲魚肉。（《史記•項羽本紀》）

（5）如或知爾，則何以哉？（《論語•先進》）

（6）括軍敗，數十萬之衆遂降秦，秦悉坑之。（《史記•廉頗藺相如列傳》）

例（1）的"我"、例（2）的"爾"、例（3）的"之"是單數；例（4）的"我"、例（5）的"爾"、例（6）的"之"是複數。古代漢語的自稱和對稱，有時也用"儕""等""曹""屬""輩"表示複數，但與現代漢語的"們"不同，不可讀成輕聲，不是表示複數的詞法標志，而是表示複數的詞。如：

（7）吾儕偷食，朝不謀夕，何其長也。（《左傳•昭公元年》）

"儕"是出現最早的，以下各詞表示複數大約都在漢以後。如：

（8）公等皆去，吾亦以此逝矣！（《史記•高祖本紀》）

（9）雍齒尚爲侯，我屬無患矣。（《史記•留侯世家》）

（10）我曹言：願自殺。（《漢書•外戚傳》）

（11）爾輩輩奴，正可牧羊。（《晉書•符堅傳》）

3. 謙稱和敬稱

古代漢語常用謙稱表示自稱，也常用敬稱表示對稱（或他稱）。謙稱和敬稱都不是代詞，但從語義的角度來看，一般都可譯成自稱代詞"我"或對稱代詞"您"（或他稱代詞"他"）。其實，這是修辭的一種表示法。

謙稱，大致可以分爲兩類：一般謙稱和特殊謙稱。一般謙稱如：

（1）臣聞吏議逐客，竊以爲過矣。（李斯《諫逐客書》）

（2）僕非敢如此也。（司馬遷《報任安書》）

（3）妾父爲吏，齊中皆稱其廉平。（《史記•孝文本紀》）

（4）愚以爲宮中之事，事無大小悉以咨之，然後施行。（諸葛亮《出師表》）

（5）今日當一切不事事，守前所爲而已，則非某之所敢知。（王安石《答司馬諫議書》）

特殊謙稱指的是君主的自稱和提到自方尊長時的稱呼。如：

（6）此天以君授孤也。（《資治通鑑·漢紀·赤壁之戰》）

（7）寡人生于深宫之中。（《荀子·哀公》）

（8）王曰："雖然，必告不穀。"（《左傳·成公三年》）

（9）寡君使羣臣爲魯衛請，曰："無令輿師陷入君地。"（《左傳·成公二年》）

（10）家君作宰，路出名區；童子何知，躬逢勝餞！（王勃《滕王閣序》）

（11）先君姓王氏，諱益。（王安石《亡兄王常甫墓志銘》）

例（6）至例（8）的"孤""寡人""不穀"是君主的自稱，例（9）至例（11）的"寡君""家君""先君"是提到自方尊長時的謙稱。

敬稱，大致也可以分爲兩類：一類是一般敬稱，一類是特殊敬稱。一般敬稱如：

（12）子奚不爲政？（《論語·爲政》）

（13）越國以鄙遠，君知其難也。（《左傳·僖公三十年》）

（14）夫披堅執鋭，義不如公。（《史記·項羽本紀》）

（15）二國治戎，臣不才，不勝其任，以爲俘馘，執事不以釁鼓，使歸就戮。（《左傳·成公三年》）

（16）恐傷先王之明，而又害於足下之義，故遁逃走趙。（樂毅《報燕惠王書》）

特殊敬稱如：

（17）王無異於百姓之以王爲愛也。（《孟子·梁惠王上》）

（18）不知將軍寬之至此也。（《史記·廉頗藺相如列傳》）

（19）先生不羞，乃有意欲爲文收責於薛乎？（《戰國策·齊策》）

此外，還有對他稱的敬稱，有稱官職、稱身份、稱爵位、稱謚號的，比較明顯易懂，不一一列舉了。

值得注意的是，無論對稱的敬稱還是他稱的敬稱，用職官、身份、爵位之類來表述，其實大多有修辭上借代手法的特點。

（二）指示代詞

1. 近指代詞

主要的有"兹""此""斯""是""之"等，相當於現代漢語的"這""這個""這些""這裏""這樣"之類的意思。

"兹""此""斯"上古都是齒頭音，是同一個詞的不同寫法。它們可以作主語和賓語。如：

（1）余恐德之不類，兹故不言。（《國語·楚語上》）

（2）夏德若兹，今朕必往。（《尚書·湯誓》）

（3）此則岳陽樓之大觀也。（范仲淹《岳陽樓記》）

（4）賢者亦樂此乎？（《孟子·梁惠王上》）

（5）魯無君子者，斯焉取斯？（《論語·公冶長》）

也可以作定語和補語。如：

（6）書於石，所以賀兹丘之遭也。（柳宗元《鈷鉧潭西小丘記》）

（7）上計軒轅，下至於茲。（司馬遷《報任安書》）

（8）公相與歃此血於堂下。（《史記•平原君列傳》）

（9）雖臣虜之勞不苦於此矣。（《韓非子•五蠹》）

（10）向吾不爲斯役，則久已病矣。（柳宗元《捕蛇者説》）

（11）何故至於斯。（《楚辭•漁父》）

"斯"還可以作狀語。如：

（12）匪言不能，胡斯畏忌？（《詩經•大雅•桑柔》）

近指代詞"是"，也常作主語、謂語、賓語、定語和補語。如：

（13）是良史也。（《左傳•昭公十二年》）

（14）豈若吾鄉鄰之旦旦有是哉？（柳宗元《捕蛇者説》）

（15）古之人有行之者，武王是也。（《孟子•梁惠王下》）

（16）夫子至于是邦也，必聞其政。（《論語•學而》）

（17）吾嘗疑乎是。（柳宗元《捕蛇者説》）

"是"有時寫作"寔"或"時"。如：

（18）寔爲咸陽。（張衡《西京賦》）

（19）滿招損，謙受益，時乃天道。（《尚書•大禹謨》）

近指代詞另有一個"之"，祇能作定語和賓語。如：

（20）之二蟲又何知！（《莊子•逍遙遊》）

（21）之子于歸，遠送於野。（《詩經•邶風•燕燕》）

（22）姜氏欲之，焉辟害？（《左傳•隱公元年》）

（23）我雖不敏，請嘗試之。（《孟子•梁惠王上》）

2. 遠指代詞

主要的有"彼""夫""其"等，相當於現代漢語的"那""那個""那些""那裏"或"那樣"之類的意思。"彼"可以作主語、賓語，也可以作定語。如：

（1）彼以利合，此以天屬也。（《莊子•山木》）

（2）以德若彼，用力如此，蓋一統若斯之難也。（《史記•秦楚之際月表》）

（3）彼人之心，于何其臻？（《詩經•小雅•菀柳》）

"夫""其"一般祇能作定語。如：

（4）其人舍然大喜。（《列子•天瑞》）

（5）夫人不言，言必有中。（《論語•先進》）

（三）疑問代詞

主要的有"誰""孰""何""曷""奚""胡""惡（烏）""安"等。

1. 谁、孰

"誰""孰"上古聲紐相同（禪母），用法相近，但"誰"限於指人，"孰"可以指人，也可以指事物。

先看"誰"的用法：

（1）誰爲大王爲此計者？（《史記·項羽本紀》）

（2）孟嘗君怪之曰："此誰也？"（《戰國策·齊策》）

（3）太守謂誰？（歐陽修《醉翁亭記》）

（4）是誰之過與？（《論語·季氏》）

例（1）的"誰"作主語，例（2）的"誰"作謂語，例（3）的"誰"作賓語，例（4）的"誰"作定語，都是指人。再看"孰"的用法：

（5）孰爲夫子？（《論語·微子》）

（6）聖王有百，吾孰法焉？（《荀子·非相》）

（7）孰使予樂居夷而忘故土者，非茲潭也歟？（柳宗元《鈷鉧潭西小丘記》）

（8）齊王問曰："畫，孰最難者？"（《韓非子·外儲説左上》）

例（5）、例（6）的"孰"指人，例（7）、例（8）的"孰"指事物，分別充當主語和賓語。值得注意的是，"孰"經常用來表示選擇問。如：

（9）吾與徐公孰美？（《戰國策·齊策》）

（10）夫射獵之娛與安危之機，孰急？（賈誼《治安策》）

例（9）用於選擇問，指人；例（10）用於選擇問，指事物。"孰"用於選擇，往往都有先行詞：例（9）的先行詞是"吾與徐公"；例（10）的先行詞是"射獵之娛與安危之機"。有趣的是，"孰"又常被用在連接選擇項的"與"字前面，組成"孰與"結構，表示比較性的抉擇。如：

（11）吾孰與城北徐公美？（《戰國策·齊策》）

（12）我孰與蕭何、曹參、韓信賢？（《史記·酈生陸賈列傳》）

有時祇有選擇項之間的"孰與"，後面沒有比較的內容，那麼"孰與"在語義上就跟"何如"的意思相近了，在語法上的謂語性質也更加明顯了。如：

（13）大天而思之，孰與物畜而制之？（《荀子·天論》）

（14）公之視廉將軍孰與秦王？（《史記·廉頗藺相如列傳》）

這種用法的"孰與"也寫作"孰若"。如：

（15）爲兩郎僮，孰若爲一郎僮？（柳宗元《童區寄傳》）

這種用法的"孰若"，還能跟"與其"連用。如：

（16）與其有譽於前，孰若無毀於其後。（韓愈《送李願歸盤谷序》）

2. 何、曷、奚、胡

"何""曷""奚""胡"上古聲紐相同（匣母），用法差不多，基本上都是指事物，可以作賓語、定語，表示"什麼"。

（1）朕又何如？（《莊子·修身》）

（2）以此攻城，何城不克？（《左傳·僖公四年》）

（3）縛者曷爲者也？（《晏子春秋·內篇》）

（4）其得意若此，則胡禁不止，曷令不行？（《漢書·王褒傳》）

（5）問臧奚事，則挾策讀書。（《莊子·駢拇》）

（6）以宋攻楚，奚時止矣。（《呂氏春秋·慎勢》）

（7）即不幸有二三千里之旱，國胡以相邮？（賈誼《論積貯疏》）

（8）相國胡大罪，陛下繫之暴也？（《漢書·蕭何傳》）

也可以作狀語，表示"爲什麼"。如：

（9）君美甚，徐公何能及君也。（《戰國策·齊策》）

（10）人之耳目，曷能久熏勞而不息乎？（《淮南子·精神訓》）——"熏勞"，辛勞。

（11）死者天地之理，物之自然者也，奚可甚哀？（《史記·孝文本紀》）

（12）同始異終，胡可常也。（《左傳·昭公七年》）

其中"何"有時還可以用在表示人的名詞前面作定語，那就是指人了。如：

（13）嗟我何人，獨不遇時當亂世！（《荀子·成相》）

（14）王何卿之問也？（《孟子·萬章下》）

另有一個"盍"，本有"何"和"何不"兩義。如：

（15）盍不出從乎？（《曾子·戒篇》）

（16）盍各言爾志？（《論語·公冶長》）

例（15）的"盍"是"何"義，而例（16）的"盍"是"何不"義，等於例（15）的"盍不"。因爲"盍不"就是"何不"，所以一般又把例（16）的"盍"看作"何不"的合音詞，即兼詞，兼有"何"和"不"兩個詞的語義。

3. 惡（烏）、安、焉

"惡（烏）""安""焉"上古聲紐相同（影母），用法相似，主要指處所，作賓語或補語，表示"哪裏"。如：

（1）路惡在？（《孟子·盡心上》）

（2）沛公安在？（《史記·項羽本紀》）

（3）天下之父歸之，其子焉往？（《孟子·離婁上》）

也能指事物，作狀語，表示"怎麼"。如：

（4）吾惡能知其辯？（《莊子·齊物論》）

（5）子非魚，安知魚之樂？（《莊子·秋水》）

（6）姜氏欲之，焉辟害？（《左傳·隱公元年》）

"惡"有時用"惡乎"表示"于何"的意思，"乎"是介詞，跟"惡"組成倒裝的介賓短語。如：

（7）惡乎用之？用之社也。（《春秋公羊傳·僖公十九年》）

值得注意的是"焉"，有時兼有"在"和"哪裏"兩個詞的語義，但不是兩個詞的合音，不叫合音詞，衹能叫兼詞。如：

（8）且焉置土石？（《列子·湯問》）

兼詞"焉"用在句末，除了兼有"於"和"是"（"此"）之外，並兼有語氣詞的作用。如：

（9）陳相見許行而大悅，盡棄其學而學焉。（《孟子·滕文公上》）

然而這跟用作一般語氣詞的“焉”又不盡相同。如：

（10）夫子言之，於我心有戚戚焉。（《孟子·梁惠王上》）

（四）無定代詞

所謂無定代詞就是不定的指示代詞，但又不同於一般的指示代詞，所以纔單列一個小目。主要的有“或”和“莫”兩個，前者是肯定性的，後者是否定性的。

1. 或

“或”一般指人也指事物，作主語，表示“有人”“有的”之類意思。如：

（1）唐人或相與謀。（《左傳·定公三年》）

（2）今或聞無罪，二世殺之。（《史記·陳涉世家》）

（3）今灘上有石，或圓如簞，或方如笥。（《水經注·江水》）

例（3）的“或……或……”系表示列舉，也是無定代詞，不可誤爲選擇連詞。有時“或”的前面有先行詞語表示總體，“或”表示部分。如：

（4）左右或欲刃相如。（《史記·廉頗藺相如列傳》）

（5）人固有一死，或重於泰山，或輕於鴻毛。（司馬遷《報任安書》）

例（4）的“左右”、例（5）的“人”是先行詞，“或”分別表示部分。

古籍中幾個謂語之間用“或”表示“或者”的，有時也有所見，這就應當注意辨別。如：

（6）其神或歲不至，或歲數來。（《史記·封禪書》）

2. 莫

“莫”一般指人也指事物，作主語，相當於“沒有誰”“沒有什麼東西”“沒有什麼事情”“沒有什麼地方”之類意思。如：

（1）權以示臣下，莫不響震失色。（《資治通鑑·漢紀·赤壁之戰》）

（2）諫而不入，則莫之繼也。（《左傳·宣公二年》）

（3）國人莫敢言，道路以目。（《國語·周語上》）

（4）天下之水，莫大於海。（《莊子·秋水》）

（5）東西南北，莫可奔走。（《鹽鐵論·非鞅》）

例（1）、（2）、（3）的“莫”指人，例（4）、（5）的“莫”指事物或處所。否定性的無定代詞“莫”跟肯定性的無定代詞一樣，前面有時有先行詞語表示整體，“莫”就是部分，例（3）、（4）、（5）就是。不過“莫”有時寫作“無”“毋”“靡”或“亡”，語義和用法完全相同。如：

（6）楚戰士無不一以當十。（《史記·項羽本紀》）

（7）上察宗室諸竇，毋如竇嬰賢。（《史記·魏其武安侯列傳》）

（8）靡不有初，鮮克有終。（《詩經·大雅·蕩》）

（9）河曲智叟亡以應。（《列子·湯問》）

（五）代詞用爲動詞

代詞可以像名詞那樣臨時改變詞性，活用爲動詞。如：

（1）見公卿不爲禮，無貴賤，皆汝之。（《隋書·楊伯丑傳》）

（2）（游雅）常衆辱奇，或爾汝之。（《魏書·陳奇傳》）

例（1）的“汝”，前有副詞“皆”作狀語，後有代詞“之”作賓語，臨時具有動詞的語法功能，顯然活用爲動詞，“皆汝之”就是“都用汝來稱呼他”。例（2）是代詞“爾”“汝”活用爲動詞，“爾汝之”就是“用爾汝來稱呼他”。又如：

（3）且也相與吾之耳矣。（《莊子·大宗師》）

第二節　虛　詞

虛詞跟實詞相比，虛詞的數量雖然要少得多，但虛詞的使用頻率卻高得多。人們常說：“之、乎、也、者、以、焉、哉，用得妙了是秀才。”古代漢語的虛詞確實很重要，也很複雜，説句並不過分的話，不掌握古代漢語的虛詞，幾乎讀不通古文。現在我們只是介紹各類虛詞中起碼應當掌握的一些常用虛詞的基本用法。

一、副詞

（一）程度副詞

1. 殊、良

“殊”“良”都有程度很高或很深的意思。如：

（1）老臣今者殊不欲食。（《戰國策·趙策》）

（2）今君與廉頗同列，廉君宣惡言，而君畏匿之，恐懼殊甚。（《史記·廉頗藺相如列傳》）

（3）上既聞廉頗、李牧爲人，良説。（《漢書·馮唐傳》）

（4）孝公既見衛鞅，語事良久，孝公時時睡，弗聽。（《史記·商君列傳》）

“良”作爲副詞，有時還表示“真實”“確實”“實在”的意思。如：

（5）諸將皆以爲趙氏孤兒良已死。（《史記·趙世家》）

（6）用人不當其才，聞賢不試以事，良可恨也。（傅玄《馬先生傳》）

2. 少、稍、頗

“少”“稍”表示程度輕微，有時含有漸變的意思。先看“少”例：

（1）少益耆食，和於身。（《戰國策·趙策》）

（2）輔之以晉，可以少安。（《左傳·僖公五年》）

（3）伯姬之舍失火，左右曰：“夫人少避火乎？”（《春秋穀梁傳·襄公三十年》）

古代漢語的“少”，用作“程度”副詞，相當於現代漢語的“稍”，有“稍微”“略微”的意思。可是古代漢語的“稍”多有“逐漸”的意思。如：

（4）夫人不能早自裁繩墨之外，以稍陵遲，至於鞭箠之間，乃欲引節，斯不亦遠乎！（司馬遷《報任安書》）

（5）吳王之棄其軍亡也，軍遂潰，往往稍降太尉、梁軍。（《史記·吳王濞列傳》）

（6）昆莫略其衆，因留居，兵稍強。（《漢書·張騫傳》）

“頗”在古代漢語經常用來表示程度輕微，跟“少”相似，有“稍微”“略微”的意思。如：

（7）僕雖怯懦，欲苟活，亦頗識去就之分矣。（司馬遷《報任安書》）

（8）涉淺水者見蝦，其頗深者察魚鱉，其尤甚者觀龍。（《論衡·別通》）

有時也表示程度很高或很深，那就跟現代漢語的用法差不多。如：

（9）頗與中國同俗。（《漢書·張騫傳》）

（10）賈生年少，頗通諸子百家書。（《史記·屈原賈生列傳》）

（二）時間副詞

1. 既、嘗、曾

"既"可以表示過去時，相當於"已經"。如：

（1）以親九族，九族既睦。（《尚書·堯典》）

（2）張儀既相秦，爲文檄以告楚相。（《史記·張儀列傳》）

（3）霜露既降，木葉盡脫。（蘇軾《後赤壁賦》）

"既"也可以表示兩事相隔的時間比較短暫；有時"既而"連用，意義不變，都相當於"不久"。如：

（4）既榮公爲卿士，諸侯不享，王流於彘。（《國語·周語》）

（5）既而大叔命西鄙、北鄙貳於己。（《左傳·隱公元年》）

"嘗"，表示事情發生過，相當於"曾經"的"曾"。如：

（6）吾嘗終日而思矣，不如須臾之所學也。（《荀子·勸學》）

（7）僕雖罷駑，亦嘗側聞長者之遺風者。（司馬遷《報任安書》）

（8）孫臏嘗與龐涓俱學兵法。（《史記·孫子吳起列傳》）

"曾"用作時間副詞，古今沒有差別，都是表示"曾經"的意思。如：

（9）孟嘗君曾待客夜食。（《史記·孟嘗君列傳》）

（10）孝惠帝曾出遊離宮。（《史記·劉敬叔孫通列傳》）

不過"曾"在古代漢語還可以用作情態副詞，那就相當於現代漢語的"竟""居然"之類意思。如：

（11）汝心之固，固不可徹，曾不若孀妻弱子。（《列子·湯問》）

（12）老臣病足，曾不能疾走。（《戰國策·趙策》）

2. 尋、旋

"尋""旋"用作時間副詞，表示時間間隔不久，相當於"隨即""不久就"。如：

（1）欣然規往，未果，尋病終。（陶淵明《桃花源記》）

（2）復徵，再遷漁陽太守，尋轉蜀郡太守。（《漢書·李膺傳》）

（3）卓既殺瓊、珌，旋亦悔之。（《後漢書·董卓傳》）

（4）菑川王美人懷子而不乳，來召臣意。臣意往，飲以莨菪藥一撮，以酒飲之，旋乳。（《史記·扁鵲倉公列傳》）

3. 卒、竟、終

"卒""竟""終"都有"終於"的意思。如：

（1）卒廷見相如，畢禮而歸之。（《史記·廉頗藺相如列傳》）

（2）然卒破楚者，此三人力也。（《史記·留侯世家》）

（3）陳涉雖已死，其所置遣侯王將相竟亡秦。（《史記·陳涉世家》）

（4）其後，烏孫竟與漢結婚。（《漢書·張騫傳》）

（5）終滅羊舌氏之宗者，必是子也。（《國語·晉語》）

“終”有時還可以表示自始至終的整段時間。如：

（6）拳拳之忠，終不能自列。（司馬遷《報任安書》）

（7）夫子曰：“由，爾責於人，終無已夫！”（《禮記·檀弓上》）

這樣的用法，有時寫作“終已”。如：

（8）恐卒然不可諱，是僕終已不得舒憤懣以曉左右。（司馬遷《報任安書》）

（三）範圍副詞

1. 畢、舉、悉、咸

“畢”“舉”“悉”“咸”是表示範圍的全部，相當於現代漢語的“全”“都”之類意思。如：

（1）居五年，秦人富強，天子致胙于孝公，諸侯畢賀。（《史記·商君列傳》）

（2）俄而天下倜然舉去桀、紂而奔湯、武。（《荀子·強國》）

（3）愚以爲宮中之事，事無大小，悉以咨之。（諸葛亮《出師表》）

（4）村中聞有此人，咸來問訊。（陶淵明《桃花源記》）

值得注意的是：“舉”有時用在名詞前面作定語，那是形容詞的“舉”，不是這裏所說副詞的“舉”；“悉”有時像是用在名詞前面，其實是“悉”後面的動詞省略，不能看作定語，仍然是副詞作狀語。如：

（5）舉家無食，汝何處來？（《顏氏家訓·治家》）

（6）不然，彼衆我寡，悉軍來戰，必不能支矣。（《舊唐書·太宗紀》）

例（5）的“舉”用在名詞“家”的前面作定語，應是形容詞；例（6）的“悉”用在名詞“軍”的前面，實際上是省略了動詞，“悉軍”不是“全軍”，而是“全部出動軍隊”。

2. 但、第（弟）、特、徒、直、止、獨

“但”表示範圍的限制，相當於現代漢語的“只”。如：

（1）天子所以貴者，但以聞聲，群臣莫得見其面。（《史記·李斯列傳》）

（2）死去原知萬事空，但悲不見九州同。（陸游《示兒》）

可見“但”的古今用法差異很大：現代漢語的“但”主要是表示轉折的連詞，古代漢語的“但”則主要是表示限制範圍的副詞。不過現代漢語的“不但”“但願如此”“但求無過”的“但”是繼承了古代漢語的這種用法。

“第（弟）”“特”“徒”“直”“止”也是表示範圍的限制。如：

（3）君第重射，臣能令君勝。（《史記·孫子吳起列傳》）

（4）盤庚之遷，胥怨者民也，非特朝廷士大夫而已。（王安石《答司馬諫議書》）

（5）余以爲周之喪久矣，徒建空名於公侯之上耳！（柳宗元《封建論》）

（6）身直爲閨閣之臣，寧得自引深藏於巖穴邪？（司馬遷《報任安書》）

（7）一屠晚歸，擔中肉盡，止有剩骨。（蒲松齡《聊齋志異》）

其實“但”等屬同源詞，上古讀音和意義都基本相同或大致相近。從聲紐方面看，“但”等都屬“定”母；從韻部方面看，“但”等的主要元音不是相同就是相近。還有一個“獨”也屬同源。如：

（8）獨其爲文猶可識曰：“花山。”（王安石《游褒禪山記》）

不過“獨”作範圍副詞，有時可以表示單獨一人。如：

（9）人皆有兄弟，我獨無。（《論語·顏淵》）

值得注意的是，“獨”有時可以用作語氣副詞，表示反問的語氣。如：

（10）今恩足以及禽獸，而功不至於百姓者，獨何與？（《孟子·梁惠王上》）

（四）語氣副詞

1. 固、誠

“固”“誠”都是表示肯定的語氣。“固”相當於“本來”“當然”或“堅決”。如：

（1）我固知齊軍怯，入吾地三日，士卒亡者過半矣。（《史記·孫子吳起列傳》）

（2）臣固知王之不忍也。（《孟子·梁惠王上》）

（3）齊侯又請娶之，固辭。（《左傳·桓公六年》）

例（1）、（2）的“固”表示“本來”“當然”的意思，例（3）的“固”表示“堅決”的意思。有時“固”還可以表示“必然”的意思。如：

（4）蘄勝於人而取於人，則固勝於人而可取於人矣！（韓愈《答李翊書》）

“誠”相當於“確實”的意思。如：

（5）臣誠知不如徐公美。（《戰國策·齊策》）

（6）沛公誠欲倍項羽邪？（《史記·留侯世家》）

“誠”用在複句裏，往往表示假設，那就相當於“如果確實”的意思。如：

（7）今誠以吾衆詐自稱公子扶蘇、項燕，爲天下唱，宜多應者。（《史記·陳涉世家》）

2. 蓋、殆、其

“蓋”“殆”“其”表示測度、估量的語氣，相當於“大概”“或許”“恐怕”之類意思。如：

（1）謂之巫峽，蓋因山爲名也。（《水經注·江水》）

（2）王曰：“若是其甚與？”曰：“殆有甚焉。”（《孟子·梁惠王上》）

（3）修己以安百姓，堯舜其猶病諸？（《論語·憲問》）

“其”有時還可以表示祈使語氣或反問語氣。如：

（4）吾子其無廢先君之功。（《左傳·隱公三年》）

（5）欲加之罪，其無辭乎？（《左傳·僖公十年》）

例（4）的“其”表祈使，例（5）的“其”表反問。

3. 寧、豈、詎

"寧""豈""詎"主要表示反問語氣，相當於"難道""怎麼""竟"之類意思。如：

(1) 夫遙大之物，寧可度量？（《顏氏家訓·歸心》）

(2) 趙王豈以一璧之故欺秦邪？（《史記·廉頗藺相如列傳》）

(3) 沛公不先破關中，公詎能入乎？（《漢書·高祖紀》）

"詎"有時也寫作"詎""鉅""渠"，作爲語氣副詞表示反問，用法相同。"詎""詎""鉅""渠"也常跟"寧""豈"等合用。如：

(4) 且蘇君在，儀寧渠能乎？（《史記·張儀列傳》）

(5) 今俳優、侏儒、狎徒詈侮而不鬥者，是豈鉅知見侮之爲不辱哉！（《荀子·正論》）

（五）否定副詞

1. 不、弗

"不""弗"是兩個表示一般否定的副詞。"不"的用法，古今相同，可以用在任何性質的動詞、形容詞和動詞性短語、形容詞性短語的前面表示否定。如：

(1) 不戰而屈人之兵。（《孫子·謀攻》）

(2) 鍥而不捨，金石可鏤。（《荀子·勸學》）

(3) 不登高山，不知天之高也。（《荀子·勸學》）

(4) 故日月不高，則光輝不赫。（《荀子·天論》）

例（1）的"不"是否定不及物動詞"戰"；例（2）的"不"是否定不帶賓語的及物動詞"捨"；例（3）的"不"是否定帶有賓語的及物動詞"登"和"知"；例（4）的"不"是否定形容詞"高"和"赫"。可見，"不"表示否定，不受及物動詞與不及物動詞、及物動詞帶賓語與不帶賓語的限制，並且還可以否定形容詞，但否定副詞"弗"的用法就很受限制，在先秦著作中一般只能用在不帶賓語的及物動詞的前面表示否定。如：

(5) 若弗與，則請除之。（《左傳·隱公元年》）

(6) 灉水暴益，荊人弗知。（《呂氏春秋·察今》）

祇見《孟子》偶有例外，如：

(7) 雖與之俱學，弗若之矣。（《孟子·告子上》）

但《史記》開始已逐漸不受這種限制。如：

(8) 長安諸公莫弗稱之。（《史記·魏其武安侯列傳》）

(9) 王即弗用鞅，當殺之。（《史記·商君列傳》）

(10) 今呂氏王，大臣弗平。（《史記·呂后本紀》）

例（8）、例（9）的"弗"用在帶有賓語的及物動詞前面，例（10）的"弗"用在形容詞的前面。

2. 毋、勿、無、莫

"毋"和"勿"是兩個表示祈使的否定副詞，相當於現代漢語的"不要"，往往用於禁止和勸阻。在用法上，"毋"跟"不"相當，不受及物動詞與不及物動詞、及物動詞帶賓語與不帶賓語的限制。如：

(1) 毋妄言，族矣！（《史記·項羽本紀》）

(2) 大毋侵小。（《左傳·襄公十九年》）

(3) 毋從俱死也。（《史記·項羽本紀》）

"毋"有時寫作"無"。如：

(4) 無令輿師陷入君地。（《左傳·成公二年》）

"勿"的用法大致跟"弗"相當，一般常在不帶賓語的及物動詞的前面表示否定。如：

(5) 祭祀必祝之，祝曰："必勿使反。"（《戰國策·趙策》）

(6) 勿殺！吾與而盟。（《左傳·成公二年》）

"毋"和"勿"也可以用在陳述句中表示一般的否定，跟"不"相當。如：

(7) 子毋讀書遊說，安得此辱乎？（《史記·張儀列傳》）

(8) 公命，我勿敢言。（《尚書·金縢》）

"莫"本是否定性的無定代詞，漢以後又多用作否定副詞。如：

(9) 昆明之屬無君長，善寇盜，輒殺略漢使，終莫得通。（《漢書·張騫傳》）

(10) 子爲蘆中人，吾爲漁丈人，富貴莫相忘。（《吳越春秋·卷三》）

例（9）的"莫"表示一般性的否定，相當於"不"；例（10）的"莫"表示祈使性的否定，相當於"不要"。其實，"莫"在先秦也有類似的用法，祇是偶爾見到一二例：

(11) 人知其一，莫知其他。（《詩經·小雅·小旻》）

(12) 莫爲盜，莫爲殺人！（《莊子·則陽》）

3. 未、非

"未"表示事情還沒有發生或實現，相當於"還沒有""尚未""不曾"。如：

(1) 願及未填溝壑而托之。（《戰國策·趙策》）

(2) 趙旃求卿，未得。（《左傳·宣公十二年》）

(3) 小人有母，皆嘗小人之食矣；未嘗君之羹，請以遺之。（《左傳·隱公元年》）

例（1）的"未"可譯爲"還沒有"，例（2）的"未"可譯爲"尚未"，例（3）的"未"可譯爲"不曾"。但有時"未"只表示委婉的否定，跟"不"近似。如：

(4) 百姓多聞其賢，未知其死也。（《史記·陳涉世家》）

"未嘗"跟"未"都表示"從來不曾""從來沒有"的意思，用法略有區別。"未"表示"過去還沒有"，並不否定將來實現的可能性，而"未嘗"只是表示"過去還沒有"，卻不包括將來實現的可能性。如：

(5) 臣未嘗聞也。（《戰國策·魏策》）

(6) 吾他日未嘗學問，好馳馬試劍。（《孟子·滕文公上》）

"非"，是個表示否定判斷的副詞，用在名詞性謂語的前面表示否定，但不可誤爲否定判斷詞，一般可譯爲"不（是）"。如：

（7）子非魚，安知魚之樂？（《莊子·秋水》）

（8）今京不度，非制也。（《左傳·隱公元年》）

（9）僕非敢如此也。（司馬遷《報任安書》）

有時"非"在句中暗含排除或假設的意思。如：

（10）非疏骨肉而愛過客也，多少之實異也。（《韓非子·五蠹》）

（11）君非姬氏，居不安，食不飽。（《左傳·僖公四年》）

例（10）的"非"暗含排除，例（11）的"非"暗含假設，但都不必在翻譯時增補表示排除關係或假設關係的詞語，可讓讀者據文領會。

（六）表敬副詞

1. 請、敬、謹

"請"用作副詞跟用作動詞有區別。如：

（1）欲與大叔，臣請事之；若弗與，則請除之。（《左傳·隱公元年》）

"臣請事之"的"請"，用與不用，句義基本相同；可是"則請除之"的"請"，用與不用，句義大不相同。前者是副詞，後者是動詞。下面例句裡的"請"也只是向對方表示敬意，只能算副詞，不可誤爲動詞：

（2）對曰："忠之屬也，可以一戰。戰則請從。"（《左傳·莊公十年》）

（3）城不入，臣請完璧歸趙。（《史記·廉頗藺相如列傳》）

"敬""謹"用作副詞，也是表示敬意。如：

（4）太后曰："敬諾。年幾何矣？"（《戰國策·趙策》）

（5）誠若先生之言，謹奉社稷而以從。（《史記·平原君虞卿列傳》）

2. 幸、惠、辱

"幸""惠""辱"是表示對方所做的事使自己感到幸運，或表示自己承蒙對方的照顧，或表示自己所做的事使對方受到屈辱。如：

（1）陛下幸憂邊境。（晁錯《言守邊備塞疏》）

（2）君惠吊亡臣，又重有命。（《國語·晉語》）

（3）辱收寡君，寡君之願也。（《左傳·僖公四年》）

3. 敢、竊、伏

"敢"有"冒昧"的意思，"竊"有"私下"的意思，都是表示自謙的表敬副詞。如：

（1）敢布腹心，君實圖之。（《左傳·宣公十二年》）

（2）臣聞吏議逐客，竊以爲過矣。（李斯《諫逐客書》）

"伏"有"俯伏"的意思，常用於對皇帝國君的敬意。如：

（3）臣伏計之，大王奉高祖廟最宜稱。（《漢書·文帝紀》）

另有"伏惟"，用法同"伏"：

（4）伏惟聖朝以孝治天下。（李密《陳情表》）

二、介詞

古代漢語常用的介詞有"於（于、乎）""以""爲""與""自""從""由""因"

"向""在""用""被"等，這裏祇講"於（于、乎）""以""爲""與"四個常用而又較難掌握的介詞。

1. 於（于、乎）

"於"和"于"儘管在上古時期是兩個不同的詞，但作爲介詞，二者大同小異。大概早期古籍多用"于"，如甲骨文祇用"于"，先秦開始"於"和"于"幾乎並用，往後多用"於"。至於"乎"，上古時期讀音跟"于"相近，作爲介詞，跟"于"的基本用法也幾乎一致。總的看來，"於（于、乎）"是比較容易識別的常用介詞，可以跟名詞性詞語組成介賓短語充當補語或狀語，但表達的方面比較複雜，大致可以分爲五項：

第一，介進動作行爲的時間，相當於"在""到"之類。如：

（1）子於是日哭，則不歌。（《論語·述而》）

（2）名垂乎後世。（《荀子·王霸》）

第二，介進動作行爲的處所，相當於"在""到""從"之類。如：

（3）子擊磬於衛。（《論語·憲問》）

（4）王立於沼上。（《孟子·梁惠王上》）

（5）興復漢室，還于舊都。（諸葛亮《出師表》）

（6）入乎耳，出乎口。（《荀子·勸學》）

第三，介進動作行爲的對象，相當於"向""給""對"之類。如：

（7）其後魏伐趙，趙急，請救於齊。（《史記·孫子吳起列傳》）

（8）堯讓天下於許由。（《莊子·逍遙遊》）

（9）或問乎曾西曰："吾子與子路孰賢？"（《孟子·公孫丑上》）

有時介進有關動作行爲的比較對象，相當於"比"之類。如：

（10）在地者莫明于水火。（《荀子·天論》）

（11）臣之所好者道也，進乎技矣。（《莊子·養生主》）

第四，介進動作行爲的主動者。如：

（12）郤克傷於矢。（《左傳·成公二年》）

（13）王痍者何？傷乎矢也。（《春秋公羊傳·成公十六年》）

第五，介進動作行爲的目的原因，相當於"因""爲""替"。如：

（14）貧生於不足，不足生於不農。（晁錯《論貴粟疏》）

（15）唯兹臣庶，汝其于予治。（《孟子·萬章上》）

這"第五"項實際上是表"所從"的一種引申用法。此外"于"又可以表示"在……中（下）""在……方面"，是表"所在"的一種引申用法。如：

（16）吳王曰："於周室，我爲長。"（《史記·吳世家》）

（17）荆國有餘於地而不足於民。（《墨子·公輸》）

總的來說，"於（于）"和"乎"在用法上大同小異，但由"於（于）"組成的介賓短語可以作補語，也可以作狀語，而由"乎"組成的介賓短語一般只作補語，不作狀語。下面的"於（于）"就不可改用"乎"：

（18）晉於是始墨。（《左傳·僖公三十三年》）

2. 以

“以”是個多類詞，在古籍中經常出現，應當注意辨認。“以”作介詞，用法也相當複雜，首先應當掌握下面三種基本用法。

第一，介進動作行爲憑藉的對象，相當於“拿”“用”“按”“憑”之類。如：

（1）必以長安君爲質，兵乃出。（《戰國策·趙策》）

（2）醒，以戈逐子犯。（《左傳·僖公二十三年》）

（3）孫臏以刑徒陰見。（《史記·孫子吳起列傳》）

（4）以直報怨，以德報德。（《論語·憲問》）

（5）餘船以次俱進。（《資治通鑑·漢紀·赤壁之戰》）

“以”有時含有“率領”義，但在古代漢語仍屬介詞。如：

（6）項梁乃以八千人渡江而西。（《史記·項羽本紀》）

（7）齊侯以諸侯之師侵蔡。（《左傳·僖公四年》）

第二，介進動作行爲的緣由或動機，相當於“因爲”“由於”之類。如：

（8）若之何其以病敗君之大事也？（《左傳·成公二年》）

（9）君子不以言舉人，不以人廢言。（《論語·衛靈公》）

（10）主上幸以先人之故，使得奏薄技，出入周衛之中。（司馬遷《報任安書》）

第三，介進動作行爲發生的時間，相當於“在”“於”之類。如：

（11）子厚以元和十四年十一月八日卒。（韓愈《柳子厚墓志銘》）

（12）誠以此時厚賂烏孫。（《漢書·張騫傳》）

（13）故以十二月晦，論棄市渭城。（《史記·魏其武安侯列傳》）

用介詞“以”組成的介賓短語，可以作補語，也可以作狀語。如：

（14）以羽爲巢，而編之以髮。（《荀子·勸學》）

（15）誠以此時厚賂烏孫，招以東居故地，漢遣公主爲夫人，結昆弟，其勢宜聽。（《漢書·張騫傳》）

例（14）的“以羽”和例（15）的“以此時”是狀語，例（14）的“以髮”和例（15）的“以東居故地”是補語。

3. 爲

介詞“爲”基本用法有三項。

第一，介進動作行爲涉及或服務的對象，相當於“同”“對”“向”“給”“替”之類。如：

（1）犀首以梁爲齊戰於承匡而不勝。（《戰國策·齊策》）

（2）將爲汝言其崖略。（《莊子·知北遊》）

（3）父母之愛子，則爲之計深遠。（《戰國策·趙策》）

（4）季氏使閔子騫爲費宰。閔子騫曰：“善爲我辭焉。”（《論語·雍也》）

（5）雖然，公輸盤爲我爲雲梯，必取宋。（《墨子·公輸》）

第二，介進動作行爲的目的或原因，相當於"爲着"、"因爲"。如：

（6）孝哉！爲母之故，忘其刖罪。（《韓非子·説難》）

（7）天下熙熙，皆爲利來；天下攘攘，皆爲利往。（《史記·貨殖列傳》）

（8）天不爲人之惡寒也，輟冬；地不爲人之惡遼遠也，輟廣。（《荀子·天論》）

（9）非不賢也，爲其不可得而法。（《吕氏春秋·察今》）

第三，介進動作行爲的主動者，表示被動（讀 wéi）。如：

（10）戰而不克，爲諸侯笑。（《左傳·襄公十年》）

（11）衛太子爲江充所敗。（《漢書·霍光傳》）

（12）不爲酒困。（《論語·子罕》）

值得注意的是，介詞"爲"有時跟介詞"于"的用法相通。如：

（13）萬物同宇而異體，無宜而有用爲人，數也。（《荀子·富國》）

4. 與

"與"有時用作介詞，有時用作連詞。這裏祇講用作介詞的"與"，基本用法有四項。

第一，介進動作行爲的另一個有關者，相當於現代漢語的"和""同""跟"之類。如：

（1）吴，周之胄裔也，而棄在海濱，不與姬通。（《左傳·昭公三十年》）

（2）民之惡死而欲貴富以長没也與我同。（《國語·吴語》）

（3）王稽遂與范雎入咸陽。（《史記·范雎蔡澤列傳》）

（4）賢者與民並耕而食，饔飧而治。（《孟子·滕文公上》）

第二，介進動作行爲所涉及的對象，相當於"爲""給""替"之類。如：

（5）漢王與義帝發喪。（《漢書·高帝紀》）

（6）得其心有道：所欲與之聚之，所惡勿施，爾也。（《孟子·離婁上》）

第三，介進動作行爲的比較者，相當於"對""和""跟"之類。如：

（7）此與楚人鬻珠、秦伯嫁女同類，故其言多不辯。（《韓非子·外儲説左上》）

（8）吾比夫子，猶黄鵠與壞蟲也。（《淮南子·道應訓》）

第四，介進動作行爲的主動者，相當於"爲""被"之類。如：

（9）秦與天下俱罷，則令不横行於周矣。（《戰國策·西周策》）

（10）吴王夫差棲越於會稽，勝齊於艾陵，爲黄池之遇，無禮於宋，遂與勾踐禽，死於干隧。（《戰國策·秦策》）

三、連詞

1. 與

用作連詞的"與"一般常用來連接並列結構中的名詞、代詞和名詞性短語，相當於"和"。如：

（1）後十三歲，魏與趙攻韓。（《史記·孫子吴起列傳》）

（2）夫僕與李陵俱居門下，素非能相善也。（司馬遷《報任安書》）

（3）勾踐載稻與脂於舟以行。（《國語·越語》）

有時"與"在並列結構中多次連接名詞、代詞和名詞性短語。如：

(4) 子罕言利與命與仁。（《論語·子罕》）

(5) 凡有爵者與七十者與未齔者，皆不爲奴。（《漢書·刑法志》）

"與"偶爾通"舉"，用作副詞，相當於"全""都"之類。如：

(6) 天下之君子與謂之不祥。（《墨子·天志》）

"與謂之不祥"就是"舉謂之不祥"。其實"與"用作連詞跟用作副詞的區別是很明顯的，問題在於跟用作介詞的區別有時不太容易分辨。但有兩點可以幫助辨認：

第一，連詞不受副詞修飾，而介詞前面可以有副詞。如：

(7) 孫臏嘗與龐涓學兵法。（《史記·孫子吳起列傳》）

(8) 我諸戎飲食衣服不與華同。（《左傳·襄公十四年》）

這兩例的"與"祇能是介詞，肯定不是連詞，因爲前面有副詞"嘗"或"不"。

第二，連詞"與"連接的是並列關係，沒有主次之分，前後項可互換位置，而介詞"與"的前後項是並列關係，有主次之分，不可互換位置。如：

(9) 齊人無以仁義與王言者。（《孟子·公孫丑下》）

(10) 夸父與日逐走。（《山海經·海外北經》）

2. 而

用作連詞的"而"主要用來連接動詞、形容詞或動詞性短語、形容詞性短語，也可以用來連接句子。從連接前後項的結構關係來看，"而"的基本用法約有以下几項。

第一，用來連接聯合結構裏的前後項。如：

(1) 上古之世，人民少而禽獸眾。（《韓非子·五蠹》）

(2) 晉公子廣而儉，文而有禮。（《左傳·僖公二十三年》）

(3) 君子博學而日參省乎己，則知明而行無過矣。（《荀子·勸學》）

(4) 予既烹而食之。（《孟子·萬章上》）

(5) 亡羊而補牢，未爲遲也。（《戰國策·楚策》）

(6) 位尊而無功，奉厚而無勞。（《戰國策·趙策》）

(7) 子溫而屬，威而不猛，恭而安。（《論語·述而》）

從"而"的前後項的邏輯關係來看：例（1）、例（2）、例（3）是並列性的（例（3）且略帶進層性）；例（4）、例（5）是相承性的；例（6）、例（7）是相對性的。

第二，用來連接偏正結構中的前後項，就是連接狀語和中心詞，前項修飾後項。如：

(8) 河曲智叟笑而止之。（《列子·湯問》）

(9) 吾恂恂而起。（柳宗元《捕蛇者説》）

(10) 老婦恃輦而行。（《戰國策·趙策》）

(11) 先天下之憂而憂，後天下之樂而樂。（范仲淹《岳陽樓記》）

第三，用來連接主謂結構中的前後項。如：

(12) 匹夫而爲百世師，一言而爲天下法。（蘇軾《潮州韓文公廟碑》）

(13) 高台芳榭，家家而築；花林曲池，園園而有。（《洛陽伽藍記·卷四》）

例（12）"而"的前後項有轉折的語氣，例（13）"而"似乎只是湊合音節。

第四，用來表示複句的假設關係。如：

（14）士而懷居，不足以爲士矣。（《論語·憲問》）

（15）子產而死，誰其嗣之？（《左傳·襄公三十年》）

（16）人而無知，與木何異？（范縝《神滅論》）

值得注意的是，"以"有時也用來連接動詞、形容詞，或動詞性短語、形容詞性短語。如：

（17）自始合，而矢貫余手及肘，余折以御，左輪朱殷。（《左傳·成公二年》）

（18）今吾欲變法以治，更禮以教百姓。（《商君書·更法》）

（19）夫夷以近，則遊者衆；險以遠，則至者少。（王安石《游褒禪山記》）

可見"以"用作連詞，可以表示兩種動作或性質的聯繫，作用相當於"而"。

3. 則

"則"是地地道道的連詞，用來連接詞、短語或句子，表示各種關係。

第一，表示時間或因果的承接，相當於"就""便""那麼""那麼就"之類。如：

（1）既其出，則或咎其欲出者。（王安石《游褒禪山記》）

（2）及晏子如晉，公更其宅。反，則成矣。（《左傳·昭公三年》）

（3）兵強則士勇。（李斯《諫逐客書》）

（4）疆埸無主，則啟戎心。（《左傳·莊公二十八年》）

例（1）和例（2）的"則"表示時間承接，例（3）和例（4）的"則"表示因果的承接。

第二，表示兩事之間的對比關係。如：

（5）事智者衆，則法敗；用力者寡，則國貧。（《韓非子·五蠹》）

（6）應之以治則吉，應之以亂則兇。（《荀子·天論》）

（7）橘生淮南則爲橘，生於淮北則爲枳。（《晏子春秋·內篇雜下》）

（8）入則心非，出則巷議。（《史記·秦始皇本紀》）

這種用法，就兩事而言是對比關係，若就"則"的前後項而言屬承接關係，所以"則"仍然相當於"就""便""那麼""那麼就"之類。

第三，表示條件和結果尚未實現的假設關係，相當於"假若""如果"或"假若……就……"之類。如：

（9）謹守成皋！則漢欲挑戰，慎勿與戰，毋令得東而已。（《史記·項羽本紀》）

（10）公子則往，群臣之子敢不皆負羈絏以從！（《左傳·定公八年》）

（11）凡人之動，爲賞慶爲之，則見害傷焉止矣。（《荀子·議兵》）

第四，表示後項跟前項的轉折關係，但"則"多表輕轉，一般不宜譯爲"卻"。如：

（12）欲速則不達。（《論語·子路》）

（13）鄰人之子非變也，己則變矣。（《呂氏春秋·去尤》）

有時"則"表示讓步。如：

（14）善則善矣，未可以戰也。（《國語・吳語》）

這種用法的“則”可譯爲“雖然”之類。

第五，用在判斷句的謂語之前，表示肯定，相當於“就（是）”。如：

（15）此則岳陽樓之大觀也。（范仲淹《岳陽樓記》）

（16）此則寡人之罪也。（《孟子・公孫丑下》）

（17）滕君，則誠賢君也。（《孟子・滕文公上》）

這種用法的“則”，有聯繫判斷句的主語和謂語的作用。

4. **雖**

“雖”用作連詞，有時表示讓步，有時表示推宕。

“雖”的讓步用法，相當於現代漢語的“雖然”。如：

（1）楚雖有富大之名，而實空虛。（《史記・張儀列傳》）

（2）操雖托名漢相，其實漢賊也。（《資治通鑑・漢紀・赤壁之戰》）

（3）雖長不滿七尺，而心雄萬夫。（李白《與韓荆州書》）

“雖”的推宕用法，不可譯爲現代漢語的“雖然”，而是相當於現代漢語的“即使”。如：

（4）齊國雖褊小，吾何愛一牛？（《孟子・梁惠王上》）

（5）雖我之死，有子存焉。（《列子・湯問》）

（6）雖人弗損益，猶若不可得而法。（《呂氏春秋・察今》）

古代漢語的“雖然”相當於現代漢語的“雖然如此”“雖然這樣”之類，即相當於現代漢語的兩個詞：“雖”，相當於“雖然”；“然”，相當於“如此”或“這樣”。如：

（7）王曰：“善哉！雖然，公輸盤爲我爲雲梯，必取宋。”（《墨子・公輸》）

（8）雖然，每至於族，吾見其難爲，怵然爲戒。（《莊子・養生主》）

5. **然**

“然”用作連詞，表示轉折，相當於現代漢語的“然而”“但是”。如：

（1）夫楊，橫樹之即生，倒樹之即生，折而樹之又生，然使十人樹之，而一人拔之，則無生楊矣。（《韓非子・説林上》）

（2）周勃厚重少文，然安劉氏者必勃也。（《史記・高祖本紀》）

（3）非劉豫州莫可以當曹操者，然豫州新敗之後，安能抗此難乎？（《資治通鑑・漢紀・赤壁之戰》）

可是，古代漢語的“然而”並不等於現代漢語的“然而”，而是現代漢語的“如此（這樣），但是”的意思，相當於現代漢語的兩個詞：“然”，“如此”或“這樣”；“而”，“但是”或“可是”，表轉折。

（4）夫垂泣不欲刑者，仁也；然而不可不刑者，法也。（《韓非子・五蠹》）

（5）夫環而攻之，必有得天時者矣；然而不勝者，是天時不如地利也。（《孟子・公孫丑下》）

“然則”也是由“然”和“則”連用而成的，即現代漢語的“既然如此（這樣），那麼（就）”，也就是“這樣就”的意思，相當於現代漢語的兩個詞：“然”相當於“如此”

或 "這樣";"則" 相當於 "那麼" 或 "就"。如:

(6) 是進亦憂,退亦憂,然則何時而樂耶?(范仲淹《岳陽樓記》)

(7) 先生議兵,常以仁義爲本。仁者愛人,義者循理,然則又何以兵爲?(《荀子·議兵》)

"然則" 之前陳述的事實,如果只是假設或尚未實現,語義相當於 "倘然如此(這樣),那麼(就)" 之類。如:

(8) 韓、楚爲一,魏氏不敢不聽。然則伐秦之形成矣。(《史記·樗里子甘茂列傳》)

四、助詞

助詞是在古代漢語中爲了組合結構和湊足音節而起着輔助作用的虛詞。略分兩小類:結構助詞和音節助詞。

(一) 結構助詞

1. 者

"者" 的基本用法有兩項:

第一,用在動詞、形容詞或動詞性、形容詞性短語的後面,組成名詞性的 "者" 字結構,使整個結構具有 "……的人" "……的東西" "……的地方" "……情況" 之類的意思。

(1) 卜者知其旨意。(《史記·陳涉世家》)

(2) 夫物不產於秦,可寶者多。(李斯《諫逐客書》)

(3) 當湍而浚者爲魚梁。(柳宗元《鈷鉧潭西小丘記》)

(4) 必不得已而去,於斯三者何先?(《論語·顏淵》)

(5) 昔者竊聞之:子夏、子游、子張皆有聖人之一體,冉牛、閔子、顏淵則具體而微,敢問所安。(《孟子·公孫丑上》)

例 (4) 的 "三者" 實是 "三樣東西",祇是 "東西" 不必譯,且 "三者" 之類現代尚時而沿用;例 (5) 的 "昔者" 即 "從前的時候",雖然現代漢語已無 "昔者" 之類,但 "的時候" 也不必譯出。

第二,用在名詞或名詞性短語的後面,表示提頓,使整個句子的主語明朗化。如:

(6) 陳勝者,陽城人也。(《史記·陳涉世家》)

(7) 楚左尹項伯者,項羽季父也。(《史記·項羽本紀》)

(8) 呂公者,好相人。(《史記·高祖本紀》)

(9) 北山愚公者,年且九十。(《列子·湯問》)

例 (6)、例 (7) 的 "者" 是用在判斷句裏,例 (8)、例 (9) 的 "者" 是用在描寫句和敘述句裏。有時主語前有個 "有",組成 "有……者" 結構。如:

(10) 齊人有馮諼者,貧乏不能自存。(《戰國策·齊策》)

(11) 有蔣氏者,專其利三世矣。(柳宗元《捕蛇者説》)

2. 所

"所" 的用法比較複雜,但基本上是用在動詞和動詞性短語的前面,組成 "所" 字結構，表示"（所）……的人""（所）……的東西""（所）……的情況"，使整個結構具有名詞性的作用。

（1）民之所依。（《左傳·昭公二年》）

（2）始臣之解牛時，所見無非牛者。（《莊子·養生主》）

（3）君子於其所不知，蓋闕如也。（《論語·子路》）

例（1）的"所依"是"所依靠的人"，例（2）的"所見"是"所看見的東西"，例（3）的"所不知"是"所不知的事情"。值得注意的是，"所"字結構和"者"字結構都可以譯爲"什麼的人""什麼的東西""什麼的事情"之類，但兩種結構所表達的語義是有明顯區別的："所"字結構表達的什麼的人、什麼的東西、什麼的事情是受動性的，而"者"字結構表達的什麼的人、什麼的東西、什麼的事情是施動性的。以"所見"爲例，無論指人、指東西還是指事情都是受動性的，即被看見的人、東西或事情；同樣以"見者"爲例，無論指人、指東西還是指事情，都是施動者，即看見的人、東西或事情。

"所"字結構後面有時再加個"者"，作用不變，仍指動作行爲的對象，即受動者。如：

（4）所養者非所用，所用者非所養。（《韓非子·顯學》）

（5）所使學者未及學，而客死。（《韓非子·外儲説左上》）

"所"字結構前面有時加上動作行爲的施動者，即"施動者＋'所'字結構"；有時再在其中加個助詞"之"，即"施動者＋之＋'所'字結構"。如：

（6）伯樂、庖丁所見非馬與牛，則亦知夫病者所見非鬼也。（《論衡·訂鬼》）

（7）手之所觸，肩之所倚，足之所履，膝之所踦，砉然響然。（《莊子·養生主》）

"所"字結構後面有時加上動作行爲的具體對象，即"'所'字結構＋對象"；有時再在其前加上施動者，即"施動者＋'所'字結構＋對象"。如：

（8）舉所佩玉玦以示之者三。（《史記·項羽本紀》）

（9）雖然光不敢以圖國事，所善荆卿可使也。（《史記·刺客列傳》）

（10）獨籍所殺漢軍數百人。（《史記·項羽本紀》）

（11）此韓非之所著書也。（《史記·老子申韓列傳》）

"所"也常跟介詞組成名詞性的"所"字結構，表示原因、方法、工具、依據、處所之類。如：

（12）臣所以不死者，爲此事也。（《國語·越語》）

（13）此臣所以報先帝而忠陛下之職分也。（諸葛亮《出師表》）

（14）故釋先王之成法，而法其所以爲法。（《呂氏春秋·察今》）

（15）彼兵者，所以禁暴除害也，非爭奪也。（《荀子·議兵》）

這些都是"所"跟介詞"以"組成的"所"字結構："所以"。"所"跟其他介詞組成的"所"字結構還很多，下面再略舉一些：

（16）臣弑其君，子弑其父，非一朝一夕之故，其所由來者漸矣。（《易·坤卦》）

（17）是吾劍之所從墜。（《呂氏春秋·察今》）

(18) 其妻問所與飲食者，則盡富貴也。（《孟子·離婁下》）

(19) 兵所自來者久矣。（《呂氏春秋·召類》）

(20) 所爲天下興利除害，變法易故。（《漢書·晁錯傳》）

此外，"所"在被動句中也有輔助結構的作用。如：

(21) 世子申生爲驪姬所譖。（《禮記·檀弓上》）

(22) 不者，若屬皆且爲所虜。（《史記·項羽本紀》）

3. 之

"之"的基本用法有四項：

第一，用在主語和謂語之間，組成名詞性的結構，用來充當句子的主語、賓語或狀語。如：

(1) 道之不行，已知之矣。（《論語·微子》）

(2) 不虞君之涉吾地也。（《左傳·僖公四年》）

(3) 秦之圍邯鄲，趙使平原君求救，合從於楚。（《史記·平原君虞卿列傳》）

例（1）的"之"字結構作句子的主語，例（2）的"之"字結構作句子的賓語，例（3）的"之"字結構作句子的狀語。

"之"字有時用在複句的第一分句的主語和謂語之間，組成分句性的"之"字結構，表示語意未盡，必有下文。如：

(4) 我之不賢歟，人將拒我，如之何其拒人也？（《論語·子張》）

(5) 皮之不存，毛將安傅？（《左傳·僖公十四年》）

這樣的"之"字結構，其實暗中多少含有假設之意。

第二，用在定語和中心詞之間，組成名詞性的"之"字結構，表示修飾或領屬關係。如：

(6) 無冥冥之志者，無昭昭之明；無惛惛之事者，無赫赫之功。（《荀子·勸學》）

(7) 夫秦王有虎狼之心。（《史記·項羽本紀》）

(8) 今以君之下駟與彼上駟。（《史記·孫子吳起列傳》）

(9) 防民之口，甚於防川。（《國語·周語》）

例（6）和例（7）的"之"字結構是修飾關係；例（8）和例（9）的"之"字結構是領屬關係。

第三，用在前置賓語和謂語動詞之間，組成提賓性的"之"字結構，表示強調賓語。如：

(10) 我楚國之爲，豈爲一人行也！（《左傳·襄公二十八年》）

(11) 帝王不相復，何禮之有？（《商君書·更法》）

(12) 吾以子爲異之問，曾由與求之問。（《論語·先進》）

第四，用在賓語的位置，組成音節性的"之"字結構，表示形式上的動賓關係。如：

(13) 病未及死，吾子勉之。（《左傳·成公二年》）

有時用在表示時間的詞語之後，湊足音節。如：

（14）輟耕之壟上，悵恨久之。（《史記·陳涉世家》）

（15）頃之烟炎張天。（《資治通鑑·漢紀·赤壁之戰》）

（二）音節助詞

古代漢語有一種虛詞，專職附在別的詞的前頭或後邊，既有湊足音節的作用，又有標明詞性的作用。我們管它叫音節助詞。如：

（1）言告師氏，言告言歸。（《詩經·周南·葛覃》）

（2）之子于歸，宜其室家。（《詩經·周南·桃夭》）

（3）薄汙我私，薄浣我衣。（《詩經·周南·葛覃》）

（4）沛然下雨。（《孟子·梁惠王上》）

（5）天下晏如也。（《史記·司馬相如列傳》）

（6）桑之未落，其葉沃若。（《詩經·衛風·氓》）

（7）子路率爾而對。（《論語·先進》）

例（1）的“言”、例（2）的“于”、例（3）的“薄”，用在動詞的前頭；例（4）的“然”、例（5）的“如”、例（6）的“若”、例（7）的“爾”用在形容詞的後邊。下面例句裏的“有”，標明詞性的作用並不明確，主要是湊足音節：

（8）禹攻有扈。（《莊子·人間世》）

（9）予欲左右有民。（《尚書·皋陶謨》）

（10）上及有虞，下及五伯。（《莊子·大宗師》）

（11）不我以歸，憂心有忡。（《詩經·邶風·擊鼓》）

例（8）、例（9）、例（10）的“有”用在名詞的前頭，例（11）的“有”用在形容詞的前頭。可見這種音節助詞，主要是用來湊足音節，至於標明詞性，祇可用作參考，不可跟印歐語相提並論。

五、語氣詞

（一）維（惟、唯）、夫、蓋

“維（惟、唯）”“夫”“蓋”主要用於句首，但用法不盡相同。

1. 維（惟、唯）

用於句首，往往表示希望或判斷的語氣。如：

（1）維此文王，小心翼翼。（《詩經·大雅·大明》）

（2）惟十有三祀，王訪於箕子。（《尚書·洪範》）

（3）唯是風馬牛不相及也。（《左傳·僖公四年》）

2. 夫

用於句首，表示一個論點或是一種敘述的開端。如：

（1）夫斯乃上蔡布衣，閭巷之黔首。（《史記·李斯列傳》）

（2）夫以秦王之威，而相如廷叱之，辱其羣臣。（《史記·廉頗藺相如列傳》）

“若”“且”“故”“今”分別加個“夫”，可以組成“若夫”“且夫”“故夫”“今夫”，也用於句首。如：

（3）若夫霪雨霏霏，連月不開……（范仲淹《岳陽樓記》）

（4）且夫水之積也不厚，則其負大舟也無力。（《莊子·逍遙遊》）

（5）故夫知效一官，行比一鄉，德合一君，而徵一國者，其自視也亦若此矣。（同上）

（6）今夫齊，亦君之水也。（《戰國策·齊策》）

“若夫”“且夫”“故夫”“今夫”用在句首表示將要發表議論，但四者之間也略有不同。“若夫”往往引出話題加以議論，含有“至于説到”的意思，有的作者也用它引出內容上的轉折。“且夫”表示要對事物進一步發表議論，有加強議論的語氣。“故夫”表示承接上文而對事物作出判斷，相當於“因此”“所以”的意思。“今夫”一般祇是表示議論要另起一端，往往具有“現在説到”的意思。

3. 蓋

用於句首，也可用於句中，都有難以肯定的意思。用於句首，難以肯定的內容是全句；用於句中，難以肯定的祇是“蓋”以下的內容。不過“蓋”用於句首，推測的內容多少帶有一點斷定的語氣。如：

（1）蓋一歲之犯死者二焉，其餘則熙熙而樂。（柳宗元《捕蛇者説》）

（2）蓋上世嘗有不葬其親者。（《孟子·滕文公上》）

（3）其囚羑里，蓋益《易》之八卦爲六十四卦。（《史記·周本紀》）

（4）善始者實繁，克終者蓋寡。（魏徵《諫太宗十思疏》）

（二）也、矣（已）、耳（爾）

“也”“矣（已）”可以用於句末，也可以用於句中；“耳（爾）”一般祇用於句末。

1. 也

“也”是静態語氣詞，基本用法有兩項：

第一，“也”用於句末，表示静態的確定語氣。主要用於判斷句，幫助謂語確定判斷。如：

（1）董狐，古之良史也。（《左傳·宣公二年》）

（2）此天之亡我，非戰之罪也。（《史記·項羽本紀》）

（3）滅六國者，六國也，非秦也。（杜牧《阿房宮賦》）

“也”有時表示對於原因或事實的確定。如：

（4）螾無爪牙之利，筋骨之强，上食埃土，下飲黄泉，用心一也。（《荀子·勸學》）

（5）今人有大功而擊之，不義也。（《史記·項羽本紀》）

例（4）的“也”是表示確定原因的語氣，例（5）的“也”是表示確定事實的語氣。“也”有時用於祈使句或感嘆句的句末表示確定的語氣。如：

（6）不及黄泉，無相見也！（《左傳·隱公元年》）

（7）惡！是何言也！（《孟子·公孫丑上》）

“也”有時用於疑問句的句末表示確定的語氣。如：

（8）子張問："十世可知也?"（《論語·爲政》）

（9）齊人無以仁義與王言者，豈以仁義爲不美也?（《孟子·公孫丑下》）

"也"作爲静態語氣詞，用於判斷句的句末，或者出現在祈使句、感嘆句、疑問句的句末，總是表示確定的語氣。它的基本用法無非是把認定的内容告訴别人，現代漢語没有相當的語氣詞可以對譯，只跟語氣詞"的"所表示的語氣相當。

第二，"也"也常用於句中，主要表示某些主語或狀語的提頓。如：

（10）女也不爽，士貳其行。（《詩經·衛風·氓》）

（11）人不堪其憂，回也不改其樂。（《論語·雍也》）

（12）於我乎夏屋渠渠，今也每食無餘。（《詩經·秦風·權輿》）

（13）子曰："必也正名乎?"（《論語·子路》）

有時還可以提頓短語或句子。如：

（14）子産從政也，擇能而使之。（《左傳·襄公三十一年》）

（15）且而與其從辟人之士也，豈若從辟世之士哉?（《論語·微子》）

2. 矣（已）

"矣（已）"是動態語氣詞，表示已然或將然。

第一，用於句末，主要是陳述句。如：

（1）秦王後悔之，使人赦之，非已死矣。（《史記·老子韓非列傳》）

（2）寡人諭矣。（《戰國策·魏策》）

（3）孔子曰："諾，吾將仕矣。"（《論語·陽貨》）

（4）公將鼓之，劌曰："未可。"齊人三鼓。劌曰："可矣。"（《左傳·莊公十年》）

例（1）和例（2）的"矣"表已然，即事實已經如此；例（3）和例（4）的"矣"表將然，即事態將要如此。以形容詞語爲謂語的描寫句，報告描寫的新情況，也可以用"矣"。如：

（5）吾君已老矣，已昏矣。（《春秋穀梁傳·僖公十年》）

（6）事急矣。（《資治通鑑·漢紀·赤壁之戰》）

祈使句表示將然，句末也可以用"矣"。如：

（7）先生休矣!（《戰國策·齊策》）

（8）椒也知政，乃速行矣!（《左傳·宣公四年》）

"矣"也用於疑問句，但得有疑問詞語。如：

（9）德何如則可以王矣?（《孟子·梁惠王上》）

（10）邪而詛之，將何益矣?（《左傳·隱公十一年》）

總之，"矣"用於句末，無論哪類句子，基本用法在於把已然或將然的内容告訴别人，相當於現代漢語的"了"。

第二，有時用於句中，表示提頓，作用基本上跟"也"類似。如：

（11）惡不仁者，其爲仁矣，不使不仁者加乎其身。（《論語·里仁》）

（12）鳳凰鳴矣，于彼高岡。（《詩經·大雅·卷阿》）

此外，“矣”也可以寫作“已”，作用相當。如：

（13）古布衣之俠，靡得而聞已。（《史記・遊俠列傳》）

3. 耳（爾）

“耳（爾）”用於句末，可以表示限止語氣，作用相當於“罷了”，有“不過如此”之類意思。如：

（1）狡兔有三窟，僅得免其死耳。（《戰國策・齊策》）

（2）口耳之間，則四寸耳。（《荀子・勸學》）

（3）不知老之將至云爾。（《論語・述而》）

“耳（爾）”用於句末，也可以表示確定語氣，作用跟“也”“矣”相同，有時可以譯爲“了”或“呢”之類。如：

（4）從此道至吾軍，不過二十里耳。（《史記・項羽本紀》）

（5）莊王圍宋，軍有七日之糧爾。（《春秋公羊傳・宣公十五年》）

（6）非死，則徙爾。（柳宗元《捕蛇者說》）

（三）哉

“哉”最基本的用法是用於句末表示感嘆的語氣，相當於“啊”。如：

（1）子玉無禮哉！（《左傳・僖公二十八年》）

（2）楚國若有大事，子其危哉！（《左傳・昭公二十七年》）

（3）其意氣之盛，可謂壯哉！（歐陽修《五代史・伶官傳序》）

“哉”有時可以用於祈使句，相當於“啊”或“吧”之類。如：

（4）爾室不睦，爾惟和哉！（《尚書・多方》）

（5）而爲賈生者，亦謹其所發哉！（蘇軾《賈誼論》）

“哉”也可以跟疑問代詞和表示反問語氣的副詞呼應，兼表感嘆和疑問，相當於“嗎”或“呢”之類。如：

（6）客何負於秦哉？（李斯《諫逐客書》）

（7）以此爲治，豈不悲哉！（《呂氏春秋・察今》）

句子如果沒有疑問代詞或表示反問語氣的副詞，那就跟疑問語氣詞合用了。如：

（8）不識此語誠然乎哉？（《孟子・萬章上》）

（9）若寡人者，可以保民乎哉？（《孟子・梁惠王上》）

（四）乎、邪（耶）、與（歟）

“乎”“邪（耶）”“與（歟）”用於句末，主要表示疑問的語氣，一般就稱爲疑問語氣詞。疑問句按疑問的內容大致可分爲詢問、反問、推測等不同類型，而“乎”“邪（耶）”“與（歟）”基本上通用於各種類型的疑問句。

第一，“乎”“邪（耶）”“與（歟）”，可以用於“詢問句”的是非問、選擇問和特指問。用於是非問，相當於“嗎”。如：

（1）子見夫子乎？（《論語・微子》）

（2）王曰：“齊無人邪？”（《晏子春秋・內篇雜下》）

（3）子非三閭大夫與？（《楚辭·漁父》）

"乎""邪（耶）""與（歟）"用於選擇問，相當於"呢"。如：

（4）子以秦爲將救韓乎？其不乎？（《戰國策·韓策》）

（5）公以爲吳興兵，是邪？非邪？（《史記·淮南衡山王列傳》）

（6）求之歟？抑與之歟？（《論語·學而》）

"乎""邪（耶）""與（歟）"用於特指問，也相當於"呢"。如：

（7）何傷乎？亦各言其志也。（《論語·先進》）

（8）子之師誰邪？（《莊子·田子方》）

（9）虎兕出於柙，龜玉毀於櫝中，是誰之過與？（《論語·季氏》）

第二，"乎""邪（耶）""與（歟）"可以用於反問句，經常有"寧""豈"之類表示反問語氣的副詞配合着表達，相當於"嗎"或"呢"。如：

（10）王侯將相，寧有種乎？（《史記·陳涉世家》）

（11）是豈不足爲政邪！（韓愈《柳子厚墓志銘》）

（12）利害之際，豈不亦甚明歟？（蘇軾《教戰守策》）

第三，"乎""邪（耶）""與（歟）"，可以用於推測句，經常有"其""獨""無乃""得無（得微）"之類表示推測語氣的副詞配合着表達，相當於"吧"。如：

（13）君子如欲化民成俗，其必由學乎？（《禮記·學記》）

（14）車馬有行色，得微往見跖邪？（《莊子·盜跖》）

（15）然則治天下，獨可耕且爲與？（《孟子·滕文公上》）

此外，"乎""與（歟）"還可以表示感嘆或呼叫，可酌情譯爲"啊""吧"或"呀"。如：

（16）惜乎！吾見其進也，未見其止也。（《論語·子罕》）

（17）參乎！吾道一以貫之。（《論語·里仁》）

（18）子在陳曰："歸與歸與！"（《論語·公冶長》）

值得注意的一種情形是："乎""邪（耶）""與（歟）"既不是表示疑問，又不是表示感嘆，而只是表示停頓，可譯可不譯，但也可酌情譯爲"嗎""呀""麼"或"呢"。如：

（19）以盟爲有益乎，前盟口血未干，足以結信矣。（《國語·吳語》）

（20）言君臣邪，固當諫爭；語朋友邪，應有切磋。（《後漢書·馬援傳》）

（21）我之大賢與，於人何所不容？（《論語·子張》）

（五）焉、諸

在代詞裏曾經講到，兼詞"焉"和"諸"可以兼作代詞和介詞，相當於"於是（此）"。不僅如此，"焉"還可以同時兼作語氣詞，用於句末。如：

（1）天傾西北，故日月星辰移焉。（《淮南子·天文訓》）

（2）君子之道者三，我無能焉。（《論語·憲問》）

"焉"若不兼代詞，那就是一般語氣詞了。如：

（3）自此冀之南，漢之陰，無壟斷焉。（《列子·湯問》）

（4）肉食者謀之，又何間焉？（《左傳·莊公十年》）

"諸"作代詞也可以兼作語氣詞。如：

（5）問曰："佞人好毀人，有諸？"（《論衡·答佞》）——"有諸"，即"有之乎"，意思是："有這樣的事嗎？"

（6）及其飲酒也，先伐諸！（《左傳·昭公十年》）——"伐諸"，即"伐之乎"，意思是："攻打他們吧！"

（六）句末語氣詞的連用

句末有時要表示複雜的語氣，往往出現語氣詞連用的情形。最常見的是表示感嘆語氣的"哉"和表示疑問語氣的"乎"連用在其他語氣詞的後邊，有時"矣（已）""邪（耶）""與（歟）""夫"等也連用在其他語氣詞的後邊。如：

（1）豈特攫其腓而噬之耳哉！（《戰國策·齊策》）

（2）豈非計久長，有子孫相繼爲王也哉！（《戰國策·趙策》）

（3）子曰："由也，女聞六言六蔽矣乎？"（《論語·陽貨》）

（4）位其不可不慎也乎？（《左傳·成公二年》）

（5）季康子問："仲由可使從政也與？"（《論語·雍也》）

（6）戰而勝，則無以加焉矣。（《戰國策·東周策》）

一般説來，兩個語氣詞連用，每個語氣詞都分別表達各自的語氣，但重點落在後一個語氣詞上。例（2）的"也哉"，先是"也"表確定語氣，再是"哉"表反詰語氣，但重點是落在"哉"的反詰語氣上，其餘可類推。不過在古籍裏，如果是"乎"和"哉"連用，總是先"乎"後"哉"的。如：

（7）不識此語誠然乎哉。（《孟子·萬章上》）

（8）董生勉乎哉！（韓愈《送董邵南序》）

有時三個語氣詞連用，也是表達各自的語氣，不過重點仍然落在最後一個語氣詞上。如：

（9）鄙夫可與事君也與哉。（《論語·陽貨》）

（10）寡人之於國也，盡心焉耳矣。（《孟子·梁惠王上》）

例（9）的"也與哉"連用，例（10）的"焉耳矣"連用，語氣顯然更爲複雜，但最後一個語氣詞"哉"和"矣"所表達的語氣要更重些。

古代漢語還有一類"嘆詞"，作用跟現代漢語的嘆詞差不多，但詞形（即所用漢字）跟現代漢語的嘆詞差別較大。

嘆詞是記錄聲音的符號，然而有用同一聲音表示不同的感情，也有同一聲音用不同的嘆詞來表示的，因此嘆詞所表示的感情跟語境有一定的關係。通用的嘆詞有：①"嗟呼（嗟乎、嗟夫）"，常用於感慨；②"嗚呼"，常用於悲哀或贊美；③"噫（意）"，常用於悲傷或嘆息；④"嘻（譆）"，常用於驚訝、贊美或命令呼喚；⑤"吁"，常用於疑怪或命令呼喚；⑥"嗟"，常用於命令或呼喚；⑦"惡"，常用於斥責；⑧"唉"，常用於無奈情緒的嘆息；⑨"噫嘻"，常用於悲傷；⑩"嗚呼噫嘻"，常用於深沉的慨嘆。這些都可以結合文選的學習逐漸領略，不一一舉例。

文 選

△宋及楚平

《左傳·宣公十四年、十五年》

　　十四年，楚子使申舟聘于齊①，曰："無假道于宋②。"亦使公子馮聘于晉③，不假道于鄭④。申舟以孟諸之役惡宋⑤，曰："鄭昭宋聾⑥，晉使不害，我則必死⑦。"王曰："殺女，我伐之⑧。"見犀而行⑨。及宋，宋人止之。華元曰："過我而不假道，鄙我也⑩；鄙我，亡也⑪。殺其使者，必伐我；伐我，亦亡也。亡一也。"⑫乃殺之。楚子聞之，投袂而起⑬，屨及於窒皇⑭，劍及於寢門之外，車及於蒲胥之市⑮。秋九月，楚子圍宋⑯。

　　十五年春，宋人使樂嬰齊告急于晉⑰。晉侯欲救之。伯宗曰⑱："不可。古人有言曰：'雖鞭之長，不及馬腹⑲。'天方授楚，未可與爭⑳。雖晉之强，能違天乎？諺曰：'高下在心㉑。'川澤納污㉒，山藪藏疾㉓，瑾瑜匿瑕㉔，國君含垢㉕，天之道也。君其待之。"乃止。

　　使解揚如宋㉖，使無降楚，曰："晉師悉起，將至矣㉗。"鄭人囚而獻諸楚㉘。楚子厚賂之，使反其言，不許；三而許之㉙。登諸樓車㉚，使呼宋人而告之，遂致其君命㉛。楚子將殺之，使與之言曰："爾既許不穀而反之，何故㉜？非我無信，女則棄之，速即爾刑㉝！"對曰："臣聞之，君能制命爲義㉞，臣能承命爲信㉟，信載義而行之爲利㊱。謀不失利，以衛社稷，民之主也㊲。義無二信，信無二命㊳。君之賂臣，不知命也㊴。受命以出，有死無霣㊵，又可賂乎？臣之許君，以成命也㊶。死而成命，臣之祿也㊷。寡君有信臣，下臣獲考，死又何求㊸？"楚子舍之以歸㊹。

　　夏五月，楚師將去宋㊺。申犀稽首于王之馬前㊻，曰："毋畏知死而不敢廢王命，王棄言焉㊼。"王不能答。申叔時僕㊽，曰："築室、反耕者㊾，宋必聽命。"從之。宋人懼，使華元夜入楚師，登子反之床㊿。起之曰51："寡君使元以病告52，曰：'敝邑易子而食，析骸以爨53；雖然，城下之盟，有以國斃，不能從也54。去我三十里55，唯命是聽56。'"子反懼，與之盟，而告王57。退三十里，宋及楚平58，華元爲質59。盟曰："我無爾詐，爾無我虞60。"

題 解

　　《宋及楚平》選自《左傳·宣公十四、十五年》。記述了楚軍圍宋，晉國無力救宋，在宋國危急之時，華元夜間潛入楚營，迫使楚國退兵議和的歷史事件。

　　作者在本文中記述了三個生動的場面：一爲楚王聽說申舟被宋國所殺，楚莊王拂袖而起，憤怒而出，急忙發兵圍攻宋國的場面。二爲晉國派遣解揚出使宋國，被楚國囚禁起來，楚王利誘、威逼他"反其言"，登樓車向宋國喊話，解揚借機完成君命，楚王要殺他，但解揚因忠于晉君，視死如歸，最終被釋放歸國的場面。三爲宋國在"易子而食，析骸而爨”的危急情況下，華元夜潛楚營，“登子反之床”，迫使子反退兵一舍，訂盟議和的場面。作者又把場面與場面聯繫起來寫，構成曲折、生動的故事情節，這樣更使各個場面富有戲劇性。

注　釋

① 楚子使申舟聘于齊：楚子：指楚莊王。使：派遣。申舟：楚國大夫，名無畏，字子舟。聘：探問、訪問。于齊：到齊國。于，介詞，到。

② 無假道于宋：無：同“毋”，不要。假道：借路通過。假，借。于宋：向宋國。于，介詞，向。楚赴齊必須經過宋，楚莊王有意尋釁，故不假道。

③ 公子馮：楚國的公子。

④ 不假道于鄭：楚國往晉國，必須通過鄭國，但“公子馮聘于晉”，亦不向鄭國借路。

⑤ 孟諸之役惡宋：楚穆王曾與宋、鄭國君會獵于孟諸，宋君違命，申舟曾處罰過他的御者，得罪了宋君。這就是“孟諸之役”。惡：憎惡。惡宋：被宋國憎惡，即得罪了宋國（見文公十年）。

⑥ 鄭昭宋聾：鄭國昭明，能忍辱不傷楚使；宋國愚闇，不能忍辱，必害楚使。昭：昭明，指明事理。聾：本爲耳朵聽不見，此指愚闇，不明事理。

⑦ 晉使：去晉國的使者，指公子馮。不害：不受害。必死：一定被殺害。

⑧ 女：同“汝”，你。伐之：攻打宋國。

⑨ 見犀而行：犀：申舟的兒子。見：謁見，此指託付。申舟託付己子于楚王而出行，以示抱必死決心。

⑩ 鄙我：把我國當作楚國的邊鄙。鄙：邊遠的地方。用作意動。

⑪ 鄙我，亡也：把我宋國當作它的邊鄙，即是亡國。

⑫ 亡一也：都是一樣亡國。一：相同，一樣。也：句尾語氣詞。

⑬ 投袂（mèi）：拂袖。袂，衣袖。

⑭ 屨及於窒皇：屨（jù）：鞋。及：追及。窒（zhì）皇：寢宮的門闕。

⑮ 蒲胥：楚國的市名。以上三句是寫楚王聽説申舟被宋殺害時憤怒的情態：跑到院子裏，從人才送上鞋子給他穿上；出了門，才送來劍佩上；到了市街，才把車備好乘上。

⑯ 秋九月，楚子圍宋：秋九月指魯宣公二十四年秋季九月。楚子指楚莊王。

⑰ 十五年春，宋人使樂嬰齊告急于晉：魯宣公十五年春季，宋國派遣樂嬰齊到晉國告急求救。樂嬰齊：宋國公族，華督之後，別爲樂氏，華元的族弟。

⑱ 伯宗：晉國大夫，孫伯糾之子。

⑲ 雖鞭之長，不及馬腹：鞭雖長，達不到馬肚子。猶言勢有所不及。喻晉國雖強大，恐無力勝楚。

⑳ 天方授楚，未可與爭：上天正在保佑楚國，不能和楚相爭。方：正在。授楚：此指保佑楚國。

㉑ 高下在心：遇事能屈能伸，全在心中有數。猶言應全面考慮，忍辱等待時機。

㉒ 川澤納污：河流湖泊能容納污泥濁水。川：流水爲川。澤：聚水窪地爲澤。

㉓ 山藪（sǒu）藏疾：山林草莽之中隱藏着疾害。藪：水少而草木茂盛的湖澤。疾：疾害，此指毒蟲猛獸。

㉔ 瑾瑜匿瑕：美玉隱藏着瑕斑。瑾、瑜：美玉。匿：隱藏。瑕：玉上的斑疵。

㉕ 含垢：含恥忍辱。以上四句是説明小惡不損大德，正如污水不害其爲川澤，藏疾不害其爲山藪，瑕斑不害其爲美玉，含垢不害其爲國君。喻説晉國應忍一時之辱，不宜以不救宋爲恥。

㉖ 解揚：晉國壯士，此時當系晉國大夫，字子虎。如宋：到宋國。如：動詞，到，往。

㉗ 悉起：已全部出發。將至矣：就要到了。這是虛言，安慰宋國堅持戰鬥，不要投降楚國。

㉘ 囚：囚禁。獻諸楚：即獻之于楚，把他獻給楚國。諸：之于。之：指解揚。

㉙ 三而許之：勸誘解揚多次才答應楚王。三：再三。指楚莊王勸誘再三才答應。

㉚ 登諸樓車：讓他登上樓車。諸：之于。之：指解揚。樓車：車上設有瞭望樓的叫樓車。

㉛ 遂致其君命：于是解揚就把晉國君的命令傳達給宋國。致：傳致，傳達。其君：他的國君，即晉君。
㉜ 既：已經。不穀：不善，諸侯的謙稱。此是楚莊王自稱。反之：又反過來。
㉝ 女則棄之：是你拋弃了它。女：同“汝”，你。之：它，指信用。速即爾刑：快接受你應受的刑罰吧！受：此指受刑。爾刑：你應受的刑戮。
㉞ 君能制命爲義：國君能制訂正確的命令就是義。制：制訂，發布。
㉟ 臣能承命爲信：臣下能承受國君的命令就是信。承命：承擔命令，接受命令。信：信用。
㊱ 信載義：信用貫徹道義。載：裝載，此指貫徹。行之爲利：推行下去就是利益。行之：此指推行“信載義”，之，指信載義。
㊲ 民之主也：是百姓的主人。
㊳ 義無二信，信無二命：道義不能有兩種信用，信用不能接受兩種命令。二信：兩種相矛盾的信用。此言國君的命令絶不能讓臣子既向晉君守信，又向楚君守信，故言“義無二信”。二命：兩種相矛盾的命令。此言臣子的信用，絶不能既接受晉國君之命，又接受楚國君之命，故言“信無二命”。
㊴ 不知命也：楚王不知道“信無二命”的意義。
㊵ 受命以出，有死無霣：接受晉國君的命令而出國，寧有一死而不能廢棄君命。霣（yǔn）：同“隕”，此指廢棄，丢掉。
㊶ 以成命也：借機完成我君的使命。成：完成。
㊷ 臣之禄也：臣子的幸福。禄：幸福、福氣。
㊸ 寡君：即“寡德之君”，在外交場合對自己國君的謙稱。信臣：守信之臣。
㊹ 下臣獲考，死又何求：臣子獲得完成使命的光榮而被殺死，還有什麽可值得追求的呢？何求：賓語前置，追求什麽。
㊺ 舍之：赦免了他。之：指解揚。
㊻ 夏五月：指魯宣公十五年夏季五月。去宋：離開宋國。
㊼ 稽（qǐ）首：古時九拜中最恭敬的禮節。跪下，叩頭至地。于王之馬前：在楚莊王的馬前。于：介詞，“在”。
㊽ 毋畏知死：毋畏即申舟。申舟明知會死的。廢：廢棄。棄言：丢棄自己過去説的話，即指楚王過去對申舟説過“殺女，我伐之”的話。“棄言”就是“説話不算話”的委婉説法。
㊾ 申叔時：楚臣。僕：駕車。
㊿ 築室：指楚國軍隊修造房子。反耕者：讓種田的人返回來。反同“返”。意爲在宋國築室，分兵歸田，表示没有離去的意向。
(51) 登子反之床：子反，即楚軍主將公子側。華元登上子反的卧床。
(52) 起之：叫他起來，把他叫起來。使動用法。之：指子反。
(53) 使元以病告：讓我（華元）把宋國的困難告訴你。病：困乏，困難。
(54) 敝邑：敝國，指宋國都城。對自己國家的謙稱。易子而食：交換兒子而殺了吃。析骸而爨（cuàn）：拆開尸骨當柴燒火做飯。析：拆開。骸，骸骨，尸骨。爨：本義爲竈，此指燒火做飯。
(55) 城下之盟：在敵人兵臨城下，被威逼向敵人無條件投降而訂盟，這爲春秋時諸侯所不齒。有以國斃：寧可讓國家滅亡。有以：寧以。國斃：國家滅亡。即亡國。從：指從楚訂城下之盟。此句意爲宋國華元堅決不從楚訂城下之盟，以喪權辱國。
(56) 去：離開。此指退兵。三十里：古代三十里爲一舍。此言華元讓楚兵退一舍。
(57) 唯命是聽：是“聽命”的賓語前置，即“聽你的命令”。古漢語叙述句的賓語可以用“之”或“是”置於動詞之前。
(58) 子反懼：子反害怕。子反因華元夜入楚營，自己又被華元所劫持。故言“懼”。
(59) 告王：報告楚王。王，指楚莊王。
(60) 宋及楚平：平，議和。指交戰國締結和約。
(61) 華元爲質：華元到楚國做人質。質：此指人質。

㉒ 我無爾詐：即"我無詐爾"的賓語前置。詐：欺詐，欺騙。爾無我虞：即"爾無虞我"的賓語前置。虞：此處引申作"防備"。此句猶言楚不欺宋，宋不備楚，是互相信任的平等和約。

文 選

△鄭子產從政

《左傳·襄公三十一年》

十二月①，北宮文子②相衛襄公以如楚。宋之盟故也③。過鄭，印段迋勞於棐林④。如聘禮而以勞辭⑤。文子入聘⑥。子羽爲行人⑦。馮簡子與子大叔逆客⑧。事畢而出，言於衛侯曰⑨："鄭有禮，其數世之福也⑩。其無大國之討乎⑪！《詩》云：'誰能執熱，逝不以濯⑫。'禮之於政，如熱之有濯也⑬。濯以救熱，何患之有⑭？"

子產之從政也，擇能而使之⑮。馮簡之能斷大事⑯；子大叔美秀而文⑰；公孫揮能知四國之爲⑱，而辨於其大夫之族姓、班位、貴賤、能否⑲，而又善爲辭令；禆諶能謀⑳，謀於野則獲，謀於邑則否㉑。鄭國將有諸侯之事，子產乃問四國之爲於子羽㉒，且使多爲辭令；與禆諶乘以適野，使謀可否㉓；而告馮簡子，使斷之㉔；事成，乃授子大叔行之，以應對賓客㉕。是以鮮有敗事㉖。北宮文子所謂有禮也。

題 解

《鄭子產從政》選自《左傳·襄公三十一年》，記載了鄭國大夫子產從政治國的歷史事件。子產（名公孫僑，一字子美，鄭國大夫公子發之子，魯襄公三十年代子皮爲鄭國相）從魯襄公三十年開始執政，由于子產治國有方，用人有道，並推行了一些政治措施，所以很快就收到了顯著的成效，成爲春秋時期具有政治家才能的著名執政者。《鄭子產從政》集中記述了子產治國十分重視知人善用，發揮每個人的才能和智慧，把鄭國治理成政治穩定、上下團結的國家，深受國人愛戴。魯昭公二十年（前504），子產病卒，從政二十餘年。

注 釋

① 十二月：指魯襄公三十一年（前542）的十二月。

② 北宮文子：衛國大夫，名佗，衛成公曾孫北宮懿子括之子。相：輔佐。衛襄公：名惡，獻公衎（kàn，通侃）之子，衛國第二十五君，在位九年。如楚：到楚國。如：動詞，有"到"、"往……去"的意思。如楚，就是往楚國去。

③ 宋之盟故也：由于在宋國結盟的緣故。《左傳》魯襄公三十年載："爲宋災故，諸侯之大夫會以謀歸宋財於澶淵。"此處衛君去楚國即爲結盟之事。

④ 印段：鄭國大夫，字子石。迋勞：去慰問。迋：同"往"。勞：慰問，慰勞。棐：(fěi)林：鄭國地名，即北林，在今河南新鄭縣北約四十餘里。

⑤ 如聘禮：按照外交上聘問的禮節。聘：古代諸侯之間或諸侯與天子之間派使節問候。禮：禮節、禮儀。以勞辭：使用慰問的辭令。

⑥ 入聘：進入鄭國都聘問、問候。

⑦ 子羽：即公孫揮，鄭國大夫，春秋時期鄭國著名的外交官員，博學多聞，善於辭令。行人：即外交官員。古時使者的通稱。

⑧ 馮簡子：鄭國大夫，畢公高之子，畢萬封魏，支孫食邑於馮城，故爲馮氏。子大叔：名游吉，鄭國賢臣，子幡之子。逆客：迎接客人。逆：迎接。

⑨ 衞侯：指衞襄公。

⑩ 數世：數代，幾輩子。世：代。

⑪ 其：副詞，用在句首表示估計、推測，可譯爲"大概""恐怕""可能"。討：討伐，征伐。

⑫《詩》云：指《詩經·大雅·桑柔》篇説。誰能執熱，逝不以濯：誰能在苦熱的天氣，卻不去洗澡。濯：洗滌。此指洗澡。逝：用在句首或謂語之前，起加强否定或疑問語氣。可譯爲"竟""卻"。一説"執熱"指拿着燙手的東西，濯指用水洗手。譯爲：誰拿着燙手的東西，而不用水洗手解熱呢？可作參考。

⑬ 禮之於政：禮儀對于政事。於政：對於政事。如熱之有濯也：好像天熱得要洗澡。如熱：好像天熱。

⑭ 救熱：消除炎熱。何患之有：有什麽可擔心的呢？有時爲了强調賓語，把賓語置于謂語之前。"有"是動詞謂語，賓語"何患"置于"有"之前。賓語前置句。患：憂患。

⑮ 擇能而使之：擇能：選擇賢能的人；使之：使用他們。之：指賢能的人。而：連詞。

⑯ 斷大事：決斷大事。斷：動詞，決斷。

⑰ 美秀而文：容貌秀美而言辭有文采。

⑱ 四國：即四鄰的諸侯國。

⑲ 辨：辨識、辨明。族姓、班位、貴賤、能否：指各諸侯國大夫的家族姓氏、官職爵位、地位貴賤、才能高低。

⑳ 善爲辭令：善于辭令。指在外交場合能言善辯的才能。

㉑ 裨（pí）諶（chén）能謀：裨諶：鄭國大夫。能謀：能出謀劃策。

㉒ 謀於野則獲，謀於邑則否：野：郊外、野外。獲：獲得。在此有"得其當""正確"的意思。邑：城内。否：不得，在此有"不正確"的意思。大概裨諶需要在安静的環境中才能作周密考慮，獲得正確的判斷。

㉓ 諸侯之事：指外交上的事情。子羽：即公孫揮。

㉔ 乘：指乘車。適野：到野外去。適：去、往。

㉕ 使斷之：讓馮簡子決斷。

㉖ 授：授給，交給。賓客：此指諸侯國派來的使臣。

㉗ 是以鮮有敗事：是以：因此。鮮有：很少有。鮮（xiǎn），副詞，用于動詞前説明動作行爲發生的機會或現象很少。

句式

本章講句式。前章講的詞類,跟句式並非毫無關係,如使動用法、意動用法也叫使動句、意動句,是從詞法的角度來看造成詞性變換的條件和依據,現在再從句式的角度講講古今句式的異同。

第一節　變　式　句

所謂"變式句"是指成分位置發生變化的句子,是從語感上比較古今句式異同的一種説法,其實在古代漢語裏倒是地地道道的常用句式。下面講三種主要的變式句:謂語前置式、賓語前置式、定語後置式。

一、謂語前置式

主語在前,謂語在後,這是古今漢語句式的常規之一。爲了突出謂語的感嘆或疑問的語義,古今都有謂語前置的語法現象。從修辭的角度來看,就是所謂"倒裝"手法。"例如普通順序爲'先生之言亦太甚矣!'《史記·魯仲連列傳》卻説'亦太甚矣先生之言也!'就是倒裝的實例。大都用以加強語勢,調和音節,或錯綜句法。"(見陳望道《修辭學發凡》)值得注意的是,這種現象在古代漢語中更爲常見,這跟古代漢語語氣詞的活躍程度有關。謂語綴以語氣詞而前置,倒裝的主語大多也綴以語氣詞或助詞。感嘆句如:

(1)美哉論焉!(《禮記·檀弓》)

(2)善哉,祁黄羊之論也!(《呂氏春秋·去私》)

(3)信哉,斯言也!(《漢書·景十三王傳》)

(4)宜乎,百姓之謂我愛也!(《孟子·梁惠王上》)

疑問句如:

(5)子邪,言伐莒者?(《呂氏春秋·重言》)

(6)何哉,爾所謂達者?(《論語·顏淵》)

(7)何哉,君所謂踰者?(《孟子·梁惠王下》)

有時祇是謂語綴以語氣詞而前置,雖然也是突出謂語,但強調的語勢似略輕些。如:

(8)甚矣,汝之不惠!(《列子·湯問》)

(9)君子哉若人!(《論語·公冶長》)

謂語不綴以語氣詞而前置的祇能偶爾見到,如下面的祈使句:

（10）來，尸蟲！（柳宗元《罵尸蟲文》）

二、賓語前置式

賓語是動詞謂語的連帶部分。按照古今語法的一般句式，賓語總是放在一般謂語的後面，但在特定的條件下，賓語可以放在謂語的前面，這就是所謂賓語前置式。古代漢語的賓語前置，有幾種現象跟現代漢語不盡相同，這裏講三種主要的。

（一）疑問句中疑問代詞作前置賓語

（1）吾誰欺？欺天乎？（《論語·子罕》）

（2）盜者孰謂？謂陽虎也。（《春秋公羊傳·定公元年》）

例（1）的"吾誰欺"和"欺天乎"都是疑問句，前者的賓語是疑問代詞，所以前置，放在動詞謂語的前面，不說"欺誰"，而說"誰欺"；後者的賓語是名詞，只能放在動詞謂語的後面，不說"天欺"，而說"欺天"。例（2）的"盜者孰謂"是疑問句，賓語"孰"又是疑問代詞，所以前置；而"謂陽虎也"不是疑問句，賓語"陽虎"又不是疑問代詞，不能前置。可見賓語前置式一定要具備兩個條件：一，必須是疑問句；二，必須是疑問代詞作賓語。又如：

（3）客何好？（《戰國策·齊策》）

（4）縛者曷爲者也？（《晏子春秋·內篇雜下》）

（5）太師誰撞？（《韓非子·難一》）

（6）吾何執？（《論語·子罕》）

（7）臣實不才，又誰敢怨？（《左傳·成公三年》）

上古時期疑問句中疑問代詞也常作介詞的前置賓語。如：

（8）何以戰？（《左傳·莊公十年》）

（9）百姓不足，君孰與足？（《論語·顏淵》）

（10）胡爲至今不朝也？（《戰國策·齊策》）

（11）王誰與爲鄰？（《莊子·山木》）

（12）學惡乎始，惡乎終？（《荀子·勸學》）

上古時期疑問句中疑問代詞作前置賓語是疑問代詞本身的語法特點所致，不同于一般的所謂倒裝。像《論語·子張》中的"子夏云何"和《詩經·小雅·白駒》中的"所謂伊人，于焉逍遙"，祇能算是極少見的例外。漢以後，疑問句中疑問代詞作賓語才逐漸演變爲後置。如：

（13）諸將云何？（《漢書·陳平傳》）

（14）夫如是，孟子言"其間必有名世者"，竟謂誰也？（王充《論衡·刺孟》）

（15）採之欲遺誰？（《古詩十九首·涉江採芙蓉》）

（16）晉退師。軍吏曰："爲何退？"（《史記·晉世家》）

可是，後世又往往仿古而遵守前置賓語的規則。如：

（17）如巡、遠之所成就如此卓卓，猶不得免，其他則又何説？（韓愈《張中丞傳後叙》）

(18) 噫！微斯人，吾誰與歸？（范仲淹《岳陽樓記》）

(二) 否定句中代詞作前置賓語

(1) 主賢明，能聽汝；不明，將不汝聽。（《韓非子·外儲説左下》）

(2) 衛靈公問陳於孔子，孔子對曰：“俎豆之事，則嘗聞之矣；軍旅之事，未之學也。”（《論語·衛靈公》）

(3) 不患人之不己知，患不知人也。（《論語·學而》）

(4) 僂句不余欺也。（《左傳·昭公二十五年》）

(5) 昔君之惠也，未之敢忘。（《國語·晉語》）

(6) 莫我知也夫！（《論語·憲問》）

否定句中代詞常作前置賓語，這是上古時期的另一個規則，也不算倒裝。但有後置的，不如疑問句中疑問代詞作前置賓語那麼嚴格。如：

(7) 有事而不告我，必不捷矣。（《左傳·襄公二十八年》）

(8) 聖人不愛己。（《荀子·正名》）

漢以後，否定句中代詞作賓語的後置現象纔逐漸多起來，如《漢書·趙充國傳》中的“漢果不擊我”。但後世仿古也往往采用上古時期否定句中代詞作前置賓語的規則。如：

(9) 古之人不余欺也。（蘇軾《石鐘山記》）

(10) 彼不我恩也。（柳宗元《童區寄傳》）

(11) 而狼未之知也。（馬中錫《中山狼傳》）

(三) 借助“之”“是”的前置賓語

(1) 君亡之不恤，而群臣是憂，惠之至也。（《左傳·僖公十五年》）

(2) 宋何罪之有？（《墨子·公輸》）

(3) 將虢是滅，何愛於虞？（《左傳·僖公五年》）

(4) 今吳是懼而城於郢。（《左傳·昭公二十三年》）

(5) 晉居深山，戎狄之與鄰。（《左傳·僖公十五年》）——此例係介詞賓語借助“之”前置。

古代漢語的“之”“是”還可以跟某些詞語構成一些比較固定的格式，第五節舉要叙述。

三、定語後置式

古代漢語的所謂定語後置式，形似突出中心詞，其實在於強調修飾性的定語，並使整個句子簡潔醒目，語氣流暢，但定語後置也不是臨時變化句式，而是古代漢語中常見的語法現象。因此，定語後置式有一定的條件，即只限於修飾性的定語，領屬性的定語不能後置。常見的有兩種。

(一)“者”字結構作定語常後置

(1) 約與食客門下有勇力文武具備者二十人偕。（《史記·平原君虞卿列傳》）

（2）使吏召諸民當償者，悉來合券。（《戰國策·齊策》）

例（1）可譯爲"有勇力文武具備之（的）食客門下"，"者"字結構"有勇力文武具備者"作定語後置於中心詞"食客門下"。例（2）的"者"字結構"當償者"作定語後置於中心詞"諸民"，可譯爲"當償之（的）諸民"。又如：

（3）人馬燒溺死者甚衆。（《資治通鑑·漢紀·赤壁之戰》）

（4）計未定，求人可使報秦者，未得。（《史記·廉頗藺相如列傳》）

（二）借助"之"的定語後置

（1）駕八龍之宛宛兮，載雲旗之委婉。（《楚辭·離騷》）

（2）螾無爪牙之利，筋骨之强。（《荀子·勸學》）

例（1）的定語"宛宛"和"委婉"分別後置於中心詞"八龍"和"雲旗"，即"宛宛之八龍"和"委婉之雲旗"。例（2）的定語"利"和"强"分別後置於"爪牙"和"筋骨"，即"利之爪牙"和"强之筋骨"。又如：

（3）居廟堂之高則憂其民，處江湖之遠則憂其君。（范仲淹《岳陽樓記》）

（4）凌陽侯之氾濫兮。（《楚辭·哀郢》）

值得注意的是，"者"字結構作定語又往往借助"之"字而後置。如：

（5）險阻既遠，鳥獸之害人者消，然後人得平土而居之。（《孟子·滕文公下》）

（6）其石之突怒偃蹇，負土而出，爭爲奇狀者，殆不可數。（柳宗元《鈷鉧潭西小丘記》）

例（5）的附"者"定語"害人者"後置於中心詞"鳥獸"，並在其間標以"之"。例（6）的附"者"定語"突怒偃蹇，負土而出，爭爲奇狀者"後置於中心詞"其石"。又如：

（7）物之已至者，人祅則可畏也。（《荀子·天論》）

（8）玉人之所患，患石之似玉者。（《呂氏春秋·疑似》）

（9）於是集謝莊少年之精技擊者而詔之。（《清稗類鈔·馮婉貞》）

第二節　判　斷　句

一、古代判斷句的特點和類型

現代漢語表示肯定的判斷句，有判斷詞是一般規律，無判斷詞是特殊規律。"我是學生"，一般不能説成"我學生"。"今天星期五"雖然可以不用判斷詞"是"，但究竟不是常規。與現代漢語相反，古代漢語無判斷詞是一般規律，有判斷詞是特殊現象。這是古代漢語語法的一大特點。

古代漢語無判斷詞的判斷句，大致有五種情形，先分組舉例如下。

甲組：

（1）荀卿，趙人。（《史記·孟子荀卿列傳》）

（2）朕，高皇帝側室之子。（《漢書·文帝紀》）

（3）農，天下之本。（《史記·孝文本紀》）

乙組：

（4）陳嬰者，故東陽令史。（《史記·項羽本紀》）

（5）天下者，高祖天下。（《史記·魏其武安侯列傳》）

（6）粟者，民之所種。（晁錯《論貴粟疏》）

丙組：

（7）制，巖邑也。（《左傳·隱公元年》）

（8）董狐，古之良史也。（《左傳·宣公二年》）

（9）此庸夫之怒也。（《戰國策·魏策》）

丁組：

（10）楚左尹項伯者，項羽季父也。（《史記·項羽本紀》）

（11）追我者，誰也？（《孟子·離婁下》）

（12）南冥者，天池也。（《莊子·逍遙遊》）

戊組：

（13）梁父即楚將項燕。（《史記·項羽本紀》）

（14）吾乃梁人也。（《戰國策·趙策》）

（15）所誅者，皆生平所仇怨。（《史記·留侯世家》）

（16）奪項王天下者，必沛公也。（《史記·項羽本紀》）

（17）梁亦萬乘之國。（《戰國策·趙策》）

（18）子誠齊人也。（《孟子·公孫丑上》）

　　甲、乙、丙、丁、戊五組都無判斷詞。甲組判斷不借助虛詞。乙組借助“者”字提頓，引出判斷。丙組借助語氣詞“也”（或“耳”）煞尾，表示判斷語氣。丁組既借助“者”字提頓，又借助語氣詞“也”（或“耳”）煞尾，配合着表示判斷。戊組借助副詞“即”“乃”“皆”“必”“誠”等，幫助表示判斷（有時也用“者”“也”配合着表示判斷語氣）。值得注意的是，“者”字一般都有兩種用法：一是如“追我者”的“者”應譯爲“……的人”；二是衹表示提頓，不能譯出，如“陳勝者”的“者”就是如此。總之，古代漢語中無判斷詞的判斷句是多不勝舉的。

二、“是”和“爲”

　　古代漢語的“是”一般是用作指示代詞，相當於現代漢語“這”。如：

（1）是鳥也，海運則將徙於南冥。（《莊子·逍遙遊》）

（2）當是時也，禹八年在外，三過其門而不入，雖欲耕，得乎？（《孟子·滕文公上》）

（3）必死是間，余收爾骨焉。（《左傳·僖公三十二年》）

（4）豈若吾鄉鄰之旦旦有是哉。（柳宗元《捕蛇者説》）

（5）吾祖死於是，吾父死於是。（柳宗元《捕蛇者説》）

另一種用法如：

（6）若士必怒，伏屍二人，流血五步，天下縞素，今日是也。（《戰國策·魏策》）

（7）滔滔者，天下皆是也。（《論語·微子》）

（8）古之人有行之者，武王是也。（《孟子·梁惠王下》）

"是"放在"今日""天下""武王"之後，這在古代漢語裏並非倒裝，而是與"也"構成一種加重語勢的判斷結構，這種情形與前面甲、乙、丙、丁、戊五組都不同。

先秦時期，也有些"是"在判斷句中確實很像判斷詞。如：

（9）無處而餽之，是貨之也。（《孟子·公孫丑上》）

（10）日月星辰瑞曆，是禹、桀之所同也。（《荀子·天論》）

這些"是"雖然是指示代詞，可是在句子的形式上又極像判斷詞。用"是"作判斷詞的判斷句，大概就是從此類句子形式演變而來的。"是"用作判斷詞，究竟始於何時？這是向來就有爭論的問題。我們認爲："是"字由指示代詞演變爲判斷詞，其中必有一個較長的演變過程，這種詞性方面的演變，反映了漢語語法演變的一種現象。語法中任何演變都是緩慢的、漸成的。"是"在先秦時期就有了向判斷詞演變的萌芽，但到西漢時期才逐漸用作判斷詞。如：

（11）余是所嫁婦人之父也。（王充《論衡·死僞》）

（12）若枯即是榮，榮即是枯，則應榮時凋零，枯時結實。（范縝《神滅論》）

（13）此必是豫讓也。（《史記·刺客列傳》）

例（11）的"是"前有代詞"余"，那麼"是"顯然不是指示代詞，應是判斷詞。例（12）的"是"前有副詞"即"，那麼"是"顯然也不是指示代詞，應是判斷詞。例（13）的"是"前有副詞"必"，並有代詞"此"，那麼"是"就更不是指示代詞，應是判斷詞。

可見，西漢之後已經逐漸產生了比較成熟的由"是"充當判斷詞的判斷句。不過就整體來看，古代漢語不用"是"的判斷句還是占了大多數，這是古今漢語語法上的一大差別。後來，經過向現代漢語的過渡，"是"的指代作用已趨消失，判斷句用"是"作判斷詞纔趨定型，現在人們簡直可以根據有無判斷詞去辨認是否判斷句。

古代漢語有一個"爲"字，盡管它的含義比較廣泛，用作判斷詞又有一定的限制，但是它始於先秦，比"是"字用作判斷詞要早得多。如：

（14）師直爲壯，曲爲老。（《左傳·僖公二十八年》）

（15）長沮曰："夫執輿者爲誰？"子路曰："爲孔丘。"（《論語·微子》）

（16）爾爲爾，我爲我。（《孟子·萬章下》）

（17）此爲何若人？（《墨子·公輸》）

《史記》裏也有此類用法。且舉一例，略見一斑：

（18）公子姊爲趙惠文王弟平原君夫人。（《史記·魏公子列傳》）

例（18）這類用法的"爲"，完全可以用現代漢語的"是"來對譯。不過要注意"爲"用作判斷詞和用作普通動詞的區別。如"丞相取燕王女爲夫人"（《史記·魏其武安侯列傳》）中的"爲"字，明顯是普通動詞，祇能與現代漢語的"做""當"之類對譯。

"爲"字用作表示肯定的判斷詞，一般不用語氣詞"也"字煞尾。"爲"字前加副詞"不"，則成表示否定的判斷句。如：

（19）苟主社稷，國内之民其誰不爲臣。（《左傳·莊公十四年》）

（20）不爲不去也。（《春秋公羊傳·莊公四年》）

看來現代漢語用"不是"造成否定的判斷句，大概就是仿造古代"不爲"這個格式。

古代漢語有一個"非"字，譯成現代漢語就是"不（是）"的意思。如：

（21）斯人自殺，非人殺之也。（《鹽鐵論·非鞅》）

（22）子非三閭大夫歟？何故而至此？（《史記·屈原賈生列傳》）

（23）之歌者非常人也。（《呂氏春秋·舉難》）

"非"字有時也寫作"匪"字。如：

（24）我心匪石，不可轉也；我心匪席，不可卷也。（《詩經·邶風·柏舟》）

要説明的是，"非"字在古代漢語裏不是否定判斷詞，而是在判斷句裏否定謂語語義的副詞。

三、特殊判斷句

所謂特殊判斷句是跟一般判斷句相對而言的，就是説主語和謂語似是違反邏輯上的同一性，或者彼此的事物類別毫不相干，而從修辭的角度來看，或者從結構的壓縮、事理的因果來看，是一種含義特殊而又深刻的判斷句。

（一）比喻性的判斷句

（1）曹公，豺虎也。（《資治通鑑·漢紀·赤壁之戰》）

（2）韓，天下之咽喉。（《戰國策·秦策》）

（3）君者，舟也；庶人者，水也。（《荀子·王制》）

如果是現代漢語，就得在諸如此類判斷句的中間加個"是"，也就是修辭上的比喻句，即所謂隱喻，也叫暗喻。"是"，語法上叫判斷詞，修辭上叫比喻詞。古代漢語的判斷句，語法上一般不用判斷詞"是"，修辭上當然也就沒有比喻詞"是"。

（二）壓縮性的判斷句

（1）百乘，顯使也。（《戰國策·齊策》）

（2）朱紱皆大夫，紫綬悉將軍。（白居易《輕肥》）

（3）夫戰，勇氣也。（《左傳·莊公十年》）

如果不認識諸如此類的判斷句的真情實況，就會誤以爲不合邏輯。其實這樣壓縮了的句子，語義容量仍在其中：例（1）是"擁有百輛車乘的人是顯赫使者"的意思；例（2）是"戴着朱紱的人都是大夫，戴着紫綬的都是將軍"的意思；例（3）是"作戰是要靠勇氣的"的意思。

（三）因果性的判斷句

（1）桓公九合諸侯，不以兵車，管仲之力也。（《論語·憲問》）

（2）孟嘗君爲相數十年，無纖介之禍者，馮諼之計也。（《戰國策·齊策》）

（3）荆州之民附操者，逼兵勢耳，非心服也。（《資治通鑑·漢紀·赤壁之戰》）

例（1）是説："齊桓公多次主持諸侯間的盟會，停止了戰爭，（是）因爲管仲的力量。"例（2）是説："孟嘗君做了幾十年的相，沒有遇到一點點災禍，（是）因爲馮諼的計謀。"例（3）是説："荆州一帶老百姓歸附曹操，（是）因爲被他的兵勢脅迫罷了，不（是）誠心服他。"

第三節　被動句

從主語方面看，由動詞充當謂語的句子可以分爲主動句和被動句。主語是動作行爲的施事者，謂之主動句，即施事主語句；主語是動作行爲的受事者，謂之被動句，即受事主語句。無論古今漢語，被動句大致分爲兩類：一類是意念型的被動句，跟主動句的形式完全相同；一類是結構型的被動句，跟主動句的形式有所不同。

一、意念型的被動句

意念型的被動句，從形式上看不出，祇能靠主語和謂語之間語義關係來辨認，古人謂之"施受同辭"。如：

（1）屬公弑。（《國語·晉語》）

（2）犯禁者誅。（《韓非子·五蠹》）

（3）（逢丑父）傷而匿之，故不能推車而及。（《左傳·成公二年》）

有時還得靠語境纔能推斷出來。如：

（4）圉人，掌養馬、芻牧之事，以役圉師。（《周禮·夏官》）

"役"是被動，但若不依據語境，就費解了。

二、結構型的被動句

結構型的被動句是用一定的語法手段來表示的。現代漢語結構型的被動句，一般都是用"被"做標誌或用"被"介進動作行爲的主動者，而古代漢語結構型的被動句有多種語法手段，歸納一下，大致有四種類型。

（一）動詞後面用"於（于、乎）"

動詞後面用"於（于、乎）"引進動作行爲的主動者。前面所説那個意念上的被動句"以役圉師"，若在"役"的後面用"於"來引進主動者"圉師"，就不至於費解了，即結構上可以把被動關係表現出來了。下面兩例，完全可以憑藉動詞後面有無"於"作標誌來區分主動句和被動句。

（1）通者常制人，窮者常制於人。（《荀子·榮辱》）

（2）物物而不物於物。（《莊子·山木》）

例（1）的"制人"，是動賓關係，受事者"人"是賓語，而句子的主語"通者"是施事者；"制於人"，是動補關係，施事者"人"用介詞"於"引進，而句子的主語"窮者"是受事者。例（2）的"物物"和"物於物"也祇是一字（"於"）之差，語義完全不同，句式也完全兩樣。下面都是用"於"引進主動者的被動句：

（3）孟嘗君逐於齊而復反。（《戰國策·齊策》）

（4）魏惠王兵數破於齊、秦。（《史記·商君列傳》）

（5）燕小弱，數困於兵，今計舉國不足以當秦。（《史記·刺客列傳》）

當然"於"本身不表被動義，但如果把這類句子裏的"於"去掉，那句義就會改變，甚至完全相反。所以把這種用法的"於"當作被動句的一種語法手段來看待，是符合古代漢語規律的。

（二）動詞前面用"見"

動詞前面用"見"表示被動關係。如：

（1）盆成括見殺。（《孟子·盡心下》）

（2）投我以桃，報之以李，即此言愛人者必見愛也，而惡人者必見惡也。（《墨子·兼愛下》）

（3）高祖且至楚，信欲發兵反；自度無罪，欲謁上，恐見擒。（《史記·淮陰侯列傳》）

"見"是表被動義的助動詞。"必見惡"的"見"直接被副詞"必"修飾，可證。但"見"不能引進動作行爲的主動者，只有在動詞後面用"於"引進動作行爲的主動者。如：

（4）吾長見笑於大方之家。（《莊子·秋水》）

（5）有獨知慮者必見訾於民。（《商君書·更法》）

（6）昔日，彌子瑕見愛於衛君。（《史記·老子韓非列傳》）

（三）動詞前面用"爲"

動詞前面用"爲"表示被動關係。如：

（1）厚者爲戮，薄者見疑。（《韓非子·説難》）

（2）力不若牛，走不若馬，而牛馬爲用，何也？（《荀子·王制》）

（3）誠令成安君聽足下之計，若信者亦已爲禽矣。（《史記·淮陰侯列傳》）

"爲"的這種用法跟"見"相同，例（1）"爲戮"的"爲"和"見疑"的"見"互換後意思不變。但"見"不能直接引進動作行爲的主動者，而"爲"可以直接引進動作行爲的主動者。如：

（4）知伯身死，國亡地分，爲天下笑，此貪慾無厭也。（《戰國策·趙策》）

（5）吾屬今爲之虜矣！（《史記·項羽本紀》）

例（4）的"爲天下"作"笑"的狀語，"爲"引進動作行爲"笑"的主動者"天下（人）"；例（5）的"爲之"作"虜"的狀語，"爲"引進動作行爲"虜"的主動者"之"。

值得注意的是，有時"爲"引進動作行爲的主動者組成介賓短語作狀語，並在表示動作行爲的謂語前面直接加上一個助詞"所"，構成"（爲＋主動者）＋（所＋謂語動詞）"的格式。如：

（6）時，月氏已爲匈奴所破。（《漢書·張騫傳》）

（7）楚遂削弱，爲秦所輕。（《戰國策·秦策》）

（8）數十年竟爲秦所滅。（《史記·屈原賈生列傳》）

偶爾也出現"爲……見……"的用法，相當於"爲……所……"的用法。如：

（9）烈士爲天下見善矣，未足以活身。（《莊子·至樂》）

（10）近又有張道士，爲公見信。（宋濂《廬山王禕傳》）

這種用法上古已有，但很少用。漢末隋唐之間的古籍，偶爾還見到"爲……所見……"的用法。如：

（11）未嘗一日暫廢，實爲時輩所見推行。（韓愈《潮州刺史謝上表》）

有時"爲"並不引進動作行爲的主動者而直接跟助詞"所"結合表示被動，構成"爲所＋謂語動詞"的格式。如：

（12）岱不從，遂與戰，果爲所殺。（《史記·項羽本紀》）

（13）其將兵數困辱，其射猛獸，亦數爲所傷云。（《史記·李將軍列傳》）

（14）不者，若屬皆且爲所虜。（《史記·項羽本紀》）

（四）動詞前面用"被"

動詞前面用"被"表示被動關係。如：

（1）信而見疑，忠而被謗，能無怨乎？（《史記·屈原賈生列傳》）

（2）則僕償前辱之責，雖萬被戮，豈有悔哉！（司馬遷《報任安書》）

（3）國一日被攻，雖欲事秦，不可得也。（《戰國策·齊策》）

"被"表示被動關係，始於戰國，漢代逐漸用開。而"被"引進動作行爲的主動者，最早見於東漢蔡邕的《被收詩表》：

（4）五月十三日，臣被尚書召問。

到中古逐漸用開：

（5）吾被皇太后徵，不知所爲。（《三國忠·魏志·高貴鄉公傳》）

（6）時焉被天火燒城，車具蕩盡，延及民。（《三國志·蜀志·劉焉傳》）

有時也出現"被……所……"的格式。如：

（7）常被元帝所使，每懷羞恨。（《顏氏家訓·雜藝》）

有趣的是，最初"被"本身並未引進動作行爲的主動者，而是在動詞後面用"於"引進動作行爲的主動者，這很少見。如：

（8）萬乘之國，被圍於趙。（《戰國策·齊策》）

第四節　省略句

古代漢語經常出現省略句，主要是句子成分的省略和介詞的省略。

一、句子成分的省略

古代漢語的主語、賓語、謂語在一定的語境中往往可以省略。

（一）主語的省略

（1）禹八年於外，〔　　〕三過其門而不入，〔　　〕雖欲耕，得乎？（《孟子·滕文公上》）

（2）左師觸龍言願見太后，太后盛氣而揖之。〔　　〕入而徐趨。（《戰國策·趙策》）

（3）卻子至，請伐齊，晉侯勿許！〔　　〕請以其屬，〔　　〕又勿許。（《左傳·宣公十七年》）

（4）子路從而後，遇丈人，〔　　〕以杖荷蓧。（《論語·微子》）

（5）沛公謂張良曰：“從此道至吾軍不過二十里耳，〔　　〕度我至軍中，公乃入。”（《史記·項羽本紀》）

例（1）〔　　〕裏的主語承前主語而省略，例（2）〔　　〕裏的主語是隔句承前主語而省略，例（3）〔　　〕、〔　　〕裏的主語交錯承前主語而省略，例（4）〔　　〕裏的主語承前賓語而省略，例（5）〔　　〕裏的主語蒙後主語而省略。

（二）賓語的省略

（1）人皆有兄弟，我獨無〔　　〕。（《論語·顏淵》）

（2）左右以君賤之也，食〔　　〕以草具。（《戰國策·齊策》）

（3）明日，子路行。以告〔　　〕。子曰：“隱者也。”（《論語·微子》）

（4）小人有母，皆嘗小人之食矣，未嘗君之羹，請以〔　　〕遺之。（《左傳·隱公元年》）

例（1）〔　　〕裏的賓語是承前賓語而省略。例（2）〔　　〕裏的賓語也是承前賓語而省略，這種“動賓補”結構裏的賓語省略，在古代漢語中是比較常見的。例（3）〔　　〕裏的賓語是蒙後主語而省略。例（4）〔　　〕裏的賓語是承前賓語而省略，這種介詞賓語的省略在古代漢語中也是比較常見的。

（三）謂語的省略

（1）爲客治飯，而自〔　　〕藜藿。（《淮南子·說林訓》）

（2）躬自厚〔　　〕而薄責於人，則遠怨矣。（《論語·衛靈公》）

例（1）的謂語是承前謂語而省略，例（2）的謂語是蒙後謂語而省略。

二、介詞的省略

古代漢語的介詞“於（于）”和“以”往往省略。如：

（1）越人飾美女八人，納之〔　　〕太宰嚭。（《國語·越語》）

（2）孔子生〔　　〕魯昌平鄉陬邑。（《史記·孔子世家》）

（3）死馬且買之〔　　〕五百金，况生馬乎？（《戰國策·燕策》）

（4）上古有大椿者，以八千歲爲春，〔　　〕八千歲爲秋。（《莊子·逍遙遊》）

例（1）、例（2）的〔　　〕省略了介詞“於”；例（3）、例（4）的是承前介詞“以”而省略。

三、特殊的省略

因修辭的需要，古代漢語中還有分句省略的現象。如：

（1）人君毋聽寢兵，則群臣賓客莫敢言兵。（《管子·立政》）

（2）晉獻公將殺其世子申生，公子重耳謂之曰：“子蓋言子之志於公乎？”世子曰：“不可。君安驪姬，是我傷公之心也。”（《禮記·檀弓》）

例（1）“則”前應當有“若聽寢兵”的分句，但因表達轉折的修辭效果而省略。例（2）“是”前應當有“若言我之志於公”的分句，但因表達語急的修辭效果而省略。此類省略，語法上可以謂之特殊的省略，修辭上當然就是"跳脫"手法了。

　　總之，古代漢語因求簡而常有省略，從語法的角度來看，是一種語法現象，但若從修辭的角度來看，又是一種修辭現象。其實古代常用的"互文"手法，如果從語法的角度來看，也屬省略。如：

　　（3）秦時明月漢時關，萬里長征人未還。（王昌齡《出塞》）

　　（4）東西植松柏，左右種梧桐。（《孔雀東南飛》）

例（3）首句中是修辭上的當句互文。此例中"秦"和"漢"互文見義，"月"和"關"互文見義。從語法的角度來看："秦時明月""漢時關"，主語各自省略了"漢"和"秦"；或者賓語各自省略了"關"和"明月"。例（4）是修辭上的對句互文。此例中"東西"和"左右"互文見義，"松柏"和"梧桐"互文見義。從語法的角度來看："東西植松柏"，"左右種梧桐"，各自省略了"左右"和"東西"，或者各自省略了"梧桐"或"松柏"。

第五節　固定式

　　古代漢語有些詞語，主要是虛詞，總是互相配合連用，並且結構比較固定，一般謂之"固定式"或"固定結構""固定詞組""固定短語"。這裏舉出幾個，略加例釋。

一、"有以……"和"無以……"

　　（1）信喜，謂漂母曰："吾必有以重報母。"（《史記·淮陰侯列傳》）

　　（2）吾終當有以活汝。（馬中錫《中山狼傳》）

　　（3）韓昭侯曰："吹竽者衆，我無以知其善者。"（《韓非子·内儲説上》）

　　（4）諸侯初破，燕、齊、荊地遠，不爲置王，毋以填之。請立諸子，唯上幸許。（《史記·秦始皇本紀》）——注意："無以"也作"毋以"。

"有以"一般相當於"有什麼（可以）拿來……"的意思，"無以"一般相當於"没有什麼（可以）拿來……"的意思，二者是相對而言的，經常用於動詞謂語前，其實"有以"和"無以"一般是由"有所以"和"無所以"簡縮而來的。

二、"無乃……"和"得無……"

　　（1）繆公曰："買之五羊之皮而屬事焉，無乃天下笑乎！"（《吕氏春秋·慎人》）

　　（2）今汝欲官則相至，欲禄則上卿，既受吾賞，又責吾禮，毋乃難乎！（《説苑·尊賢》）——注意："無乃"也作"毋乃"。

　　（3）曰："日食飲得無衰乎？"（《戰國策·趙策》）

　　（4）王曰："得毋有病乎？"（《史記·扁鵲倉公列傳》）——注意："得無"也寫作"得毋""得微"。

　　（5）柳下季曰："今者闕然數日不見，車馬有行色，得微往見跖邪？"（《莊子·盜跖》）

"無乃"常與疑問語氣詞"乎"相呼應，用來表示語氣比較委婉的問話，一般相當於現代漢語"恐怕……吧"的意思。"得無"一般相當於"該不會……""是不是……"的意思，略有揣度的語氣。

三、"如（若、奈）……何"

　　(1) 以君之力，曾不能損魁父之丘，如太行、王屋何？（《列子·湯問》）

　　(2) 置而不遂，擊而不勝，其若爲諸侯笑何？（《國語·晉語》）

　　(3) 公叔病有如不可諱，將奈社稷何？（《史記·商君列傳》）

"如""若""奈"是古代音近通用的動詞，有"對""對付"之類意思。"何"是疑問代詞，有"怎麽""怎樣"之類意思。所謂"如……何""若……何""奈……何"就是"把……怎麽樣""對……怎麽辦"或"怎麽、怎樣對付（安置、處置）……"。至於在"如（若、奈）……何"之間插進代詞（如"之"），構成"如（若、奈）之何"固定格式，跟"如（若、奈）……何"的意思差不多，衹不過疑問的語氣略重些，由於其中的"之"已開始虛化，也可直接譯成"該怎麽辦"。略舉三例：

　　(4) 哀公問於有若曰："年饑，用不足，如之何？"（《論語·顏淵》）

　　(5) 晉侯謂慶鄭曰："寇深矣，若之何？"（《左傳·僖公十五年》）

　　(6) 西門豹顧曰："巫嫗、三老不來還，奈之何？"（《史記·滑稽列傳》漢褚少孫補）

四、"唯……是……"和"唯……之……"

　　(1) 余雖與晉出入，余唯利是視。（《左傳·成公十三年》）

　　(2) 今周與四國服事君王，將唯命是從，豈其愛鼎！（《左傳·昭公十二年》）

　　(3) 唯魚之求。（《列子·湯問》）

"唯……是（之）……"不衹是簡單利用"是（之）"使賓語前置，而是"唯"含有"衹要"之類的意思，強調了動作行爲對於賓語的單一性和排他性。

五、"何……之有"

　　(1) 宋何罪之有？（《墨子·公輸》）

　　(2) 苟得聞子大夫之言，何後之有？（《國語·越語》）

　　(3) 三害未除，何樂之有？（《晉書·周處傳》）

其實這種格式也是利用"之"使賓語前置，等於説"有什麽……呢"。值得注意的有兩點：第一，其中的"何"有時用"曷""奚"等其他的疑問代詞，如《魏書·胡叟列傳》："今則憲章無虧，曷祝鮀之有也！"《韓非子·揚權》："爲主而無臣，奚國之有？"第二，"何……之有"在特定的語境中，有時簡縮成"何有"，《論語·里仁》："能以禮讓爲國乎？何有？"

六、"何……之……"和"何其……"

　　(1) 何許子之不憚煩！（《孟子·滕文公上》）

　　(2) 嘆！大姊，何藏之深也！（《史記·外戚世家》）

　　(3) 夫子之門何其雜也？（《荀子·法行》）

　　(4) 汝來何其晚也？（《史記·孔子世家》）

"何"是疑問代詞，"之"和"其"是指示代詞。"何……之……"表示"怎麼（爲什麼）……這麼……""怎麼這麼……"的意思，主要用來加強感嘆，不過，用在動詞或形容詞前往往表示問原因和程度。"何其雜也"即"怎麼那麼雜""爲什麼那麼雜"。

七、"何……爲""何故……爲"和"何以……爲"

（1）夕時，莊賈乃至。穰苴曰："何後期爲？"（《史記·司馬穰苴列傳》）

（2）何故懷瑾握瑜而自令見放爲？（《史記·屈原賈生列傳》）

（3）項王笑曰："天之亡我，我何渡爲？"（《史記·項羽本紀》）

（4）昔子胥過，吾猶不取，今我何以子千金劍爲？（《呂氏春秋·異寶》）

"何"是疑問代詞，"爲"是語氣詞。例（1）是問原因，"何後期爲"，即"爲什麼晚到"。這種用法的"何"也可以用"何故"來表示，例（2）即是。至於例（3）的"何……爲"，應看作反問，是強化肯定的語義，"何渡爲"，即"還要渡江幹甚麼"，也就是"不用渡江了"。這種用法的"何"，也可以用"何以"來表示，例（4）即是。有時也寫成"何用"，如："兩賊相得，得形於默，何用姓字爲？"（《吳越春秋》卷三）值得注意的是：疑問代詞也常用"奚""惡""安"等與"爲"配合。

（5）奚以之九萬里而南爲？（《莊子·逍遙遊》）

（6）惡用是鶃鶃者爲哉？（《孟子·滕文公下》）

（7）世方亂，安以富爲？（《三國志·魏志·溫恢傳》）

八、"孰與""孰若"

"孰與""孰若"的用法詳見第四章第一節"五、代詞"中的"（三）疑問代詞"部分。

第六節　複句和緊縮複句

一、複句

複句是由意義上有關聯、結構上又不互爲句子成分的兩個或兩個以上的單句充當分句複合而成的具有較大語義容量的語言單位。

複句常用關聯詞語表達分句間的意義關係，不用關聯詞語的是意合法的複句。

（一）聯合複句

分句間意義上不分主從關係的複句是聯合複句。這類複句有並列、承接、遞進、選擇四種句式。

1. 並列式

（1）湯武之王也不循古而興，殷夏之滅也不易禮而亡。（《商君書·更法》）

（2）天變不足畏，祖宗不足法，人言不足恤。（《宋史·王安石傳》）

（3）邦君樹塞門，管氏亦樹塞門。（《論語·八佾》）

（4）吏不敢以非法遇民，民又不敢犯法。（《商君書·定分》）

（5）遵馮几口占書吏，且省官吏。（《漢書·陳遵傳》）

例（1）、（2）是意合法。例（3）、（4）分別有“亦”“又”表示分句之間的關聯。例（5）的“且”表示分句之間的關聯，是並列，不是遞進，後分句主語承前省。

2. 承接式

(1) 樊噲側其盾以撞，衛士仆地。（《史記·項羽本紀》）

(2) 至，則行矣。（《論語·微子》）

(3) 扁鵲已逃去，桓侯遂死。（《史記·扁鵲倉公列傳》）

(4) 文侯不忍而復與之，豹因重斂百姓。（《韓非子·外儲説左下》）

(5) 此人一一爲具言所聞，皆嘆惋。（陶潛《桃花源記》）

(6) 東面而視，不見水端，於是焉河伯始旋其面目，望洋向若而嘆。（《莊子·秋水》）

例（1）是意合法。例（2）、（3）、（4）、（5）、（6）分別有“則”“遂”“因”“皆”“於是焉”表示分句之間的關聯。例（2）兩分句主語均因語境省略。例（5）後分句主語承前省，例（6）前分句主語蒙後省。

3. 遞進式

(1) 不能行於易，能行於難乎？（《論衡·問孔》）

(2) 孤之過也，大夫何罪？且吾不以一眚掩大德。（《左傳·僖公三十三年》）

(3) 庸人尚羞之，況於將相乎？（《史記·廉頗藺相如列傳》）

(4) 故學者，固學爲聖人也，非特學爲無方之民也。（《荀子·禮論》）

例（1）是意合法。例（2）、（3）、（4）分別有“且”“尚……況”“固……非特”表示分句之間的關聯。例（2）後分句主語承前者，例（3）後分句謂語承前省。例（4）分句順序與例（2）相反，“固……非特”可譯爲“尚且……不僅”。

4. 選擇式

(1) 王者貴乎？士貴乎？（《戰國策·齊策》）

(2) 富貴者驕人乎？且貧賤者驕人乎？（《史記·魏世家》）

(3) 求之歟？抑與之歟？（《論語·學而》）

(4) 齊國之諸公子其可輔者，非公子糾，則小白也。（《韓非子·説林下》）

(5) 吾寧斗智，不能斗力。（《史記·項羽本紀》）

例（1）是意合法。例（2）、（3）、（4）、（5）分別有“且”“抑”“非……則”“寧……不”表示分句之間的關聯。例（3）兩分句主語“夫子”均承前者，例（4）、（5）後分句主語承前省。

（二）偏正複句

分句之間意義上具有主從關係的複句是偏正複句。這類複句有轉折、因果、假設、條件四種句式。

1. 轉折式

(1) 尊農夫，農夫已貧賤矣。（《漢書·食貨志》）

(2) 怪之可也，而畏之非也。（《荀子·天論》）

（3）周勃重厚少文，然安劉氏者必勃也。（《史記·高祖本紀》）

（4）其子趨而視之，苗則槁矣。（《孟子·公孫丑上》）

（5）此在兵法，顧諸君不察耳。（《史記·淮陰侯列傳》）

例（1）是意合法，前分句主語承前省。例（2）、（3）、（4）、（5）分別有"而""然""則""顧"表示分句之間的關聯。

2. 因果式

（1）斷而敢行，鬼神避之，後有成功。（《史記·李斯列傳》）

（2）以晏子短，楚人爲小門於大門之側而延晏子。（《晏子春秋·內篇雜下》）

（3）楚靈王好細腰，而國中多餓人。（《韓非子·二柄》）

（4）兵出無名，事故不成。（《漢書·高帝紀》）

例（1）是意合法。例（2）、（3）、（4）分別有"以""而""故"表示分句之間的關聯。

3. 假設式

（1）城不入，臣請完璧歸趙。（《史記·廉頗藺相如列傳》）

（2）楚誠能絕齊，秦願獻商、於之地六百里。（《史記·屈原賈生列傳》）

（3）子產而死，誰其嗣之？（《左傳·襄公三十年》）

（4）向使主人聽客之言，不費牛酒，終無火患。（《説苑·權諫》）

（5）公子若反晉國，則何以報不穀。（《左傳·僖公二十三年》）

例（1）是意合法。例（2）、（4）、（5）分別有"誠""向使""若……則"表示分句之間的關聯。例（3）的"而"表示分句之間的關聯，是假設，不是轉折。例（4）、（5）後分句主語承前省。

4. 條件式

（1）臣疑其君，無不危國。（《史記·李斯列傳》）

（2）三十日不還，則請立太子爲王，以絕秦望。（《史記·廉頗藺相如列傳》）

（3）必以長安君爲質，兵乃出。（《戰國策·趙策》）

（4）數罟不入洿池，魚鱉不可勝食也。（《孟子·梁惠王上》）

例（1）是意合法。例（2）、（3）、（4）有"則""乃""不……不"表示分句之間的關聯。例（4）前分句表示唯一條件，有"不怎麽就不怎麽"的意思。

（三）多層複句

以上講複句都是就單一層次關係而言，二層、多層複句也可按照本節所講兩類八式來分析組合關係。如：

（1）臣之妻私臣，‖臣之妾畏臣，‖臣之客欲有求於臣，│皆以美於徐公。（《戰國策·齊策》）

（2）愚者笑之，‖智者哀焉；│狂夫樂之，‖賢者喪焉。（《商君書·更法》）

（3）堯爲匹夫，‖不能治三人，‖而桀爲天子，‖能亂天下，│吾以此知勢位之足恃而賢智不足慕。（《韓非子·難勢》）

"│"表示第一層關係，"‖"表示第二層關係，"‖"表示第三層關係，餘類推。例

（1）第一層是因果關係，第二層是並列關係。例（2）第一層切在"狂夫"之前，是並列關係；第二層分別切在"智者"和"賢者"之前，是轉折關係（"樂之"原爲"之樂"，今據前文"笑之"對改爲"樂之"）。例（3）第一層切在"吾"之前，是因果關係；第二層切在"而"之前，是轉折關係；第三層分別切在"不能"和"能"之前，是條件關係。

　　古代漢語複句，無論單層、二層還是多層的，都要注意多義項的關聯詞語。如"且"，可以表並列，也可以表遞進，還可以表選擇等；又如"則"，可以表承接，也可以表轉折，還可以表條件等。因此，辨識複句關係應當細心考察關聯詞語在複句中的義項。可見學好虛詞中的關聯詞語是學好複句的必要基礎。

二、緊縮複句

　　凡以緊縮形式表示複句容量的語言單位，叫作"緊縮複句"。無論聯合複句還是偏正複句，都有緊縮形式。如：

　　（1）彼竭我盈。（《左傳·莊公十年》）

　　（2）非此其誰？（《國語·晉語》）

　　（3）非子而誰？（《左傳·宣公二年》）

　　（4）非禍而奚？（《説苑·善説》）

　　（5）（此鳥）一飛衝天。（《史記·滑稽列傳》）

　　（6）既饒爭時。（《史記·貨殖列傳》）

　　（7）雖褻必以貌。（《論語·鄉黨》）

　　（8）雖赴水火可也。（《史記·孫子吳起列傳》）

　　（9）見小利則大事不成。（《論語·子路》）

　　（10）否則奉身而退。（《左傳·襄公二十六年》）

　　（11）不者將有火患。（《説苑·權謀》）

　　（12）然則管仲知禮乎？（《論語·八佾》）

例（1）是並列式緊縮複句。例（2）、（3）、（4）是選擇式緊縮複句。例（5）、（6）、（7）、（8）、（9）、（10）、（11）、（12）是條件式緊縮複句。有的複句緊縮後，前分句和後分句難以辨識，要注意古今詞語的異同。例（10）的"否則"在古代漢語是兩個詞，"否"是前分句，"則奉身而退"是後分句；例（12）的"然則"在古代漢語也是兩個詞，"然"是前分句，"管仲知禮乎"是後分句，"則"是連接前後兩分句的關聯詞語（連詞）。這種情形比較複雜，因此掌握一些常見的關聯詞語，對於辨識緊縮複句很有幫助。

文　選

馮諼客孟嘗君

《戰國策·齊策四》

　　齊人有馮諼者，貧乏不能自存①，使人屬孟嘗君，願寄食門下②。孟嘗君曰："客何好③？"曰："客無好也。"曰："客何能④？"曰："客無能也。"孟嘗君笑而受之⑤，曰："諾⑥。"

左右以君賤之也，食以草具⑦。居有頃，倚柱彈其劍，歌曰⑧："長鋏歸來乎⑨！食無魚。"左右以告⑩。孟嘗君曰："食之，比門下之客⑪。"居有頃，復彈其鋏，歌曰："長鋏歸來乎！出無車。"左右皆笑之，以告。孟嘗君曰："爲之駕，比門下之車客⑫。"於是乘其車，揭其劍，過其友曰⑬："孟嘗君客我⑭！"後有頃，復彈其劍鋏，歌曰："長鋏歸來乎！無以爲家⑮。"左右皆惡之，以爲貪而不知足⑯。孟嘗君問："馮公有親乎⑰？"對曰⑱："有老母。"孟嘗君使人給其食用，無使乏⑲。於是馮諼不復歌⑳。

後孟嘗君出記㉑，問門下諸客："誰習計會、能爲文收責於薛者乎㉒？"馮諼署曰㉓："能。"孟嘗君怪之㉔，曰："此誰也？"左右曰："乃歌夫'長鋏歸來'者也㉕。"孟嘗君笑曰："客果有能也！吾負之，未嘗見也㉖。"請而見之，謝曰㉗："文倦於事，憒而憂㉘，而性懧愚，沉於國家之事㉙，開罪於先生㉚，先生不羞，乃有意欲爲收責於薛乎㉛？"馮諼曰："願之。"於是約車治裝，載券契而行㉜。辭曰："責畢收，以何市而反㉝？"孟嘗君曰："視吾家所寡有者㉞。"

驅而之薛㉟，使吏召諸民當償者悉來合券㊱。券徧合，起㊲，矯命以責賜諸民，因燒其券㊳，民稱萬歲。

長驅到齊，晨而求見㊴。孟嘗君怪其疾也，衣冠而見之㊵，曰："責畢收乎？來何疾也？"曰："收畢矣。""以何市而反？"馮諼曰："君云'視吾家所寡有者㊶'，臣竊計君宮中積珍寶，狗馬實外廐，美人充下陳㊷；君家所寡有者，以義耳㊸！竊以爲君市義㊹。"孟嘗君曰："市義奈何㊺？"曰："今君有區區之薛，不拊愛子其民㊻，因而賈利之㊼。臣竊矯君命，以責賜諸民，因燒其券，民稱萬歲。乃臣所以爲君市義也㊽。"孟嘗君不說㊾，曰："諾，先生休矣㊿。"

後期年，齊王謂孟嘗君曰[51]："寡人不敢以先王之臣爲臣[52]。"孟嘗君就國於薛。未至百里[53]，民扶老攜幼，迎君道中[54]。孟嘗君顧謂馮諼[55]："先生所爲文市義者，乃今日見之[56]。"馮諼曰："狡兔有三窟，僅得免其死耳[57]；今君有一窟，未得高枕而臥也。請爲君復鑿二窟[58]。"孟嘗君予車五十乘[59]，金五百斤，西遊於梁，謂惠王曰[60]："齊放其大臣孟嘗君於諸侯[61]，諸侯先迎之者，富而兵強。"於是梁王虛上位，以故相爲上將軍，遣使者黃金千斤，車百乘，往聘孟嘗君[63]。馮諼先驅，誡孟嘗君曰[64]："千金，重幣也[65]；百乘，顯使也[66]。齊其聞之矣[67]。"梁使三反，孟嘗君固辭不往也[68]。

齊王聞之，君臣恐懼，遣太傅賷黃金千斤[69]、文車二駟、服劍一[70]，封書謝孟嘗君曰[71]："寡人不祥，被於宗廟之祟[72]，沉於諂諛之臣[73]，開罪於君，寡人不足爲也[74]；願君顧先王之宗廟，姑反國統萬人乎[75]！"馮諼誡孟嘗君曰："願請先王之祭器，立宗廟於薛[76]。"廟成，還報孟嘗君曰："三窟已就[77]，君姑高枕爲樂矣[78]。"

孟嘗君爲相數十年，無纖介之禍者[79]，馮諼之計也。

題　解

　　本文選自《戰國策·齊策四》，記叙策士馮諼寄食孟嘗君門下，竭力維護孟嘗君政治地位和既得利益的故事。文章通過對馮諼"焚券市義""營造三窟"等情節的細緻叙述，生動地描繪了馮諼的政治見解和才能，以及深謀遠慮的策士形象，表現了"士"在當時政治生活中的重要地位。同時，也揭示了當時統治集團內部的世態人情。

注　釋

① 有馮諼者：有馮諼這樣一個人。諼（xuān）一本作"煖"。者：代詞，複指前面的名詞。貧乏：貧窮，缺吃少穿。自存：意指養活自己。

② 屬（zhǔ）：囑託，請託，轉達意願。此意後寫作"囑"。孟嘗君：姓田名文，齊國貴族，湣（mǐn）王時爲相；輕財好義，門下常集食客數千人，與魏信陵君（魏無忌）、楚春申君（黃歇）、趙平原君（趙勝）同稱"戰國四公子"。孟嘗君是他的封號。寄食：靠別人吃飯，指充當食客。

③ 何好：愛好甚麼。疑問代詞"何"作動詞"好"的前置賓語。

④ 何能：能做甚麼。能：動詞，能够做到。疑問代詞"何"作"能"的前置賓語。下句"無能"的"能"是名詞，意爲能力。

⑤ 受：接受。之：代詞，指馮諼。

⑥ 諾（nuò）：應答的聲音，表示同意。

⑦ 左右：指手下辦事的人。以：介詞，因爲。君：指孟嘗君。賤之：認爲他卑賤。賤：形容詞用作意動，以之爲賤。之：代詞，指馮諼。食（sì）以草具：給他粗劣的飯菜吃。食：給……吃。以：介詞，用。草具：粗劣的飲食。草：粗劣。具：飲食。

⑧ 居有頃：過了不久。有頃：不多時。居：在這裏有"經過"的意思。歌：動詞，歌唱。

⑨ 長鋏（jiá）歸來乎：劍啊，咱們回去吧！鋏：劍把，這裏指代劍。乎：語氣詞，表示探詢語氣。

⑩ 以告：把（馮諼唱歌的事）告訴（孟嘗君）。以：介詞，把，後省略賓語。這是文言裏一種省略兩個賓語的句法。

⑪ 食（sì）之：給他吃。比門下之客：照門下一般客人那樣看待。孟嘗君門客分三等，上客食肉，中客食魚，下客食菜。比：比照，與……同等。

⑫ 爲之駕：給他準備車馬。爲：動詞，準備。之：指馮諼。"爲之駕"是雙賓語句法。車客：有車坐的門客。

⑬ 揭其劍：舉着他的劍（表示得意）。過：拜訪。

⑭ 客我：把我當作門客看待。客：名詞用作意動，以我爲客。

⑮ 無以爲家：没有用來養家的東西。等于説没有力量照顧家。爲：動詞；爲家，養家。無以：固定式，一般相當於"没有甚麼……（可以）拿來……"的意思。

⑯ 惡（wù）：厭惡。

⑰ 親：父母親。

⑱ 對曰：回答説。對：多用于下對上的回答或對話。

⑲ 給其食用：供應他母親的飲食、用度。給（jǐ）：供給，供應。其：代詞，指代馮諼的母親。無：否定代詞，不要。乏（fá）：缺乏。使乏："使"，介詞，後省賓語"之"，構成"使之"作"乏"的狀語。

⑳ 不復歌：指不再唱歌。復：反復。

㉑ 出記：出了一個通告。出：出示。記：文告一類的東西。

㉒ 習：熟悉，通曉。計會（kuài）：即會計。責（zhài）：所欠的錢財，同"債"。文：孟嘗君自稱其名。薛：齊國地名，在今山東微山縣東，是孟嘗君繼承其父田嬰的封地。

㉓ 署：簽名。

㉔ 怪之：以此人爲怪。怪：形容詞用作意動，以之爲怪。

㉕ 乃：副詞，就（是）。
㉖ 負之：對不起他。未嘗：未曾。
㉗ 謝：道歉。
㉘ 倦於事：被事務搞得很疲勞。於：介詞，引出動作行爲的主動者。憒（kuì）：心亂。
㉙ 懧（nuò）愚：愚弱無能。懧：同“懦”。沉：沉溺。
㉚ 開罪：得罪。
㉛ 羞：以此事爲羞耻。名詞用作意動，後省略賓語。以此爲羞。乃：副詞，卻，竟然。欲：想要，要。爲（wèi）：介詞，替。後省略賓詞。
㉜ 約車：套車。約：捆紮，套。治裝：整理行裝。券（quàn）契：借據。券：兩家各拿一份可以合驗的契約。
㉝ 辭曰：告辭説。畢收：全部收了。以何市：用所收的債款買甚麽東西。以：介詞，用，後省賓語。何：疑問代詞，作賓語，置于動詞“市”之前。市：買。反：同“返”，歸來。
㉞ 所寡有者：所缺少的東西。
㉟ 驅：趕車。之：動詞，到……去。
㊱ 使吏召諸民當償者悉來合券：叫小吏召集衆百姓之中該還債的人都來合驗債據。償：償還。悉：副詞，都。合：合驗。古代的契約寫在竹簡或木簡上，中分兩半，旁邊刻有齒，雙方各持一半，對證時，合起來驗看謂之合驗。
㊲ 徧：同“遍”，全部。起：起身，站起來。
㊳ 矯命：假托（孟嘗君的）命令。矯：假托。以責賜諸民：把債款賜給衆百姓，指不要百姓還債了。因：於是，就。其：代詞，那些。
㊴ 長驅：趕着車直奔。意爲途中片刻不停留地趕着車直奔。齊：指齊國都城臨淄。晨而求見：早晨就求見孟嘗君。而：連詞，連接狀語和中心語。
㊵ 怪其疾：以馮諼的快速返回爲怪。怪：形容詞用作意動，以之爲怪。衣冠：衣與冠都是名詞用作動詞。穿好衣服戴好帽子。
㊶ 君云：您説。云：動詞，説。
㊷ 臣：馮諼自稱，表謙虚。竊：副詞，表自謙，意爲私下。計：考慮。實：充實。廄（jiù）：馬房。充：動詞，充滿。下陳：指堂下陳放財物、站列婢妾的地方。
㊸ 以義耳：以：疑是衍文。一説通“已”，“以”“已”古同形，皆可訓“僅”，亦通。耳：語氣詞，表限止語氣。
㊹ 市義：買回了義。市：動詞，買。
㊺ 市義奈何：怎麽買義。
㊻ 區區：小小的。拊（fǔ）：安撫、撫慰。子其民：以薛地百姓爲己子。子：名詞用作意動，以之爲子。
㊼ 因：趁，憑藉。後省略賓語。賈（gǔ）利之：用商賈之道向百姓取利。之：指薛地百姓。
㊽ 乃臣所以爲君市義也：（這）就是我用來爲你買義的方式。所以：凝固格式，表示行爲憑藉的方式，使後面的謂詞性詞組名詞化。這裏“臣所以爲君市義”相當於一個名詞。
㊾ 説（yuè）：高興、喜悦，同“悦”。
㊿ 休：停止。“休矣”等於説算了吧，是一種不滿的表示。
(51) 期（jī）年：一周年。《書・堯典》：“期，三百有六旬有六日。”齊王：指齊湣（mǐn）王。
(52) 不敢以先王之臣爲臣：不敢用先王的臣做我的臣僚。以：介詞，用。這是委婉的説法，其實就是罷去孟嘗君的職務。
(53) 未至百里：距薛地還有百里未到。
(54) 迎君道中：在道上迎接孟嘗君。道中：道上，半路上。前省介詞“於”，作動詞“迎”的補語。
(55) 顧：回頭看。
(56) 先生所爲文市義者：先生替我買義的道理。“所”“者”都是結構助詞，分别附在“爲文市義”的前後構成名詞性結構。乃今日見之：今天才見到了。乃：副詞，可譯作"才"。

57 僅：副詞，才。得：能够。耳：語氣詞，而已、罷了。

58 未得：還不能够。高枕而臥：墊高枕頭（無憂無慮地）躺着，指放鬆戒備。高：形容詞用作使動。

59 予：給予。乘（shèng）：量詞，一車四馬爲一乘。

60 金：戰國時銅質貨幣的通稱。斤：先秦貨幣的單位，下文的"黃金千斤"同此。西遊於梁：向西方到梁國遊説。西：方位名詞作狀語，向西。梁：即魏國。魏王罃（yīng）也稱梁惠王，遷都大梁（今河南開封市），故魏又稱梁。惠王：指梁惠王。

61 放：放逐。於諸侯：介賓結構，表示動作放逐的處所。

62 虛上位：空出上位。上位：指相位。虛：形容詞用作使動。以故相爲上將軍：把原來的相調作上將軍。

63 "黃金"前省略了介詞"以"。往：去。聘：聘請。

64 先驅：先趕車回去。誡：告誡、囑咐。

65 千金：即金千斤。幣：古代用作禮物的絲織品。這裏泛指禮品。

66 百乘，顯使也：（帶着）百輛車子，是顯貴的使臣呀。顯使：地位顯耀的使臣。

67 齊其聞之矣：齊國大概聽説這些了。其：語氣詞，表測度語氣，大概、恐怕。之：代詞，指重幣、顯使。

68 三反：往返了三次。反：同"返"。固辭：堅決推辭。不往：不去。

69 太傅：輔佐國君的官，次於太師。賚（jī）：攜帶。

70 文車：繪有文彩的車。文同"紋"。二駟：兩輛。駟：配有四匹馬的車子。服劍：佩帶的劍。服：動詞，佩帶，作劍的定語。

71 封書：封好書信。謝孟嘗君：向孟嘗君道歉。謝：道歉。

72 不祥：沒有福氣。祥：吉利、吉祥。被於宗廟之祟（suì）：遭受了祖宗神靈降下的災禍。被：遭受。宗廟：供奉、祭祀祖先的處所，這裏指祖先的神靈。祟：神鬼降下的災禍。

73 沉於諂諛之臣：被諂媚逢迎的臣子迷惑。沉：沉迷。諂諛：諂媚逢迎。

74 寡人不足爲也：我不值得你來輔佐。爲：動詞，可譯作"輔佐""幫助"。

75 顧：顧念。姑反國統萬人乎：姑且回到齊國來，治理全國的百姓吧。姑：副詞，姑且、暫且。統：治理、統轄。萬人：指全國百姓。

76 願請先王之祭器：希望你向齊王請求賜予先王傳下來的祭祀祖先使用的祭器。

77 立宗廟於薛：在薛地建立宗廟。這是馮諼爲孟嘗君定下的安身之計之一。因爲古代重視宗廟，薛地有了先王的宗廟，齊王將來即便奪其國而毀之，且必須加以保護，這樣孟嘗君的地位就更加鞏固了。

78 就：完成、成就。

79 爲樂：作樂，指無後顧之憂。

80 纖介：細微，一點點。纖（xiān）：細微。介：通"芥"，小草。介、芥上古同屬見母、曷部。

文 選

△司馬錯論伐蜀

《戰國策·秦策一》

司馬錯與張儀爭論於秦惠王前①。司馬錯欲伐蜀，張儀曰："不如伐韓②。"王曰："請聞其説③。"對曰："親魏善楚，下兵三川④，塞轘轅、緱氏之口⑤，當屯留之道⑥，魏絕南陽，楚臨南鄭⑦，秦攻新城、宜陽，以臨二周之郊⑧，誅周主之罪，侵楚、魏之地⑨。周自知不救，九鼎寶器必出⑩。據九鼎，按圖籍⑪，挾天子以令天下，天下莫敢不聽⑫，此王業也⑬。今夫蜀，西辟之國而戎狄之長也⑭，弊兵勞衆不足以成名⑮，得其地不足以爲利⑯。臣聞：爭名者於朝，爭利者於市⑰。今三川、周室，天下之市朝也，而不爭焉⑱，顧爭於戎狄，去王業遠矣⑲。"

　　司馬錯曰："不然。臣聞之，欲富國者，務廣其地⑳；欲強兵者㉑，務富其民；欲王者，務博其德㉒。三資者備，而王隨之矣㉓。今王之地小民貧，故臣願從事於易㉔。夫蜀，西辟之國也，而戎狄之長也，而有桀、紂之亂㉕。以秦攻之，譬如使豺狼逐羣羊也。取其地，足以廣國也；得其財，足以富民；繕兵不傷衆，而彼已服矣㉗。故拔一國，而天下不以爲暴；㉘利盡四海，諸侯不以爲貪。是我一舉而名實兩附㉚，而又有禁暴正亂之名㉛。今攻韓劫天子㉜，劫天子，惡名也，而未必利也㉝，又有不義之名，而攻天下之所不欲，危㉞！臣請謁其故㉟：周，天下之宗室也㊱；齊、韓，周之與國也㊲。周自知失九鼎，韓自知亡三川㊳，則必將二國并力合謀㊴，以因於齊、趙，而求解乎楚、魏㊵。以鼎與楚，以地與魏，王不能禁㊶。此臣所謂‘危’，不如伐蜀之完也㊷。"惠王曰："善！寡人聽子㊸。"

　　卒起兵伐蜀，十日取之，遂定蜀㊹。蜀主更號爲侯㊺，而使陳莊相蜀㊻。蜀既屬，秦益強富厚，輕諸侯㊼。

題　解

　　本文選自《戰國策·秦策一》，記述了公元前316年司馬錯和張儀在秦惠王前關於伐蜀還是伐韓的一場爭論。當時，秦國在商鞅變法後逐漸強盛，開始了併吞諸侯、統一中國的進程；但秦國內部在戰略問題上發生了爭執：一派主張先揮師東進，伐韓滅周，在短期內建立王業，再攻楚、魏，這對於當時地小民貧的秦國是不切合實際的。另一派主張先進軍西南，吞併巴、蜀，進一步增強秦國的國力，再圖進取。司馬錯和張儀分別代表這兩種主張。經過爭論，秦惠王採用了司馬錯伐蜀的建議，爲日後進攻中原各國作好了準備，奠定了統一天下的堅實基礎。

注　釋

① 司馬錯：戰國時秦國人。司馬遷八世祖。張儀（？—前310）：戰國時魏國人。當時著名的策士，曾任秦相，遊説各國連秦，瓦解了合縱。秦惠王：秦惠文王，前337年—前311年在位。

② 伐：進攻，討伐。蜀：古國名，在今四川西部。韓：諸侯國名，在今河南西北部和山西東南部，都城新鄭，在今河南新鄭市。

③ 請聞其説：請讓我聽一聽具體的情況。其：代詞，指代"不如伐韓"。

④ 對曰：回答説。魏、楚：諸侯國名，都是韓的鄰國。三川：今河南洛陽一帶，當時主要是東周君、西周君的封地，部分爲韓地。因境內有洛水、伊水、黃河，故稱三川。親魏善楚：即聯合魏、楚攻韓。下兵三川：即是攻韓滅二周，劫持周天子。因周的南面、東面是韓，北面是黃河，所以滅周需要先攻韓。

⑤ 塞：堵住。轘（huán）轅、緱（gōu）氏：都是山名，韓地，在今河南偃師縣東南，地形險要，是韓國和三川東南部的軍事要地。

⑥ 當：擋住，本文指切斷。屯留：韓地，在今山西屯留縣。切斷了通往屯留的道路就是把韓地分割開了。

⑦ 絕：隔斷。南陽：在太行山南、黃河北，今河南焦作市一帶，是韓國南、北部的咽喉地帶。臨：蒞臨，到達。南鄭：指原屬鄭國南部的地區，此時韓已滅鄭，併入韓國。

⑧ 新城、宜陽：地名，新城在今河南伊川縣西南，宜陽在今河南宜陽縣西。兩地都位於雒南部，在韓國控制之下。二周：東周和西周，戰國時的兩個小國。郊：城外，郊外。

⑨ 誅：責問、責罰。周主：指東、西二周的國君。這是作爲滅二周、劫持周天子的口實。侵楚、魏之地：意爲據有二周之地以後就可劫持周天子，向楚、魏發起進攻了。

⑩ 周自知不救：周天子自己知道不可能得到諸侯國的救援。周：指周天子。九鼎：傳說夏朝禹王用九州之銅鑄造了九個鼎，一直傳到周朝，是王權的象徵。寶器：即指九鼎。必出：指一定會獻給秦國。

⑪ 據：佔有。按圖籍：按，考察、依據。圖，地圖。籍，記載各地人口、物產的簿冊。意爲依據地圖和記載人口、出產等情況的簿冊（治理天下）。

⑫ 挾天子：控制天子。挾（xié）：挾持、控制。莫：否定性的無指代詞，沒有誰。

⑬ 王業：統一天下的事業。

⑭ 夫：指示代詞，那個。西辟之國：西方偏僻的國家。辟：偏僻，同僻。戎狄之長：少數民族的首領。戎：古代對西部民族的稱呼。狄：古代對北部民族的稱呼。戎狄：這裏泛指少數民族。

⑮ 弊兵勞衆：使軍隊疲憊，使百姓勞頓。指耗費國力。兵：軍隊、部隊。弊、勞：都是形容詞用作使動。成名：使名成，指稱王。

⑯ 爲利：指增加國家的利益和國力。

⑰ 臣聞：爭名者於朝，爭利者於市：我聽說：追逐名聲的人要在朝廷上，追逐利益的人要在市場上。朝：朝廷。市：市場。

⑱ 周室：周王室所在地。天下之市朝：意思是天下爭名爭利者的目標。焉：指示代詞，在那裏，指在三川、周室。

⑲ 顧：副詞，反而。去：離開，距離。

⑳ 欲富國者：想要使國家富有的人。富：形容詞用作使動。務：致力於。廣：擴大。形容詞用作使動。

㉑ 強兵：使軍隊強大。強：形容詞用作使動。

㉒ 王（wàng）：動詞，統治天下。博其德：使自己的恩德廣博。博：形容詞用作使動。

㉓ 三資者備，而王隨之矣：這三個條件具備，王業也就隨之而至了。資：條件、憑藉。隨：跟隨。之：代詞，指“三資”。

㉔ 臣願從事於易：我希望先做容易的事。願：希望。易：形容詞用作名詞，指容易做的事。

㉕ 西辟之國：西面偏僻的國家。辟：同“僻”。桀、紂之亂：指蜀王無道，兄弟之間發生戰亂。桀、紂是夏、商兩朝亡國的暴君，這裏取其比喻意。

㉖ 以秦：憑藉秦國的力量。以：介詞、憑藉。

㉗ 繕兵不傷衆：修治武器而不必死傷多少人，帶有不戰而戰的意思。繕：修理、整治。彼：指示代詞，指蜀。

㉘ 拔：攻取。以爲：認爲。暴：殘暴。

㉙ 利盡四海：指蜀地富饒，四方之物，蜀地盡有。

㉚ 是：指示代詞，這樣。名：名聲，指不暴、不貪之名。實：實際，指“禁其地”“得其財”。附：歸入、附着（於秦國）。

㉛ 禁暴正亂：禁止暴行，糾正混亂。正：動詞，糾正。

㉜ 今：時間名詞，這裏用於假設句，相當於“現在如果”。劫：威逼、威脅。

㉝ 未必利：不一定有利。必：副詞，一定。

㉞ 天下之所不欲：天下人所不希望受到攻擊的地方。所：結構助詞，“所不欲”指不希望受到攻擊的地方。危：危險，指秦國將處於危險之中。

㉟ 謁（yè）：告訴、陳述。故：緣故。

㊱ 宗室：宗廟，這裏是比喻周天子爲天下的宗主。

㊲ 齊：戰國時東方的強國，在今山東北部。與國：盟國。

㊳ 亡三川：失去三川。亡：失去，丟失。

㊴ 則必將二國并力合謀：就一定會帶領兩國的軍隊，集中力量共同謀劃抗秦。將：動詞，帶領。并：合併。

㊵ 以：連詞，用法同"而"。因：通過，藉助。趙：韓國北部的鄰國，在今山西北部、河北西部和南部。求解乎楚、魏：意思是向楚、魏求助，以解脱困境。乎：介詞（用於句中），用法同"於"。

㊶ 以鼎與楚：把鼎獻給楚國。以鼎：介賓短語作"與"的狀語。王：指秦惠王。禁：制止、禁止。"以鼎與楚"和"以地與魏"二事秦國無法制止。

㊷ 臣所謂：我所説的。伐蜀之完：攻打蜀國更保全。完：完整，保全。

㊸ 聽子：聽從你的意見。子：古代對男子的尊稱。

㊹ 卒：副詞，終於。取之：攻下了蜀國。遂定蜀：於是平定了蜀地。遂：副詞，於是，就。

㊺ 蜀主：蜀國之君。更號：改變稱號，原蜀君改稱侯。

㊻ 陳莊：人名，秦國大臣。相：輔佐，其實質是監督。

㊼ 蜀既屬：蜀地已經歸附於秦。既：已經。益：副詞，更加。厚：指土地繁博。輕：形容詞用作意動。

第六章

修辭

　　修辭一詞，在我國古籍中出現很早，《周易·乾卦》有"修辭立其誠"的説法。唐代孔穎達認爲："辭謂文教，誠則誠實也。外則修理文教，内則立其誠實，内外相成，則有功業可居。"可見這裏的"修辭"，指的是修理文教。文教不但指文化教育，而且也含著書立説的意思。後代的學者在運用這個詞語時，除了表示修辭學，或者客觀的修辭現象之外，多用來指對語言進行選擇、加工以增强表達效果的一種言語活動，誠如陳望道在《修辭學發凡》中指出："修辭不過是調整語辭使達意傳情能够適切的一種努力。"本章所談的"修辭"，指的就是在古代漢語書面語言中的這樣一種活動，即修辭方式。

　　古代漢語的修辭方式跟現代漢語的修辭方式，既有聯繫也有區別。説它們有聯繫，是因爲現代漢語修辭方式有很多是古代漢語修辭方式的繼承和發展；説它們有區別，是因爲古代漢語由於在詞彙狀况、遣詞造句諸方面有它本身的特點，有一些與現代漢語不同的修辭方式。學習古代漢語修辭，要善於比較古今修辭方式的異同，從同中看繼承，從異中看發展，從而掌握其規律。

第一節　譬　喻

　　譬喻，是指藉助具體常見的事物或道理，比方説明生疏抽象的事物與道理的修辭方法。劉勰在《文心雕龍·比興》中指出："且何謂爲'比'？蓋寫物以附意，颺言以切事者也。"意思是説，譬喻就是描寫事物來比附某種意義，用鮮明的形貌來説明事理的方法。譬喻這一描繪手段可以幫助大家對事物的特徵獲取具體的認識，利用喻體的形象引起豐富的想象。

　　古代漢語中的譬喻方式，根據其結構以及本體同喻體的關係，可以分爲明喻、隱喻、借喻、博喻四類。

一、明喻

　　明顯打比方，用類似的事物來比譬所説的事物叫明喻。明喻一般用"如""若""猶""類"等喻詞表示，本體和喻體之間是相似關係。如：

　　（1）有女同行，顏如舜英。（《詩經·鄭風·有女同車》）

　　（2）君子之交淡若水，小人之交甘若醴。（《莊子·山木》）

　　（3）欲把西湖比西子，淡妝濃抹總相宜。（蘇軾《飲湖上初晴後雨》）

　　明喻的本體和喻體之間，必須有共同的相似點，相似點選擇得越巧妙、越貼切，譬喻的句子就越是生動感人，正如《文心雕龍·比興》所言："比類雖繁，以切至爲貴。"強調的是本體與喻體的切合。如例（3）的西湖與西施都具有内在的天然風韻，不管怎麼打扮都美不可言，作者用西施的美來比譬西湖，顯得形象而又巧妙。

使用明喻可以化抽象爲具體，古人常用明喻的方法來品評人物、詩文或抒寫心緒。如：

（4）詞要清空，不要質實，清空則古雅峭拔，質實則凝澀晦昧。姜白石詞，如野雲孤飛，去留無迹；吳夢窗詞，如七寶樓臺，眩人眼目，碎拆下來，不成片段。（張炎《詞源》）

（5）林宗曰：叔度汪汪若萬頃之陂，澄之不清，攪之不濁。（《世説新語·德行》）

（6）問君能有幾多愁？恰似一江春水向東流。（李煜《虞美人·春花秋月何時了》）

例（4）是元代張炎對姜夔、吳文英兩詞家風格所作的對比，作者分別用"野雲孤飛"和"七寶樓臺"形象地描繪、品評兩家詞作的不同風格。例（5）是對人物的評價，用譬喻形象地説明黄叔度胸懷的闊大。例（6）則用有形而又無盡的滔滔長江流水來譬喻愁緒之多。

從結構形式上看，古代漢語中的明喻，另有兩種情況應當引起注意。

第一，比較性質的明喻，又稱"較喻"。它的結構形式，不是一般明喻的"甲似乙"形式，而是"甲比乙怎麼樣"，直接把本體與喻體進行比較。如：

（7）人比黄花瘦。（李清照《醉花陰》）

（8）日出江花紅勝火，春來江水綠如藍。（白居易《憶江南》）

（9）人固有一死，或重于泰山，或輕于鴻毛。（司馬遷《報任安書》）

例（7）把本體"人"與喻體"黄花"作比較，"瘦"是相似點，通過比較，使本體的形象特徵更加鮮明、突出。（8）、（9）兩例也是這樣。

第二，省略喻詞的明喻。其結構形式，主要是採用名詞作狀語或對句的形式。

（10）西門豹簪筆磬折，向河立待良久，長老傍觀者皆驚恐。（《史記·滑稽列傳》漢褚少孫補）

（11）故木受繩則直，金就礪則利，君子博學而日參省乎己，則知明而行無過矣。（《荀子·勸學》）

（12）忠言逆耳利於行，毒藥苦口利於病。（《史記·留侯世家》）

例（10）"磬折"，是説西門豹像"磬"一樣彎着腰，喻體是磬，語法上表現爲名詞活用作狀語。這種形式保留在很多詞語中，如"電目血舌""冰消瓦解""鵝行鴨步"中。例（11）、（12）的結構形式是本體、喻體各自成句，前後相連，省去喻詞，構成排句或對句形式。

二、隱喻

隱喻又叫暗喻，它比明喻又進了一層，把本體和喻體所表示的事物，説成一個東西，本體和喻體之間是相合關係。

古代漢語中的隱喻形式，通常用喻詞"是""作""即""成"來聯繫本體和喻體。但多數情況下，是採用判斷句式，不用喻詞，直接表述。如：

（1）如今人方爲刀俎，我爲魚肉，何辭爲？（《史記·項羽本紀》）

（2）君當作磐石，妾當作蒲葦。（《孔雀東南飛》）

（3）曹公，豺虎也。（《資治通鑑·漢紀·赤壁之戰》）

（4）君子之德，風也；小人之德，草也。（《孟子·滕文公上》）

例（1）、（2）是用"爲""作"等喻詞，把本體"我""君""妾"，直接説成是喻體"魚肉""磐石""蒲葦"。例（3）、（4）則採用了判斷句式，這是古代漢語隱喻最常見的表現形式。

三、借喻

借喻，是直接借助喻體代替本體，省略本體和喻詞的譬喻方式。和隱喻相比，又進了一層，顯得更爲含蓄。如：

（1）陳涉太息曰："嗟乎？燕雀安知鴻鵠之志哉！"（《史記·陳涉世家》）

（2）今兩虎共鬥，其勢不俱生。（《史記·廉頗藺相如列傳》）

（3）春寒賜浴華清池，溫泉水滑洗凝脂。（白居易《長恨歌》）

例（1）用翱翔萬里的鴻鵠借喻有遠大抱負的人，用渺小的燕雀借喻目光短淺之輩，例中祇出現喻體。例（2）用"兩虎共鬥"借喻廉、藺不和必有一傷。例（3）用"凝脂"借喻潔白、細膩的皮膚。這些借喻，或抓住了事物事理的内涵，或抓住了所要表現事物的特徵，用得十分貼切。

四、博喻

博喻，就是連用兩個以上的比喻來譬喻某一種事物或同一個事物的不同方面的修辭方法。它可以是明喻、隱喻的連用。如：

（1）試問閑愁都幾許？一川煙草，滿城風絮，梅子黄時雨。（賀鑄《青玉案》）

（2）大弦嘈嘈如急雨，小弦切切如私語。嘈嘈切切錯雜彈，大珠小珠落玉盤。間關鶯語花底滑，幽咽泉流冰下灘。冰泉冷澀弦凝絶，凝絶不通聲暫歇。別有幽愁暗恨生，此時無聲勝有聲。銀瓶乍破水漿迸，鐵騎突出刀槍鳴。曲終收撥當心劃，四弦一聲如裂帛。（白居易《琵琶行》）

例（1）全詞抒發了和美人離別的愁情，作者連用了三個不同景象的喻體"煙（霧）""柳絮""梅雨"，從多種角度形象地描繪了"閑愁"之多。例（2）一共用了八個比喻描繪了琵琶女彈奏的樂聲：先用明喻"如急雨""如私語"，描寫了彈奏粗弦和細弦給人不同的聲音感受；再用隱喻或借喻"珠落玉盤""花底鶯語""泉流下灘""銀瓶乍破""鐵騎突出"，描繪了琵琶錯雜彈奏時急徐、高低、細柔及激越的音聲；最後用明喻"如裂帛"收束全詩。衆多的譬喻，生動而形象地展現了琵琶女複雜的内心世界。

總之，譬喻這種方法，用途廣泛，"或喻于聲，或方于貌，或擬于心，或譬于事"（《文心雕龍·比興》）。

第二節　變文　複文

變文和複文都是運用語辭方面的修辭方式。變文是爲避免重複而改換字面來述説，而複文恰恰相反，是故意重複意義相近的詞語或者連及有關詞語。從修辭作用看，前者意在避復，以求用語變化；後者意在強調，以求用語的氣勢或意義的連帶。

一、變文

變文是爲避免重復而改換字面的修辭方法。即于一章之中，上下文之間，爲了避免同字相犯，對同一事物或同一句法作用使用不同的詞語表示，以取得表達生動、語言富于變化的修辭效果。

變文有三種類型。

1. 虛詞變文

（1）文王視民如傷，望道而未之見。（《孟子·離婁下》）

（2）與楚則漢破，與漢而楚破。（《史記·季布欒布列傳》）

（3）智不足與權變，勇不足以決斷，仁不能以取予。（《史記·貨殖列傳》）

例（1）"而"是上文"如"的變文，表示假設關係。例（2）"而"是上文"則"的變文，兩者對舉使用表示並列關係。例（3）後兩句虛詞"以"，是上一句"與"的變文，都是介詞，後面省略了賓語，表示"同""跟"的意思。

2. 實詞變文

（1）南取漢中，西舉巴蜀，東割膏腴之地，北收要害之郡。（賈誼《過秦論》）

（2）梅以曲爲美，直則無姿；以欹爲美，正則無景；以疏爲美，密則無態。（龔自珍《病梅館記》）

（3）越予沖人，不卬自恤。（《尚書·大誥》）

例（1）中的動詞"舉""割""收"皆爲"取"的變文，都是"奪取""獲取"的意思。例（2）中的名詞"景"，是"姿""態"的變文，"景"，指可供欣賞的形色，故可與"姿""態"同訓。例（3）"卬"是"我"的代詞變文（孔傳："卬，我也。"）

3. 稱謂變文

這種變文在古代散文中很常見，即在同一文段中，對同一個人的稱呼，往往有幾種不同的稱謂形式。如：

初，楚司馬子良生子越椒，子文曰："必殺之！是子也熊虎之狀而豺狼之聲，弗殺，必滅若敖氏矣。諺曰：'狼子野心。'是乃狼也，其可畜乎？"子良不可。子文以爲大慼。及將死，聚其族，曰："椒也知政，乃速行矣，無及於難。"且泣曰："鬼猶求食，若敖氏之鬼不其餒而！"及令尹子文卒，鬥般爲令尹，子越爲司馬，蔿賈爲工正，譖子揚而殺之。（《左傳·宣公四年》）

上例中"越椒""椒""子越"是同一個人的稱謂變文。"鬥般""子揚"指的也是同一人。閱讀文言文應留意這一變文現象。

二、複文

複文，是字面上故意重複意義相近的詞語或連及相關詞語的修辭方法。可以取得加強印象，平衡節奏的作用。

複文有兩種類型。

1. 强調式複文

（1）覽相觀於四極兮，周流乎天余乃下。（《楚辭·離騷》）

（2）僕竊不自料其卑賤，見主上慘愴怛悼，誠欲效其款款之愚。（司馬遷《報任安書》）

（3）女行無偏斜，何意致不厚？（《孔雀東南飛》）

例（1）中"覽""相""觀"都是看的意思，三個近義動詞構成複文，從多個角度强調了動作行爲。例（2）"慘""愴""怛""悼"都是悲傷的意思，構成複文，增强了悲傷的氣氛。例（3）中的"偏""斜"皆有不端正、不正當的意思，構成複文强調了女主人公蘭芝没有任何過錯，却不幸遭受遣歸。

以上是實詞構成的複文，文言文中虛詞也常常構成複文，如：

（4）公輸般曰："不可，吾既已言之王矣。"（《墨子·公輸》）

（5）仍更被驅遣，何言復來還。（《孔雀東南飛》）

（6）遂乃研核陰陽，妙盡璇機之正。（《後漢書·張衡傳》）

例（4）"既""已"皆時間副詞，同義複用，强調動作行爲已成過去。例（5）副詞"仍""更"同義複用，强調動作行爲依然照舊。例（6）副詞"遂""乃"，亦同義複用，表示動作行爲的承接，有"于是""就"的意思。

2. 陪襯式複文

陪襯式複文是指語言表達時，本説甲，而連帶説到乙，連及有關詞語的修辭方法。

（1）禹稷躬稼而有天下。（《論語·憲問》）

（2）禹稷當平世，三過其門而不入。（《孟子·離婁下》）

（3）江漢朝宗於海。（《尚書·禹貢》）

例（1）中"躬稼"的人應當指的是稷而非禹，禹在文中只是起陪襯的作用。楊樹達認爲這是一種連及的修辭方式，稷和禹兩人都是當時並稱的賢人，故連及而言之。例（2）中言爲治水而"三過其門而不入"的人，應當是大禹，而稷在句中只起陪襯作用。例（3）"朝宗於海"的應爲長江，而漢水是注入長江的，故句中是言長江而連及漢水，"漢"在句中只起陪襯作用。

以上用作陪襯的内容和需要表達的内容之間具有一定的相關性，如禹和稷，漢與江。實際上也還可以用相反内容的詞語作陪襯，如：

（4）緣溪行，忘路之遠近。（陶潛《桃花源記》）

（5）所以遣將守關者，備他盜之出入與非常也。（《史記·項羽本紀》）

例（4）表達的是忘記了路走出多遠，"近"在句中只起陪襯的作用。例（5）防備的是別的强盜"入"，反義的"出"，只起陪襯作用。這種對立的陪襯，詞彙學中稱爲詞義的偏指現象。

第三節　代稱　割裂

"代稱"和"割裂"這兩種修辭方式，有其相似之處：兩者都具有代用的作用。代稱是以與甲事物有關的乙事物來代替稱説甲事物，而割裂則是割裂語言，摘取詞語的一部分來代説其餘部分或整體内容。

一、代稱

代稱，又叫"借代""换名"，就是不直接説出要説的人或事物，而是借用"同要説的人或事物密切聯繫的其他事物的名稱"來代替它。如：

（1）風雅之道，粲然可見。（蕭統《文選序》）

（2）今子釋本而事口舌，困，不亦宜乎？（《史記·蘇秦列傳》）

（3）君子不重傷，不禽二毛。（《左傳·僖公二十二年》）

（4）乘堅策肥，履絲曳縞。（晁錯《論貴粟疏》）

例（1）"風雅"是以《詩經》的《國風》《小雅》《大雅》來代替《詩經》，是以事物的部分代整體。例（2）中的"口舌"是以説話的器官代"遊説"的行爲，是以具體的事物代相關聯的事物。例（3）中的"二毛"，指黑白兩種頭髮，以此代稱老人，是以事物的特徵代替該事物。例（4）中的"堅""肥"分別代稱堅車、肥馬，是以事物的屬性代替該事物；"絲"，"縞"則是以事物的原料代成品："絲"代稱"絲鞋"，"縞"，原指一種白綢子，這裏代稱綢衣。

古代漢語中有些常用的代稱方式，閲讀時應引起注意，主要有：

1. 用人名、地名、官名代稱

（1）何以解憂，唯有杜康。（曹操《短歌行》）

（2）食頃，有一人控大宛，汗流而至。（白行簡《李娃傳》）

（3）熟讀王叔和，不如臨癥多。（吴敬梓《儒林外史》）

例（1）"杜康"相傳爲周代人，善釀酒，這裏以人名代稱酒名。例（2）"大宛"是古代西域國名，盛産駿馬，這裏以國名代駿馬。例（3）"王叔和"是魏晉間著名醫學家，曾著《脉經》十卷，這裏用人名代醫學著作。

（4）睢園緑竹，氣凌彭澤之樽；鄴水朱華，光照臨川之筆。（王勃《滕王閣序》）

（5）劉伶正促酒，中散欲彈琴。（庾信《暮秋野興賦得傾壺酒》）

例（4）是用與本體密切相關的地名代人物，陶淵明曾做過彭澤令，故以"彭澤"代之，謝靈運曾做過臨川内史，故以"臨川"代其人。例（5）"中散"是官名，晉嵇康做過中散大夫，故以官名代其人。

2. 用泛稱代特稱，或以特稱代泛稱

特稱和泛稱是就概念而言的。特稱的概念具體，是特屬的稱號，而泛指的概念抽象，表示的對象是寬泛的一類事物。古人寫作時，爲了達到一定的效果，往往喜歡换個説法，或以特屬的稱號用作某一類事物的泛稱，或以一類事物的泛稱來稱説特屬的稱號。如：

（1）千里馬常有，而伯樂不常有。（韓愈《雜説四》）

（2）緑珠捧琴至，文君送酒來。（庾信《春賦》）

（3）滿地黄花堆積，憔悴損，而今有誰堪摘。（李清照《聲聲慢》）

（4）晉國，天下莫强焉。（《孟子·梁惠王上》）

例（1）、（2）中“伯樂”“綠珠”“文君”是用特稱代泛稱：“伯樂”是古代能相千里馬者，這裏泛指善識人才、發現人才的人；“綠珠”是晉朝石崇的歌妓；“文君”即卓文君，漢朝司馬相如的妻子，這裏都泛指美女。例（3）、（4）中“黃花”“晉國”是用泛稱代特稱。“黃花”本泛指黃色的花，詞中用來特指菊花，“晉國”原本包括戰國時韓、魏、趙三國，春秋晚期三家分晉，魏是其一，梁惠王所稱的“晉國”，實指魏國。

3. 用典故代稱

（1）鏤心鳥跡之中，織辭魚網之上。（劉勰《文心雕龍·情采》）

（2）三分割據紆籌策，萬古雲霄一羽毛。（杜甫《咏懷古跡五首》）

例（1）“鳥跡”，出自東漢許慎《〈説文解字〉敘》：“黃帝之史倉頡見鳥獸蹄迒之跡，知分理之可相別異也，初造書契。”例中取用了典故的説法，以此代稱文字。例（2）“羽毛”代稱諸葛亮，因爲典故中諸葛亮的形象總是羽扇、綸巾，有着一掃千軍萬馬的瀟灑風度。

由于客觀事物具有相關的多邊性，因而古代漢語的代稱方法也具有多邊性，這表現在兩個方面。

其一，同一事物在不同的語境中可以有幾種不同的代稱。以“馬”爲例：

（3）願借明駝千里足，送兒還故鄉。（《木蘭詩》）

（4）霜蹄破叢蕗，出入相貫穿。（文天祥《高沙道中》）

（5）乘堅策肥。（《漢書·食貨志》）

（6）乘堅驅良逐狡兔。（《史記·越王勾踐世家》）

上述例中“足”“蹄”“肥”“良”都是同一事物“馬”的代稱。相同的情況諸如“船”的代稱有“楫”“棹”“帆”“舵”“檣櫓”；“戰争”的代稱有“干戈”“鋒鏑”“烟塵”“金戈”等。

其二，另一種情況是同一稱名在不同的語境中可以充當幾種不同事物的代稱。如“堅”在“將軍披堅執銳”（《史記·陳涉世家》）中代稱鎧甲，在例（5）“乘堅策肥”、例（6）“乘堅驅良”中又代稱車。

二、割裂

割裂又叫藏詞。這是把古書中的一句話，或一個詞組割裂開來，隱没表示本義的詞語，只取其中一部分來代替的修辭方法。

從表述語義的特點看，藏詞有兩種情況。

第一，截取句子或詞組的一部分來表示另一部分的語義。如：

（1）隋盧思道嘗共壽陽庾知禮作詩，已成而思道未就，禮曰：“盧之詩何太春日？”（《啟顏錄·盧思道》）

（2）願言之懷，良不可任。（曹丕《與朝歌令吳質書》）

（3）故能降來儀之瑞。（《後漢書·左雄傳》）

例（1）“春日”表示的意思是“遲遲”。《詩經·豳風·七月》：“春日遲遲。”例中截取了“春日”來表示“遲遲”的意思。例（2）“願言”代替的是“思子”的意思。《詩經·邶風·二子乘舟》：“願言思子，中心養養。”例中截取了“願言”代替並表達句子後半部分“思子”的意思。例（3）則割裂了《尚書·益稷》中“簫韶九成，鳳凰來儀”的句子，截取了“來儀”，用來表示“鳳凰”的意義。

第二，截取句子或詞組的一部分表示整個句子或詞組的意思。如：

（4）君非從流，臣進逆耳。（蕭統《〈文選〉序》）

（5）每懷尸素之憂，未效毫分之報。（岳飛《奏辭開府札子》）

例（4）“從流”語出《左傳·成公八年》：“從善如流。”“從流”是截取句中首尾兩字，用來表示“從善如流”整個詞組的意義。例（5）“尸素”出自《漢書·朱雲傳》：“今朝廷大臣，上不能匡主，下亡以益民，皆尸位素餐。”“尸素”是從中截取，表示整個“尸位素餐”的意義，即居官不理事白吃飯的意思。

藏詞的運用，可以使語詞顯得豐富新穎，增加幽默感。但由於截取的方式是隨意的，且截取後的語詞又是隨意拼湊的，這樣就產生了一些畸形的詞語，如《後漢書·吳祐傳》中“陛下隆于友于”的“友于”，語出《尚書·君陳》：“惟孝友于兄弟。”“兄弟”一詞藏沒了，用“友于”代指兄弟。而“友于”是名詞加介詞的生硬組合，根本不符合漢語的構詞規律。這種近乎于文字遊戲的方式，是魏晉南北朝文人追求綺靡、崇尚雕琢風氣的產物。

第四節　誇飾　委婉　引用

“誇飾”是故意渲染以引起注意，重在渲染；“委婉”是避免直言而隱藏真意，重在暗示；“引用”是援引古事古語，重在典雅。婉轉曲折是這三種修辭方式的共同特點。

一、誇飾

誇飾含有誇張和修飾兩個方面的意義，亦即誇張性的修飾。表達時爲了突出、鮮明地強調某一事物的特徵，而特意對那個事物的形象、特徵、程度、數量等作擴大或縮小的渲染方式稱爲誇飾。南朝梁代劉勰《文心雕龍·誇飾》：“文辭所被，誇飾恒存。雖詩書雅言，風格訓世，事必宜廣，文亦過焉。是以言峻則嵩高極大，論狹則河不容舠，說多則子孫千億，稱少則民靡孑遺……辭雖已甚，其意無害也。”可見誇飾實質上就是故意言過其實，以達到增強語言表現力的目的。

誇飾的方式，大致可分兩種情況。

1. 一般性的誇飾

這是一種不借助其他修辭方式的誇飾。根據它的內容，又可分爲擴大誇飾和縮小誇飾兩類。

擴大誇飾是把事物往大、深、多、廣的方向進行誇張。如：

（1）齊人臨淄三百閭，張袂成蔭，揮汗成雨，比肩繼踵而在，何爲無人？（《晏子春秋·杂篇下九》）

（2）力拔山兮氣蓋世，時不利兮騅不逝。（《史記·項羽本紀》）

（3）危樓高百尺，手可摘星辰。不敢高聲語，恐驚天上人。（李白《夜宿山寺》）

例（1）"張袂成蔭，揮汗成雨"誇張描寫了臨淄老百姓數量之多。例（2）"力拔山"則極言項羽力大無窮。例（3）"手可摘星辰"是爲了渲染危樓之高而從結果上進行誇飾，把不可能產生的結果，説成可以産生，達到了強調危樓特徵的作用。

縮小誇飾，是把事物向小、少、淺、窄的方向進行誇張。如：

（4）誰謂河廣，曾不容舠。（《詩經·衛風·河廣》）

（5）艱難奮長戟，千古用一夫。（杜甫《潼關吏》）

（6）周餘黎民，靡有孑遺。（《詩經·大雅·雲漢》）

例（4）極言黃河之窄，連小船都容納不下。例（5）極力誇飾潼關地勢之險要，説是防守潼關，千古只需一夫。例（6）極力往小處説：周地所餘的黎民，沒留半個不受災的人。極言周地久旱之下，人民遭受的困苦。

誇飾的力量，要在具體的語言環境中才能體現出來。例如李白《秋浦歌》"白髮三千丈，緣愁似箇長"中的"三千丈"，雖是個不小的數字，但如果不與"白髮"連用，就不可能具有誇飾的效果。因此通過平常詞語的巧妙搭配來別開新境，是構成誇飾的重要途徑。

2. 特殊的誇飾

這是一種和比喻、借代、對比等修辭方式融合在一起的誇飾，如：

（1）人生如朝露，何久自苦如此。（《漢書·蘇武傳》）

（2）君不見，高堂明鏡悲白髮，朝如青絲暮成雪。（李白《將進酒》）

例（1）"人生如朝露"是譬喻與誇飾的融合，極言人生的短促。例（2）則是將人生由青春至衰老的全過程説成是朝暮之間的事，在誇飾中融合了譬喻。

（3）吾力足以舉百鈞，而不足以舉一羽。（《孟子·梁惠王》）

（4）毛先生以三寸之舌强于百萬之師。（《史記·平原君虞卿列傳》）

這兩例是誇飾融合了對比的修辭方法。例（3）以"舉百鈞"和"舉一羽"兩相對比，進行誇張，有力地論証了"一羽之不舉，爲不用力焉"的道理。例（4）以"三寸之舌"與"百萬之師"對比，誇張地説明了毛先生遊説的力量之大。

古代漢語的誇飾還有一些特別之處，即常與一些典故的説法融合在一起。如：

（5）足下鷹揚其體，鳳嘆虎視，謂蕭曹不足儔，衛霍不足侔也。（曹植《與吳季重書》）

（6）毛嬙障袂，不足程式；西施掩面，比之無色。（宋玉《神女賦》）

例（5）誇張地説吳季重的經綸超過了歷史上的蕭何、曹參，他的武略超過了漢代的大將軍衛青、霍去病。例（6）則借用了著名美女毛嬙、西施的典故，誇張地説神女的美貌超過了她們。

古代漢語中的特殊誇飾，實質上是修辭運用中的兼格現象。

學習誇飾，應取"不以文害辭，不以辭害意"（《孟子·萬章上》）的態度，祇有這樣，纔能正確地理解作者的用意。

二、委婉

委婉是指用婉轉、含蓄的語言，曲折地表達自己思想的修辭方式。如：

（1）公叔病，有如不可諱，將奈社稷何？（《史記·商君列傳》）

（2）今治水軍八十萬衆，方與將軍會獵于吳。（《資治通鑑·漢紀·赤壁之戰》）

例（1）"不可諱"是"死"的避諱說法，怕直說了，別人心理上不愉快，改作了曲說。例（2）是曹操給孫權下的戰書，句中沒有直說"決戰"二字，而是採用了"會獵"，即在吳地跟你會合打一次獵的委婉說法，顯示了古代外交辭令的用語特色。

委婉從使用的目的看，可以大致分作避忌和婉曲兩類型。

1. 避忌

避忌，就是避開忌諱。古人對直說會觸及別人或自己忌諱的事物，就改用別的話語來裝飾，這種方式就是避忌。例如避忌"病"，避忌"死"，以及避忌一些不體面的事等等。

"病"是讓人不愉快的事，因此古人常常採用委婉的說法。如：

（1）昔者有王命，有採薪之憂，不能造朝。（《孟子·公孫丑下》）

（2）公去年違和，今欲發動。（《南史·劉瓛傳》）

（3）恐太后玉體之有所郄也。（《戰國策·趙策》）

例（1）"採薪之憂"是不能上山打柴的意思，孟仲子對齊王派來問病的人，不便直說孟子有病，就採用了避諱的說法。例（2）"違和"是身體失調的意思，不直言病，而只說身體失調，也是爲了避忌。例（3）"有所郄"，即不舒服的意思，也成了"病"的避忌語。

"死"是讓人悲傷的事，古人諱"死"的說法，不僅多種多樣，而且還有等級的區別。對于尊貴者，如帝王的死，就有"山陵崩""徂落""宮車晏駕""崩""崩殂""千秋萬歲後""棄羣臣""登遐"等諸多說法。如：

（4）先帝創業未半，而中道崩殂。（諸葛亮《出師表》）

（5）上與梁王燕飲，嘗從容曰："千秋萬歲後傳于王。"（《史記·梁孝王世家》）

（6）一旦山陵崩，長安君何以自託于趙？（《戰國策·趙策》）

對於一般人的"死"常有"不可爲諱""不幸""物故""捐館"等避忌的說法。如：

（7）今少卿抱不測之罪，涉旬月，迫冬季，僕又薄從上雍，恐卒然不可爲諱，是僕終已不得舒憤懣以曉左右，則長逝者魂魄私恨無窮。（司馬遷《報任安書》）

（8）越數月，而先生亦捐館。（廖廷相《切韻攷外篇》）

（9）單于召會武官，前已降及物故，凡隨武還者九人。（《漢書·蘇武傳》）

古人對於一些有傷體面的事，或一些粗俗的事，也採用避諱的方法：

（10）行年四歲，舅奪母志。（李密《陳情表》）

例（10）"舅奪母志"實際表達的是"母親改嫁"的意思。古代喪夫女子再嫁，被社會認爲是極不體面的事，故改說舅舅奪去了母親守節的志向。

（11）權起更衣，肅追于宇下。（《資治通鑑·漢紀·赤壁之戰》）

（12）即陽爲病狂，臥便利。（《漢書·玄成傳》）

例（11）把上廁所説成“更衣”，例（12）把大小便説成“便利”，這些都是避粗俗的説法。

2. 婉曲

這是一種迂迴的表達方法。稱名或述事時，不直接稱名而以他詞曲指，不直説其事而以他事曲説，或者出于交際情境的需要而採用委婉語言述説的方法。從使用的情況看，可分爲兩種情況。

第一，曲指。曲指是稱名或稱事時爲了避冒犯而採用的委婉説法。

稱名曲指是稱呼對方時，爲避冒犯，對對方採用尊稱，對自己採用謙稱。如：

（1）（燭之武）見秦伯曰：“秦晉圍鄭，鄭既知亡矣。若亡鄭而有益于君，敢以煩執事。”（《左傳·僖公三十年》）

（2）何足下距僕之深也？（《史記·季布列傳》）

（3）豈不穀是爲！先君之好是繼。（《左傳·僖公四年》）

例（1）“執事”本指在王侯、官長左右辦事的人，爲避冒犯，古人用以作爲對王侯、官長的尊稱。例（2）“足下”原本也是指尊者腳下（身邊）侍事的人，古人亦用來作爲下稱上，或平輩之間相稱的敬詞。類似的用法還有如“左右”“陛下”“殿下”等。例（3）“不穀”本義是不善的人，戰國時諸侯國君多用來作爲自己的謙稱，來達到尊人的目的。類似的還有“孤”“寡人”等。

稱事曲指是指遇到不便直説或不敢直説的事情時，採用迂迴的方法，換一種委婉的説法。如：

（4）二聖北狩之痛，漢唐之所未有也。（陳亮《上孝宗皇帝第一書》）

（5）明主不曉，以爲僕沮貳師，而爲李陵遊説，遂下于理。（司馬遷《報任安書》）

（6）後朞年，齊王謂孟嘗君曰：“寡人不敢以先王之臣爲臣。”（《戰國策·齊策》）

例（4）“北狩”字面上是“到北方狩獵（巡行）”，實際上講的是宋徽宗、欽宗被金人俘獲至北方，“狩”乃“被俘”的婉曲之詞。例（5）中司馬遷不便直説漢武帝寃屈了我，而是婉轉地用“明主不曉”表達了這層意思。例（6）寫齊王看到孟嘗君威望高，勢力大，擔心危及自己的統治，想撤他的職，卻又不便直言，于是用“不敢以先王之臣爲臣”作借口，婉曲地表達了撤職的意思。

第二，交際辭令。

古人在交際過程中，出于禮節禮貌的需要，往來交際的辭令也常常使用委婉的用語。即使兩軍對峙，兵戎相見，但外交辭令還是説得委婉、含蓄。如《左傳·成公二年》記載齊晉鞌之戰中，齊國軍隊在本土被晉軍打得大敗，齊頃公倉皇逃跑，晉國大將韓厥窮追不放。危急時，齊侯的車右逢丑父與齊侯換了座位，裝成齊侯模樣。韓厥追上後，對假齊侯下拜叩頭，奉獻杯酒與玉環，説了一段精彩的外交辭令：

（7）（韓厥）曰：“寡君使羣臣爲魯衛請，曰‘無令輿師陷入君地’，下臣不幸，屬當戎行，無所逃隱，且懼奔辟而忝兩君。臣辱戎士，敢告不敏，攝官承之。”（《左傳·成公

二年》）

　　這段話説得委婉、含蓄：明明是侵犯了齊國，卻説是"爲魯衞請"；明明是要捕捉齊侯，卻要説自己沒有逃避的地方，並且害怕逃避會給兩國國君帶來恥辱。説得極有分寸，很有文采，合乎禮儀，又不失身份，柔中帶剛，是一段難得的好辭令。

三、引用

　　引用，又叫引語，是指援引前人的事跡或古代典籍中的詞句以及衆所周知的諺語、格言來説明事理，表達感情的修辭方法。

　　根據援引材料的不同，可分引言、引事、引文三類。

1. 引言

　　引言是指引用不見之于書本的格言、俗語、諺語、歌謠等。如：

　　（1）余睹李將軍，悛悛如鄙人，口不能道辭。及死之日，天下知與不知，皆爲盡哀。彼其忠實心誠信如士大夫也。諺曰："桃李不言，下自成蹊。"此言雖小，可以諭大也。（《史記・李將軍列傳》）

　　（2）每至晴初霜旦，林寒澗肅，常有高猿長嘯，屬引凄異，空谷傳響，哀轉久絶。故漁者歌曰："巴東三峽巫峽長，猿鳴三聲淚沾裳！"（酈道元《水經注・江水》）

　　（3）屈原曰："吾聞之：'新沐者必彈冠，新浴者必振衣'。安能以身之察察，受物之汶汶者乎?"（屈原《漁父》）

　　例（1）引用了諺語，意在頌揚李將軍的偉大人格。例（2）引用了漁者的歌辭，生動地描述了巫峽空谷凄異的景象。例（3）屈原引用了當時流行的俗語，表達了自己不願隨俗推移而蒙其垢的高潔志向。

2. 引事

　　引事是指在行文中援引前人事跡作爲根據説明事理的修辭方法，前人稱爲稽古。引事有明引和暗引兩種方式。

　　明引是直接説出所援引事情的出處或通過引語就能瞭解這些故事出處的方式。如：

　　（1）昔衞靈公與雍渠同載，孔子適陳；商鞅因景監見，趙良寒心；同子參乘，袁絲變色；自古而恥之。（司馬遷《報任安書》）

　　例（1）明引了三個歷史故事，表明自己是刑餘之人，爲同列所恥。通過文中的人名就大致上能知道這些故事出自何處，它的原意是什麼。這些故事，司馬遷皆載入《史記》：衞靈公的故事，見於《孔子世家》；商鞅的故事，見於《商鞅列傳》；袁絲的故事，見於《袁盎列傳》。

　　暗引則是不指明出處，把引文與本文融合在一起，使人分不清哪是引文，哪是本文的方法。如：

　　（2）忽過新豐市，還歸細柳營。

　　　　回看射雕處，千里暮雲平。（王維《觀獵》）

　　例（2）暗引了三個典故。"新豐市"暗引了漢高祖劉邦的故事，劉邦稱帝後，把父親從老家豐縣接至長安，父親因思鄉而終日不樂，劉邦就在長安附近，按家鄉豐縣的模樣，建造了"新豐"，使其父居之。後來這個地方成了武士、俠客的聚會之處。王維取此典是爲了盛贊射獵活動中將軍們的豪爽和瀟灑。"細柳營"是漢代名將周亞夫的屯軍之處，周亞夫治軍嚴明，驍勇善戰，作者暗取此典，用以稱譽射獵的將軍皆有名將的風度。"射鵰"則取典於南北朝時北齊將軍斛律光，斛律光校獵時，於雲表見一大鳥，立射其頸，鳥墜而下，形如車輪，乃一大鵰，時人稱其爲"射鵰手"，作者引此故實，意在形容射獵的將軍膂力强勁，箭法高超。

古人用典法從使用的意義看，又有正用和反用的區別。

正用，是作者所引用典故的原意和作者引來所要表達的意義基本一致。如：

(3)（陶潛）謂親朋曰："聊欲弦歌，以爲三徑之資可乎？執者聞之，以爲彭澤令。"（《晉書・陶潛傳》）

例（3）"弦歌"暗用了孔子的故事。孔子弟子言偃在武城作宰，以禮樂教民，城內弦歌之聲不絕，孔子便用"割雞焉用牛刀"跟他開了個玩笑。因爲"弦歌"是説言偃的政績，與他當縣令有直接關係，後人遂以此典表示擔任縣令的意思。陶潛話中"聊欲弦歌"用此典表示的也是想當縣令的意思。例中"三徑"暗用了蔣詡的典故。西漢末，王莽專權，兗州刺史蔣詡辭官歸隱，在所居園的竹蔭下開闢三徑，只與逃名的羊仲、求仲兩人來往。後人遂以"三徑"表示隱士的居所，陶潛引用此典表示自己的家庭，也屬于正用。

反用，是反其意而用之。即作者所引用典故的原義和作者引用來表達的意義恰好相反。前人又稱"翻引"。如：

(4) 途窮反遭俗眼白，世上未有如公貧。（杜甫《丹青引贈曹將軍霸》）

例（4）"眼白"典出竹林七賢阮籍。阮籍善作青、白眼：對朋友，以青眼（正視）相待；對世俗之人，則以白眼（斜視），表示看不起。典故的意義是"給俗人以白眼"，杜詩中的"俗眼白"卻表達了相反的意義，即"俗人給我以白眼"，述説了盛唐傑出的畫家曹霸在戰亂中流落漂泊，窮途之中遭受世俗輕視的悲慘狀況。

稽古用典，可使文章含蓄委婉，意義深刻，用得恰當，可收到精練、典雅的修辭效果。

3. 引文

引文是指引用見之于典籍記載的文字。古人引文的方式有兩種，一是直接引文，二是間接引文。

直接引文是指直接引用古代典籍中的語句。如：

(1)《書》曰："滿招損，謙受益。"憂勞可以興國，逸豫可以亡身，自然之理也。（歐陽修《五代史・伶官傳序》）

例（1）注明了文中所引之文出自《尚書》。

間接引用是把引用的材料適當變化以後加以引用的方法。前人稱爲"化引"或"點化古語"。如：

(2) 乃區區循大道以求之，不幾于守株緣木乎？（馬中錫《中山狼傳》）

（3）甚矣，吾衰矣？悵平生，交游零落，只今餘幾？白髮空垂三千丈，一笑人間萬事。（辛棄疾《賀新郎》）

例（2）"守株緣木"是化用了《韓非子·五蠹》中的寓言故事"守株待兔"和《孟子·梁惠王》中的比喻"緣木求魚"。例（3）"白髮空垂三千丈"是化用了李白《秋浦歌》中的"白髮三千丈，緣愁似箇長"，抒發了虛度歲月、壯志未酬的感慨。

間接引用在一定程度上也可以説是創新，古代優秀作品中的許多名句都是在"襲古人句"的基礎上，加以變化改造而成的。

第五節　互文　並提　倒置

"互文""並提"和"倒置"，這三種修辭方式都與煉句有關。互文是把叙述的事物分作兩邊，各舉一邊而省文；並提是將叙述的事物同類合併，分承相應。前者句子形式是"分"，後者是"合"，皆意在使語句精練，表達新穎。倒置則是有意識地顛倒語句或語句成分的順序，句子形式是"變"，意在加强語勢、調和音節。

一、互文

互文，又稱互文見義，或簡稱"互見""互言""互辭"。互文是一種爲行文簡練，叙述時將本應合用的詞語前後分用，其義互相適應、彼此關照的修辭方式。唐代賈公彦在《儀禮》疏中説："凡言互文者，是兩物各舉一邊而省文，故曰互文。"可見這種修辭方式在語言表現形式上，體現爲"互省"，而在語意表達時，體現爲"互補"，各舉一邊的甲、乙兩詞語，説甲包括乙，道乙則兼容甲，意義上要相互補充。如：

（1）開我東閣門，坐我西閣牀。（《木蘭詩》）

（2）烟籠寒水月籠沙，夜泊秦淮近酒家。（杜牧《泊秦淮》）

例（1）各舉一邊的兩個詞語分別是"東閣"和"西閣"，兩者是互文，詩句的意思是開了東閣、西閣的門，坐了東閣、西閣的牀，寫出了木蘭從軍十二年歸家後的歡快心情。例（2）"烟"和"月"互文，參互起來的意思是："烟（水氣）與月（月光）既籠罩着河水也籠罩着沙灘。"

總之，互文的特點是分言省文，合文見意。根據其"互省"的性質，應以"互補"的方法去理解。

互文的類型有兩種。

1. 單句互見

這是互文中最常見的形式，指同一個單句內前後兩個詞語互見。從互見時互相補充的意義上看，單句互見又可分作兩類：有的是字面意義的互見，有的是字面相反意義的互見。

字面意義的互見，是指單句內互文的詞語，按字面表達的意義參互理解。如：

（1）主人下馬客在船，舉酒欲飲無管弦。（白居易《琵琶行》）

（2）秦時明月漢時關，萬里長征人未還。（王昌齡《出塞》）

（3）陵陽佳地昔年遊，謝朓青山李白樓。（陸龜蒙《懷宛陵舊遊》）

例（1）"主人"與"客"互文，按其字面意思參互表達的意義是"主人和客人下馬、在船"。例（2）"秦"與"漢"互文，前言"秦"而省去"漢"，後言"漢"而省去"秦"，字面參互相合是"秦漢時的明月，秦漢時的關"的意思。例（3）"謝朓"與"李白"互文，字面意義合起來，意思是"謝朓、李白登過的山，謝朓、李白登過的樓"。

字面相反意義的互見，是指互文的詞語，應按各自相反的意義去參合互見。如：

（4）申舟曰："鄭昭宋聾。"（《左傳·宣公十四年》）

（5）君子約言，小人先言。（《禮記·坊記》）

例（4）是"昭（明白）""聾（糊塗）"互文，理解時應從各自相反的意義去相互補充：言鄭"昭"應補宋"闇（昏聵）"；言宋"聾"，應補鄭"聰"。參互相合起來，表達的意思是"鄭昭聰，宋聾闇"。例（5）"約"與"先"互文，理解時亦應從反面意義相補：上句言君子"約"言，下句應補小人"多"言；下句言小人"先"言，上句應補君子"後"言。相合起來，此句的意思是：君子約而後言，小人多而先言。此例在句子形式上，雖不屬單句內詞語的互見，但爲了說明字面相反意義的互見，順便歸在一起。這種類型的互文，其特點是字面上雖然只用兩個詞語，卻能夠表達四個意義，因而大大地增加了語義容量。

2. 對句互見

對句互見是指上下兩句中某些詞語互見的形式。如：

（1）不以物喜，不以己悲。（范仲淹《岳陽樓記》）

（2）迢迢牽牛星，皎皎河漢女。（《古詩十九首》）

（3）叫囂乎東西，隳突乎南北。（柳宗元《捕蛇者說》）

例（1）上句的"喜"和下句的"悲"互文，上下句參互起來，表達了"不因爲外物和自己的得失而高興、悲傷"。例（2）上句的"迢迢"與下句"皎皎"互文，表達的意思是"遙遠而明亮的牽牛星和織女星"。例（3）上句"東西"與下句"南北"互文，表達"叫囂、隳突乎東西南北"的意思，渲染了悍吏來到鄉間到處狂喊亂叫逼人交稅的囂張氣焰。

互文的運用，可以起到使文字精練、新奇以及渲染氣氛的作用。

應當注意的是，古人還常用"互文"術語表示在同一語言環境中同義詞的互訓現象。例如《捕蛇者說》中"殫其地之出，竭其廬之入"，古人認爲"殫"與"竭"是互文，都有竭盡的意思。這種情況，從修辭的角度看，同一位置錯舉成文，倒是屬于變文的修辭方法。

二、並提

並提，又稱"分承"或"合敘"。爲了避免煩瑣，將兩件以上的事物並合起來，分別相應地叙述，稱之並提。如：

句讀之不知，惑之不解，或師焉，或不焉，小學而大遺，吾未見其明也。（韓愈《師說》）

　　上例韓愈批評了那些恥師之人"小學而大遺"的糊涂做法：不曉得句讀，有人向老師學習；不能解決的大的疑惑，有人卻不向老師求教。句中把叙述的這兩種情況放在一起，從結構上看是把兩個承接關係的複句拆開，把前一分句相連並提，把後一分句也相連並提，理解時，必須把並提的事分開理解，才能準確地理解句意。並提可以使文字簡約，句式富有變化，因而也具有修辭意義。

　　根據並提的形式，可分兩個類型。

1. 單句並提

　　單句並提是指同一單句內兩個以上的事物分別相並合。

　　(1) 春冬之時，則素湍緑潭，迴清倒影。(《水經注·江水》)

　　(2) 陟罰臧否，不宜異同。(諸葛亮《出師表》)

　　(3) 封故御史大夫周苛、周昌孫子爲列侯。(《漢書·景帝紀》)

　　例 (1) 的意思是"素湍迴清，緑潭倒影"。從結構上看是兩個句子的主語"素湍"與"緑潭"並合，兩個句子的謂語"迴清"與"倒影"並合，理解時必須把合叙的内容分開，分別相承。例 (2) 表達的意思應是"陟臧罰否"不應當不同。結構上是動詞和賓語分別並合。例 (3) 意思是"封周苛的孫，周昌的子爲列侯"，結構上表現爲句子的定語和中心詞分別並合。

2. 分句並提

　　分句並提，是將兩個複句中的相關分句並合在一起成爲一句的合叙方式。如：

　　(1) 自非亭午夜分，不見曦月。(《水經注·江水》)

　　(2) 夫種蠡無一罪，身死亡。(《史記·韓信盧綰列傳》)

例 (1) 的意思是"自非亭午不見曦，自非夜分不見月"，形容三峽之巫峽兩岸山之高，如果不是正午看不見日光，如果不是夜半看不見月亮。結構上表現爲把兩個假設複句並合在一起：把偏句的假設情況放在一起合叙，把正句表達的假設結果放在一起合叙。例 (2) 的意思是"文種無一罪卻身死，范蠡無一罪卻逃亡"。結構上表現爲把兩個轉折複句並合在一起，即把偏句的内容放在一起並說，把正句轉折的内容並合在一起叙述。

　　並提，可以使叙述的文字簡約，句式變化有致，收到語勢矯健的效果，但從另一方面看，又容易產生以辭害義的毛病。因此，句子是否用了並提的手法，一要辨清句意，二要根據上下文考察作者所寫的内容。

三、倒置

　　倒置，又稱顛倒，是一種故意改變詞語之間的搭配關係或者句中詞語語序的修辭方法。如：

　　臨溪而漁，溪深而魚肥；釀泉爲酒，泉香而酒洌。(歐陽修《醉翁亭記》)

　　上例中"泉香酒洌"是"泉洌酒香"的倒置。作者故意改變了詞語之間的搭配關係，不僅在表達上產生了新奇感，而且語音上構成"平平而仄仄"的節奏，讀起來琅琅上口。倒置有兩種情況。

1. 改變詞語的搭配關係

(1) 是以別方不定，別理千名，有別必怨，有怨必盈，使人意奪神駭，心折骨驚。（江淹《別賦》）

(2) 歷觀文囿，泛覽辭林，未嘗不心遊目想，移晷忘倦。（蕭統《文選序》）

例（1）中"折"本應與"骨"搭配，"驚"本應與"心"搭配，説成"心驚骨折"，作者故意改變了相互的搭配關係，倒置爲"心折骨驚"。例（2）中"心遊目想"則是"心想目遊"的顛倒，倒置的結果形成了不合通常搭配關係的組合，在語言表達上能夠給人以新奇的感覺。

2. 改變句子成分的順序

(1) 啟乃淫溢康樂，野于飲食。（《墨子·非樂上》）

(2) 春與猿吟分，秋鶴與飛。（韓愈《柳州羅池廟碑》）

(3) 諺所謂"室于怒市于色"者，楚之謂也。（《左傳·昭公十九年》）

例（1）"野于飲食"是"于野飲食"的倒置，例（2）"秋鶴與飛"是"秋與鶴飛"的倒置，例（3）"室于怒市于色"是"于室怒于市色"的倒置，意思是在家裏受氣而在外面給人臉色看。從結構上看，這三例中介詞的賓語皆倒置在介詞之前。

古代詩文中，還有不少爲適應詩歌中平仄與押韻需要的倒置，如：

(4) 竹喧歸浣女，蓮動下漁舟。（王維《山居秋暝》）

(5) 久拚野鶴如雙鬢，遮莫鄰雞下五更。（杜甫《書堂既夜月下賦絕句》）

例（4）的意思是"竹喧浣女歸，蓮動漁舟下"，由于句式平仄的限制而倒置了詞語。例（5）"野鶴如雙鬢"是"雙鬢如野鶴"的倒置，這也是爲了適應格律的需要。

古代詩人創作時，或是爲了適應格律的要求，或是追求語言藝術的奇巧，往往別具匠心創造出各種各樣詞語倒置的詩句，歷來被認爲奇特的，莫過下一例：

(6) 香稻啄餘鸚鵡粒，碧梧棲老鳳凰枝。（杜甫《秋興八首》）

這兩句詩，從字面上就很難理解，"香稻"如何能發出"啄"的動作？"鸚鵡粒"又是何物？"碧梧"又如何能"棲"至"鳳凰枝"上？其實此句也是倒置的結果，順言應爲："鸚鵡啄餘香稻粒，鳳凰棲老碧梧枝。"

文 選

齊桓公伐楚

《左傳·僖公四年》

四年春，齊侯以諸侯之師侵蔡①。蔡潰，遂伐楚。楚子使與師言曰②："君處北海，寡人處南海，唯是風馬牛不相及也③。不虞君之涉吾地也④，何故？"管仲對曰⑤："昔召康公命我先君大公曰⑥：'五侯九伯，女實征之，以夾輔周室⑦。'賜我先君履⑧：東至於海，西至於河，南至於穆陵，北至於無棣⑨。爾貢包茅不入，王祭不共，無以縮酒，寡人是徵⑩；昭王南征而不復，寡人是問⑪。"對曰："貢之不入，寡君之罪也，敢不共給⑫！昭王之不復，君其問諸水濱⑬。"師進，次於陘⑭。

　　夏，楚子使屈完如師⑮。師退，次於召陵⑯。齊侯陳諸侯之師，與屈完乘而觀之⑰。齊侯曰："豈不穀是爲？先君之好是繼⑱。與不穀同好，如何？"對曰："君惠徼福於敝邑之社稷，辱收寡君，寡君之願也⑲。"齊侯曰："以此衆戰，誰能禦之！以此攻城，何城不克！"對曰："君若以德綏諸侯，誰敢不服？君若以力，楚國方城以爲城，漢水以爲池⑳，雖衆，無所用之㉑。"屈完及諸侯盟。

題　解

　　本篇選自《左傳·僖公四年》，題目是後加的。本篇記叙春秋初年齊楚兩個强國之間的一場鬥爭。齊桓公任用管仲，控制了華夏諸國後，爲了稱霸天下，尋找藉口向楚國進軍。正在向北擴張的楚國也以武力作後盾，同齊國展開了尖銳的外交鬥爭。齊國羣臣恃强威脅，咄咄逼人，楚國使者不甘示弱，針鋒相對。最後達成盟約，齊桓公許和退兵。

注　釋

① 四年：指魯僖公四年，公元前656年。齊侯：指齊桓公。諸侯之師：指魯、宋、陳、衛、鄭、許、曹等諸侯國軍隊。蔡：蔡國，是楚的盟國，在今河南汝南、上蔡、新蔡一帶。侵：進攻，特指沒有鐘鼓的進攻。下文的"伐"則指有鐘鼓的公開性的進攻。

② 楚子：指楚成王。楚屬子爵。使：派遣使者。師：指以齊國爲首的軍隊。

③ 處（chǔ）：居住，住于。北海、南海：這裏指北方、南方。海：據考，有邊遠、邊境義。唯：句首語氣詞。風：指牝牡相誘。意思是，你在北方，我在南方，相距很遠，本來互不相干。

④ 虞：料到。涉：本指蹚水過河，這裏指入侵，是委婉的説法。

⑤ 管仲：齊國大夫管夷吾，春秋時著名的政治家。

⑥ 召（shào）康公：周文王庶子，名奭，食邑在召（今陝西鳳翔縣）。"康"是他的謚號。大（tài）公：即姜太公，名尚，齊國的第一個國君。大：通"太"。

⑦ 五侯：指公侯伯子男五等爵位。九伯：九州之長。五侯九伯：泛指天下諸侯。實：句中語氣詞，表示命令或祈使。征：征伐，討伐。夾輔：輔佐。

⑧ 履（lǚ）：踐踏，指所踐踏的地方，即行使征伐權力的範圍。

⑨ 海：指今黃海和渤海。河：黃河。穆陵：齊地名，即今山東臨朐縣南穆陵關。無棣（dì）：齊國北部邊邑，今山東無棣縣北。

⑩ 包茅：包成捆的菁茅。共：同"供"，供給。縮酒：滲酒，古代祭祀時的一種儀式，把酒倒在包茅上慢慢地滲下去，表示如鬼神喝了一樣。是：指示代詞，指包茅不入這件事情，是動詞"徵"的前置賓語。徵：責問。全句的意思是：你應該納貢的包茅沒有交納，周王祭祀用品得不到貢給，沒有用來縮酒的東西，我是查問這件事情的。

⑪ 昭王：周昭王，名瑕，成王之孫。相傳昭王晚年南巡到漢水時，當地人民怨恨他腐敗，故意讓他乘膠粘的船渡江，船沉而死。征：巡行。

⑫ 寡君：臣子對外謙稱自己的國君。敢：表謙敬的副詞。有"豈敢"的意思。

⑬ 其：語氣詞，表示委婉的祈使語氣，含有"還是"的意思。諸：兼詞，之于。

⑭ 次：臨時駐紮。陘（xíng）：楚地名，在今河南郾城縣南。

⑮ 屈完：楚國大夫。如：往，到……去。

⑯ 師：指進駐陘地的各諸侯國軍隊。召陵：楚地名，在今河南郾城縣東。

⑰ 陳：陳列。乘（chéng）：乘車，一說登高。

⑱ 不穀：不善，諸侯謙稱自己。全句的意思是：（這次用兵）難道是爲了我？（而是）爲了繼承先君的友好關係。

⑲ 徼（yāo）：求。敝邑：謙稱自己的國家。社稷：土神和穀神。句子大意是：承蒙您向我國的社稷求福，收容我的君主爲同好，這本是我的君主的願望。

⑳ 方城：山名，在今河南葉縣南。池：護城河。方城以爲城：意思是：以方城山作爲城牆。

㉑ 無所用之：沒有用它的地方。

文 選

子魚論戰

《左傳·僖公二十二年》

冬十一月己巳朔，宋公及楚人戰於泓①。宋人既成列，楚人未既濟②。司馬曰："彼衆我寡，及其未既濟也，請擊之③。"公曰："不可。"既濟而未成列，又以告。公曰："未可。"既陳而後擊之，宋師敗績④。公傷股，門官殲焉⑤。

國人皆咎公⑥。公曰："君子不重傷，不禽二毛⑦。古之爲軍也，不以阻隘也⑧。寡人雖亡國之餘，不鼓不成列⑨。"

子魚曰："君未知戰。勍敵之人，隘而不列，天贊我也。⑩阻而鼓之，不亦可乎？猶有懼焉⑪。且今之勍者，皆吾敵也。雖及胡耇，獲則取之，何有於二毛⑫？明恥教戰⑬，求殺敵也。傷未及死，如何勿重？若愛重傷，則如勿傷⑭；愛其二毛，則如服焉⑮。三軍以利用也，金鼓以聲氣也⑯。利而用之，阻隘可也；聲盛致志，鼓儳可也⑰。"

題 解

本篇選自《左傳·僖公二十二年》，題目是後加的。春秋前期，從齊桓公死到晉文公奠定霸業期間，中原無霸主，國力稍强的宋襄公企圖稱霸，南方强國楚國亦想爭霸中原，因此發生了宋楚泓之戰。這場戰爭，因宋襄公迂腐固執，以宋國失敗告終。子魚針對宋襄公的"仁義"説教，作了有力的批評。

注 釋

① 泓：泓水，在今河南柘城西。

② 既：範圍副詞，盡，全部。下文同。成列：排列戰鬥行列。濟：過河。

③ 司馬：這裏指子魚，即公子目夷，宋襄公庶兄，任司馬。及：介詞，趁。

④ 陳（zhèn）：同"陣"，這裏作動詞，擺好陣勢。敗績：軍隊潰敗。

⑤ 股：大腿。門官：守衛宮門的官，戰時在國君左右護衛。

⑥ 咎（jiù）：責備。

⑦ 重（chóng）傷：殺傷已經受傷的敵人。重：第二次。禽：同"擒"。二毛：指頭髮斑白的人，這裏指年老的士兵。

⑧ 爲軍：用兵之道。

⑨ 亡國之餘：亡國者的後代。商至紂王而亡。鼓：擊鼓進軍，攻擊。不成列：指沒有排成陣勢的敵人。

⑩ 勍（qíng）：强。贊：助。

⑪ 阻而鼓之：利用敵人受阻的機會而擊鼓進攻他們。不亦可乎：不也行嗎！猶有懼焉：還有懼怕。即憑藉險阻進攻敵人也還怕不能取勝呢。

⑫ 雖及胡耇（gǒu）：胡耇，年老的人。《釋名·釋長幼》謂九十歲稱"胡耇"。意思是，即便至於年紀很大的人。取：《説文·耳部》："捕取也。從又從耳。《周禮》：'獲則取左耳。'《司馬法》曰：'載獻職。'職者，耳也。"

⑬ 明恥：（使戰士）明白什麽是恥辱。教戰：教給（他們）作戰的技能。

⑭ 愛：憐憫。如：孔穎達疏："如猶不如，古人之語然。"下文"則如服焉"之"如"同。

⑮ 則如服焉：那不如向他們屈服。

⑯ 三軍：春秋時期，諸侯大國建立上、中、下三軍，計三萬七千五百人。一説左、中、右三軍。這裏泛指軍隊。金鼓：擊鼓進軍，鳴金收兵。全句意思是：軍隊要根據有利的條件來采取行動，金鼓要用來振奮士氣。

⑰ 儳（chán）：不整齊，這裏指未成列的敵人。鼓儳：對未排列好的敵人擊鼓進攻。

文 選

△毛穎傳

韓 愈

毛穎者，中山人也①。其先明眎，佐禹治東方土，養萬物有功，因封於卯地，死爲十二神②。嘗曰："吾子孫神明之後，不可與物同，當吐而生③。"已而果然。明眎八世孫䚦，世傳當殷時居中山，得神仙之術，能匿光使物，竊恒娥，騎蟾蜍入月，其後代遂隱不仕云④。居東郭者曰䨲，狡而善走，與韓盧争能，盧不及。盧怒，與宋鵲謀而殺之，醢其家⑤。

秦始皇時，蒙將軍恬南伐楚，次中山，將大獵以懼楚⑥。召左右庶長與軍尉，以《連山》筮之，得天與人文之兆⑦。筮者賀曰："今日之獲，不角不牙，衣褐之徒，缺口而長鬚，八竅而趺居，獨取其髦，簡牘是資，天下其同書。秦其遂兼諸侯乎⑧！"遂獵，圍毛氏之族，拔其豪，載穎而歸，獻俘於章臺宮，聚其族而加束縛焉⑨。秦皇帝使恬賜之湯沐而封諸管城，號曰"管城子"，日見親寵任事⑩。

穎爲人强記而便敏，自結繩之代以及秦事，無不纂録⑪；陰陽、卜筮、占相、醫方、族氏、山經、地志、字書、圖畫、九流百家、天人之書，及至浮圖、老子、外國之説，皆所詳悉⑫；又通於當代之務，官府簿書，市井貨錢注記，惟上所使⑬。自秦皇帝及太子扶蘇、胡亥、丞相斯、中車府令高，下及國人，無不愛重⑭。又善隨人意，正直邪曲巧拙，一隨其人。雖見廢棄，終默不泄。惟不喜武士，然見請亦時往。

累拜中書令，與上益狎，上嘗呼爲中書君⑮。上親決事，以衡石自程，雖宮人不得立左右，獨穎與執燭者常侍，上休方罷⑯。穎與絳人陳玄、弘農陶泓及會稽諸先生友善，相推致，其出處必偕⑰。上召穎，三人者不待詔，輒俱往，上未嘗怪焉。

後因進見，上將有任使，拂拭之，因免冠謝。上見其髮禿，又所摹畫不能稱上意。上嘻笑曰："中書君老而禿，不任吾用。吾嘗謂君中書，君今不中書邪？"對曰：

"臣所謂盡心者。"因不復召，歸封邑，終於管城。

其子孫甚多，散處中國夷狄，皆冒管城，惟居中山者能繼父祖業⑱。

太史公曰：⑲毛氏有兩族，其一姬姓，文王之子，封於毛，所謂魯、衛、毛、聃者也，戰國時有毛公、毛遂⑳。獨中山之族，不知其本所出，子孫最爲蕃昌。《春秋》之成，見絕於孔子，而非其罪㉑。及蒙將軍拔中山之豪，始皇封諸管城，世遂有名，而姬姓之毛無聞㉒。穎始以俘見，卒見任使。秦之滅諸侯，穎與有功㉓。賞不酬勞，以老見疏，秦真少恩哉。

題　解

韓愈（768—824），字退之，河内河陽人。郡望昌黎，後人稱韓昌黎。仕至吏部侍郎，死後贈吏部尚書，謚文，故後世又稱韓文公。

韓愈是當時古文運動的倡導者和代表人物。他提出"文以載道"等主張，反對南北朝以來華而不實的文風，反對駢文，提倡古文。他的文章對後世散文的發展產生了深遠的影響。有《韓昌黎文集》傳世。

毛穎是虛擬的名字，實指毛筆。毛，這裏指兔毛；穎，這裏指筆尖。本文大約作於唐憲宗元和初年。在此之前韓愈仕途坎坷，曾因上書論宮市之弊和"請寬民徭而免田租"被貶。長期遭貶，心情壓抑。此文用寓言傳記的形式、詼諧幽默的筆法，以毛筆爲寄託，抒發胸中的積鬱。文筆恣肆雄奇，獨具魅力。

注　釋

① 中山：古國名，在今河北定縣。舊説此地兔肥，"毫長而鋭"，可做良筆。《元和郡縣志》説："江南道宣州溧水縣中山，在縣東南一十五里，出兔毫，爲筆精妙。"這裏中山又説爲山名，在今江蘇溧水。

② 明眎（shì）："眎"爲"視"之異體。明眎，兔别名。《禮記·曲禮下》："兔曰明眎。"禹：大禹。"佐禹"事爲虛擬。東方：古人以十二地支劃分方向，東方爲卯位。十二神：指十二生肖與地支相配的動物，卯爲兔，卯配東，故下文有"治東方土，養萬物有功"句。

③ 吐而生：古人將"兔子"依音傅會成"吐子"。《論衡·奇怪》："兔吮豪（毫）而懷子，及其子生，從口而出。"

④ 毚（nóu）：江東一帶對兔子的稱呼，一説是剛生下來的小兔。匿光：隱形於光天化日之下。使物：用法術驅使各種東西。竊恒娥：拐走了嫦娥。恒娥，亦作姮娥，即嫦娥。蟾蜍（chán chú）：癩蛤蟆。《初學記·天部》引《五經通義》："月中有兔，與蟾蜍並。""世傳……云"爲固定格式，省略部分爲"世傳"之内容。

⑤ 㕙（jùn）：兔的別稱。《新序·雜事》："齊有良兔曰東郭㕙，蓋一旦而走五百里。"韓盧：古代韓國名犬。《戰國策·齊策三》："韓子盧者，天下之疾犬也。韓子盧逐東郭逡（㕙），環山者三，騰山者五，兔極於前，犬疲於後。"宋鵲：宋國之良犬。《博物志》卷四："宋有駿犬曰鵲。"醢（hǎi）：肉醬。這裏作動詞，剁成肉醬，是古代一種酷刑。

⑥ 蒙將軍恬：秦名將蒙恬。舊傳"蒙恬造筆"。大獵：大規模的射獵活動，實爲軍事演習。

⑦ 左右庶長：秦國官爵。秦制爵二十級，左庶長爲第十級，右庶長爲第十一級。軍尉：護軍都尉，秦時軍中官職。連山：《易經》三個流派（《周易》《連山易》《歸藏易》）之一。筮：占卜用的筮草。這裏作動詞"占卜"解。與：幫助。人文：人事。

⑧ 八竅：《埤雅》卷三："咀嚼者九竅而胎，獨兔雌雄八竅。"此爲古人不懂動物生理特徵之妄說。趺（fū）居：趺坐。趺，同"跗"，用兩隻後腿交疊而坐。毫：指毛中之長毫。其：表示揣測語氣。

⑨ 章臺宮：秦時宮殿名。束縛：捆束兔毛。

⑩ 湯沐：湯沐邑。《漢書·高帝紀》顏師古注："凡言湯沐邑者，謂以其賦稅以供湯沐之具也。"這裏又隱喻製筆時洗乾淨兔毛。日見親寵任事：一天天地被人們親近喜愛並讓它來辦事。

⑪ 便敏：靈活敏捷。結繩之代：遠古時代。《易經·繫辭下》："上古結繩而治。"

⑫ 九流：指儒、道、陰陽、法、名、墨、縱橫、雜、農九流。百家：諸子百家。天人之書：研究天與人之關係的書，此指讖緯之書。浮圖：梵文譯音，又作"佛陀"，此指佛教。

⑬ 惟上所使：任皇帝隨便使用。"上"亦可理解爲"上司"。

⑭ 中車府令：秦官名，掌管輿車之事。高：趙高。

⑮ 中書君：即中書謁者令，相當於後世中書省的長官。考秦時無中書君職，此是作者戲筆。

⑯ 以衡石自程：每天用秤量閱讀公文分量的指標。衡：秤。石：一百二十斤爲一石。程：限量。《史記·秦始皇本紀》："天下之事，無大小皆決於上，上至以衡石量書，日夜有呈（程），不終呈不得休息。"

⑰ 絳：郡名，今山西省新絳，當時產墨。墨以存放時間久爲好，故稱陳玄。弘農：郡名，今河南靈寶縣南，當時產瓦硯。泓：水，指硯。硯有陶製的，故稱陶泓。會稽：郡名，今浙江紹興，當時以產紙著稱。褚先生：指紙。造紙多用楮樹皮，"褚"取"楮"諧音。

⑱ 皆冒管城：都冒稱是管城一系的子孫，意即均可做毛筆。後句意指中山兔毛最宜做毛筆。

⑲ 太史公曰：《史記》每篇後大多有太史公司馬遷的論贊，此處仿《史記》。

⑳ 魯、衛、毛、聃：周初分封的四個姬姓諸侯國。毛公：戰國時趙國的隱士，後爲魏國信陵君門客。毛遂：趙人，後爲平原君門客。

㉑ "《春秋》之成"三句：《春秋》寫成之後，毛筆（中山之族）就被孔子擱置起來，但這不是它自身的罪過。

㉒ 世遂有名：猶謂"遂世有名"。

㉓ 與有功：也在有功者之列。

文選

△豐樂亭記

歐陽修

修既治滁之明年①，夏，始飲滁水而甘②。問諸滁人，得於州南百步之近。其上則豐山，聳然而特立；下則幽谷，窈然而深藏；中有清泉，滃然而仰出③。俯仰左右，顧而樂之。於是，疏泉鑿石，闢地以爲亭，而與滁人往遊其間。

滁於五代干戈之際，用武之地也。昔太祖皇帝，嘗以周師破李景兵十五萬於清流山下，生擒其將皇甫暉、姚鳳於滁東門之外，遂以平滁④。修嘗考其山川，按其圖記，升高以望清流之關，欲求暉、鳳就擒之所，而故老皆無在者，蓋天下之平久矣。自唐失其政，海內分裂，豪傑並起而爭，所在爲敵國者，何可勝數⑤？及宋受天命，聖人出而四海一。嚮之憑恃險阻，鏟削消磨⑥。百年之間，漠然徒見山高而水清。欲問其事，而遺老盡矣。今滁介於江淮之間，舟車商賈、四方賓客之所不至，民生不見外事，而安於畎畝衣食⑦，以樂生送死。而孰知上之功德，休養生息，涵煦百年之深也⑧！

修之來此，樂其地僻而事簡，又愛其俗之安閒。既得斯泉於山谷之間，乃日與滁人仰而望山，俯而聽泉，掇幽芳而蔭喬木⑨。風霜冰雪，刻露清秀⑩，四時之景，

　　無不可愛。又幸其民樂其歲物之豐成，而喜與予遊也。因爲本其山川，道其風俗之美，使民知所以安此豐年之樂者，幸生無事之時也。

　　夫宣上恩德，以與民共樂，刺史之事也⑪。遂書以名其亭焉。

題　解

　　歐陽修（1007—1072），字永叔，號醉翁、六一居士。吉州永豐（今江西永豐）人。仕至參知政事，諡文忠。歐陽修是北宋中期詩文革新運動的領袖。爲文以韓愈爲宗，主張文章應切合實用、平實樸素。曾與宋祁合修《新唐書》，獨撰《新五代史》。有《歐陽文忠公集》。

　　豐樂亭是歐陽修被貶到滁州之後修造的。該篇作於亭建成之時，描繪了滁州山高水清的景致，今昔對比，頌揚了宋王朝建立初期的休養生息政策。文章情景交融，叙議結合，筆法簡練生動，流暢自然。

注　釋

① 滁：滁州，州治在今安徽滁州市。歐陽修曾被貶爲滁州太守。

② 滁水：滁河之水。滁河流經滁州。

③ 特立：挺立。窈然：深遠的樣子。瀚（wěng）然：水湧出的樣子。

④ 周：指五代時的後周。宋太祖趙匡胤當時任後周殿前都點檢。李景：即李璟，南唐的國主。清流山：在今滁縣城西南。

⑤ 唐失其政：指安史之亂發生而導致的政治混亂。所在：地方。爲敵國者：成爲同國家相匹敵的勢力，指地方割據勢力。

⑥ 嚮：從前。

⑦ 畎（quǎn）畝：田地、田間。畎：原指田間小溝。

⑧ 涵煦（xù）：滋潤化育。

⑨ 掇（duō）：拾取。蔭（yìn）：乘涼。

⑩ 刻露：清晰地顯露。

⑪ 刺史：官名，宋代習慣上作爲州太守的別稱。

第七章

文言文的標點與翻譯

第一節　文言文的標點

一、古代句讀

　　一般都認爲古代没有標點符號，其實不然。從考古資料來看，我國的標點符號起源很早，在甲骨文中已經有了萌芽。甲骨文中使用線號來表示語言的不同層次，把不同條的卜辭隔開，形狀有四種變體：豎線號、橫線號、曲線號、折線號。殷周金文中出現了鈎識號、二短橫號、單短橫號。鈎識號用於劃分層次；短橫號用於表示重文和合文。春秋後期的《侯馬盟書》除了繼續使用短橫號以外，還增加了各種形體的點號，表示短語後的停頓和句意已完的停頓以及盟辭的終結。此後，戰國楚帛書中出現了朱色填實的長方號，用於區分章節。秦代石鼓文中 10 首詩 465 字就用了 44 個重文號。《睡虎地秦墓竹簡》中用了圓點號、鈎識號、黑方號和二短橫號，其中的圓點號和鈎識號已經用於句讀，相當於今天的頓號、句號、問號、冒號、分號。到了漢代，僅以《居延漢簡》爲例，它共用了標點符號 15 種，用法近 40 種。漢代使用的標點符號中用於斷句的有下列幾種：頓點號 "、"（用作頓號），鈎識號 "∟"（用作頓號、逗號、句號），逗號 ","（與今之逗號完全相同），圓點號 "●"（用作問號和句號），豎長點號 "❘"（用作逗號、句號），斜線號 "/"（用於問號或句號），"卩" 字號（用作句號），三角號 "△"（用作句號），黑三角號 "▲"（用於句號或逗號），橫 "〜" 號（用作句號），圓句號 "○"（用於逗號或句號）。

　　我國的標點符號發展到了漢代，如果當時能夠加以規範化並且推廣開來，勢必對我國文化的普及和提高大有好處。但是，由於歷史的局限性，古人未能做到這一點，反而出現了一種十分矛盾的現象，那就是很多古代流傳下來的書籍没有使用標點符號，讀書人看書時要自己斷句。這種矛盾使得人們在讀書時經常產生錯誤。爲了解決這一問題，古人採取了一些辦法。一是重視斷句的訓練。據《禮記·學記》記載："比年入學，中年考校，一年，視離經辨志。" 鄭玄注解説："學者初入學二年，鄉遂大夫於年終之時考視其業。離經，謂離析經理，使章句斷絶也。" 由此可見，古人十分重視對初學者進行斷句的訓練，並以此作爲考核學業成績的一個重要科目。當時人把斷句叫作 "句讀"。"句讀" 連讀始見於漢代何休的《公羊傳解詁序》。二是加强對古書斷句的分析研究。漢代以後，研究句讀成了一門專門的學問。此時漢人閲讀前人的典籍已經產生了一定的困難，一大批專門的注疏家開始注疏前代的典籍，注疏學也由此應運而生。例如：孔安國傳《尚書》，毛亨傳《詩》，鄭玄箋《詩》、注《周禮》《儀禮》《禮記》，何休注《春秋公羊傳》，趙岐作《孟子章句》等。漢代學者對句讀的研究主要體現在注疏之中，表現在兩方面：其一，通過作注的位置來反映對古籍的讀法。例如：趙岐章句的《孟子·滕文公上》"孟子曰許子必種粟而後食乎周許子必自身種粟乃食之邪曰然相曰然許子自種之許子必種樹然後衣乎孟子曰許子自織布然後衣之乎"一段，趙岐在章句中應該斷句的地方作注，通過這種形式告訴讀者此處應該讀斷。這種方法被歷代注疏家所採用，對後世產生了很大的影響。這種注法還反映了對文字章節的劃分。趙岐章句的《孟子·梁惠王上》"孟子見梁惠王曰叟"至"王亦曰仁義而已矣何必曰利"下面附有："章指言：治國之道，明當以仁義爲名，然後上下和親，君臣集穆，天經地義不易之道，故以建篇立始也。"《梁惠王上》分爲七章，每章之末都有章指，客觀上起到了劃分章節的作用。其二，在注釋語中表明對具體文句的句讀的理解。例如《禮記·曾子問》有一段關于史佚違禮斂子的記載，其違禮的原因就是召公把周公的話弄錯了句讀。其事如下：

昔者，史佚有子而死，下殤也。墓遠。召公謂之曰："何以不棺斂於宮中？"史佚曰："吾敢乎哉！"召公言於周公。周公曰："豈不可。"史佚行之。

鄭玄注《禮記》時在"周公曰豈不可史佚行之"下注："言是'豈，於禮不可！'不許也。"《經典釋文·禮記音義二》對原文和鄭注有個説明："'周公曰豈'絕句，'言是豈'絕句，'於禮不可'絕句。"可見鄭玄指出的是原文"豈不可"不能連讀，連讀則是"許"之義，當讀爲"豈……，不可！"即"不許"之義。此外，毛亨傳《詩經》常常以串講的方式，暗示詩中語義的句讀。如《邶風·柏舟》："微我無酒，以遨以遊。"毛傳："非我無酒可以遨遊忘憂也。"從這句串講可知，原文八個字雖從音律上分爲兩句，但從語義上只能作一句讀，即："並不是我沒有酒可以用來遨遊忘憂。"

漢代人分章析句也開始使用標點符號了。由於漢代注釋著作經過兩千多年的輾轉鈔寫翻刻，今天已經難見其原貌了。然而，出土文物和後世的一些材料表明，當時注疏家們的確是使用過標點符號來分章析句的。主要有下面幾種符號：其一，鉤識號"∟"。《説文解字》第十二篇："∟，鉤識也。"褚少孫補《史記·滑稽列傳》説："東方朔上書，凡用三千奏牘，人主從上方讀之，止輒乙其處。二月乃盡。"其二，"、"。《説文解字》第五篇："、，有所絕止，、而識之也。"其三，圓圈"○"。當時，這三種符號的功用基本是一致的。

唐代以後，"句"和"讀"有了明確的區分。天臺沙門湛然在《法華文句記》中寫道："凡經文語絕處謂之'句'，語未絕而點之以便誦詠謂之'讀'。"這裏所説的"句"，相當於今天的句號；"讀"相當於逗號。用來標示句讀的符號通常有兩個：一句話的語意已完處，用"√"號劃在句末的字旁來表示；一句話語意未完而需要停頓處用"、"號點在旁邊來表示。據此看來，"、"是表示句中停頓的符號，與今之頓號、逗號相當；"√"是表示一句話終止的符號，與今之句號、問號、歎號大致相同。到了宋代，出現了許多新的標點符號的種類，用法繁雜。任何一種語言層次、任何一種語言性質都有了相應的標點符號予以表示。用於斷句的符號也有多種。主要的有圓圈，分爲大中小三種，用法界限分明。大圈用於段落層次之間，中圈、小圈用於句子內部層次。此外還有用實心圓點來斷句的，中圓點表示句，置於直行文字的右下角，小圓點表示讀，置于文字的中下部。除此之外，還有用頓點來斷句的。

　　此後，各個不同的歷史時期標點符號都有一些新的發展，種類也逐漸增多。然而，古人所説的句讀同我們今天的標點符號並不完全等同。首先，古人所説的"讀"的地方，並不一定就是使用逗號，也許是頓號或者分號；所説的"句"的地方，也不一定就是使用句號，或許是問號、感歎號。古代的句讀，只是標明了各個句子的起訖而已，至於各個句子是什麽語氣，是陳述、疑問，還是感歎、祈使，各個句子之間是什麽關係，是和前一個句子語意相連，還是和後一個句子語意相連，或者本身就是一個完整的句子，在句讀中反映得不是很清晰。那麽，我們今天給古書標點，就要做好兩件事情：第一是要斷句，弄清句子的起訖。如果斷句失誤，就達不到標點古書的起碼要求。第二是要弄清句子本身的語氣，弄清句子與句子之間的關係。也就是説，要在弄清文章的基礎上正確地使用標點符號，不但斷句要斷得對，而且使用標點符號也要正確，這樣才能夠説是最終完成了標點古書的任務。

二、標點文言文的原則

（一）標點後的句子符合原意

　　這條原則的實质是要求斷句要對，切勿把句子點破。若是點破了，就把句子割裂了，上下相鄰的幾個句子就必然讀不通了。如：

　　▲己未，或走馬過汝陰王之門，衛士恐。有爲亂者奔入殺王，而以疾聞，上不罪而賞之。（《資治通鑑》，中華書局，1956 年版，4229 頁）

　　南朝宋順帝被廢之後封爲汝陰王。當時衛士奉齊高帝之命監守着他。按照上面的標點，"走馬"者與"爲亂者"是同一批人還是兩批人？"爲亂者"爲何要殺王？又是誰"以疾聞"？這些問題都不是很清楚。既然是"爲亂者"，齊高帝爲何"不罪而賞之"？標點者因爲對原文的記敘線索未能完全搞清楚，又把"恐"字誤解爲"恐慌"之義（此處的"恐"應是"擔心"之義），使得標點錯誤。正確的標點應該是這樣的：己未，或走馬過汝陰王之門，衛士恐有爲亂者，奔入殺王，而以疾聞。上不罪而賞之。

　　衛士先是看見有人騎馬跑過來，擔心"走馬者"之中有"爲亂者"來拉汝陰王出來復辟，然後就跑進去乾脆把汝陰王殺了，以絶後患。所以，齊高帝才"不罪而賞之"了。

　　▲晝居外次，晨門曰："有九疑生持一刺來謁，立西階以須。"生危冠方袂，淺拱舒拜，且前致詞稱，贊其文，頗涉獵前言。（《劉禹錫集》，上海人民出版社，1975 年版，377 頁）

　　這一小段短文點錯兩處：一是把"稱贊"一詞拆開了，二是在"其文"後點斷了，從而導致"前致詞稱"不通，"贊其文"也不妥。關鍵在於對"贊"的理解有誤。"贊"是古代初次見面時送的禮物，"稱贊"就是送上禮物。此處斷成"贊其文"（送上文章），大大誤解了原文的意思了。正確的標點應該是：……且前致詞稱贊，其文頗涉獵前言。

標點古書還不能摻雜個人的主觀願望，否則也會脱離作者原意，出現錯誤，如：

廐焚。子退朝。曰："傷人乎?"不問馬。（《論語·鄉黨》）

陸德明《經典釋文》説："一讀至'不'字絶句。"按照這種點法，此句應爲：廐焚。子退朝。曰："傷人乎不?"問馬。

唐人李濟翁《資暇集》，則説："宜至'乎'字句絶，'不'字自爲一句。"即：廐焚。子退朝。曰："傷人乎?""不。"問馬。

金人王若虛曾經批評過這種斷句："聖人至仁，必不至賤畜而無所恤也。義理之是非，姑置勿論，且道世之爲文者，有如此語法乎? 故凡解經，其論雖高，其於文勢語法不順者，亦未可遽從，況未高乎?"（《滹南遺老集》卷五"論語辨惑"）這種批評無疑是對的。理由在於：第一，從用詞來看，古漢語中没有這種在疑問語氣詞後面再加上"不"字的疑問句，更不用"不"作爲單詞句表示否定。第二，從句式看，"傷人乎?"是個問句，"問馬"是個陳述句，古書中是没有這種前後不統一的問法的。陸、李二人的斷句都是摻雜了個人的主觀願望並且希望藉助古人之語爲自己的觀點服務的。

（二）標點後的句子符合情理

這是指斷句後，不能只孤立地從個別句子的語法上看能否講通，還必須從整個段落的語法上看能否講通，既要符合"文理"，同時還必須從"事理"上講得通，即不但要和客觀事物的事理相符，而且要和上下文所敍述的事理相符。標點出來的句子如果不合"文理"與"事理"，就説明標點還有問題。如：

▲ 徐羨之起自布衣，……沈密寡言，不以憂喜見色。頗工弈棋、觀戲，常若未解，當世倍以此推之。（《資治通鑑》卷一百十九）

此句孤立地從語法上看，每句似乎都講得通，但卻與事理不符。主要是因爲"頗工弈棋觀戲"句有問題。可以説某人善於下棋，但不能説善於"觀戲"。又，前面説"頗工弈棋觀戲"，後面又説"常若未解"，前後自相矛盾。這就是違反了"事理"而導致的錯誤。正確的標點應該是：頗工弈棋，觀戲常若未解，當世倍以此推之。

▲ 沛公至高陽傳舍，使人召酈生。酈生至，入謁。沛公方倨床，使兩女子洗足而見酈生。（《文白對照全譯資治通鑑》，改革出版社，1991 年版，116 頁）

僅從標點後的每個句子單獨看，似乎没有什麽問題。但是仔細分析，還是存在問題的。按照現有的點法，副詞"方"的限制作用只能到"床"爲止，"使兩女子洗足"則成爲"見"的修飾成分，似乎是劉邦故意使兩女子洗足來接見酈生的，然而原文並無此意。這是既不符合"事理"又不符合"文理"而導致的錯誤。正確的點法應該是：沛公方倨床使兩女子洗足，而見酈生。

（三）標點後的句子符合規範

古代漢語的語法特點有其特殊性和規律性，標點古文時必須遵循，否則就會出錯而不符合文理。

▲ 建一官而三物成，能舉善也夫。唯善，故能舉其類。（王伯祥《春秋左傳讀本》，中華書局 1957 年版，319 頁）

這種點法，是把"夫"字當作句末語氣詞了，和"也"連用，表示感歎語氣。然而，此處卻不是這種情況。因爲"夫"還可作句首語氣詞，表示提出話題將發議論："唯"是表因果的連詞，其後往往還有"故"或"是以"與之呼應。本句的"夫"字後還有"唯"字。"夫唯"經常連用，放在句首。現在將它們分開來了，不符合語法文理。正確的標點應該是：建一官而三物成，能舉善也。夫唯善，故能舉其類。

　　▲僑聞爲國非不能事大，字小之難，無禮以定其位之患。（《左傳‧昭公十六年》）

　　"字"，養也。"患"，擔心。本句中，"不能事大字小"和"無禮以定其位"分別作謂語"難"和"患"的前置賓語。"之"是結構助詞，幫助提前賓語。原標點之所以點錯，是因爲標點者沒有弄清楚原句的語法結構。正確的點法是：僑聞：爲國非不能事大字小之難，無禮以定其位之患。

　　正確標點古文還必須符合古漢語音韻，否則容易出現標點錯誤，例如：

　　▲夫功者難成而易敗，時者難得而易失也；時乎，時不再來。願足下詳察之。（《史記‧淮陰侯列傳》，見《中華活頁文選》合訂本（四）289頁，中華書局1962年版）

　　在上古漢語中，"時"和"來"同屬"之"部，可以押韻，本文應該是"時乎時，不再來"，斷句者將本是韻文的地方點斷，使之不再押韻了。正確的標點應該是：夫功者，難成而易敗；時者，難得而易失也，時乎時，不再來。願足下詳察之。

　　▲趙王餓，乃歌曰："諸呂用事兮，劉氏微，迫脅王侯兮，強授我妃。我妃既妒兮，誣我惡，讒女亂國兮，上曾不寤。吾無忠臣兮何故。棄國自快中野兮，蒼天與直。吁嗟不可悔兮，寧早自賊。"（《漢書‧高五王傳》）

　　趙王如意是劉邦的妃子戚夫人所生。後來，呂后專權，把呂氏家族的一個女子強行嫁給趙王爲妃。這個妃子後來居然誣陷趙王，使他被囚禁而餓死。上面的文字是唐人顏師古的斷句，並在"何故"後面作注說："悔不早棄趙國，而快意自殺於田野之中。"這就可以看出來，他認爲"何故"下面應該點斷，"棄國"與"自快中野"應該連讀。原因可能是他認爲"故"和"惡""寤"押韻。其實並非如此。正確的斷句應是"吾無忠臣兮，何故棄國。""國"與下文"直""賊"押韻（古職部）。

　　規範性原則的要求除了不能斷錯句子之外，在標點符號的使用上也要有一致的標準，同一部典籍或者同一篇著作標點符號的使用也應該規範統一。

三、標點文言文錯誤的類型

　　標點文言文出錯的原因很多，概括起來，大致有以下幾種情況。

（一）因誤解詞義而錯斷

　　標點文言文要從認字辨義開始。由於歷史原因，漢字的情況比較複雜，往往一字多音、一字多義，還有古今字、異體字、假借字、繁簡字的區別。標點時，一個字用的是本義還是引申義或假借義，其標點的結果是大相徑庭的。一個詞應當屬上還是屬下，也往往影響了對句子的理解。如果不了解單義詞的意義，或是不明確複音詞的意義，或搞錯了詞性，將甲義誤作乙義，都會造成錯誤的斷句。如：

　　▲（佗）復與兩錢散。成得藥去。五六歲，親人中有病如成者，謂成曰："卿今強

健，我欲死，何忍無急去藥，以待不祥？先持貨我，我差，爲卿從華佗更索。"成與之，已故到譙，適值佗見收，匆匆不忍從求。後十八歲，成病竟發，無藥可服，以至於死。（《三國志·魏志·華佗傳》，中華書局，1959 年版）

原標點者在"成得藥去"後點斷，是因爲沒搞清"去"字的本義而致誤。此處的"去"字是個會意字，本義爲"儲藏"，而不是"離開"之義。本段下文的"去"也是"藏"的意思。正確的標點是把"去"字之後的句號删去。又如：

▲岩穴之士趣舍有時若此類，名埋滅而不稱，悲夫！（《史記·伯夷列傳》，中華書局，1959 年版）

原標點者在"類"字後點斷，那是因爲搞錯了"類"的詞性。"類"是副詞，表示"大多數"的意思，應斷到下句。誤斷到上句，是錯將其理解爲"屬類"之"類"了。

（二）因不明古代文化知識而錯斷

由於對當時的歷史事實或者地理區劃等情況不了解，而造成斷句錯誤的情況也是常有的。例如：

▲庚申，福昌知院張興鈞，州守將哈剌魯，許州右丞謝李，陳州知院楊崇，皆遣人詣大軍降。（《明通鑑》，中華書局，1959 年版）

當時的情況是，明將徐達、常遇春正率大軍進攻河南，元軍節節敗退，於是河南各州縣元守將紛紛聞風來降。按照原有標點，福昌知院名叫"張興鈞"，"哈剌魯"成了福昌州守將了。其實，歷史事實是，福昌、鈞州、許州、陳州是河南府和開封府屬下的四個地方。"鈞州"就是後來的"禹州"。標點者誤將地名拆開，"鈞"字連上作"張興鈞"了。正確的點法應該是：庚申，福昌知院張興，鈞州守將哈剌魯，許州右丞謝李，陳州知院楊崇，皆遣人詣大軍降。

▲泰山聳左爲龍華山。聳右爲虎嵩。爲前案。淮南諸山。爲第二重案。（《聽雨叢談》，中華書局，1959 年版，257 頁）

按照現有的斷句，"龍華山""虎嵩"成了名詞，而且是泰山的別名了。其實，泰山、華山、嵩山都是屬於五嶽的。泰山是東嶽，在北京之左，所以説"聳左爲龍"；華山是西嶽，在北京之右，所以説"聳右爲虎"；嵩山是中嶽，在北京之前，所以説"嵩爲前案"。這是因爲沒有弄清地理關係而斷錯句。正確的標點應該是：泰山聳左爲龍，華山聳右爲虎，嵩爲前案，淮南諸山爲第二重案。

▲彗星複見西方。十六日，夏太后死。（《史記會注考證》，文學古籍刊行社，1954 年版，第二册，6 頁）

中國古代是干支記日，在《史記》中，數位和日連用總是説多少天，而不是説某月某日。本句中的十六日也是用於表示彗星複見西方之後多少天，而不是説是具體的那一天，所以應該屬上爲句。正確的點法應該是：彗星複見西方十六日，夏太后死。

▲故有所覽，輒省記通籍。後俸去書來，落落大滿。（袁枚《黄生借書説》，見《小倉山房文集》卷二十二，參看 1961 年 1 月 23 日和 30 日的《人民日報》第四版）

"通籍"是記名於門籍，可以進出宮門。由於標點者未能弄清此詞的含義而錯斷。正確的點法是：故有所覽，輒省記。通籍後，俸去書來，落落大滿。

▲ 諸侯以字。爲諡因以爲族。（《左傳·隱公八年》）

這是晉代杜預作注時的斷句。"諸侯以字"，無法講通。根據當時制度，諸侯之子稱公子，公子之子稱公孫，公孫之子不可再稱公孫，只能以其祖父之字爲氏。"諸侯以字爲諡"的意思是諸侯以字作爲諡號。"因以爲族"是指諸侯的後人以"諡號"爲族姓（氏）。正確的標點應該是：諸侯以字爲諡，因以爲族。

(三) 因不識通假而錯斷

通假字是借用音同或音近之字代替本字，如果不識其本字而按借字斷句，必然斷錯。如：

▲ 是故生無號。死無諡。實不聚而名不立。施者不德。受者不讓。德交歸焉而莫之充。忍也。（《淮南子·本經訓》）

漢代高誘給該書作注時是這樣斷句的。清代王念孫批評説："高氏蓋誤讀'忍也'二字爲句。按'充忍'二字當連讀。忍讀爲牣。《大雅·靈台篇》：'於牣魚躍。'《毛傳》：'牣，滿也。'德交歸焉而莫之充滿，所謂大盈若虚也。牣、忍同聲通用。""忍""牣"二字同音通假，"充忍"是同義詞的連用，就是"充滿"的意思，中間不應點斷。正確的標點是：是故生無號，死無諡，實不聚而名不立。施者不德，受者不讓，德交歸焉而莫之充忍也。

(四) 因誤單音詞爲雙音詞而錯斷

▲ 人生十年曰幼學。二十曰弱冠。三十曰壯有室。四十曰强而仕。五十曰艾服官政。六十曰耆指使。七十曰老而傳。八十九十曰耄。七年曰悼。悼與耄雖有罪，不加刑焉。百年曰期頤。（《禮記·曲禮上》）

這是東漢經學家鄭玄作注時的斷句，顯然是錯誤的。其實，"幼、弱、壯、强、艾、耆、老、耄、悼、期"是就"年齡"而言的，"學、冠、有室、而仕、服官政、指使、而傳、頤"是就"禮"而言的。斷句者誤單音詞爲雙音詞了。正確的標點應該是：人生十年曰幼，學。二十曰弱，冠。三十曰壯，有室。四十曰强，而仕。五十曰艾，服官政。六十曰耆，指使。七十曰老，而傳。八十、九十曰耄。七年曰悼。悼與耄，雖有罪，不加刑焉。百年曰期，頤。（指使：指事使人。傳：傳家事。頤：受供養。）

反之，如果把雙音詞誤作單音詞，也會斷錯句子。如：

▲ 齊侯歸。遇杞梁之妻於郊。使吊之。辭曰。殖之有罪。何辱命焉。若免於罪。猶有先人之敝廬在下。妾不得與郊吊。（《左傳·襄公二十三年》）

唐代的孔穎達給《左傳》作疏時引服虔的句讀就是這樣。其實，"下妾"一詞是雙音詞，而斷句者卻把它斷開了。正確的斷句應該是：齊侯歸，遇杞梁之妻於郊，使吊之。辭曰："殖之有罪，何辱命焉？若免於罪，猶有先人之敝廬在，下妾不得與郊吊。"

關於古書標點致誤的原因還有很多，比如不識文字的錯、衍、脱等情況而致誤等，在此就不再一一列舉了。

四、標點文言文的注意事項

（一）明詞義

1. 注意識別通假字

古籍中多通假，不明古音通假，很難讀懂古書，更談不上標點古書。清代學者俞樾説："讀古人書，不外乎正句讀，審字義，通古文假借，而三者之中，通假借尤要。"不明通假，很可能斷錯句子。如：

▲ 諸侯之地其削頗入漢者。爲徙其侯國及封其子孫也。所以數償之。（《漢書・賈誼傳》）

唐代顏師古把"也"字看作語氣詞在其後點斷。這樣斷句，上文似乎能講通，但"所以數償之"很難解釋。沈彤説："'也'當作'他'。謂諸侯或以罪黜，其地被削，多入於漢者。若因其所存地爲國，則國小而其子孫亦不得封，故爲之徙其侯國，並封其子孫於他所，如其被削之數償之也。顏注誤。"正確的標點應該是：諸侯之地其削頗入漢者，爲徙其侯國及封其子孫也所以數償之。

2. 注意辨別古今字

古字和今字是不同歷史時期表示同一意義的兩個不同形體的同音字。古字是初文，今字是指後起字，它是由文字孳乳、詞義分化等原因造成的。標點時遇到此種情況須加以注意。

▲ 法後王一制度隆禮義而殺詩書。其言行已有大法矣。然而明不能齊。法教之所不及。聞見之所未至。則知不能類也。（《荀子・儒效》）

唐人楊倞在"齊"字後點斷，説："雖有大體，其所見之明猶未能齊言行，使無纖芥之差。"他從"齊"的本義"整齊"出發，引申爲"統一"的意思。這樣解釋和句讀，有兩個問題無法解決。第一，所見既"明"，爲什麼反而不能統一言行呢？第二，"則"在此句中是表示條件關係的關聯詞，相當於"就"。爲什麼"法教之所不及""聞見之所未至"，就使"知不能類"呢？

清代俞樾指出："'齊'讀爲'濟'，'然而'以下十八字作一句讀。言法教所及聞見所至，則明足以及之，而不能濟其法教所未及聞見所未至也。"俞説爲對。"齊"與"濟"古今字，其後的兩個短語是它的賓語，不能斷開。正確的標點應該是：法後王一制度隆禮義而殺詩書，其言行已有大法矣，然而明不能齊（濟）法教之所不及、聞見之所未至，則知不能類也。（齊：濟，解決。知：通智，智慧。類：類推。全句的意思是：效法先王，統一制度，尊崇禮儀，而貶斥詩書，並且他的言論和行爲已經符合最高法度，然而他的智慧卻還不能解決法制所沒有規定到的問題和見聞所沒有達到的事物，那麼這種智慧也還不能推行。）

3. 注意古今詞義的異同

隨着歷史的發展，有些詞的意義發生了變化。同一個詞在不同的時代可以有不同的含義，即產生古義和今義的區別。標點時，一定要分辨清楚古今詞義的異同，要有古義的概念，不要以今律古，對那些表面上看來好像很好懂的詞千萬要小心。

▲ 項籍少時，學書不成，去學劍，又不成。（《史記·項羽本紀》，中華書局，1959年版，295頁）

照原標點，"去學劍"連讀，標點者是把"去"理解爲"來去"的"去"。其實，這個"去"字的古義是"離去"的意思，應屬上爲句。正確的標點是：項籍少時，學書不成，去；學劍，又不成。

4. 注意詞的多義性（本義和引申義）

古代漢語中大多數爲單音詞。一個詞有多個義項，有些甚至多至十幾個。但是在具體的語境裏，它祇能有一個意義。那麼，在標點古書時，就應該準確辨明每個詞在具體語境中的確切含義，切不可張冠李戴，否則就會誤解古書而造成錯斷句子。如：

▲ 伯夷叔齊雖賢。得夫子而名益彰。顏淵雖篤學。附驥尾而行益顯。岩穴之士趣舍有時若此類。名堙滅而不稱。悲夫。（《史記·伯夷列傳》）

唐代張守節《史記正義》就是這樣斷句的。他把"類"字理解爲"屬類"連上爲句。"類"字在先秦確是"屬類"意思，但在兩漢，"類"還有"大多數""大率"的意思，作副詞。如《漢書·賈誼傳》："夫移風易俗，使天下回心而鄉道，類非俗吏之所能爲也。"正確的標點應是：伯夷、叔齊雖賢，得夫子而名益彰。顏淵雖篤學，附驥尾而行益顯。岩穴之士，趣舍有時若此，類名堙滅而不稱，悲夫！（附驥尾：蒼蠅附驥尾而致千里，以譬顏回因孔子而名彰也。）

5. 注意不要誤單爲雙或者誤雙爲單

古代漢語裏，以單音詞爲多數，但是也還有不少是雙音詞，有時候，稍不注意就容易把鄰近的兩個單音詞誤解爲一個雙音詞而斷錯句子。反之，也有可能把本來就是雙音詞的一個詞誤解爲兩個單音詞而點斷。因此，要格外注意加以區別不同的情況。如：

▲ 數家計之，三百六十五度一周。天下有周度，高有里數。（《論衡·談天》，中華書局《諸子集成》，1954年版，106頁）

本句中的"周天"是一個詞，是指觀測者眼睛所看到的天球上的大圓周。古代把周天分爲365.25度。現代周天分爲360度。"天下"在本句中卻不是一個詞。標點者大概看到了"天下"是一個習見的詞，便想當然地在它前面點斷了，這樣反而把前面的雙音詞"周天"生生地斷開了。正確的點法應該是：數家計之，三百六十五度一周天，下有周度，高有里數。這種情況是誤將雙音詞爲單音詞，同時也是誤將單音詞爲雙音詞而出現的錯誤。

▲ 冬，十一月，初令郡國舉孝、廉各一人，從董仲舒之言也。（《資治通鑑》，中華書局，1956年版，576頁）

"孝廉"是漢代推舉官吏的一種科目（指孝順、廉潔之士）而不是兩科。"各一人"是指每一郡、國各推舉一名孝廉，而不是推舉孝一人、廉一人。標點者不瞭解漢代的推舉制度而錯誤地將一個雙音詞誤斷爲兩個單音詞。正確的點法是：冬，十一月，初令郡國舉孝廉各一人，從董仲舒之言也。

還要注意的是不要把兩個鄰近的單音詞誤解爲一個雙音詞。例如：

▲ 夫唯禽獸無禮。故父子聚麀。是故聖人作爲禮以教人。使人以有禮。知自別於禽獸。（《禮記·曲禮上》）

這段話以前是這樣斷句的。失誤之處就在於把"作"和"爲"當作同義語素構成的雙音詞了。其實它們是兩個單音詞。"作"既有與"爲"同樣的意思，還有"興起""出現"的意義，在句中用的就是後一個意義。正確的標點應該是：夫唯禽獸無禮，故父子聚麀。是故聖人作，爲禮以教人，使人以有禮，知自別於禽獸。

（二）通語法

1. 注意詞類活用和短語（詞組）

詞在句中活用以後，常常既保留原來的意義又增加新的意義。如果不瞭解古書用詞的這一特點，將活用的詞按原來的詞性、詞義去理解，就可能點錯句子。

▲ 圍固城。克息舟城。而居之。（《左傳杜解補正》）

這是描述越大夫常壽過發動叛亂時的情況。以上是武億的斷句。"息舟城"成了一個詞。可是據清初學者顧炎武考證，固城、息州是兩座城名。可見"城"字活用爲動詞，應屬下句，"城而居之"是"築城而住在裏面"。正確的標點應該是：圍固城，克息舟，城而居之。

▲ 儒有内稱不辟親。外舉不辟怨，程功積事。推賢而進。達之不望其報。君得其志，苟利國家。不求富貴。其舉賢援能有如此者。（《禮記·儒行》）

"達之不望其報"很難講通。問題出在"進"與"達"上。其實，"進達"是個短語，古書中"達"字經常與其他動詞組成短語，如"聞達""上達""通達"等。

"進達之"是使動用法，即"使之進達"，是推薦賢者而使他得到任用，"達之"應屬上句。正確的標點應該是：儒有内稱不辟親，外舉不辟怨，程功積事。推賢而進達之，不望其報。君得其志，苟利國家，不求富貴。其舉賢援能有如此者。（辟，通"避"。程：計量、考核。計日程功。）

2. 注意句子成分之間的關係

第一，動詞謂語和賓語之間關係十分密切，動賓之間不能點斷。不然就要影響對原文的正確理解。如：

▲ 且安不忘危。盛必慮衰。今國家素無文帝累年節儉富饒之畜。又無武帝薦延。梟俊禽敵之臣。獨有一陳湯耳。（《漢書·陳湯傳》）

這是顏師古的斷句。薦延："推薦""延請"之意，是及物動詞。"梟俊禽敵之臣"是一個偏正短語，作"薦延"的賓語。（梟：勇猛。俊：有才能。）動詞謂語和賓語之間不能點斷。正確的標點是：且安不忘危，盛必慮衰，今國家素無文帝累年節儉富饒之畜，又無武帝薦延梟俊禽敵之臣，獨有一陳湯耳！（畜，積聚。禽，通"擒"。）

有些動詞之後帶有雙賓語，間接賓語和直接賓語之間的關係十分密切，中間不能斷開。不然也會使句子的結構和意義發生變化。如：

▲ 可下諸州黨里之内，推賢而長者，教其里人，父慈、子孝、兄友、弟順、夫和、妻柔。（《魏書·高祖紀》，中華書局，1974 年版，163 頁）

“里人”是教的對象，是間接賓語，“父慈”云云是教的内容，是直接賓語，二者關係密切，不宜逗開，應該把“里人”後的逗號去掉。

第二，定語與中心詞的關係十分密切，不能在它們中間斷開，否則會影響對原文意義的正確理解。如：

▲ 幽州，薊地西北隅，有薊丘。（《史記·樂毅列傳》《張守節正義》，中華書局，1959 年版，2432 頁）

幽州後逗開，讀者可能以爲它是句子的主語。其實幽州是薊地的定語，意思是幽州的薊地。幽州後不應有逗號。

第三，狀語和中心詞之間的關係十分密切，不能點斷。

▲ 春，正月，河南王乾歸復討彭利發，至奴葵谷。利發棄衆南走，乾歸遣振威將軍乞伏公府追至清水，斬之，收羌户一萬三仟，以乞伏審虔爲河州刺史，鎮枹罕而還。（《資治通鑑》，中華書局，1956 年版，3648 頁）（乾歸：人名，乞伏乾歸。）

原標點在“刺史”後點斷，使得“以乞伏審虔爲河州刺史”和“鎮枹罕而還”成爲兩個句子。乾歸既“鎮枹罕”而又“還”，自相矛盾了。其實，“以乞伏審虔爲河州刺史”是做“鎮”的狀語，兩句連讀，讀者纔會明白：“鎮枹罕”的是乞伏審虔，“而還”的是乞伏乾歸。正確的標點是把“刺史”後的逗號去掉。

第四，補語與中心詞之間的關係十分密切，中間不能斷開。如：

▲ 孺卿即從祠河東后土，宦騎與黄門駙馬爭船，推墮駙馬河中溺死。宦騎亡，詔使孺卿逐捕，不得，惶恐飲藥而死。（《漢書·蘇武傳》）

“不得”是“逐捕”的補語，意即没有抓到“宦騎”，因此孺卿“惶恐飲藥而死”。按現在的標點，“不得”二字語意不知所指，逐捕的結果也不得而知。正確的標點應該是去掉“逐捕”後的逗號。又如：

▲ 投一寸之針，布一丸之艾，於血脈之蹊，篤病有瘳。（《論衡·順鼓》，中華書局《諸子集成》本，1954 年版，155 頁）（瘳 chōu：病癒。）

“投……布……”這是連動式複雜謂語，同時受介詞結構“於血脈之蹊”的補充説明。應去掉“針”“艾”字後的逗號。

五、標點文言文的步驟和方法

（一）步驟

1. 讀懂全文，準確理解

在給一篇没有標點的白文斷句之前，首先必須反復閱讀全文，直到讀懂爲止。遇到不太明瞭的字詞，應該重點梳理，可以查閱相關的字典辭書，逐字逐句弄明白，達到深入的理解。既要明確每個字詞的含義，還要瞭解它們的語法關係，進而把握文章的内容，爾後把握住全文段落之間的層次，瞭解它們内在的邏輯關係，並且熟悉行文的句式和風格特點。也就是説，要對全文從内容到形式都有深入的理解。

2. 從難到易，大致點斷

深入理解了文章之後，就可以利用後面所述的一些方法初步進行斷句。首先可以不考慮某處該是“句”還是“讀”，也不用區分得很清楚某處該用什麼標點，祇要覺得能斷開就先行點斷，爾後再用圈號“。”或點號“、”在斷句處做出標識，以便下一步再詳加斟酌。這時，可以按照先易後難、從大到小的方法進行。先把能夠點斷的地方點斷，讀完全篇，再解決難點。等到真正理解了全篇的意義之後，有些難點自然迎刃而解了。同時可以採取由大到小、逐步縮小的方法來深入審察句讀的情況。可以按照“段落→句群→句子→分句”的格局，先把大的段落確定下來，然後縮小到句群，再到各個句子。也就是先考察哪些停頓之處屬於句，即語意完了之後大的停頓，在各個句子確定之後，先給它們點上句號（最後詳加修改）。爾後再在各個句子内部進一步確定該“讀”之處，看哪些停頓之處屬於讀，即句子中間小的停頓，也就是確定各句之中的分句。

3. 反復斟酌，確定標點

在分辨清楚了句讀之後就可以相應地加新式標點了，凡“句”之所在確定加句號、問號、歎號中的某一個，凡“讀”之所在確定加頓號、冒號、逗號、分號中的某一個。如有需要，還應加破折號、省略號、引號、書名號等。總之，在給句子加標點時，要細加審察，瞻前顧後，相互聯繫地對待。所加標點要正確地體現文章的内容，恰當地反映文章的語氣和感情色彩。

4. 逐個審查，復核定稿

全文的標點確定之後，要以前面提出的標點古文的三條標準和注意事項對所有的標點逐個予以審查復核，如果準確無誤，即可通過，如果還有疑義，就要找出錯誤所在，推倒重來，按標準再斷再點。

(二) 方法

1. 利用虛詞或實詞斷句

在古文中，常常有很多詞語是用於領句或者煞句的，找到了這些領句或者煞句的詞語就可以確定斷句的位置。用於領句或者煞句的詞語很多，有虛詞、也有實詞。

第一，在句首虛詞之前斷句。

句首虛詞常常用於領句，其前是一個句子，其後又是另一個句子，找準了句首虛詞即可在此處斷開。常用的句首語氣詞有“夫”（“且夫”“今夫”“故夫”）、“蓋”、“惟”（“其惟”“豈惟”）、“何爲”、“何以”、“何其”等，其前一般斷句；連詞“苟”“即”“使”“即使”“向使”“假使”“縱”“縱使”“雖”等，一般處在分句之首，其前多可斷；時間副詞有“是時”“昔者”“日者”“向者”“方今”“既而”“既已”等。如：

（1）所以異而過衆者僞也、夫好利而欲得者、此人之情性也。（《荀子·性惡》）

（2）闕秦以利晉、唯君圖之。（《左傳·僖公三十年》）

（3）楚成王以商臣爲太子、既而又欲置公子職。（《韓非子·内儲説下》）

以上帶點的詞爲句首語氣詞和時間副詞，可在其前斷句。

第二，在句尾虛詞之後斷句。

句尾語氣詞有“也”“矣”“焉”“哉”“乎”“與”“耶（邪）”“耳”“而已”等，

例如：

（1）豈吾相不當侯耶、且固命也。（《史記·李將軍列傳》）

（2）邦有道貧且賤焉、恥也、邦無道富且貴焉、恥也。（《論語·泰伯》）

以上帶點的詞爲句尾語氣詞，可在其後斷句。

第三，在某些實詞的前後斷句。

文言文的句子大多數是按照主謂賓的語序構成的，很多時候，句子是用名詞領句的，也會用名詞結尾。只要弄清楚了名詞是作主語還是作賓語，就可以在其前後點斷了。常見的名詞有人名，有方位名詞“東、南、西、北、上、下、左、右、中”等。謙詞或者敬詞也用於領句，其前可斷，如“公”“足下”“孤”“寡人”“竊”“夫子”“先生”“仆”“愚”等。很多代詞也可領句，其前可斷，常見的代詞有人稱代詞“朕、予、余、吾、汝、爾、乃、若、其、彼、夫”等，指示代詞“是、此、斯、茲、他、各、每、或、莫、若、爾、然”等，疑問代詞“誰、孰、何、胡、奚、曷”等。不過要注意的是上述名詞、敬詞、謙詞、代詞等既可以作句子的主語放在句首，也可以作句子的賓語放在動詞謂語之後（謙詞、敬詞一般不作賓語），在斷句時一定要弄清楚到底是作主語還是作賓語，如果是作主語，才能在其前點斷，作賓語則可考慮其後能否點斷。

（1）君處北海、寡人處南海。（《左傳·僖公四年》）

（2）女爲惠公來求殺余、命女三宿至、女中宿至。（《左傳·僖公二十四年》）

（3）武（蘇武）年老、子前坐事死、上閔之、問左右、武在匈奴豈有子乎、武因平恩侯自白前發匈奴時……（《漢書·蘇武傳》）

例（1）中有“寡人”，作後一分句的主語，可在其前點斷。例（2）中有三個“女（汝）”，其中有兩個是用作主語放於句首的，就可以在前面斷開。例（3）中有三個“武”字，一個“子”字，一個“上”字，均是作分句的主語，可在其前點斷。

（4）衛莊公娶於齊東宮得臣之妹、曰莊姜、美而無子、衛人所爲賦碩人也、又娶於陳、曰厲嬀、生孝伯、早死、其娣戴嬀、生桓公、莊姜以爲己子。（《左傳·隱公三年》）

例句中帶點的詞都是名詞，均在句尾，可在其後點斷，然後再仔細考慮到底使用何種標點符號。

2. 根據整齊句式斷句

古文中有大量的整齊句式，其中還有相當多的對偶句和排比句。這些句式，句法結構相同或相似，字數大致整齊，形成一種鮮明的特點。抓住這種特點，就比較容易確定句讀的位置便於斷句了。如：

（1）秦孝公據殽函之固、擁雍州之地、君臣固守而窺周室。（賈誼《過秦論》）

加了黑點的詞句就是對偶句式，可以在“固”字和“地”字前用逗號點斷。

（2）登高而招、臂非加長而見者遠、順風而呼、聲非加疾而聞者彰。（《荀子·勸學》）

這段話可以分成兩個大段落，句法結構相同，字數整齊，可以利用這個特點斷句。

（3）今有聲於此耳聽之必慊已聽之則使人聾必弗聽、有色於此目視之必慊已視之則

使人盲必弗視、有味於此口食之必慊已食之則使人瘖必弗食。（《吕氏春秋·孟春紀·本生》）

這段話中有三個相同的句式"有×於此"，可以利用這個特點先行在三個地方點斷，然後再進一步推敲小的層次。

3. 根據語法習慣斷句

古代漢語的語法特點非常鮮明，我們可以利用這個特點來斷句。可以考慮多從以下兩個方面入手。

第一，抓動詞離析短語斷句。

動詞（包括其他活用動詞）多作謂語，往往是句子的核心，其前可牽連主語和狀語，其後可連帶賓語和補語，抓住動詞就可以牽前連後、較大範圍地離析出短語，也就可以確定應該斷句的地方。這是一種很重要的斷句方法。如：

（1）惠王用張儀之計、拔三川之地、西併巴蜀、北收上郡、南取漢中、包九夷、制鄢郢、東據成皋之險、割膏腴之壤、遂散六國之縱、使之西面事秦、功施到今、昭王得范雎、廢穰侯、逐華陽、强公室、杜私門、蠶食諸侯、使秦成帝業。（李斯《諫逐客書》）

（2）博學之、審問之、慎思之、明辨之、篤行之。（《禮記·中庸》）

上兩例用"·"標示的詞都是動詞，大多在句中作謂語，抓住這些謂動詞就可以連帶它的前後成分，能較大範圍地離析出短語來，一個短語、一個短語地劃分開，自然就是斷句。如例（1）抓住開頭動詞"用"，就可以連帶它前面的主語"惠王"，並且連帶後面的並列謂語"拔""併""收""取""包""制""據""割""散""使"等，還可以連帶它們的狀語"西""北""南""東"等，還有它們的賓語"張儀之計""三川之地""巴蜀""上郡""漢中"等。這樣一來，這一段的句法關係就很清晰了，自然也就斷出句子來了。

第二，利用固定句式斷句。

古代漢語中有許多固定句（格）式，每種固定句（格）式都可以斷句，都是句讀所在的標志。例如判斷句的"……者，……也"式、被動句的"爲……所……"式、"見……於……"式等，還有些習慣句式，如"有……者""若（如、奈）……何""無乃……乎""得無……乎""豈不……乎""何其……也""何……之有""何……爲"等，這些格式都可以作爲斷句的標志。

4. 根據前人注疏斷句

古書大多數没有句讀，但有的卻有注疏。分析句讀就是注疏的内容之一。一般章句類的注釋通過串講文意即可使人瞭解原文的句讀。有時候，古書注疏中還常用明注及暗示兩種方式着重表明原文的句讀。注疏往往插在原文的句末，以小字兩行排列。據此，我們可以在原文與注文的交接處斷句，並且參照注疏給其他原文斷句。如：

信信信也疑疑亦信也信可信者疑可疑者意雖不同皆歸於信也貴賢仁也賤不肖亦仁也言而當知也默而當亦知也故知默猶知言也論語曰知之爲知之不知爲不知是知也當丁浪反故多言而類聖人也少

言而法君子也言雖多而不流湎皆類於禮義是聖人製作者也少言而法謂不敢自造言說所言皆守典法也多少無法而流湎然雖辯小人也湎沈也流者不復返沈者不復出也○盧文弨曰此數語又見大略篇彼作多言無法此少字似訛王念孫曰而與如同先謙曰案流湎猶沈湎說見勸學篇

參考注疏，上文可作如下斷句：

信信，信也；疑疑，亦信也。貴賢，仁也；賤不肖，亦仁也。言而當，知也；默而當，亦知也。故知默猶知言也，故多言而類聖人也，少言而法君子也。多少無法而流湎然，雖辯，小人也。

參考古人的注疏也要有所甄別，不能全信，因爲古人的注疏有時也會出錯。如：

▲ 僑聞爲國非不能事大字小之難無禮以定其位之患。（《左傳·昭公十六年》）

漢代注疏家服虔在"大"字後點斷。唐代的孔穎達不同意這種斷句："僑聞爲國者非不能事大字小之難，事大國愛小國不爲難也。無禮以定其位是國之大患，言鄭當患位不定，不宜患事晉之難也。"並且給予了激烈的批評："尚未能離章辨句，復何須注述大典！"他明確地指出了服虔斷句的錯誤，同時通過串講，暗示了正確的句讀應該在"難"字之後。所以，我們在參考古人的注疏時也應該多方考慮各家之說的對錯，認真甄別、擇優選取才是。

5. 綜合考察細審文意斷句

以上的各種方法可以綜合起來運用，並不限于某種單一的方法。但是，即使是各種方法都運用上了，也未必就能夠徹底解決所有的問題。真正要給一篇文言文準確無誤地標點，還應該綜合考察、仔細審讀全篇的文意，纔能真正斷好句。這就要求逐字、逐句、逐段仔細鑽研，反復思考，直至徹底弄通文義及其結構，纔能正確斷句。如果文理不明，詞義不通，結構不順，就很難正確斷句。例如：

曰王之好樂甚則齊其庶幾乎今之樂猶古之樂也曰可得聞與曰獨樂樂與人樂樂孰樂曰不若與人曰與少樂樂與衆樂樂孰樂曰不若與衆（《孟子·梁惠王下》）

這段話中用了十三個"樂"字，如果不弄清它們各自的含義，或者没弄清楚"樂樂"是什麼關係，都不可能讀懂全文。"獨樂樂"，前一個是音樂的"樂"，名詞用作動詞，"獨樂樂"就是"獨自欣賞音樂"；後一個是快樂的"樂"，作形容詞，在這裏作句子的謂語。明白了這幾處關鍵，就很好斷句了。這段話應這樣斷句：

曰："王之好樂甚，則齊其庶幾乎。今之樂，猶古之樂也。"曰："可得聞與？"曰："獨樂樂，與人樂樂，孰樂？"曰："不若與人。"曰："與少樂樂，與衆樂樂，孰樂？"曰："不若與衆。"

第二節　文言文的翻譯

學習古代漢語，通過翻譯的練習，可以使理論與實踐相結合，從而達到進一步提高文言文閱讀和理解水平的目的。文言文翻譯是又一條學習和提高古代漢語水平的途徑。

一、文言文翻譯的標準

怎麽樣纔能譯好文言文？我們可以借鑑清代學者嚴復曾提出過的翻譯外國作品的"信、達、雅"三原則。這三條原則，基本上也適用於文言文的翻譯。所謂"信"，就是譯文能够準確地傳達原文的意思，包括從詞義、句法、思想内容到情感、語氣等，而不隨意添加譯者的主觀臆想，也不對原文進行删減。所謂"達"，就是譯文語句通順，符合現代漢語遣詞造句的語法規範和表達習慣。這是因爲古今漢語在表達上存在着不少差異，諸如特殊語序、特殊用法等。如果過分追求忠實於原文，不敢越雷池一步，結果反而很不通順。因此，凡是遇到這種情况，一定要稍作變通，要以符合現代漢語的語法規範和表達習慣爲標準。所謂"雅"，就是譯文的語言要儘可能優美雅致，而且要儘可能保存原文的語言風格。因爲文言文的語言風格是多種多樣的，有的質樸，有的華麗，有的流利，有的嚴密，有的文字整齊，節奏鏗鏘，有的筆法靈活，富於變化，有的兼而有之。翻譯時應力求把原文的風格在譯文中表現出來。

因此，我們在翻譯時要掌握好以下三條標準。

（一）信——譯文要忠實於原文

所謂忠實於原文，也就是指譯文的字詞要忠實於作者用詞的原意，内容要忠實於原文的旨意，行文要忠實於原文的風格。這就要求我們注意以下幾個方面的問題。

1. 注意作者用詞的原意，切不可以今律古，以致誤譯

有些詞語的古義與今義有一定的差別，在翻譯時應該深入理解原文，弄清其古義，千萬不要以今義去套用古義。如：

（1）蘇秦……讀書欲睡，引錐自刺其股，血流至足。（《戰國策·秦策》）

有人譯成："蘇秦……讀書想睡覺，就拿起錐子刺自己的屁股，血流到腳上。"這種譯法有兩個詞誤譯，背離了"信"的要求。其一，"睡"的古義是"坐寐"（即坐着打瞌睡，而不是躺下來睡覺）。其二，"股"的古義是"大腿"而不是"屁股"。正確的譯法是："蘇秦……讀書〔困倦了〕要打瞌睡，就拿起錐子刺自己的大腿，鮮血一直流到腳上。"

（2）邑人奇之，稍稍賓客其父，或以錢幣乞之。（王安石《傷仲永》）

句中的"稍稍"，古代一般當時間副詞"漸漸"用，有的譯文誤譯成現代的意思"稍稍"，與文意相去甚遠。

（3）厲王虐，國人謗王。（《國語·周語》）

有人把上文譯成："周厲王暴虐，國内的人誹謗周厲王。"這種譯法也有兩處錯誤：其一，"國人"是指"國都裏的人"，而不是"國内的人"；其二，"謗"的古義是"公開批評錯誤"，而不是"惡意的誹謗"。正確的譯法應該是："周厲王暴虐，國都裏的人議論厲王。"

2. 注意古漢語的語法特點，翻譯時要扣緊知識點

（1）陽貨欲見孔子，孔子不見。（《論語·陽貨》）

句中第一個"見"是使動用法，念"xiàn"。這是本句的一個知識點。但有的譯文不

瞭解這個特點，誤譯爲"陽貨想見孔子，孔子不見。"正確的譯法應該是："陽貨想叫孔子去見他，孔子不去見。"

（2）臣奉使使威后，今不問王而先問歲與民，豈先賤而後尊貴者乎？（《戰國策·齊策》）

句中的"先賤而後尊貴者"的"先"與"後"均爲意動用法，也是本句的知識點，即"把卑賤的人放在前頭而尊貴的人放在後頭"，有人譯爲"難道首先重視卑賤者而後才尊重尊貴者嗎?"這是沒根據意動用法來翻譯，曲解了原意。翻譯時遇到這樣的知識點，就必須扣緊，儘量用現代漢語表達出來。

3. 對於古代漢語中省略的地方，翻譯時要作相應的補充

古代漢語句法簡潔，各種句法成分都有省略的情況。在將他們翻譯成現代漢語時，要將被省略的成分儘量補充完整。如：

（1）請京，使居之，謂之京城太叔。（《左傳·隱公元年》）

這個例子，三個分句都沒有主語，如果照原文直譯，"請求京這個地方，讓他居住在那里，把他叫作京城太叔"，似乎都成了姜氏一個人的動作，這樣就造成了語意不清的毛病。因此翻譯時要把省略的主語補出來，譯成："姜氏替［共叔段］請求京這個地方，莊公讓他居住在那裏，人們稱他［共叔段］爲京城太叔。"這樣就清楚易懂了。

（2）楚人爲食，吳人及之，奔，食而從之，敗諸雍澨。（《左傳·定公四年》）

這段話省略了好幾處："奔"前省略了主語"楚人"，"食"前省略了主語"吳人"，以至於很不好懂。翻譯時要將主語補出來："楚人做好了飯，吳人趕上了他們，［楚人］逃走了，［吳人］吃了楚人的飯後繼續追擊楚人，［吳人］在雍澨打敗了楚人。"

4. 行文盡可能保留原文的風格

每個作者的文章在內容和形式上都具有獨特的傾向和風格。翻譯時，要以作者的身份背景和藝術風格爲依據選詞造句，忠實地保留原作的傾向和風格。如：

是以太山不讓土壤，故能成其大；河海不擇細流，故能就其深；王者不卻衆庶，故能明其德。（李斯《諫逐客書》）

有人把這句譯爲："因此，太山不拒絕土壤，纔能變成那樣大；江河大海肯容納細小的水流，纔能達到那樣深；做君王的不拒絕一切民衆，纔能使他道德發揚光大。"雖然也注意保留了原文排比句的風格，但分句之間的行文卻缺乏照應，使原文的特點大大遜色。下面這段譯文就較好地解決了這個問題："所以太山不放棄微小的泥土，纔能形成它的巨大；河海不排除細小的水流，纔能達到它的深邃；國君不脫離廣大的民衆，纔能顯揚他的德行。"

5. 注意原文的時代格調

文言翻譯切忌把現代人的概念和詞語強加於古人原作之上。也就是說，譯文的選詞不要過於現代化。否則，譯文就喪失了古文的時代氣息了。如：

（1）曹劌請見。（《左傳·莊公十年》）

有人譯成："曹劌請求見見莊公。"

（2）王命急宣。（《左傳·宣公十二年》）

有人譯成："朝廷緊急召喚。"

例（1）中的"見見"含有"很隨意地一見"的意思，過於口語化且不符合當時的特殊環境。古代社會等級森嚴，臣子想見君主何其困難。例（2）的"召喚"兩字現代氣息過濃，在情調上與古代不很相稱。

6. 保持原文的貶褒色彩

（1）雜然相許——七嘴八舌地表示贊成。

（2）空谷傳響，哀轉久絕——山谷裏傳播着回聲，婉轉動人地好久好久才消失。

例（1）屬於"褒詞貶譯"。"雜然相許"是指愚公一家"你一言我一語"地獻計獻策，異口同聲地贊同愚公的移山大計。而"七嘴八舌"則略帶貶意，在此有損主人公一家的形象。例（2）屬於"貶詞褒譯"。酈道元在描寫蕭瑟秋景時引出猿聲，意在悲秋。但是譯文卻把"哀轉久絕"譯成"婉轉動人"，顯然與原作格調不合。

7. 注意原文的語氣

（1）其是之謂乎？（《左傳·隱公元年》）

（2）昭王之不復，君其問諸水濱。（《左傳·僖公四年》）

以上兩句的"其"，都是語氣副詞，皆表推測語氣。例（1）的"其"可譯爲"大概"，全句可譯爲："大概説的是這個吧？"例（2）的"其"表示委婉的祈使語氣，"君其問諸水濱"，可譯爲："你還是到水邊去問吧。"

（3）將何適而非快！（蘇轍《黄州快哉亭記》）

有人譯爲："那麼無論到什麼地方都會覺得愉快。"句子的意思是表達出來了，但把原句改成一般肯定語氣，還是不如照原文的語氣爲好。原句是雙重否定的語氣，翻譯時用反問的形式去對譯反問的形式，譯成"那麼到什麼地方去會不快樂呢？"就很貼近原文的語氣，並能很好地傳達出"快哉"的心情。

（二）達——譯文要規範

所謂譯文規範，是指在忠實於原文的同時，還要做到語言的規範化，也就是用詞造句要合乎現代漢語的表達方式和語言習慣，語意明確，文意通暢。這就需要注意以下幾個問題。

1. 不要文白夾雜

學惡乎始？惡乎終？曰：其數，則始乎誦經，終乎讀《禮》；其義，則始乎爲士，終乎爲聖人。（《荀子·勸學》）

有人把這段譯爲："求學之道從何而始？從何而終？"答曰："治學之途徑，始而應讀《詩》《書》之類的經，最終則要習《禮》；治學之旨，則從爲士開始，其終則爲聖人。"從內容來看，這種譯法忠實於原作，但是在用詞造句上卻文白夾雜，某些該譯的文言詞語並沒有翻譯，如"始""終""數""士"等。正確的譯法應爲："學習從哪裏開始？到哪裏結束？回答是：按照順序來説，從讀經書開始，到讀《禮》結束；按照目的來説，從成爲學士開始，到成爲聖人結束。"

2. 要符合現代漢語的表達習慣

對古漢語中的特殊語法現象，要在不損害原意的基礎上，選用適當的現代漢語形式表達。如：

(1) 之二蟲，又何知？（《莊子‧逍遙遊》）

這是一句賓語前置句，翻譯時，要將疑問代詞"何"移到動詞"知"後，譯成："這兩個小生物，又知道什麼呢？"如果譯成："這兩個小生物，又怎麼知道呢？"那就是沒有弄清楚"何"是前置賓語，而是把它當作狀語處理了。

(2) 甚矣！汝之不惠（慧）。（《列子‧湯問》）

有人把這段譯成："太厲害了！你這樣不聰明。"或者譯成："太過分了，你的不聰明。"

這兩種譯法，不合乎現代漢語的正常語序（主前謂後）。因此應該調整語序，把它譯成："你笨到極點了！"既不損害原意，又合乎現代漢語習慣。第二種譯法還有一個錯誤，就是沒有充分注意到古漢語中"主之謂"結構的特殊性。這種結構中的"之"是一個結構助詞，是用於取消句子獨立性的，翻譯時可略去。

3. 注意古今修辭方式的異同

要注意古代漢語和現代漢語的修辭方式的異同，翻譯時要靈活處理。如：

(1) 生孩六月，慈父見背。（李密《陳情表》）

"見背"的字面意思是"丟棄我"。實際上這是"父親死去"的一種表示避諱的委婉修辭方法。因而翻譯成"父親逝世"就行了。

(2) 我二十五年矣，又如是而嫁，則就木焉。（《左傳‧僖公二十二年》）

句中的"木"是用的借代格，代指"棺材"，有人直接譯成"找木頭去"，好像忠實于原文，但是語意並不清楚。遇見這種情況，翻譯時應該把本體的真實意思還原。正確的譯文是："我已經二十五歲了，再等這麼些年去嫁人，就只好進棺材了。"

所以凡遇到類似的現代漢語已不存在的修辭手法時，都應作適當的調整，以符合現代漢語修辭的表達習慣。

(三) 雅——譯文要體現原作的風格

"雅"是對譯文較高層次的要求，在符合"信""達"的基礎上做到生動、優美，能夠再現原作的風格、神韻。同時也能做到雅俗共賞，無論文化水平高的人還是文化水平低的人都能欣賞。如：

(1) 前者呼，後者應。（歐陽修《醉翁亭記》）

譯文一：前面的人呼喊，後面的人答應。

譯文二：走在前面的招呼着，走在後面的答應着。

譯文三：前面的人呼喊，後面的人應和。

相比而言：譯文一顯得匆忙窘迫，粗聲粗氣，不像描寫遊山；譯文二好像描寫趕路，不像是遊山玩水；譯文三比較能夠傳達出遊人從容而又熱烈的情態，與原文的格調、特色基本一致，比較符合"雅"的要求。

（2）客有吹洞簫者，倚歌而和之，其聲嗚嗚然，如怨如慕，如泣如訴，餘音嫋嫋，不絕如縷。（蘇軾《前赤壁賦》）

譯文："有吹洞簫之客，按歌之節拍吹簫應和之，其簫聲嗚嗚而響，如怨恨，如思慕，如哭泣，如訴說，餘音繚繞，如縷一樣似斷非斷。"

譯文似乎很忠實於原文，但是就是因爲拘泥於忠實原文，纔使得譯文仍然保留了一些文言詞，顯得半文半白。這就是沒有遵循雅俗共賞的原則。下面的譯法可能更好些："有個吹洞簫的同伴，按照歌聲的節拍吹簫伴奏，那簫聲嗚嗚咽咽，好像含着怨恨，又好像懷着思慕，好像輕聲哭泣，又好像低聲哀訴。一曲吹完，耳邊還留下纖弱的餘音，像一根細長的絲綫，久久不斷。"

（3）彼與彼年相若也，道相似也。（韓愈《師說》）

譯文一：他跟他年齡差不多，學問也是半斤八兩。

譯文二：某人和某人年齡相近，學問也相仿。

譯文一將"相似"譯爲"半斤八兩"，與原作端莊嚴肅的特色不相吻合，現出一種油滑俗氣。相比之下，譯文二顯得要"雅"些。

二、文言文翻譯的形式

傳統的文言翻譯，其形式有直譯和意譯兩種。

直譯就是根據原文的意義和句法結構進行翻譯。它要求譯文和原文逐詞逐句相對應，句法結構也要基本相當，確切地表達原意，保持原文的本來面目，處處體現出古代漢語和現代漢語的對應關係。如：

（1）燕雀安知鴻鵠之志哉？（《史記·陳涉世家》）

譯文：燕子、麻雀哪裏知道大雁天鵝的志向啊。

（2）吾不能早用子，今急而求子，是寡人之過也。（《左傳·僖公三十年》）

譯文：我不能很早任用您，現在國家危急才來求您，這是我的過錯。

這兩個例子的譯文與原文的句法結構一樣，詞序相同，用詞大致是一對一的關係，可以算是比較標準的直釋。直譯一般多適用於散文的翻譯。

意譯就是在透徹把握原文內容的基礎上，用相近似的結構和近似的話語把原文的意思表達出來，在古今詞語和句子的對應關係上不作嚴格要求，譯文要求形不似而神似。它較多運用於韻文的翻譯，有些無法或不便直譯的散文詞語或句子也可以用這種方法。如：

（3）操吳戈兮被犀甲，車錯轂兮短兵接。旌蔽日兮敵若雲，矢交墜兮士爭先。（《楚辭·國殤》）

譯文：手持吳戈披犀堅，戰車交錯鬥刀劍。旌旗蔽日敵如雲，亂箭交墜士爭先。

（4）處若忘，行若遺，儼乎其若思，茫乎其若迷，當其取於心而注於手也，惟陳言之務去。（韓愈《答李翊書》）

譯文：靜處的時候好像忘掉了什麼，行走的時候好像丟掉了什麼，莊重的樣子像在深沉地思考，思索時用心專一，如同着了迷。當把心裏想的東西寫出來的時候，一定要去掉陳腐的言詞。

　　需要明確的是，任何一篇古籍，無論是散文還是韻文，翻譯時都很難一種方法用到底，常常是直譯和意譯交替使用。所以我們應該根據實際情況，選擇適當的形式予以配合使用。如：

　　（5）卒相與歡，爲刎頸之交。（《史記・廉頗藺相如列傳》）

　　直譯：終於互相和好，成了割脖子的朋友。

　　意譯：終於互相和好，成了誓同生死的朋友。

　　（6）今沛公入咸陽，毫毛不敢有所近。（《史記・項羽本紀》）

　　直譯：現在沛公進入咸陽，連一根毫毛都不敢接近。

　　意譯：現在沛公進入咸陽，秋毫無犯。

　　上述兩例的直譯雖然忠實原文，卻不很理想，反倒是意譯比較好。其實意譯也是採取直譯和意譯相結合的方式，前一分句是直譯，後一分句又是意譯，而且也只有通過意譯來處理，才符合原文表達的意思。

三、文言文翻譯的具體方法

　　翻譯文言文，除了遵循上述三條標準和直譯與意譯兩種形式的配合使用以外，還有一些具體的技術性處理方法。歸納起來，大體有對譯、替換、保留、刪略、移位、增補等。

　　1. **對譯**

　　對譯就是按照原文詞序和句法結構，逐字逐句進行翻譯。文言文以單音節詞爲主，譯成現代漢語一般都要變成雙音節詞。對譯時，就是以原來的單音詞爲一個語素，另外再添加一個語素，組成聯合或加綴式雙音詞，來翻譯原文的單音節詞。爲了忠實於原文，體現古今漢語的發展規律，對譯時還須力求詞性相當。如：

　　（1）先主器之。（《三國志・蜀志・諸葛亮傳》）

　　譯文：先主器重他。

　　（2）時先主屯新野，徐庶見先主。（《三國志・蜀志・諸葛亮傳》）

　　譯文：那時候先主駐紮在新野，徐庶拜見先主。

　　例（1）中的“器”和例（2）中的“時”“屯”“見”分別譯成了“器重”和“那時候”“駐紮”“拜見”，就是採用了對譯的方法，並且都是同一詞性。

　　2. **替換**

　　替換和對譯略有不同，是選用現代漢語中同義異形的詞語來頂替原文中的詞語，有些是用雙音詞替代單音詞，也有些仍然用單音詞替代單音詞。如：

　　（1）秦王使人謂安陵君曰：“寡人欲以五百里之地易安陵，安陵君其許寡人。”（《戰國策・魏策》）

　　譯成：秦國國王派人告知安陵君說：“孤家打算拿方圓五百里的土地交換安陵，安陵君可要答應孤家。”

　　本句中的“使”“謂”“寡人”“欲”“易”“許”分別譯成“派”“告知”“孤家”“打

算""交換""答應"，就是採取了替換的辦法。

（2）今劉表新亡，二子不協。（《資治通鑑・漢紀・赤壁之戰》）

譯成：現在劉表剛剛死亡，他的兩個兒子不團結。

本句中的"今""新""二""協"分別譯成"現在""剛剛""兩個""團結"，也是採用了替換的辦法。

3. 保留

保留是指古文中某些詞語可以不譯而原封不動地搬到譯文中來。這種該保留的詞語，一是古今通用的詞語，如天、地、山、水、人、馬、大、小等，二是古代的一些專用名詞，如人名、地名、國名、朝代名、年號、日期、官職名、典章制度的名稱、謚號、特殊稱謂、特殊學術用語或者專業術語等，三是一些表示已經消失的古代事物的詞語。

（1）馮諼戒孟嘗君曰："願請先王之祭器，立宗廟於薛。"（《戰國策・齊策》）

（2）康熙五十一年三月，余在刑部獄，見死而由竇出者日四三人。（方苞《獄中雜記》）

（3）子路、曾皙、冉有、公西華侍坐。（《論語・先進》）

（4）侍中、尚書、長史、參軍，此皆貞良死節之臣。（諸葛亮《出師表》）

例（1）的畫綫詞語是專有名詞，例（2）中畫綫部分是時間、日期，例（3）中畫綫部分是四個人名，例（4）中畫綫部分是四種官職名。對於這類詞語，在翻譯時只要保留照搬過來就行了。另外還有一些古代有特殊含義的詞語，如孔子、孟子等人講的"仁""義""道""德"等，往往意義有別，如找不准恰當的現代詞語去翻譯它，不如保留爲好。

4. 删略

删略主要是針對文言文中的某些特殊詞語而言的。因爲文言文中有一些特殊的表達方式和詞語，在現代漢語中已經不再使用，而且現代漢語又没有相應的詞可用來對譯，删去後也不影響句子的準確和通順，如果硬譯，反而不好。像句首、句中、句尾語氣詞，表敬副詞，襯音助詞，標志賓語前置的結構助詞，重復使用的同義詞等，都屬於這種情況。如：

（1）夫戰，勇氣也。（《左傳・莊公十年》）

（2）善哉！吾請無攻宋矣。（《墨子・公輸》）

例（1）的"夫""也"，例（2）的表敬副詞"請"，在現代漢語中找不到相應的詞來對譯，只好删去。又如：

（3）君人者將禍是務去。（《左傳・隱公三年》）

（4）我周之東遷，晉、鄭焉依。（《左傳・隱公六年》）

（5）以敝邑之爲盟主，繕完葺牆，以待賓客。（《左傳・襄公三十年》）

例句（3）、（4）中的"是""焉"是用來幫助提前賓語的，不需要譯出。例句（5）"繕完葺"是同義詞疊用，合併譯爲一個詞就行了。

5. 移位

移位主要是針對文言文中特殊語序來說的。文言文中有大量不同於現代漢語的語序，如賓語的前置，謂語的前置，定語的後置，等等，翻譯時必須按照現代漢語的表達習慣移動詞語位置。

(1) 而獄中爲老監者四，監五室。（方苞《獄中雜記》）

"獄中爲老監者四"和"監五室"都不合現代漢語的表達習慣，譯成現代漢語，原謂語"四"要調整爲定語，"監五室"中要加個謂語"有"，變成"獄中設置了四個老監，每個老監有五個房間"，這樣才符合現代漢語的表達習慣。再如：

(2) 楚國方城以爲城，漢水以爲池，雖衆無所用之。（《左傳·僖公四年》）

譯文：楚國把方城山當作城牆，把漢水當作護城河，您的軍隊即使多，也沒有使用的地方。

6. 增補

增補是針對文言文中省略現象和簡練的表達方式而言的，它也是文言文翻譯的一種重要手段，主要表現在以下幾個方面。

第一，省略的成分要增補。文言文中省略現象很多，如主語、謂語、賓語的省略，各種虛詞（介詞、連詞等）也都有省略。在翻譯時，可根據情況，把需要補出來的省略成分補充完整。如：

(1) ［孟塗］居山上，［此山］在舟山西。（酈道元《水經注·江水》）

第二，簡略的表達方式要增補意義。文言文的某些句子的表達，往往十分緊縮而簡練，翻譯時爲了語意的完整，就必須補充一些必要的內容。如：

(2) 虢亡，虞必從之。晉不可啓，寇不可玩。（《左傳·僖公五年》）

譯文：虢國滅亡了，虞國必然跟着它［滅亡］。晉國不可啓發［他的貪婪的野心］，對外敵不可不當心。

第三，必要的關聯詞語要增補。古代的某些複句，特別是詩詞，常常不用關聯詞語，因而語意不完整，譯成現代漢語時，必須補出適當的關聯詞語，以求內容表達更完整清晰。如：

(3) 蚓無爪牙之利，筋骨之強，上食埃土，下飲黃泉，用心一也。（《荀子·勸學》）

譯文：蚯蚓［雖然］沒有鋒利的爪子，堅硬的筋骨，［但是］能夠向上吃到地面的泥土，向下飲到地下的泉水，［這就是］用心專一［的緣故］。

(4) 草枯鷹眼疾，雪盡馬蹄輕。（王維《觀獵》）

譯文：［因爲］野草枯萎了，［所以］獵鷹的視野很遠；［因爲］大雪融化了，［所以］馬跑的速度很快。

添上這些關聯詞語，全句的語意就非常明顯了。

運用增補法時要注意的是，必須恰到好處，如能直譯解決的，就無需多添詞語，千萬不要爲了追求所謂的生動而畫蛇添足。如：

(5) 不數載而天下大壞。（柳宗元《封建論》）

譯文：沒有經過幾年，秦朝對天下的統治即告崩潰。

這種譯法任意添加了"經過"和"秦朝對天下的統治"，毫無必要。

如果譯成"沒有幾年就天下大亂"就既準確又簡潔。

翻譯文言文的過程也是一個再創作的過程，會出現各種各樣的意想不到的問題，除了上述的各種方法之外，還會有一些需要靈活處理的地方，這就有待於大家共同努力去摸索解決了。

［白文］*

論　語

一

子曰學而時習之不亦說乎有朋自遠方來不亦樂乎人不知而不慍不亦君子乎（《學而》）

二

曾子曰吾日三省吾身爲人謀而不忠乎與朋友交而不信乎傳不習乎（《學而》）

三

子夏曰賢賢易色事父母能竭其力事君能致其身與朋友交言而有信雖曰未學吾必謂之學矣（《學而》）

四

子禽問於子貢曰夫子至於是邦也必聞其政求之與抑與之與子貢曰夫子溫良恭儉讓以得之夫子之求之也其諸異乎人之求之與（《學而》）

五

子曰君子食無求飽居無求安敏於事而慎於言就有道而正焉可謂好學也已（《學而》）

六

子貢曰貧而無諂富而無驕何如子曰可也未若貧而樂富而好禮者也子貢曰詩云如切如磋如琢如磨其斯之謂與子曰賜也始可與言詩已矣告諸往而知來者（《學而》）

七

子曰吾十有五而志于學三十而立四十而不惑五十而知天命六十而耳順七十而從心所欲不逾矩（《爲政》）

八

子張問十世可知也子曰殷因於夏禮所損益可知也周因於殷禮所損益可知也其或繼周者雖百世可知也（《爲政》）

九

儀封人請見曰君子之至於斯也吾未嘗不得見也從者見之出曰二三子何患於喪乎天下之無道也久矣天將以夫子爲木鐸（《八佾》）

＊　周本淳編選。

十

子曰富與貴是人之所欲也不以其道得之不處也貧與賤是人之所惡也不以其道得之不去也君子去仁惡乎成名君子無終食之間違仁造次必於是顛沛必於是（《里仁》）

十一

子謂公冶長可妻也雖在縲紲之中非其罪也以其子妻之子謂南容邦有道不廢邦無道免於刑戮以其兄之子妻之（《公冶長》）

十二

子謂子貢曰女與回也孰愈對曰賜也何敢望回回也聞一以知十賜也聞一以知二子曰弗如也吾與女弗如也（《公冶長》）

十三

顏淵季路侍子曰盍各言爾志子路曰願車馬衣輕裘與朋友共敝之而無憾顏淵曰願無伐善無施勞子路曰願聞子之志子曰老者安之朋友信之少者懷之（《公冶長》）

十四

曾子曰士不可以不弘毅任重而道遠仁以為己任不亦重乎死而後已不亦遠乎（《泰伯》）

十五

顏淵喟然歎曰仰之彌高鑽之彌堅瞻之在前忽焉在後夫子循循然善誘人博我以文約我以禮欲罷不能既竭吾才如有所立卓爾雖欲從之末由也已（《子罕》）

十六

子路曰衛君待子而為政子將奚先子曰必也正名乎子路曰有是哉子之迂也奚其正子曰野哉由也君子於其所不知蓋闕如也名不正則言不順言不順則事不成事不成則禮樂不興禮樂不興則刑罰不中刑罰不中則民無所措手足（《子路》）

十七

子貢問曰何如斯可謂之士矣子曰行己有恥使於四方不辱君命可謂士矣曰敢問其次曰宗族稱孝焉鄉黨稱弟焉曰敢問其次曰言必行行必果硜硜然小人哉抑亦可以為次矣曰今之從政者何如子曰噫斗筲之人何足算也（《子路》）

十八

子擊磬於衛有荷蕢而過孔氏之門者曰有心哉擊磬乎既而曰鄙哉硜硜乎莫己知也斯已而已矣深則厲淺則揭子曰果哉末之難矣（《憲問》）

十九

陳亢問於伯魚曰子亦有異聞乎對曰未也嘗獨立鯉趨而過庭曰學詩乎對曰未也不學詩無以言鯉退而學詩他日又獨立鯉趨而過庭曰學禮乎對曰未也不學禮無以立鯉退而學禮聞斯二者陳亢退而喜曰問一得三聞詩聞禮又聞君子之遠其子也（《季氏》）

二十

子之武城聞弦歌之聲夫子莞爾而笑曰割雞焉用牛刀子游對曰昔者偃也聞諸夫子曰君子學道則愛人小人學道則易使也子曰二三子偃之言是也前言戲之耳（《陽貨》）

孟　子

一

梁惠王曰寡人之於國也盡心焉耳矣河內凶則移其民於河東移其粟於河內河東凶亦然察鄰國之政無如寡人之用心者鄰國之民不加少寡人之民不加多何也孟子對曰王好戰請以戰喻填然鼓之兵刃既接棄甲曳兵而走或百步而後止或五十步而後止以五十步笑百步則何如曰不可直不百步耳是亦走也（《梁惠王上》）

二

梁惠王曰寡人願安承教孟子曰殺人以梃與刃有以異乎曰無以異也以刃與政有以異乎曰無以異也曰庖有肥肉廄有肥馬民有飢色野有餓莩此率獸而食人也獸相食且人惡之爲民父母行政不免於率獸而食人惡在其爲民父母也仲尼曰始作俑者其無後乎爲其象人而用之也如之何其使斯民飢而死也（《梁惠王上》）

三

孟子見梁襄王出語人曰望之不似人君就之而不見所畏焉卒然問曰天下惡乎定吾對曰定于一孰能一之對曰不嗜殺人者能一之孰能與之對曰天下莫不與也王知夫苗乎七八月之間旱則苗槁矣天油然作雲沛然下雨則苗浡然興之矣其如是孰能禦之今夫天下之人牧未有不嗜殺人者也如有不嗜殺人者則天下之民皆引領而望之矣誠如是也民歸之由水之就下沛然誰能禦之（《梁惠王上》）

四

齊宣王問曰文王之囿方七十里有諸孟子對曰於傳有之曰若是其大乎曰民猶以爲小也曰寡人之囿方四十里民猶以爲大何也曰文王之囿方七十里芻蕘者往焉雉兔者往焉與民同之民以爲小不亦宜乎臣始至於境問國之大禁然後敢入臣聞郊關之內有囿方四十里殺其麋鹿者如殺人之罪則是方四十里爲阱於國中民以爲大不亦宜乎（《梁惠王下》）

五

孟子謂齊宣王曰王之臣有托其妻子於其友而之楚游者比其反也則凍餒其妻子則如之何王曰棄之曰士師不能治士則如之何王曰已之曰四境之內不治則如之何王顧左右而言他（《梁惠王下》）

六

齊宣王問曰湯放桀武王伐紂有諸孟子對曰於傳有之曰臣弑其君可乎曰賊仁者謂之賊賊義者謂之殘殘賊之人謂之一夫聞誅一夫紂矣未聞弑君也（《梁惠王下》）

七

孟子謂戴不勝曰子欲子之王之善與我明告子有楚大夫於此欲其子之齊語也則使齊人傅諸使楚人傅諸曰使齊人傅之曰一齊人傅之衆楚人咻之雖日撻而求其齊也不可得矣引而置之莊嶽之間數年雖日撻而求其楚亦不可得矣子謂薛居州善士也使之居於王所在於王所者長幼卑尊皆薛居州也王誰與爲不善在王所者長幼卑尊皆非薛居州也王誰與爲善一薛居州獨如宋王何（《滕文公下》）

八

孟子告齊宣王曰君之視臣如手足則臣視君如腹心君之視臣如犬馬則臣視君如國人君之視臣如土芥則臣視君如寇讎（《離婁下》）

九

齊人有一妻一妾而處室者其良人出則必饜酒肉而後反其妻問所與飲食者則盡富貴也其妻告其妾曰良人出則必饜酒肉而後反問其與飲食者盡富貴也而未嘗有顯者來吾將瞷良人之所之也蚤起施從良人之所之徧國中無與立談者卒之東郭墦間之祭者乞其餘不足又顧而之他此其爲饜足之道也其妻歸告其妾曰良人者所仰望而終身也今若此與其妾訕其良人而相泣於中庭而良人未之知也施施從外來驕其妻妾由君子觀之則人之所以求富貴利達者其妻妾不羞也而不相泣者幾希矣（《離婁下》）

十

孟子曰仁人心也義人路也舍其路而弗由放其心而不知求哀哉人有雞犬放則知求之有放心而不知求學問之道無他求其放心而已矣（《告子上》）

十一

孟子曰今有無名之指屈而不信非疾痛害事也如有能信之者則不遠秦楚之路爲指之不若人也指不若人則知惡之心不若人則不知惡此之謂失其本心（《告子上》）

十二

孟子曰舜發於畎畝之中傅説舉於版築之間膠鬲舉於魚鹽之中管夷吾舉於士孫叔敖舉於海百里奚舉於市故天將降大任於是人也必先苦其心志勞其筋骨餓其體膚空乏其身行拂亂其所爲所以動心忍性曾益其所不能人恒過然後能改困於心衡於慮而後作徵於色發於聲而後喻入則無法家拂士出則無敵國外患者國恒亡然後知生於憂患而死於安樂也（《告子下》）

禮記·檀弓

一

孔子既得合葬於防曰吾聞之古也墓而不墳今丘也東西南北之人也不可以弗識也於是封之崇四尺孔子先反門人後雨甚至孔子問焉曰爾來何遲也曰防墓崩孔子不應三孔子泫然流涕曰吾聞之古不脩墓

二

孔子哭子路於中庭有人弔者而夫子拜之既哭進使者而問故使者曰醢之矣遂命覆醢

三

晉獻公將殺其世子申生公子重耳謂之曰子蓋言子之志於公乎世子曰不可君安驪姬是我傷公之心也曰然則蓋行乎世子曰不可君謂我欲弒君也天下豈有無父之國哉吾何行如之使人辭於狐突曰申生有罪不念伯氏之言也以至于死申生不敢愛其死雖然吾君老矣子少國家多難伯氏不出而圖吾君伯氏苟出而圖吾君申生受賜而死再拜稽首乃卒是以爲恭世子也

四

魯莊公及宋人戰于乘丘縣賁父御卜國爲右馬驚敗績公隊佐車授綏公曰末之卜也縣賁

父曰他日不敗績而今敗績是無勇也遂死之圉人浴馬有流矢在白肉公曰非其罪也遂誄之士
之有誄自此始也

五

曾子寢疾病樂正子春坐於牀下曾元曾申坐於足童子隅坐而執燭童子曰華而睆大夫之
簀與子春曰止曾子聞之瞿然曰呼曰華而睆大夫之簀與曾子曰然斯季孫之賜也我未之能易
也元起易簀曾元曰夫子之病革矣不可以變幸而至於旦請敬易之曾子曰爾之愛我也不如彼
君子之愛人也以德細人之愛人也以姑息吾何求哉吾得正而斃焉斯已矣舉扶而易之反席未
安而沒

六

子夏喪其子而喪其明曾子弔之曰吾聞之也朋友喪明則哭之曾子哭子夏亦哭曰天乎予
以無罪也曾子怒曰商女何無罪也吾與女事夫子於洙泗之間退而老於西河之上使西河之民
疑女於夫子爾罪一也喪爾親使民未有聞焉爾罪二也喪爾子喪爾明爾罪三也而曰爾何無罪
與子夏投其杖而拜曰吾過矣吾過矣吾離羣而索居亦已久矣

七

孔子蚤作負手曳杖消摇於門歌曰泰山其頹乎梁木其壞乎哲人其萎乎既歌而入當户而
坐子貢聞之曰泰山其頹則吾將安仰梁木其壞哲人其萎則吾將安放夫子殆將病也遂趨而入
夫子曰賜爾來何遲也夏后氏殯於東階之上則猶在阼也殷人殯於兩楹之間則與賓主夾之也
周人殯於西階之上則猶賓之也而丘也殷人也予疇昔之夜夢坐奠於兩楹之間夫明王不興而
天下其孰能宗予予殆將死也蓋寢疾七日而沒

八

成子高寢疾慶遺入請曰子之病革矣如至乎大病則如之何子高曰吾聞之也生有益於人
死不害於人吾縱生無益於人吾可以死害於人乎哉我死則擇不食之地而葬我焉（上）

九

曾子曰晏子可謂知禮也已恭敬之有焉有若曰晏子一狐裘三十年遣車一乘及墓而反國
君七個遣車七乘大夫五個遣車五乘晏子焉知禮曾子曰國無道君子恥盈禮焉國奢則示之以
儉國儉則示之以禮

十

子路曰傷哉貧也生無以爲養死無以爲禮也孔子曰啜菽飲水盡其歡斯之謂孝斂手足形
還葬而無椁稱其財斯之謂禮

十一

戰于郎公叔禺人遇負杖入保者息曰使之雖病也任之雖重也君子不能爲謀也士弗能死
也不可我則既言矣與其鄰重汪踦往皆死焉魯人欲勿殤重汪踦問於仲尼仲尼曰能執干戈以
衛社稷雖欲勿殤也不亦可乎

十二

子路去魯謂顏淵曰何以贈我曰吾聞之也去國則哭于墓而後行反其國不哭展墓而入謂
子路曰何以處我子路曰吾聞之也過墓則式過祀則下

十三

孔子過泰山側有婦人哭於墓者而哀夫子式而聽之使子貢問之曰子之哭也壹似重有憂者而曰然昔者吾舅死於虎吾夫又死焉今吾子又死焉夫子曰何爲不去也曰無苛政夫子曰小子識之苛政猛於虎也

十四

齊大饑黔敖爲食於路以待餓者而食之有餓者蒙袂輯屨貿貿然來黔敖左奉食右執飲曰嗟來食揚其目而視之曰予唯不食嗟來之食以至於斯也從而謝焉終不食而死曾子聞之曰微與其嗟也可去其謝也可食

十五

晉獻文子成室晉大夫發焉張老曰美哉輪焉美哉奐焉歌於斯哭於斯聚國族於斯文子曰武也得歌於斯哭於斯聚國族於斯是全要領以從先大夫於九京也北面再拜稽首君子謂之善頌善禱

十六

仲尼之畜狗死使子貢埋之曰吾聞之也敝帷不棄爲埋馬也敝蓋不棄爲埋狗也丘也貧無蓋於其封也亦予之席毋使其首陷焉路馬死埋之以帷

十七

成人有其兄死而不爲衰者聞子皋將爲成宰遂爲衰成人曰蠶則績而蟹有匡範則冠而蟬有緌兄則死而子皋爲之衰（下）

左　　傳

一

鄭武公莊公爲平王卿士王貳於虢鄭伯怨王王曰無之故周鄭交質王子狐爲質於鄭鄭公子忽爲質於周王崩周人將畀虢公政四月鄭祭足帥師取溫之麥秋又取成周之禾周鄭交惡君子曰信不由中質無益也明恕而行要之以禮雖無有質誰能間之苟有明信澗谿沼沚之毛蘋蘩薀藻之菜筐筥錡釜之器潢汙行潦之水可薦於鬼神可羞於王公而況君子結二國之信行之以禮又焉用質風有采蘩采蘋雅有行葦泂酌昭忠信也（《隱公三年》）

二

公問於眾仲曰衛州吁其成乎對曰臣聞以德和民不聞以亂以亂猶治絲而棼之也夫州吁阻兵而安忍阻兵無眾安忍無親眾叛親離難以濟矣夫兵猶火也弗戢將自焚也夫州吁弑其君而虐用其民於是乎不務令德而欲以亂成必不免矣（《隱公四年》）

三

州吁未能和其民厚問定君於石子石子曰王覲爲可曰何以得覲曰陳桓公方有寵於王陳衛方睦若朝陳使請必可得也厚從州吁如陳石碏使告於陳曰衛國褊小老夫耄矣無能爲也此二人者實弑寡君敢即圖之陳人執之而請涖于衛九月衛人使右宰醜涖殺州吁于濮石碏使其宰獳羊肩涖殺石厚于陳君子曰石碏純臣也惡州吁而厚與焉大義滅親其是之謂乎（《隱公四年》）

四

五月庚申鄭伯侵陳大獲往歲鄭伯請成于陳陳侯不許五父諫曰親仁善鄰國之寶也君其許鄭陳侯曰宋衛實難鄭何能爲遂不許君子曰善不可失惡不可長其陳桓公之請乎長惡不悛從自及也雖欲救之其將能乎商書曰惡之易也如火之燎于原不可鄉邇其猶可撲滅周任有言曰爲國家者見惡如農夫之務去草焉芟夷蘊崇之絕其本根勿使能殖則善者信矣（《隱公六年》）

五

楚人伐絞軍其南門莫敖屈瑕曰絞小而輕輕則寡謀請無扞采樵者以誘之從之絞人獲三十人明日絞人爭出驅楚役徒於山中楚人坐其北門而覆諸山下大敗之爲城下之盟而還（《桓公十二年》）

六

楚文王伐申過鄧鄧祁侯曰吾甥也止而享之騅甥聃甥養甥請殺楚子鄧侯弗許三甥曰亡鄧國者必此人也若不早圖後君噬齊其及圖之乎圖之此爲時矣鄧侯曰人將不食吾餘對曰若不從三臣抑社稷實不血食而君焉取餘弗從還年楚子伐鄧（十六年楚復）伐鄧滅之（《莊公六年》）

七

齊侯使連稱管至父戍葵丘瓜時而往曰及瓜而代期戍公問不至請代弗許故謀作亂僖公之母弟曰夷仲年生公孫無知有寵於僖公衣服禮秩如適襄公絀之二人因之以作亂連稱有從妹在公宮無寵使間公曰捷吾以女爲夫人冬十二月齊侯游于姑棼遂田于貝丘見大豕從者曰公子彭生也公怒曰彭生敢見射之豕人立而啼公懼墜于車傷足喪屨反誅屨於徒人費弗得鞭之見血走出遇賊于門劫而束之費曰我奚御哉袒而示之背信之費請先入伏公而出鬥死于門中石之紛如死于階下遂入殺孟陽于牀曰非君也不類見公之足于戶下遂弒之而立無知（《莊公八年》）

八

冬十二月狄人伐衛衛懿公好鶴鶴有乘軒者將戰國人受甲者皆曰使鶴鶴實有禄位余焉能戰（《閔公二年》）

九

晉荀息請以屈產之乘與垂棘之璧假道於虞以伐虢公曰是吾寶也對曰若得道於虞猶外府也公曰宮之奇存焉對曰宮之奇之爲人也懦而不能強諫且少長於君君暱之雖諫將不聽乃使荀息假道於虞曰冀爲不道入自顛軨伐鄍三門冀之既病則亦唯君故今虢爲不道保於逆旅以侵敝邑之南鄙敢請假道以謝罪于虢虞公許之且請先伐虢宮之奇諫不聽遂起師夏晉里克荀息帥師會虞師伐虢滅下陽（《僖公二年》）

十

宋公及楚人戰于泓宋人既成列楚人未既濟司馬曰彼衆我寡及其未既濟也請擊之公曰不可既濟而未成列又以告公曰未可既陳而後擊之宋師敗績公傷股門官殲焉國人皆咎公公曰君子不重傷不禽二毛古之爲軍也不以阻隘也寡人雖亡國之餘不鼓不成列子魚曰君未知

战勃敵之人隘而不列天贊我也阻而鼓之不亦可乎猶有懼焉且今之勃者皆吾敵也雖及胡耈獲則取之何有於二毛明恥教戰求殺敵也傷未及死如何勿重若愛重傷則如勿傷愛其二毛則如服焉三軍以利用也金鼓以聲氣也利而用之阻隘可也聲盛致志鼓儳可也（《僖公二十二年》）

<h2 style="text-align:center">十一</h2>

晉侯賞從亡者介之推不言祿祿亦弗及推曰獻公之子九人唯君在矣惠懷無親外内棄之天未絕晉必將有主主晉祀者非君而誰天實置之而二三子以爲己力不亦誣乎竊人之財猶謂之盜況貪天之功以爲己力乎下義其罪上賞其姦上下相蒙難與處矣其母曰盍亦求之以死誰懟對曰尤而效之罪又甚焉且出怨言不食其食其母曰亦使知之若何對曰言身之文也身將隱焉用文之是求顯也其母曰能如是乎與女偕隱遂隱而死晉侯求之不獲以緜上爲之田曰以志吾過且旌善人（《僖公二十四年》）

<h2 style="text-align:center">十二</h2>

初楚子將以商臣爲大子訪諸令尹子上子上曰君之齒未也而又多愛黜乃亂也楚國之舉恆在少者且是人也蠭目而豺聲忍人也不可立也弗聽既又欲立王子職而黜太子商臣商臣聞之而未察告其師潘崇曰若之何而察之潘崇曰享江芊而勿敬也從之江芊怒曰呼役夫宜君王之欲殺女而立職也告潘崇曰信矣潘崇曰能事諸乎曰不能能行乎曰不能能行大事乎曰能冬十月以宮甲圍成王王請食熊蹯而死弗聽丁未王縊諡之曰靈不瞑曰成乃瞑（《文公元年》）

<h2 style="text-align:center">十三</h2>

將戰華元殺羊食士其御羊斟不與及戰曰疇昔之羊子爲政今日之事我爲政與入鄭師故敗君子謂羊斟非人也以其私憾敗國殄民於是刑孰大焉詩所謂人之無良者其羊斟之謂乎殘民以逞宋人以兵車百乘文馬百駟以贖華元于鄭半入華元逃歸……宋城華元爲植巡功城者謳曰睅其目皤其腹棄甲而復于思于思棄甲復來使其驂乘謂之曰牛則有皮犀兕尚多棄甲則那役人曰從其有皮丹漆若何華元曰去之夫其口衆我寡（《宣公二年》）

<h2 style="text-align:center">十四</h2>

楚人獻黿於鄭靈公公子宋與子家將見子公之食指動以示子家曰他日我如此必嘗異味及入宰夫將解黿相視而笑公問之子家以告及食大夫黿召子公而弗與也子公怒染指於鼎嘗之而出公怒欲殺子公子公與子家謀先子家曰畜老猶憚殺之而況君乎反譖子家子家懼而從之夏弒靈公書曰鄭公子歸生弒其君夷權不足也君子曰仁而不武無能達也凡弒君稱君君無道也稱臣臣之罪也（《宣公四年》）

<h1 style="text-align:center">老 子</h1>

<h2 style="text-align:center">一</h2>

五色令人目盲五音令人耳聾五味令人口爽馳騁畋獵令人心發狂難得之貨令人行妨是以聖人爲腹不爲目故去彼取此（十二章）

<h2 style="text-align:center">二</h2>

曲則全枉則直窪則盈敝則新少則得多則惑是以聖人抱一爲天下式不自見故明不自是

故彰不自伐故有功不自矜故長夫唯不爭故天下莫能與之爭古之所謂曲則全者豈虛言哉誠全而歸之（二十二章）

三

企者不立跨者不行自見者不明自是者不彰自伐者無功自矜者不長其在道也曰餘食贅行物或惡之故有道者不處（二十四章）

四

知其雄守其雌爲天下谿爲天下谿常德不離復歸於嬰兒知其白守其黑爲天下式爲天下式常德不忒復歸於無極知其榮守其辱爲天下谷爲天下谷常德乃足復歸於樸樸散則爲器聖人用之則爲官長故大制不割（二十八章）

五

知人者智自知者明勝人者有力自勝者強知足者富強行者有志不失其所者久死而不亡者壽（三十三章）

六

將欲歙之必固張之將欲弱之必固強之將欲廢之必固興之將欲奪之必固與之是謂微明柔弱勝剛強魚不可脫於淵國之利器不可以示人（三十六章）

七

其政悶悶其民淳淳其政察察其民缺缺禍兮福之所倚福兮禍之所伏孰知其極其無正正復爲奇善復爲妖人之迷其日固久是以聖人方而不割廉而不劌直而不肆光而不耀（五十八章）

八

爲無爲事無事味無味大小多少報怨以德圖難於其易爲大於其細天下難事必作於易天下大事必作於細是以聖人終不爲大故能成其大夫輕諾必寡信多易必多難是以聖人猶難之故終無難矣（六十三章）

九

善爲士者不武善戰者不怒善勝敵者不與善用人者爲之下是謂不爭之德是謂用人之力是謂配天古之極（六十八章）

十

人之生也柔弱其死也堅強萬物草木之生也柔脆其死也枯槁故堅強者死之徒柔弱者生之徒是以兵強則滅木強則折堅強處下柔弱處上（七十六章）

十一

小國寡民使有什伯之器而不用使民重死而不遠徙雖有舟輿無所乘之雖有甲兵無所陳之使人復結繩而用之甘其食美其服安其居樂其俗鄰國相望雞犬之聲相聞民至老死不相往來（八十章）

韓　非　子

一

魯人身善織屨妻善織縞而欲徙於越或謂之曰子必窮矣魯人曰何也曰屨爲履之也而越

人跣行縞爲冠之也而越人被髮以子之所長遊於不用之國欲使無窮其可得乎（《説林上》）

二

客有爲齊王畫者齊王問曰畫孰最難者曰犬馬最難孰易者曰鬼魅最易夫犬馬人所知者旦暮罄於前不可類之故難鬼神無形者不罄於前故易之也（《外儲説左上》）

三

燕王徵巧術人衛人請以棘刺之端爲母猴客曰人主欲觀之必半歲不入宮不飲酒食肉雨霽日出視之晏陰之間而棘刺之母猴乃可見也燕王因養衛人不能觀其母猴鄭有臺下之冶者謂燕王曰臣爲削者也諸微物必以削削之而所削必大於削今棘刺之端不容削鋒難以治棘刺之端王試觀客之削則能與不能可知也王曰善謂衛人曰客爲棘刺之母猴何以理之曰以削王曰吾欲觀之客曰臣請之舍取之因逃（《外儲説左上》）

四

魏王遺荆王美人荆王甚悦之夫人鄭袖知王悦愛之也亦悦愛之甚於王衣服玩好擇其所欲爲之王曰夫人知我愛新人也其悦愛之甚於寡人此孝子之所以養親忠臣之所以事君也夫人知王之不以己爲妬也因爲新人曰王甚悦愛子然惡子之鼻子見王常掩鼻則王常幸子矣於是新人從之每見王常掩鼻王謂夫人曰新人見寡人常掩鼻何也對曰不之知也王強問之對曰頃嘗言惡聞王臭王怒曰劓之夫人先誡御者曰王若有言必可從命御者因揄刀而劓美人（《内儲説下·六微》）

五

楚人和氏得玉璞楚山中奉而獻之厲王厲王使玉人相之玉人曰石也王以和爲誑而刖其左足及厲王薨武王即位和氏又奉其璞而獻之武王武王使玉人相之又曰石也王又以和爲誑而刖其右足武王薨文王即位和乃抱其璞而哭於楚山之下三日三夜泣盡而繼之以血王聞之使人問其故曰天下之刖者多矣子奚哭之悲也和曰吾非悲刖也悲夫寶玉而題之以石貞士而名之以誑此吾所以悲也王乃使玉人理其璞而得寶焉遂命曰和氏之璧（《和氏》）

六

扁鵲見蔡桓公立有間扁鵲曰君有疾在腠理不治將恐深桓侯曰寡人無疾扁鵲出桓侯曰醫之好治不病以爲功居十日扁鵲復見曰君之病在肌膚不治將益深桓侯不應扁鵲出桓侯又不悦居十日扁鵲復見曰君之病在腸胃不治將益深桓侯又不應扁鵲出桓侯又不悦居十日扁鵲望桓侯而還走桓侯故使人問之扁鵲曰疾在腠理湯熨之所及也在肌膚針石之所及也在腸胃火齊之所及也在骨髓司命之所屬無奈何也今在骨髓臣是以無請也居五日桓侯體痛使人索扁鵲已逃秦矣桓侯遂死（《喻老》）

七

昔者彌子瑕有寵於衛君衛國之法竊駕君車者罪刖彌子瑕母病人聞有夜告彌子彌子矯駕君車以出君聞而賢之曰孝哉爲母之故忘其犯刖罪異日與君游於果園食桃而甘不盡以其半啗君君曰愛我哉忘其口味以啗寡人及彌子色衰愛弛得罪於君君曰是固嘗矯駕吾車又嘗啗我以餘桃故彌子之行未變於初也而前之所以見賢而後獲罪者愛憎之變也（《説難》）

八

管仲隰朋從桓公伐孤竹春往冬反迷惑失道管仲曰老馬之智可用也乃放老馬而隨之遂得道行山中無水隰朋曰蟻冬居山之陽夏居山之陰蟻壤一寸而仞有水乃掘地遂得水　（《說林上》）

九

楊朱之弟楊布衣素衣而出天雨解素衣衣緇衣而反其狗不知而吠之楊布怒將擊之楊朱曰子毋擊也子亦猶是曩者使汝狗白而往黑而來子豈能毋怪哉　（《說林下》）

列　子

一

昔齊人有欲金者清旦衣冠而之市適鬻金者之所因攫其金而去吏捕得之問曰人皆在焉子攫人之金何對曰取金之時不見人徒見金　（《說符》）

二

邯鄲之民以正月之旦獻鳩於簡子簡子大悅厚賞之客問其故簡子曰正旦放生示有恩也客曰民知君之欲放之競而捕之死者衆矣君如欲生之不若禁民勿捕捕而放之恩過不相補矣簡子曰然　（《說符》）

三

楊子之鄰人亡羊既率其黨又請楊子之豎追之楊子曰嘻亡一羊何追者之衆鄰人曰多歧路既反問獲羊乎曰亡之矣曰奚亡之曰歧路之中又有歧焉吾不知所之所以反也楊子戚然變容不言者移時不笑者竟日門人怪之請曰羊賤畜又非夫子之有而損言笑者何哉楊子不答門人不獲所命　（《說符》）

四

晉文公出會欲伐衛公子鋤仰天而笑公問何笑曰臣笑鄰之人有送其妻適私家者道見桑婦悅而與言然顧視其妻亦有招之者矣臣竊笑此也公寤其言乃止引師而還未至而有伐其北鄙者矣　（《說符》）

五

宋有狙公者愛狙養之成羣能解狙之意狙亦得公之心損其家口充狙之欲俄而匱焉將限其食恐衆狙之不馴於己也先誑之曰與若芧朝三而暮四足乎衆狙皆起而怒俄而曰與若芧朝四而暮三足乎衆狙皆伏而喜　（《黃帝》）

六

甘蠅古之善射者彀弓而獸伏鳥下弟子名飛衛學射於甘蠅而巧過其師紀昌者又學射於飛衛飛衛曰爾先學不瞬而後可言射矣紀昌歸偃臥其妻之機下以目承牽挺二年之後雖錐末倒眥而不瞬也以告飛衛飛衛曰未也必學視而後可視小如大視微如著而後告我昌以氂懸蝨於牖南面而望之旬日之間寖大也三年之後如車輪焉以睹餘物皆丘山也乃以燕角之弧朔蓬之簳射之貫蝨之心而懸不絕以告飛衛飛衛高蹈撫膺曰汝得之矣　（《湯問》）

七

薛譚學謳於秦青未窮青之技自謂盡之遂辭歸秦青弗止餞於郊衢撫節悲歌聲振林木響

遏行雲薛譚乃謝求反終身不敢言歸（《湯問》）

八

昔韓娥東之齊匱糧過雍門鬻歌假食既去而餘音繞梁欐三日不絕左右以其人弗去過逆旅逆旅人辱之韓娥因曼聲哀哭一里老幼悲愁垂涕相對三日不食遽而追之娥還復爲曼聲長歌一里老幼喜躍抃舞弗能自禁忘嚮之悲也乃厚賂發之故雍門之人至今善歌哭放娥之遺聲（《湯問》）

九

伯牙善鼓琴鍾子期善聽伯牙鼓琴志在登高山鍾子期曰善哉峨峨兮若泰山志在流水鍾子期曰善哉洋洋兮若江河伯牙所念鍾子期必得之伯牙游於泰山之陰卒逢暴雨止于巖下心悲乃援琴而鼓之初爲霖雨之操更造崩山之音曲每奏鍾子期輒窮其趣伯牙乃舍琴而歎曰善哉善哉子之聽夫志想象猶吾心也吾於何逃聲哉（《湯問》）

十

燕人生於燕長於楚及老而還本國過晉國同行者誑之指城曰此燕國之城其人愀然變容指社曰此若里之社乃喟然而歎指舍曰此若先人之廬乃涓然而泣指壟曰此若先人之冢其人哭不自禁同行者啞然大笑曰予昔給若此晉國耳其人大慚（《周穆王》）

十一

昔者宋國有田夫常衣緼黂僅以過冬暨春東作自曝於日不知天下之有廣廈奧室綿纊狐貉顧謂其妻曰負日之暄人莫知者以獻吾君將有重賞里之富室告之曰昔人有美戎菽甘枲莖芹萍子者對鄉豪稱之鄉豪取而當之蜇於口慘於腹衆哂而怨之其人大慚子此類也（《楊朱》）

晏 子 春 秋

景公好弋使燭鄒主鳥而亡之公怒召吏欲殺之晏子曰燭鄒有罪三請數之以其罪而殺之公曰可於是召而數之公前曰燭鄒汝爲吾君主鳥而亡之是罪一也使吾君以鳥之故殺人是罪二也使諸侯聞之以吾君重鳥以輕士是罪三也數燭鄒罪已畢請殺之公曰勿殺寡人聞命矣（《外篇上》）

呂 氏 春 秋

人有亡鈇者意在其鄰之子視其行步竊鈇也顏色竊鈇也言語竊鈇也動作態度無爲而不竊鈇也相其谷而得其鈇他日復見其鄰之子動作態度無似竊鈇者其鄰之子非變也己則變矣變也者無他有所尤也（《去尤》）

莊 子

一

秋水時至百川灌河涇流之大兩涘渚崖之間不辨牛馬於是焉河伯欣然自喜以天下之美爲盡在己順流而東行至於北海東面而視不見水端於是焉河伯始旋其面目望洋向若而歎曰野語有之曰聞道百以爲莫己若者我之謂也且夫我嘗聞少仲尼之聞而輕伯夷之義者始吾弗

信今我睹子之難窮也吾非至於子之門則殆矣吾長見笑於大方之家（《秋水》）

二

子獨不聞夫埳井之蛙乎謂東海之鱉曰吾樂歟出跳梁乎井幹之上入休乎缺甃之崖赴水則接腋持頤蹶泥則没足滅跗還虷蟹與科斗莫吾能若也且夫擅一壑之水而跨跱埳井之樂此亦至矣夫子奚不時來入觀乎東海之鱉左足未入而右膝已縶矣於是逡巡而卻告之海曰夫千里之遠不足以舉其大千仞之高不足以極其深禹之時十年九潦而水弗爲加益湯之時八年七旱而崖不爲加損夫不爲頃久推移不以多少進退者此亦東海之大樂也於是埳井之蛙聞之適適然驚規規然自失也（《秋水》）

三

莊子釣於濮水楚王使大夫二人往先焉曰願以境内累矣莊子持竿不顧曰吾聞楚有神龜死已三千歲矣王巾笥而藏之廟堂之上此龜者寧其死爲留骨而貴乎寧其生而曳尾於塗中乎二大夫曰寧生而曳尾塗中莊子曰往矣吾將曳尾於塗中（《秋水》）

四

惠子相梁莊子往見之或謂惠子曰莊子來欲代子相於是惠子恐搜於國中三日三夜莊子往見之曰南方有鳥其名爲鵷鶵子知之乎夫鵷鶵發於南海而飛於北海非梧桐不止非練實不食非醴泉不飲於是鴟得腐鼠鵷鶵過之仰而視之曰嚇今子欲以子之梁國而嚇我耶（《秋水》）

五

莊周家貧故往貸粟於監河侯監河侯曰諾我將得邑金將貸子三百金可乎莊周忿然作色曰周昨來有中道而呼者周顧視車轍中有鮒魚焉周問之曰鮒魚來子何爲者耶對曰我東海之波臣也君豈有斗升之水而活我哉周曰諾我且南游吳越之王激西江之水而迎子可乎鮒魚忿然作色曰吾失我常與我無所處吾得斗升之水然活耳君乃言此曾不如早索我於枯魚之肆（《外物》）

六

任公子爲大鈎巨緇五十犗以爲餌蹲乎會稽投竿東海旦旦而釣期年不得魚已而大魚食之牽巨鈎錎没而下鶩揚而奮鬐白波若山海水震蕩聲侔鬼神憚赫千里任公子得若魚離而臘之自制河以東蒼梧以北莫不厭若魚者已而後世輇才諷說之徒皆驚而相告也夫揭竿累趣灌瀆守鯢鮒其欲得大魚難矣飾小說以干縣令其於大達亦遠矣是以未嘗聞任氏之風俗其不可與經於世亦遠矣（《外物》）

七

莊子送葬過惠子之墓顧謂從者曰郢人堊慢其鼻端若蠅翼使匠石斲之匠石運斤成風聽而斲之盡堊而鼻不傷郢人立不失容宋元君聞之召匠石曰嘗試爲寡人爲之匠石曰臣則嘗能斲之雖然臣之質死久矣自夫子之死也吾無以爲質矣吾無與言之矣（《徐無鬼》）

八

宋人有曹商者爲宋王使秦其往也得車數乘王悅之益車百乘反於宋見莊子曰夫處窮閭阨巷困窘織屨槁項黃馘者商之所短也一悟萬乘之主而從車百乘者商之所長也莊子曰秦王有病召醫破癰潰痤者得車一乘舐痔者得車五乘所治愈下得車愈多子豈治其痔耶何得車之多也子行矣（《列禦寇》）

九

莊周游乎雕陵之樊睹一異鵲自南方來者翼廣七尺目大運寸感周之顙而集於栗林莊周曰此何鳥哉翼殷不逝目大不睹蹇裳躩步執彈而留之睹一蟬方得美蔭而忘其身螳螂執翳而搏之見得而忘其形異鵲從而利之見利而忘其真莊周怵然曰噫物固相累二類相召也捐彈而反走虞人逐而誶之莊周反入三日不庭　（《山木》）

十

仲尼適楚出於林中見痀僂者承蜩猶掇之也仲尼曰子巧乎有道耶曰我有道也五六月累二丸而不墜則失者錙銖累三而不墜則失者十一累五而不墜猶掇之也吾處身也若厥株拘吾執臂也若槁木之枝雖天地之大萬物之多而唯蜩翼之知吾不反不側不以萬物易蜩之翼何爲而不得孔子顧謂弟子曰用志不分乃疑於神其痀僂丈人之謂乎　（《達生》）

戰　國　策

一

昔者曾子處費費人有與曾子同名族者而殺人人告曾子母曰曾參殺人曾子之母曰吾子不殺人織自若有頃焉人又曰曾參殺人其母尚織自若也頃之一人又告之曰曾參殺人其母懼投杼踰牆而走　（《秦策》）

二

楚有祠者賜其舍人卮酒舍人相謂曰數人飲之不足一人飲之有餘請畫地爲蛇先成者飲酒一人蛇先成引酒且飲之乃左手持卮右手畫蛇曰吾能爲之足未成一人之蛇成奪其卮曰蛇固無足子安能爲之足遂飲其酒爲蛇足者終亡其酒　（《齊策》）

三

靖郭君將城薛客多以諫靖郭君謂謁者無爲客通齊人有請者曰臣請三言而已矣益一言臣請烹靖郭君因見之客趨而進曰海大魚因反走君曰客有於此客曰鄙臣不敢以死爲戲君曰亡更言之對曰君不聞大魚乎網不能止鉤不能牽蕩而失水則螻蟻得意焉今夫齊亦君之水也君長有齊陰奚以薛爲失齊雖隆薛之城到於天猶之無益也君曰善乃輟城薛　（《齊策》）

四

孟嘗君將入秦止者千數而弗聽蘇秦欲止之孟嘗君曰人事者吾已盡知之矣吾所未聞者獨鬼事耳蘇秦曰臣之來也固不敢言人事也固且以鬼事見君孟嘗君見之謂孟嘗君曰今者臣來過於淄上有土偶人與桃梗相與語桃梗謂土偶人曰子西岸之土也埏子以爲人至歲八月降雨下淄水至則汝殘矣土偶曰不然吾西岸之土也吾殘則復西岸耳今子東國之桃梗也刻削子以爲人降雨下淄水至流子而去則子漂漂者將何所之也今秦四塞之國譬若虎口而君入之則臣不知君所出矣孟嘗君乃止　（《齊策》）

五

虎求百獸而食之得狐狐曰子無敢食我也天帝使我長百獸今子食我是逆天帝之命也子以我爲不信我爲子先行子隨我後觀百獸之見我而敢不走乎虎以爲然故遂與之行獸見之皆走虎不知獸畏己而走也以爲畏狐也　（《楚策》）

六

異日者更羸與魏王處京臺之下仰見飛鳥更羸謂魏王曰臣爲王引弓虛發而下鳥魏王曰然則射可至此乎更羸曰可有間雁從東方來更羸以虛發而下之魏王曰然則射之精乃至於此乎更羸曰此孽也王曰先生何以知之對曰其飛徐而鳴悲飛徐者故瘡痛也鳴悲者久失羣也故瘡未息而驚心未去聞弦音引而高飛故瘡裂而隕也（《楚策》）

七

有獻不死之藥於荊王者謁者操以入中射之士問曰可食乎曰可因奪而食之王怒使人殺中射之士中射之士使人說王曰臣問謁者謁者曰可食臣故食之是臣無罪而罪在謁者也且客獻不死之藥臣食之而王殺臣是死藥也王殺無罪之臣而明人之欺王王乃不殺（《楚策》）

八

魏王欲攻邯鄲季梁聞之中道而反衣焦不申頭塵不去往見王曰今者臣來見人於大行方北面而持其駕告臣曰我欲之楚臣曰君之楚將奚爲北面曰吾馬良臣曰馬雖良此非楚之路也曰吾用多臣曰用雖多此非楚之路也曰吾御者善此數者愈善而離楚愈遠耳今王動欲成霸王舉欲信於天下恃王國之大兵之精銳而攻邯鄲以廣地尊名王之動愈數而離王愈遠耳猶至楚而北行也（《魏策》）

九

古之君人有以千金求千里馬者三年不能得涓人言於君曰請求之君遣之三月得千里馬馬已死買其首五百金反以報君君大怒曰所求者生馬安事死馬而捐五百金涓人對曰死馬且買之五百金況生馬乎天下必以王爲能市馬馬今至矣於是不能期年千里之馬至者三（《燕策》）

十

趙且伐燕蘇代爲燕謂惠王曰今者臣來過易水蚌方出曝而鷸啄其肉蚌合而拑其喙鷸曰今日不雨明日不雨即有死蚌蚌亦謂鷸曰今日不出明日不出即有死鷸兩者不肯相舍漁者得而並禽之今趙且伐燕燕趙久相支以弊大衆臣恐強秦之爲漁父也故願王之熟計之也惠王曰善乃止（《燕策》）

史　　記

一

父老苦秦苛法久矣誹謗者族偶語者棄市吾與諸侯約先入關者王之吾當王關中與父老約法三章耳殺人者死傷人及盜抵罪餘悉除去秦法諸吏人皆案堵如故凡吾所以來爲父老除害非有所侵暴無恐且吾所以還軍霸上待諸侯至而定約束耳（《高祖本紀》）

二

天下共立義帝北面事之今項羽放殺義帝於江南大逆無道寡人親爲發喪諸侯皆縞素悉發關內兵收三河士南浮江漢以下願從諸侯王擊楚之殺義帝者（《高祖本紀》）

三

太史公曰詩有之高山仰止景行行止雖不能至然心鄉往之余讀孔氏書想見其爲人適魯觀仲尼廟堂車服禮器諸生以時習禮其家余祗迴留之不能去云天下君主至於賢人衆矣當時

則榮没則已焉孔子布衣傳十餘世學者宗之自天子王侯中國言六藝者折中於夫子可謂至聖矣（《孔子世家》）

四

李斯者楚上蔡人也年少時爲郡小吏見吏舍廁中鼠食不潔近人犬數驚恐之斯入倉觀倉中鼠食積粟居大廡之下不見人犬之憂於是李斯乃歎曰人之賢不肖譬如鼠矣在所自處耳乃從荀卿學帝王之術（《李斯列傳》）

五

太史公曰張耳陳餘世傳所稱賢者其賓客廝役莫非天下俊傑所居國無不取卿相者然張耳陳餘始居約時相然信以死豈顧問哉及據國爭權卒相滅亡何鄉者相慕用之誠後相倍之戾也豈非以勢利交哉名譽雖高賓客雖盛所由殆與太伯延陵季子異矣（《張耳陳餘列傳》）

六

太史公曰吾如淮陰淮陰人爲余言韓信雖爲布衣時其志與衆異其母死貧無以葬然乃行營高敞地令其旁可置萬家余視其母冢良然假令韓信學道謙讓不伐己功不矜其能則庶幾哉於漢家勳可以比周召太公之徒後世血食矣不務出此而天下已集乃謀畔逆夷滅宗族不亦宜乎（《淮陰侯列傳》）

漢　書

一

蓋有非常之功必待非常之人故馬或奔踶而致千里士或有負俗之累而立功名夫泛駕之馬跅弛之士亦在御之而已其令州郡察吏民有茂材異等可爲將相及使絕國者（《武帝紀》）

二

獄者萬民之命所以禁暴止邪養育羣生也能使生者不怨死者不恨則可謂文吏矣今則不然用法或持巧心析律貳端深淺不平增辭飾非以成其罪奏不如實上亦無繇知此朕之不明吏之不稱四方黎民將何仰哉二千石各察官屬勿用此人吏務平法或擅興繇役飾厨傳稱過使客越職踰法以取名譽譬猶踐薄冰以待白日豈不殆哉今天下頗被疾疫之災朕甚愍之其令郡國被災甚者毋出今年租賦（《宣帝紀》）

三

朕惟耆老之人髮齒墮落血氣衰微亦亡暴虐之心今或羅文法拘執囹圄不終天命朕甚憐之自今以來諸年八十以上非誣告殺傷人佗皆勿坐（《宣帝紀》）

四

臣朔少失父母長養兄嫂年十三學書三冬文史足用十五學擊劍十六學詩書誦二十二萬言十九學孫吳兵法戰陣之具鉦鼓之教亦誦二十二萬言凡臣朔固已誦四十四萬言又常服子路之言臣朔年二十二長九尺三寸目若懸珠齒若編貝勇若孟賁捷若慶忌廉若鮑叔信若尾生若此可以爲天子大臣矣（《東方朔傳》）

五

客有過主人者見其竈直突傍有積薪客謂主人更爲曲突遠徙其薪不者且有火患主人嘿

然不應俄而家果失火鄰里共救之幸而得息於是殺牛置酒謝其鄰人灼爛者在於上行餘各以功次坐而不錄言曲突者人謂主人曰鄉使聽客之言不費牛酒終亡火患今論功而請賓曲突徙薪亡恩澤燋頭爛額爲上客耶主人迺寤而請之　（《霍光傳》）

世　説　新　語

一

管甯華歆共園中鋤菜見地有片金管揮鋤與瓦石不異華捉而擲去之又嘗同席讀書有乘軒冕過門者甯讀如故歆廢書出看甯割席分坐曰子非我友也　（《德行》）

二

南郡龐士元聞司馬德操在潁川故二千里候之至遇德操采桑士元從車中謂曰吾聞丈夫處世當帶金佩紫焉有屈洪流之量而執絲婦之事德操曰子且下車子適知邪徑之速不慮失道之迷昔伯成耦耕不慕諸侯之榮原憲桑樞不易有官之宅何有坐則華屋行則肥馬侍女數十然後爲奇此乃許父所以忼慨夷齊所以長歎雖有竊秦之爵千駟之富不足貴也士元曰僕生出邊埵寡見大義若不一叩洪鐘伐雷鼓則不識其音響也　（《言語》）

三

鍾毓鍾會少有令譽年十三魏文帝聞之語其父鍾繇曰可令二子來於是敕見毓面有汗帝曰卿面何以汗毓對曰戰戰惶惶汗出如漿復問會卿何以不汗對曰戰戰栗栗汗不敢出　（《言語》）

四

鍾毓兄弟小時值父晝寢因共偷服藥酒其父時覺且托寐以觀之毓拜而後飲會飲而不拜既而問毓何以拜毓曰酒以成禮不敢不拜又問會何以不拜會曰偷本非禮所以不拜　（《言語》）

五

過江諸人每至美日輒相邀新亭藉卉飲宴周侯中坐而歎曰風景不殊正自有山河之異皆相視流淚唯王丞相愀然變色曰當共戮力王室克服神州何至作楚囚相對　（《言語》）

六

王右軍與謝太傅共登冶城謝悠然遠想有高世之志王謂謝曰夏禹勤王手足胼胝文王旰食日不暇給今四郊多壘宜人人自效而虛談廢務浮文妨要恐非當今所宜謝答曰秦任商鞅二世而亡豈清言致患耶　（《言語》）

七

遠公在廬山中雖老講論不輟弟子中或有惰者遠公曰桑榆之光理無遠照但願朝陽之暉與時並明耳執經登坐諷誦朗暢詞色甚苦高足之徒皆肅然增敬　（《觀箴》）

八

桓南郡好獵每田狩車騎甚盛五六十里中旌旗蔽隰騁良馬馳擊若飛雙甄所指不避陵壑或行陣不整麞兔騰逸參佐無不被擊束桓道恭玄之族也時爲賊曹參軍頗敢直言常自帶絳綿繩著腰中玄問此何爲答曰公獵好縛人會當被縛手不能堪芒也玄自此小差　（《規箴》）

九

周處年少時凶强俠氣爲鄉里所患又義興水中有蛟山中有邅迹虎並皆暴犯百姓義興人

謂之三橫而處尤劇或説處殺虎斬蛟實冀三橫唯餘其一處即刺殺虎又入水擊蛟蛟或浮或沒行數十里處與之俱經三日三夜鄉里皆謂已死更相慶竟殺蛟而出聞里人相慶始知爲人情所患有自改意乃入吳尋二陸平原不在正見清河具以情告並云欲自修改而年已蹉跎終無所成清河曰古人貴朝聞夕死況君前途尚可且人患志之不立亦何憂令名不彰耶處遂改勵終爲忠臣孝子（《自新》）

十

許允婦是阮衛尉女德如妹奇醜交禮竟允無復入理家人深以爲憂會允有客至婦令婢視之還答曰是桓郎桓郎者桓範也婦曰無憂桓必勸入桓果語許云阮家既嫁醜女與卿故當有意卿宜察之許便回入内既見婦即欲出婦料其此出無復入理便捉裾停之許因謂曰婦有四德卿有其幾婦曰新婦所乏唯容耳然士有百行君有幾許云皆備婦曰夫百行以德爲首君好色不好德何謂皆備允有慚色遂相敬重（《賢媛》）

十一

石崇每要客燕集常令美人行酒客飲酒不盡者使黃門交斬美人王丞相與大將軍嘗共詣崇丞相素不能飲輒自勉强至於沉醉每至大將軍固不飲以觀其變已斬三人顏色如故尚不肯飲丞相讓之大將軍曰自殺伊家人何預卿事（《汰侈》）

十二

孫子荆年少時欲隱語王武子當枕石漱流誤曰漱石枕流王曰流可枕石可漱乎孫曰所以枕流欲洗其耳所以漱石欲礪其齒（《排調》）

十三

桓南郡與殷荆州語次因共作了語顧愷之曰火燒平原無遺燎桓曰白布纏棺豎旒旐殷曰投魚深淵放飛鳥復作危語桓曰矛頭淅米劍頭炊殷曰百歲老翁攀枯枝顧曰井上轆轤卧嬰兒殷有一參軍在坐云盲人騎瞎馬夜半臨深池殷曰咄咄逼人仲堪眇目故也（《排調》）

第八章
辭書

辭書是把某種資料按一定的方法加以彙集、編排，供人查考的書，又稱工具書。

兩千多年來，辭書種類不少，數量繁多。從它的歷史發展來看，以按意義編製的出現最早，其次是按形體編製的，再次是按聲韻編製的。這裏，僅就主要的語文辭書作一些簡要介紹。

第一節　按意義分類編製的辭書

一、《爾雅》

《爾雅》是我國一部春秋戰國時期的名物釋義的彙編。劉熙説："《爾雅》：爾，昵；昵，近也。雅，義也；義，正也。五方之言不同，皆以近正爲主也。"《爾雅》記録"古今之異言"與"方俗之殊語"，而以今語釋古語，以"雅言"釋方言。這本書對研究古代漢語很有幫助。

《爾雅》合計十九篇，包括：① 釋詁，② 釋言，③ 釋訓，④ 釋親，⑤ 釋宮，⑥ 釋器，⑦ 釋樂，⑧ 釋天，⑨ 釋地，⑩ 釋丘，⑪ 釋山，⑫ 釋水，⑬ 釋草，⑭ 釋木，⑮ 釋蟲，⑯ 釋魚，⑰ 釋鳥，⑱ 釋獸，⑲ 釋畜。前三篇是解釋古籍中一般詞語，其中有形容詞、名詞和動詞，採用"同義類聚的編排方法"，無異於"同義詞詞典"。後十六篇幾乎全是專科名詞，其中釋親、釋宮、釋器、釋樂四篇是對名物稱謂制度的釋義；釋天至釋畜十二篇屬於自然科學的名物稱謂，其中釋天、釋地、釋丘、釋山、釋水是對天文、地理名詞的釋義，釋草、釋木、釋蟲、釋魚、釋鳥、釋獸、釋畜七篇是關於動植物名稱的釋義。所以，它又無異於一部"百科詞典"。這裏就前三篇舉例説明。

《爾雅·釋詁》如：

(1) 林、烝、天、帝、皇、王、后、辟、公、侯，君也。

(2) 台、朕、賚、畀、卜、陽，予也。

《爾雅·釋言》如：

(1) 貽，遺也。

(2) 告、謁，請也。

《爾雅·釋訓》如：

(1) 蕭蕭、翼翼，恭也。

（2）業業、嶪嶪，危也。

《爾雅》首創了按詞的意義編排詞彙的體例，把兩千多個詞條分成十九個義類，面貌比較清楚。"它羅列了一大堆異名同實的詞，拿一種通語去解釋它們"，能"使人觀其通"。《爾雅》對詞義的解釋也比較科學，沒有節外生枝的說教，也很少有聳人聽聞的怪誕異說。但是它也存在一些缺點。如把實詞和虛詞混爲一條，《爾雅·釋詁》："孔、魄、哉、延、虛、無、之、言，間也。"孔、魄、延、虛、無、言是實詞，哉、之是虛詞。又如把不是近義關係的詞混爲一條，《爾雅·釋詁》："育、孟、耆、艾、正、伯，長也。"其中"育"是長養的長，正、伯是長官的長，耆、艾是年長的長。又如"沒有列出這些異名同實的詞的方言來源，使人知其通而不知其別，知其然而不知其所以然"。

給《爾雅》作注的人很多。晉郭璞的《爾雅注》是現在能見到的最早的注解。郭璞的注解，"綴集異聞，薈萃舊說"，總集了他以前注家的成果；又"考方國之語，採謠俗之志"，補充說明了一些方言來源。它以當時的口語詞解釋古語詞；對名物的詞語，能刻畫描寫，並注重實證。此外，徐朝華的《爾雅今注》也有較高參考價值。現在舉《釋詁》中第 74 條的注解爲例，以見一斑：

朝、旦、夙、晨、晙，早也。

（1）"夙（sù）"，早。《詩經·召南·行露》："豈不夙夜，謂行多露。"

（2）"晙"音 jùn。〔案〕這個字古代經傳中未見。《說文·日部》新附："晙，明也。"錢大昕《潛研堂文集·答問七》："晙者，明之早也。"《尚書·皋陶謨》："夙夜浚明有家。"《史記·夏本紀》："蚤夜翊明有家。"則浚與翊義同。翊或爲翼。《爾雅·釋言》："翼，明也。"則浚亦有明義，晙即浚之異文。可作參考。

《爾雅今注》書末有詞語筆畫索引，各詞語出處用兩種數碼標注。前一數碼說明在該書中的篇次和條目數，後一數碼說明在該書中的頁數。兩數碼間用斜綫隔開。如要查上例中的"朝"，在索引十二畫中即可查得 1.74/43。翻至 43 頁，即得知"朝"是第一篇《釋詁》中的第 74 條。

二、《方言》

西漢揚雄著。此書是漢語方言學的第一部著作。它的編寫體例明顯受《爾雅》的影響，也是按意義分類編排分條解釋。但是，兩書所收的詞語有所不同，《爾雅》專收儒家經典中的詞語，而《方言》中雖也有"古今異語"，但主要記錄各地方言詞語。今本《方言》共十三卷。各卷的區分大致是卷一、二、三是語詞部分；卷四釋衣服；卷五釋器皿、傢具、農具等；卷六、卷七又是語詞；卷八釋動物；卷九釋車、船、兵器等；卷十也是語詞；卷十一釋昆蟲。

此書體例是舉出一些詞語來，說明"某地謂之某"，或"某地某地之間謂之某"。如：

（1）黨、曉、哲，知也。楚謂之黨，或曰曉；齊宋之間謂之哲。（《方言》卷一）

（2）虎，陳魏宋楚之間或謂之"李父"；江淮南楚之間謂之"李耳"，或謂之"於檡"；自關東西或謂之"伯都"。（《方言》卷八）

（3）憮、俺、憐、牟，愛也。韓鄭曰憮，晉衛曰俺，汝潁之間曰憐，宋魯之間曰牟，或曰憐。憐，通語也。

書中凡説"某地語""某地某地之間語"，指各地方言；"某地某地之間通語"，指使用範圍較大的方言；"通語""凡語""凡通語""通名""四方之通語"，指當時的（書面）普通話；"古今語""古雅之別語"，指古代不同的方言。

《方言》對詞義的解釋比《爾雅》明確。如"坟"，《爾雅》只説："坟，大也。""坟，大防。"《方言》則進一步説明："地大也。青、幽之間，凡土高且大者謂之坟。"它還注意到近義詞的細微區別。如"凡哀泣而不止曰咺，哀而不泣曰唏"。《方言》是以個人力量進行全國性方言詞彙調查的一本書。作者向各地到京的孝廉、上計吏和士兵進行調查，歷經二十七年（一説十七年）才寫成。《方言》在中國語言學史上佔有重要的地位，它爲我們提供了西漢時期方言分區情況，據此可以研究兩漢時期的語音系統。同時，對古代詞彙和訓詁，也提供了豐富的資料。

後人爲《方言》作注的有晉代的郭璞，清代小學家爲其作校勘、作注疏的也不少。今人周祖謨的《方言校箋》彙集各種版本和前人校勘，論其是非，加以刊定，是解放後至今最詳盡的"定本"。

吳曉鈴編的《通檢》，是綜合《方言》及郭璞注中字詞編成的索引。它依筆畫爲序，在字詞條目下，注出所在句子和所在卷次頁次段次，頗便使用。

三、《釋名》

東漢劉熙著。此書仿效《爾雅》的體例，按詞的意義分類，也是一部解釋詞義的專著。全書八卷，收錄先秦兩漢間詞語一千五百多條，分爲二十七篇：釋天、釋地、釋山、釋水、釋丘、釋道、釋州國、釋形體、釋姿容、釋長幼、釋親屬、釋言語、釋飲食、釋采帛、釋首飾、釋衣服、釋宮室、釋床帳、釋書契、釋典藝、釋用器、釋樂器、釋兵、釋車、釋船、釋疾病、釋喪制。據考證，還應有"釋官爵"一篇，可知原書不止二十七篇。

《釋名》又是一部語源學詞典，它不但解釋事物的名稱，還進一步追究事物命名的由來。劉熙在自序裏説："名之於實，各有義類，百姓日稱而不知其所以之意，故撰天地、陰陽、四時、邦國、都鄙、車物、喪紀，下及民庶應用之器，論叙指歸，謂之釋名。"如：

"楣，眉也，近前若面之有眉也。"（釋宮室）

"雨，羽也，如鳥羽之動則散也。"（釋天）

"宮，穹也，房見於垣上，穹隆然也。"（釋宮室）

"月，闕也，滿則闕也。"（釋天）

楣之所以叫楣，是因爲像"面之有眉"。宮之所以叫宮，是因爲像穹隆的樣子。《釋名》解釋詞義主要是用聲訓法，即用音同或音近的字訓釋詞義。這種探求詞源的方式導源於先秦，盛行於兩漢，集大成於《釋名》。

《釋名》的聲訓錯誤較多，但此書對我們了解東漢的詞彙面貌，考證東漢時期的語音及研究漢代社會文化生活有其重要的參考價值。

四、《廣雅》

　　魏張揖著《廣雅》，與《爾雅》在性質和分類上完全相同，也分《釋詁》《釋言》等十九篇，釋義的方式也是以一詞釋多詞。全書 2 345 個條目，原有 18 150 個字（王念孫《廣雅疏證》經過一番校勘，實際得 17 326 個字）。張揖著《廣雅》是爲了"廣""《爾雅》"之"未能悉備"，他一方面搜集了漢代學者的各種注解和字書，加以整理、保存，一方面又補充一些新字、新義。

　　清代小學家王念孫用了十年的時間爲《廣雅》作疏證。他通過古音探求古義，突破字形的束縛，有較高的學術價值。如：

　　　　胡，大也。〔疏證〕：僖二十二年《左傳》："雖及胡耉。"杜預注云："胡耉，元老之稱。"《說文》："湖，大陂也。"《爾雅》："壺棗。"郭璞注云："今江東呼棗大而銳上者爲壺。"《方言》："鼈大而蜜者燕趙之間謂之壺鼈。"義並與"胡"同。《賈子·容經篇》云："祜，大福也。""祜"與"胡"亦聲近義同。"胡耉"之"胡"，"大陂"之"湖"，"壺棗"之"壺"，"壺鼈"之"壺"，"大福"之"祜"，或音同或音近，都有"大"的意思。王念孫依據聲音的相同、相近來說明詞義的相同，並說明它們的同源，在訓詁學、詞源學上的貢獻是巨大的。

五、《詩詞曲語辭匯釋》

　　張相著。這是一部匯集、解釋唐宋金元明的詩、詞、曲中特殊語詞的專書。除釋義外，還講明其用法。所謂特殊語詞，大部分是虛詞，小部分是實詞，大都是當時的方言俗語。這類語詞，在古文裏是不用的，而在詩、詞、曲中卻廣泛出現，其意義在當時皆耳熟能詳，但今日由於詞義的演變，變得不易理解、甚至不能理解了。前人對此類語詞，也做過研究工作，如《恒言錄》（清錢大昕著。恒言即常言），日常口頭用語收錄 800 餘條，分到 19 類，每條詞語都考明來歷，論述其源流發展。對於漢語詞源學的研究有參考價值。他如《通俗編》（清翟灝著），採集漢語中的俗語常言 5 000 餘條，分列 38 類，每條注明出處。必要時，加以釋義，探索語源則加按語說明，如"人逢喜事精神爽""阿姨"這類語詞，最早見於何書，它們如何演變，此書可提供答案。《恒言錄》《通俗編》雖收方言俗語，但都較爲零星，張相則根據詩、詞、曲中的大量用例，全面系統地加以分析研究，得出其確切的含義，指出某個詞在某種場合是何意義，改變場合後，意義又起了哪些變化，其推求詞義的方法，除了體會聲音通假、玩繹章法大意和揣摩情節語氣外，特別着重從上下文和同類詞句中去推尋。比如意義相對（即反義詞）、同義互文（即同義詞）、前後相應（即用詞前後呼應）、義同文異之類，都可以從中推求意義。如此得出的結論就比較精確。

　　全書共收 537 個詞目，每個詞語有幾個意義的，又分若干條，如"可"分 9 條，"着"分 23 條，全書共 800 餘條，每條下又分附目，如"可"第一條有"可甚麼""可什麼""可是麼" 3 個附目，全書共有 600 多個附目。如"坐"：

白居易《別元九後録懷詩》："同心人一去，坐覺長安空。"

又《歲暮》詩："窮陰急景坐相催，壯齒韶顏去不回。"

又《夜惜禁中桃花因懷錢員外》詩："日前歸時花正紅，今夜宿時枝半空。坐惜殘芳君不見，風吹狼藉月明中。"

又《反鮑明遠白頭吟》詩："胡爲坐自苦，吞悲仍撫膺。"

以上詩句中四個"坐"字該如何理解？按"坐"字七畫，據"筆畫索引"，查得"坐"有九條解釋。上面第一個"坐"，頓也；第二個"坐"，猶旋也；第三個"坐"，猶深也、殊也；第四個"坐"，猶徒也、空也。這些解釋，都較爲貼切，且是一般詞典所查不到的，所以，該書確是學習、研究詩、詞、曲的一部十分有用的工具書。

在辭義上，此書也有不夠精當之處，有些詞因讀音不同而具有不同的意義和詞性，由于都沒有注音，就難以辨清。

第二節　按形體分類編製的辭書

一、《說文解字》和《說文解字注》

(一)《說文解字》

東漢許慎著，宋徐鉉等校定。許慎（約 58—147），字叔重，汝南召陵（今河南郾城縣東）人，東漢著名經學家。當時的經學有今古文之爭，許慎原學今文經，後學古文經。今文經是用漢代通行的隸書寫的，古文經是用戰國時代的古文字寫的。許慎認爲今文家對文字的解釋，牽強附會，頗失原意，於是根據古文經的材料，參考秦漢各家的說法，以篆文爲主，兼收古文籀文，著《說文解字》。《說文解字》大約始作於東漢和帝永元十二年（公元 100 年），至安帝建光元年（公元 121 年）寫定，前後 22 年。許慎稱"獨體爲文，合體爲字"，《說文解字》即說解文字的意思。全書十四卷，合序目一卷，爲十五卷，共收 9 353 字，其中"重文"（即古籀異體字）1 163 個。這 9 353 字按照偏旁歸納爲540 個部首。部首中，絕大多數是形旁，只有少數是聲旁。排列從"一"部到"亥"部。其他部首大致是"據形繫聯"，形體上相近相關的排在一起，如"又、左、支、聿、畫、隶"等。部首所屬的字，一般是把意義相近相關的字排在一起，如"言"部的"訕、譏、誣、誹、謗"，"肉"部的"肓、腎、肺、肝、膽"，但也有不少字的排列是沒有明顯規律可循的。

此書寫作的目的，在於探討字源，講明字體的結構和本義，是我國最早的有系統的文字學著作，也是第一部字典。釋字的方法是先分析部首，說明凡屬這個部首的字，都與這個部首的意義相關聯。每個字都是先講字義，然後講形體結構，又常指出字的讀音。如：

莢　　草實，從草，夾聲。

章　　樂竟爲一章。從音十。十，數之終也。

汨　　長沙汨羅淵也。从水，冥省聲。屈平所沉水。

《說文解字》在我國語言文字學史上佔有重要的地位，它的功績主要表現在：

（1）創立了部首，開始有了系統的分類、排列和檢索的方法。

此後的《玉篇》《類編》《字彙》《康熙字典》等都按部首排列。直到今天，按部首編排仍然是字典編排的主要方法之一。

（2）以小篆爲據，確立了六書的體系，有了六書的理論，開始建立起文字學。

（3）保存了篆文的寫法系統，可以作爲研究商周古文的參考。

（4）保存了漢以前的古訓古音，爲漢語的詞源學和古音學研究提供了參考資料。

由於時代的局限，許慎的思想觀點和對漢字的說解都還存在一些問題。比如，“王”字，本作玉在击，下從火，本義是火光，許慎卻解釋爲：“天下所歸往也。董仲舒：‘古之造文者，三畫而連其中謂之王，三者，天地人也，而參通之者王也。’孔子曰：‘一貫三爲王。’”顯然，許慎的解釋是錯誤的。

但瑕不掩瑜，從主要的方面來說，《說文解字》不失爲一部很重要的工具書。1962年12月，中華書局出的新印本，以陳昌治刻本爲底本，每篆之首增加楷體，卷末附新編檢字，分三部：（1）檢部首諸字；（2）檢《說文解字》本文及新附字；（3）檢別體字。

（二）《說文解字注》

注釋和研究《說文》的書可稱“汗牛充棟”。清人集研究《說文》之大成，注本有一百多種，以段玉裁的《說文解字注》，桂馥《說文解字義証》，王筠《說文釋例》《說文句讀》，朱駿聲《說文通訓定聲》等最爲重要。這裏只簡介《說文解字注》。

《說文解字注》，清段玉裁著。段玉裁（1735—1815），字若膺，號懋堂，江蘇金壇人。《說文解字注》是清代《說文》注本中最早的一部。段氏注《說文》，先從校刊入手，以幾種宋刊本校定明末汲古閣翻刻宋本，然後根據《說文》的體例和《玉篇》《集韻》的訓解，以及古書中引《說文》的字句，校定大徐本和小徐本的是非。在注釋過程中，先寫下長編《說文解字讀》，然後寫成《說文解字注》。

1. 學術價值

《說文解字注》創見頗多，是注本中最重要的一部。清代研究《說文》者輩出，然多受其影響。《說文解字注》的學術價值主要表現在：

（1）闡明許書體例。以許証許，訂訛正誤，使讀者能正確理解《說文》，領悟作者旨意。如一部，“一”下釋“凡一之屬皆從一”曰：“一之形於六書爲指事，凡云凡某之屬，皆從某者，自序所謂分別部居，不相雜廁也。”“元”下釋“從一兀聲”曰：“凡言從某某聲者，謂於六書爲形聲也……《說文》，形書也，凡篆一字，先訓其義，若始也、顛也是；次釋其形，若從某、某聲是；次釋其音，若某聲及讀若某是，合三者以完一篆，故曰形書也。”“天”下釋“從一大”曰：“於六書爲會意，凡會意合二字以成語，如一大、人言、止戈皆是。”“吏”下釋“亦聲”曰：“凡言亦聲者，會意兼形聲也。”餘如“纛”下釋“讀若”，“祝”下釋“一曰”，“玟”下釋“某屬”，“中”下釋“或以爲”，“齋”下釋“省聲”，“蒜”下釋“引經說字形之例”等都是闡發許書之體例，對讀通《說文》有極重要的指導意義。

（2）對語言文字學的貢獻。《說文》是“形書”。但段氏作注，並不只着眼於形、就字論字，而是力求從語言學的高度分析漢字的形音義，三者並重，三者互相推求。段氏不僅將《六書音韻表》附於全書之後，而且在分析字形字義和過録徐鉉本切音之外，還逐字注明古音在第幾部，或直言第幾部，"俾形聲相表裏，因尚推究，於古形、古音、古義可互求焉"。尤其可貴的是提出"聲與義同源，故諧聲之偏旁多與字義相近""義存乎音""於聲得義"等，這些都是段氏從大量的語言現象中歸納出來的理論結晶，對漢語的研究作出了貢獻。

（3）提出許多新的看法，以修訂前説。如"火"部"焚"下改篆文"燓"爲"焚"，改説解"從火棥"爲"從火林"，正與甲骨相吻合。"矛"部改篆文"矜"爲"矝"，傳世《詛楚文》"張矜忿怒"正從令作"**矝**"，廣西貴縣羅泊灣出土漢木牘也有矜字作矝，可見段注正確，考辨精當。

（4）在詞彙學、詞義學方面，《段注》亦有不少獨特的見解，最顯著的是關於同義詞的辨析。例如，許書原文，諷、誦兩字互訓，義無區別，段注則依據《周禮·大司樂》注，謂"倍（背）文曰諷，以聲節之曰誦"，"誦非直背文，又爲吟咏以聲節之。《周禮》經注析言之，諷、誦是二，許統言之，諷、誦是一也。"《説文》對諷、誦兩字沒有加以辨析，段注卻分辨出來了。

自然，段氏此書並非十全十美，除了在闡述中表現出的封建觀點外，段氏的盲目尊許和過於自信，也表現得十分明顯。盲目尊許，表現在許錯解之字形，誤釋之字義，段亦往往旁徵博引，詳爲之注，以致一誤再誤、錯上加錯。如"爲"，甲骨、金文，是以手牽象，令其服役之形，許慎誤釋"母猴"，段氏則引《左傳》，輾轉爲之解釋，純屬臆説。

2. 使用方法

1981 年，上海古籍出版社據經韻樓原刻本爲底本，出版《説文解字注》。該書作了一些整理和加工，以便於閲讀和使用，主要是：

第一，在原本行間字距可能容納的情況下，對全書加以圈點斷句；凡可不加逗的，盡量不加，以保持版面清晰。第二，篆文有刊誤及筆畫殘缺者，均作適當的改正，避諱字亦予改補。第三，篆體正文俱用相應的楷字注明於書眉上，相互對照，便於檢認。第四，書末附檢字表，按楷書畫數次序編排。

使用《説文解字注》，當先看《檢字表説明》。檢字時，以下各點是必須注意的：

（1）檢字表將《説文》所有正文、重文均按楷字畫數順序排列，每字下注明頁數；重文字下並用括號將正文注明。同一畫中，各字按《説文》部首篇次排列，並在每篇的第一個字下注明篇數。

（2）同一畫中，有兩字相同者，凡楷體同而篆體亦同者，每字下除注本字頁數外，並將另一字的頁數附注於次；其楷體同或極其相似而篆體不同者，則視需要於字下注明篆作某。

（3）表中所列楷字爲段改體者，均將原字按畫數低格附録於每畫之後，字下用方括號註明段改體；其合體字非必要概不附録原字；檢字時可於附録中先查其偏旁所從之段改體，再於表中查出該字。

(4) 表中所列楷字爲古體或近似篆體者，均將今體字按畫數低格附録於每畫之後，字下用尖括號注明古體；非由古體演變之異體字，一般不附録。其合體字非必要，概不附録今體，檢字時，可於附録中先查其偏旁所從之古體，再於表中查出該字。如，要查“帙”字，先在部首查“巾”部，檢字“部首”注明在 357 頁：

帙　書衣也。段玉裁注云：“書衣謂用裹書者，亦謂之幒。陸德明撰《經典釋文》三十卷，合爲三帙，今人曰函。”在“從巾失聲”下又注云：直質切，十二部。

又如查“儕”先查到“人”部在 365 頁：

儕　等輩也。段玉裁注云：“等，齊簡也。故凡齊皆曰等。《樂記》曰：‘先王之喜怒，皆得其儕焉。喜則天下和之，怒則暴亂者畏之。’儕猶輩類。”在“从人齊聲”下又注云：仕皆切，十五部。

二、《康熙字典》

清張玉書、陳廷敬等編。此書原名《字典》，始作於康熙四十九年（1710），成書於康熙五十五年（1716），後來就叫《康熙字典》。“字典”遂成通名。

此書在明梅膺祚《字彙》、張自烈《正字通》兩書基礎上加以增廣訂正而成，收 47 035 字（加上重複的古文 1 995 字，合計 49 030 字），較兩書多出一萬餘字，數百年來，成爲我國最大的一部字典。直到 1915 年，《中華大字典》出版，才超過它。

此書仿照《字彙》《正字通》體例，全書分爲子丑寅卯辰巳午未申酉戌亥十二集。正文前有等韻、檢字、辨似，末附補遺、備考，收遺漏和無可考證的字。部首採用《字彙》的 214 部部首，同部首的字都以筆畫數爲序排列。每字下先注音後釋義。注音用《唐韻》《集韻》《韻會》《正韻》的反切，這些韻書未收的字，採用其他韻書。釋義則以《説文解字》爲主，兼採其他字書韻書，一般都引證古書用例。先列本音本義，後列別音、別義、別體、俗體、譌字，附列注後。如：

公　古文㕣。《唐韻》《正韻》古紅切；《集韻》《韻會》沽紅切；並音工。《説文》平分也。从八从厶。八猶背也，厶音私。韓非曰：“自營爲私，背私爲公。”徐曰：“會意。”《爾雅・釋言》：“無私也。”（按：《爾雅》無此文，王引之《字典考證》已指出。）《書・周官》：“以公滅私，民其允懷。”又《玉篇》：“方平也；正也；通也。”又《禮・禮運》：“大道之行也，天下爲公。”注：公猶共也。又爵名，五等之首曰公。《書・微子之命》：“庸建爾於上公。”又三公，官名。《韻會》：“周太師、太傅、太保爲三公；漢末，大司馬、大司徒、大司空爲三公；東漢，太尉、司徒、司空爲三公。”又官所曰公。《詩・召南》：“退食自公。”又父曰公。《列子・黃帝篇》：“家公執席。”《前漢・郊祀志》：“天子爲天下公，故曰鉅公。”又婦謂舅曰公。《前漢・賈誼策》：“與公併居。”又尊稱曰公。《賈誼策》：“此六七公皆亡恙。”又相呼曰公。《史記・毛遂傳》：“公等碌碌。”又事也。《詩・召南》：“夙夜在公。”又星名。《隋書・天文志》：“七公七星在招摇，東天之相也。”又姓。《韻會》：“漢有公儉。”又謚法：“立志及衆曰公。”又與功通。《詩・小雅》：“以奏膚公。”《大雅》：“王公伊濯。”又《集韻》：“諸容切音鐘，同伀。夫之兄爲兄伀。一曰：關中呼夫之父曰伀。或省作公通作鐘。又《韻補》叶姑黄切，音光。《東方朔・七諫》：

"邪說飾而多曲兮，正法孤而不公；真士隱而避匿兮，讒諛登乎明堂。"

這部字典有它的優點：收字多，在普通字典中查不到的冷僻字，在這部字典裏一般可以查到；各個字的下面，備列幾部韻書的音切，並對一些字的音讀作了一些辨正；各個字的義訓搜羅相當豐富，每個字的義項一般都引證古書例句，而且大多是最早的出處。這些材料都可供參考。但是，缺點和錯誤也不少，主要有：第一，徵引書名、篇名和文句錯誤很多。王引之《字典考證》指出該書的引書錯誤就達 2 588 條，其他錯字改字的也不少。第二，音切和義類羅列甚多，但古今雜糅，未加細密區分，使讀者無所適從。第三，忽略了通俗字義，有些解釋不夠科學，如"鯨"，釋爲"海魚也，大者長千里"之類。

三、《中華大字典》

歐陽溥存等編。此書最初於 1915 年由中華書局出版，收字 48 000 多，比《康熙字典》增加 1 000 多字，大都是近代方言字和當時科學上用的新字。這是當時我國收字最多的一部大型字典，有重要的參考價值。

全書按部首編排，分 214 部。部首也沿用《字彙》和《康熙字典》（次序稍有變動）。書前有全部單字的筆畫檢字表和《切韻指掌圖》。用反切注音，反切以《集韻》爲主，《集韻》未收的，另據《廣韻》等書。反切下注直音和《詩韻》韻目。一個字有幾種不同的音，分別立爲幾個詞條。每個詞條再分項列舉字義，引用古書中訓詁作爲解釋；訓詁未明者，再引該書箋注，或編者附加按語說明。例從略。

此書以《康熙字典》爲基礎，但比起《康熙字典》有幾個優點：第一，字義分條列舉，眉目清楚，且先列本義，次及引申、假借，條理清晰；第二，引證簡明，易於理解；第三，反切用《集韻》，不像《康熙字典》兼收各韻書反切，令人無所適從；第四，比《康熙字典》收字多，並兼收重要的複詞、成語；第五，校正《康熙字典》錯誤 2 000多條。

此書缺點錯誤也不少，如字義的分析過於繁細，以致有些條目陷於支離瑣碎，界限不清，甚至重複；沿用錯誤的舊說，未加校正；隨意刪節引文。

四、《辭源》

此書的編纂開始於 1908 年（清光緒三十四年）。1915 年，以甲乙丙丁戊五種版式出版。1931 年，出版《辭源》續編。1939 年，出版《辭源》正續編合訂本。1949 年，出版《辭源》簡編。《辭源》是一部字典兼有百科性質的綜合性詞典。收的詞條，正續編共有 100 000 條，凡普通詞語、成語、典故及重要的人名、地名、書名、常見各科專門名詞術語等，都包括在內。每個詞條都先說明詞義和用法，再引證書例，比較以往的辭書有所改進。但是存在的缺點和錯誤也不少，如收立詞目取去失當，解釋錯誤或似是而非，引用書證錯誤等。

新中國成立後，讀者迫切需要一部思想性、科學性統一而又內容充實的古漢語詞典，用來解決閱讀古籍時詞語典故和古代文物典章制度等知識性疑難問題。爲此，1958 年開始了《辭源》的修訂工作。根據與《辭海》《現代漢語詞典》分工的原則，將《辭源》修訂爲閱讀古籍用的工具書和古典文史研究工作者的參考書。修訂稿第一册於 1964 年出版。1976 年，由國家統一規劃，廣東、廣西、河南、湖南四省（區）協作擔任《辭源》的修訂工作，以修訂稿第一册和未出版的其他各分册初稿或資料爲基礎，和商務印書館編輯部共同編輯、審定。

修訂後的《辭源》，删去了舊《辭源》中的現代自然科學、社會科學和應用技術的詞語，專收古代漢語詞彙。原有的關於文史方面的百科詞目仍然保留。單詞下注漢語拼音和注音字母，並加注《廣韻》的反切，標出中古聲韻。《廣韻》不收的字，採用《集韻》或其他韻書的反切。這樣一來，《辭源》就成爲一部新型的古詞語詞典。

《辭源》在體例方面有以下幾點應當瞭解。

（1）單字條的組成包括字頭、漢語拼音、注音字母、《廣韻》的反切與聲韻釋義、書證。

（2）單字有幾個讀音的，分別注音。單字下複詞第一字的不同讀音，按單字注音的次序，也相應地加以注明。例如：

〔參辰〕（屬第一音讀，本字後不注“1”字）

〔參² 差〕

〔參³ 考〕

〔參⁴ 坐〕

〔參⁵ 撾〕

（3）複詞條的組成，包括釋義和書證。注明出處或加注參考資料。

（4）多義詞的解釋一般以本義、引申、通假爲先後，分別用（一）、（二）、（三）……爲序號。如一義中再需分釋，用 1、2、3……爲序號。

（5）内容近似的條目，一般只在一條下詳加解釋，他條從略，但注明“詳‘某某’”。如“大喬”條，後注明“詳‘二喬’”。

（6）内容有關的條目，可以互相補充參考的，注明“參見‘某某’”條。如“外水”爲水名，與地名“彭亡”條有關，故於“外水”條後注明“參見‘彭亡’”。

（7）内容相同的條目，一般只在一條下加以解釋，列舉書證；另一條下則注明“見‘某某’”條。以免重複。如“吳越同舟”條，注明見“同舟共濟”。

（8）有的條目，爲了提供參考資料，在解釋和引證之後，注明“參閱某書”。如“博碩肥腯”，參閱清劉文淇《春秋左氏傳舊注疏證》。

（9）書證都注明書名、篇目或卷次。引用先秦著作、史集、總集、類書、明清小説和字書等以外的一般著作，還加注時代和作者姓名。

（10）校訂引證的原著脱誤，用方括號表明。爲使前後文義貫通，凡在引文中增補字句，或在引文中夾注，一律用圓括號表明。凡引文有所節略，加省略號。

（11）單字仍照舊《辭源》用部首排列。同部首的按筆畫數多少爲序；同筆畫數的，按起筆筆形，即按丶一（包括乛）丨（包括乚）丿（包括乙）爲序，依次排列。每個單字下的複詞按字數多少爲序，字數少的排在前，多的排在後。字數相同的，以第二字的筆畫數多少爲序。筆畫數相同的，以第二字的起筆筆形、一丨丿爲序。書末附四角號碼索引。

（12）全書用繁體字，書末附繁簡字對照表。凡繁體未掌握者，可通過對照表，由簡體查出對應的繁體。

此書分四册陸續出版，至 1983 年出齊。

五、《辭海》

《辭海》最初由中華書局刊行於 1936 年。有甲、乙、丙、丁四種版式。1947 年出版合訂本。此書比《辭源》出版晚 20 年左右，也是一部兼有字典和百科性質的綜合性詞典。所收詞目，由普通詞語和專科詞語兩部分構成。按部首編排，以字帶詞，詞以字數、筆畫爲序。《辭海》的出版，在當時的文化教育界發揮了積極的作用。但是，和《辭源》一樣，《辭海》也有不少錯誤和缺點。隨着社會的發展，《辭海》已不能適應今天讀者的需要。於是，在 1958 年春，成立中華書局《辭海》編輯所，1959 年夏，成立《辭海》編輯委員會進行修訂。修訂工作，由上海擴大到北京、華東各省以至全國各地的學術界和有關單位。1962 年初，出版了《辭海・試行本》，共十六分册；進一步修訂後，於 1965 年 4 月又出版了《辭海・未定稿》。後來工作一度陷於停頓。1971 年，周恩來同志倡議恢復《辭海》的修訂工作。1972 年起，再次着手修訂，並按學科分類，先出分册，以應急需。1979 年國慶前夕，《辭海》三卷本出版，次年又將三卷縮印成一卷。1983 年，又出版《辭海・增補本》。1984 年，爲適應形勢發展的需要，《辭海》編輯委員會決定對 1979 年版進行修訂，先陸續出版分册，1989 年出版合訂本。這次新版，在增收詞目、訂正錯誤、補充缺漏、更新內容、精練文字、充實基本知識等方面作了努力。1999 年又出版了新的修訂本。

《辭海》全書收單字 14 872 個，選收詞目 106 578 條，包括成語、典故、人物、著作、歷史事件、古今地名、團體組織，以及各學科的名詞術語等。凡是正在發展或經常變動的詞目，概不收入。所收詞目，以解決一般讀者在學習、工作中"質疑問難"的需要爲主，並兼顧各學科的固有體系。釋文主要是介紹基本知識，力求簡明扼要，並注意材料和觀點的統一。對時效性較強或未能肯定的材料，避免在釋文中引用；對學術問題，有定論的，按定論介紹；尚無定論或有爭議的，則作客觀介紹，概括敘述，或僅介紹現有的不同看法，避免給讀者以片面的或錯誤的知識。

使用《辭海》時，以下各點要多加留意：

（1）全書所用字體，以國家語言文字工作委員會編印的《簡化字總表》、中華人民共和國文化部和國家語言文字工作委員會聯合發布的《第一批異體字整理表》爲準，字形以中華人民共和國文化部和國家語言文字工作委員會印的《印刷通用漢字字形表》爲準。因而檢索《辭海》，得先掌握上述三表。

（2）人名、地名、書篇名及古籍文句，一般用簡化字或選用字，可能引起誤解的，保留原來的繁體或異體。

　　（3）單字用漢語拼音字母注音，標明聲調（輕聲不標）；比較冷僻的，加注直音。同義異讀的，一般根據普通話審音委員會編的《普通話異讀詞三次審音總表初稿》注音。

　　（4）複詞詞目中的異讀字，在單字中列爲第一音的不注，第二音以下的一般加注漢語拼音。

　　（5）單字照部首表分部排列。同部首的單字按筆畫數順序排列，畫數用阿拉伯數字注在單字左上角。畫數相同的，按起筆筆形一丨丿、乙的順序排列。同一單字起首的詞目列於該單字之後，按字數順序排列；字數相同的，按第二字的畫數排列。外文字母和阿拉伯數字開頭的詞目集中排在正文最後。書前有“筆畫檢字表”，書末有“漢語拼音索引”，供查字參考。

　　（6）單字一字多音的，用（一）（二）（三）分行排列。一個簡化字或選用字兼及幾個繁體字或異體字的，按字義不同，也用（一）（二）（三）分行排列。多義的單字或複詞，用（1）（2）（3）分項，一義中需要分述的，再用（1）（2）（3）分項，一律接排。

　　（7）歷史紀年，中國古代史部分，一般用舊紀年，夾注公元紀年；近現代史（1840年鴉片戰爭以後）部分用公元紀年，必要時，加注舊紀年。外國史部分，一律用公元紀年。

　　（8）引文中補出詞語用〔　　〕，夾注姓名等用（　　）標明。釋文中，詞目前面有＊的，表示另有專條，可供參閱。

　　（9）全書附插圖 3 000 餘幅，附錄有中國工農紅軍長征圖、漢語拼音方案以及 11 種表，可參閱。

六、《聯綿字典》

　　符定一編。1943 年商務印書館出版。本書内容大體與《辭通》相同，但更加着重雙聲、疊韻和重疊的聯綿詞，故名《聯綿字典》。聯綿字之外，還收了大量雙音合成詞和虛詞，如波濤、然而、焉哉之類。全書以詞目上字爲準，按部首排列，同部首的按筆畫多少排列。每個詞的上下字都用大徐本《說文》反切注音。《說文》未收的字，則以其他隋唐韻書的反切注音。一詞多義的，分項注解，引證上起三代、下至六朝。一詞的轉語異文，分條注明一作××，俗作××，轉爲××。本書所説雙聲、疊韻，以古聲十九組和古韻二十二部爲準。

　　本書與《辭通》相比，引證更爲豐富，引文盡可能完整，絶少片言單語；義類分析較爲細密，區別本字、正字、俗字、今字、古字等，注意字詞的發展變化。

　　以“猶豫”一詞爲例，與《辭通》作比較：

　　猶豫　猶，以周切。豫，羊茹切。

　　㊀ 不決也。《趙策三》：“平原君猶豫未有所決。”（共引證 34 條）

　　㊁ 躊躇也。《廣雅・釋訓》：“躊躇，猶豫也。”［定一按］猶豫，雙聲，定紐。

　　㊂ 一作猶預，諧聲同。見猶預下。

　　㊃ 一作猶與。見猶與下。

　　㊄ 轉爲游豫。見游豫下。

㈥ 轉爲由輿，均音同。見由輿下。

㈦ 轉爲獻裕，聲同。見獻裕下。

全書共十册。另有索引一册。索引也按部首排列，與正文相同。實際上是總詞目。詞目直行豎排，連貫而下，眉目不清；索引前無部首目録，部首内不標明筆畫，查檢殊爲不便。

七、《漢語大詞典》

這是一部大型的、歷史性的漢語語文詞典。全書十二卷，共收詞目估計約 370 000 條，5 000 餘萬字。另有檢索表和附録一卷。這部詞典的編輯方針是“古今兼收，源流並重”，就一般語詞的歷史演變過程，加以全面闡述。單字則以有文獻例證者爲限，沒有例證的僻字、死字一般不收列。專科詞只收已進入一般語詞範圍内的，以與其他專科辭書相區別。

這部詞典所收條目分爲單字條目與多字條目。多字條目按“以字帶詞”的原則，列於單字條目之下。單字條目按 200 個部首歸部，部首相同的按畫數（減去部首本身畫數）的順序排列。畫數相同的，按起筆筆形一丨丿、乙的順序排列。

這部詞典所用字形，除個別字外，均採用《印刷通用漢字字形表》規定的新字形。由於這部詞典的歷史性質，故繁體字與簡體字並用，正體字與異體字並用。

1. 注音

(1) 單字條目。

① 字頭下依次標注現代音與古音。現代音用漢語拼音字母標注。古音用《廣韻》反切標注，並標明聲、韻、調，《廣韻》未收的字，改用《集韻》的反切，後依次列聲調、韻部與聲類，《集韻》也未收的字，用其他韻書的反切。如：

佩 ［pèi《廣韻》蒲昧切，去隊，並。］

鑿 ［jì《洪武正韻》吉詣切，去霽。］

夯 ［hāng《字彙》呼朗切。］

② 古音有辨義異讀的，不論現代音相同與否，均分列條目。如：

使¹ ［shǐ《廣韻》踈士切。上止，生。］①派遣……⑪官名。

使² ［shǐ《廣韻》踈吏切。去、志，生。］①出使②使者。

③ 現代音有不辨義而兩讀的，不分立條目，一般用“或讀”處理。如：

〔殼 qiào，或讀 ké《廣韻》苦角切，入覺，溪。］

(2) 作爲附條的異體字，一般不注音。

佚　同“佛”……

(3) 簡化字條目一律不注音。

伦　“倫”的簡化字。

(4) 通假字：① 有古代韻書、字書或注疏音據的，歸入同音字頭之下。無所歸屬的，另立字頭，有韻書音據的，注出古音與現代音，僅有字書或注疏音據的，只注現代音，並引出音據。② 沒有古代音據的，歸入常用字頭之下。

2. 部首排檢

這部詞典的"部首排檢"有以下幾點須要留意：

（1）這部詞典按部首分部編排。部首以傳統的《康熙字典》214 部爲基礎，酌情删併，删去"丿、二、爻、玄、用、内、舛、巴"8 部，將"匸、入、士、攵、曰、行"6 部分別併入"匚、人、土、夂、日、彳"部，共立 200 部。

（2）這部詞典單字條目的歸部，基本上與《康熙字典》相同，僅調整了其歸部難於查檢的字。如：

將	由寸部改爿部	荆	由艸部改刀部
直	由目部改十部	巡	由巛部改辵部
叵	由口部改匚部	劵	由艸部改勹部
蠲	由虫部改皿部	徽	由黑部改彳部
咸	由口部改戈部	幸	由干部改土部
鹽	由鹵部改皿部	岡	由山部改冂部
尟	由小部改日部	腸	由丶部改日部

（3）下列幾種情況的字統一歸部：

條、脩、絛一類的字，《康熙字典》分別歸"木、肉、系"部，今統歸"人"部；

塍、縢、騰一類的字，《康熙字典》分別歸"土、系、馬"部，今統歸"月"部；

毂、穀、鷇一類的字，《康熙字典》分別歸"玉、禾、鳥"部，今統歸"殳"部；

潁、穎、熲一類的字，《康熙字典》分別歸"水、禾、火"部，今統歸"頁"部；

問、悶、聞一類的字，《康熙字典》分別歸"口、心、耳"部，今統歸"門"部；

贏、嬴、羸一類的字，《康熙字典》分別歸"肉、女、貝"部，今統歸"月"部。

（4）《康熙字典》"肉"部中，部首形體作"月"的，如"胖、脊"等字，今改歸"月"部。

"斑、粥、瓣"一類字，原歸"文、米、瓜"部，今改歸"王、弓、辛"部。

八、《漢語大字典》

這是一部以解釋漢字的形、音、義爲主要任務的大型語文工具書，是漢字楷書單字的彙編，共計收列單字五萬六千左右。它在繼承前人成果的基礎上，注意汲取今人的新成果。它注重形、音、義的密切配合，儘可能歷史地、正確地反映漢字形、音、義的發展。在字形方面，於楷書單字條目下，收列了能够反映形體演變關係的、有代表性的甲骨文、金文、小篆和隸書形體，並簡要説明其結構的演變。在字音方面，它對所收列的楷書單字盡可能地注出了現代讀音，並收列了中古的反切，標注了上古的韻部。在字義方面，不僅注重收列常用字的常用義，而且注意考釋常用字的生僻義和生僻字的義項，還適當地收録了複音詞中的詞素義。

在查檢時，以下各點應當注意：

（1）本字典收列楷書單字，並根據存字、存音、存源的原則，在單字下酌收少數複詞。

（2）收字以歷代辭書爲依據，並從古今著作中增收部分單字。

（3）單字條目的組成，一般包括字頭、解形、注音、釋義、引證。

（4）單字按照與《漢語大詞典》共同商訂的二百部分部排列。

（5）有古文字的單字，在字頭後面選列能夠反映字形源流演變的古文字形體，並根據闡明形音義關係的需要，酌附字形解説。

（6）多音多義字，用（一）（二）（三）……分列音項；同一音項下有幾個區別意義的反切，用㊀㊁㊂……分列；一個音項下統率的義項用❶❷❸……分項。一個義項中需要分述的用 1、2、3……表明；如需再分層次，用 a、b、c……標示。

（7）注音分現代音、中古音、上古音三段。現代音用漢語拼音方案標注。中古音以《廣韻》《集韻》的反切爲主要依據，並標明聲、韻、調。上古音只標韻部。

（8）異體關係在異體字下根據不同情況分別用“同某”“後作某”“也作某”表示，通假義項用“通某”表示，後起的同音代替字用“用同某”表示。

（9）校訂引證原著的脱誤，用方括號表明，爲了使前後文義貫通，在引文中增補字句，或在引文中夾注，一律用圓括號表明。

（10）各分卷附該卷部首檢字表，末卷附總檢字表。

九、《古漢語通用字字典》

楊金鼎主編，1988 年 5 月福建人民出版社出版。這是我國第一部比較完備的古漢語通用字字典，共收古漢語通用字 4 000 個。

這本字典是以具有中等文化程度的一般讀者爲主要對象的。特點是着眼於實用，避開一些論而未決的爭議問題，把一般所謂的通假字、古今字、異體字（指未經文改會公佈的）統稱爲“通用字”，採用統一格式，即“甲通乙”的格式。“通”是指“甲”這個字跟“乙”那個字可以通用，讓讀者知道句子裏的“甲”這個字實際上指的就是“乙”那個字，從而明白文意。因此，這本字典對於中學語文教師和大學中文專業的師生都有一定的實用價值，能夠幫助讀者解決閱讀文言文和教學文言文的實際困難。

這本字典所收古漢語通用字都是先注音釋義而後舉例。有兩個以上讀音的字，分項注音；義項先注“通×”而後釋義；一字通用幾字的，即用一、二或㊀㊁之類形式分別標碼釋義。字目一律用繁體字，釋義一般用簡化字，容易引起歧義的即用繁體字，引例中立目的字用“～”代替，其餘都用簡化字。如：

拾　一、（shè）通“涉”。經歷。《禮記·曲禮上》：“～級聚足，連步以上。”陳澔集注：“～級，涉階之級也。～，音涉。”

二、（xī）通“翕”。收縮，集合。馬王堆漢墓帛書甲本《老子·道經》：“將欲～之，必固張之。”今本作“歙”。

這本字典採用部首排列法，同部首的按筆畫排列，並在字目的左上方標明筆畫數，如：

[1] 幺……

[2] 幼……

³ 絲……

這本字典另編有《筆畫檢字表》，搞不清部首可以按字目的筆畫查檢。

第三節　按聲韻分類編製的辭書

一、《廣韻》

內容見第二章音韻。

二、《集韻》

宋代丁度、宋祁等編。《廣韻》刊行以後，宋祁等人認爲“多用舊文，繁略失當”，建議重修。宋仁宗景祐四年（1037），丁度、宋祁等奉詔開始重修，至寶元二年（1039）完成，名爲《集韻》。《集韻》收 53 525 字，比《廣韻》多 27 331 字，是古代字書中收字最多的。全書十卷，平聲四卷，上去入聲各一卷。《集韻》與《廣韻》比較，相同的是都分 206 韻。不同的是：同用獨用的規定不同，《集韻》依《禮部韻略》合併窄韻 13 處；小韻的排列次序不同，《集韻》大致以聲母爲序；反切系統不同，當時是“類隔”反切的，《集韻》都改成“音和”；注釋中，反切和釋義的先後不同，《集韻》在小韻的第一字下先注反切，然後釋義；注文的繁簡不同，《集韻》繁略適當，《廣韻》蕪雜。

《集韻》收字原則是“務從賅廣”，一個字有多少種不同寫法，不管是所謂的正體，還是古體、或體、俗體，只要有根據，大致都收進來了。《集韻》收異讀音很多，一字有兩讀的，甚至有六讀七讀的。前代字書、音義書、韻書的音切大都收入。《集韻》對《廣韻》反切的改動，反映了當時語音的實際情況。所有這些，都是研究漢語史很重要的材料。所以，《集韻》一向被人重視，現在也是一部很有用的工具書。

三、《佩文韻府》（附拾遺）

清張玉書等編。此書編成於康熙五十年（1711），五十九年續編《韻府拾遺》。《佩文韻府》是一部按韻編排的詞語彙集。書中以單字統詞語。單字按《平水韻》的 106 韻排列，每字下注反切和解釋；下列末字和字頭相同的“韻藻”（詞語），分二字、三字、四字三類，依字數多少爲序，字數相同的依出自經、史、子、集爲序，各韻藻下儘量列舉古書用例；最後列“對語”“摘句”，對語是對仗的詞語，摘句是列舉包括這個字的詩句，這兩種都列出處。

此書是在元代陰時夫《韻府羣玉》和明代凌稚隆《五車韻瑞》的基礎上增補而成，兩書原有的詞語列前，增補的列後，標以“增”字。

此書是供作詩文時選擇詞藻、查明典故用的工具書，因此除詞藻之外，還列有“對語”“摘句”。

此書錯誤不少，而且引文任意刪節，引用時要查對原文。

四、《助字辨略》

清劉淇著。此書有康熙五十年（1711）盧承琰刊本、1924 年楊樹達校刊本、1939 年開明書店排印校注本。1954 年中華書局據開明本重印，後又多次印刷。

本書作于清初，是一部重要的研究漢語虛詞的專書。全書收虛詞四百七十六個，分三十類：重言、省文、助語、斷辭、疑辭、咏嘆辭、急辭、緩辭、發語辭、語已辭、設辭、別異之辭、繼事之辭、或然之辭、原起之辭、終竟之辭、頓挫之辭、承上、轉下、語辭、通用、專辭、仅辭、嘆辭、幾辭、極辭、總括之辭、方言、例文、實辭虛用。

解釋的方法有六種：（1）正訓，如"義者，宜也"；（2）反訓，如"故，今也"；（3）通訓，如"本猶根也"；（4）借訓，如"學之爲言效也"，學借爲效；（5）互訓，如"安"釋爲"何"，"何"釋爲"安"；（6）轉訓，如"容"有"許"義所以可釋爲"可"，"轉"即輾轉引申。

本書取材相當豐富，縱先秦到元代，從經史到詩詞雜説，無不搜集。解釋雖不如王引之《經傳釋詞》精密，體例也不够劃一，但有些條目可補王書的不足，劉淇比王引之約早一百年。《助字辨略》爲漢語虛詞的研究開辟了道路，在漢語語法研究上有其貢獻。

本書所收虛詞按一百零六韻排列，新版附筆畫索引和劉毓崧、楊樹達跋文，對本書有簡要評論。

五、《經籍纂詁》

清阮元等編纂。清嘉慶三年（1798）出版，民國時世界書局有影印本。此書單字按照《佩文韻府》次序編排，《佩文韻府》沒有收的，據《廣韻》補收，《廣韻》沒有收的，據《集韻》補收。凡一字數體，"通作""或作"之類，都依《集韻》放在一起。一字數讀的，依韻分入各部。單字不注音，只把有關的釋義，分條列在下面。每條之間用○隔開，先列本義，次列引申義，再列輾轉相訓，名物數象。釋義中，有對複詞加以解釋的。它是一部專講古字義的字典，取材相當豐富，唐以前經史子集等書中的傳注訓解，《爾雅》《方言》《説文》等書的訓義，無不收錄。所收古書材料，比《康熙字典》《中華大字典》爲多。《經籍纂詁》可以説是漢唐諸家關於文字訓詁的總彙，對閱讀古書、研究古代漢語，是很有用的。

1936年，阮刻影印本增編了《目録索引》，按筆畫排列，對不熟悉音韻的讀者提供了尋檢之便。但是，這個索引也有錯誤，比如讀到《詩經》中"松柏凡凡"，不解"凡凡"爲何意，按《目録索引》提供的頁碼去找"凡"，是找不到的。原來這頁全收上平聲冬韻的字，而"凡"屬寒韻，按韻尋檢才可能找到"凡"。

此書成書倉卒，時有誤漏。引用時，應查對原書。成都等地的古籍書店印行的《經籍纂詁》有目録索引，便於查檢。

六、《經傳釋詞》

清王引之著。此書是研究上古漢語虛詞用法的專書，收虛詞一六○個，依三十六字母順序排列。取材以經傳爲主，諸子和其他書爲輔，時代限於周秦兩漢。每字分條説明意義和用法，並列舉例証。如"乃"字：

乃，猶"於是"也。《書經·堯典》曰："乃命羲和"，是也。常語也。字或作廼。《爾雅》曰："廼，乃也。"

乃，猶“然後”也。《書經・禹貢》曰：“作十有三載乃同”，是也。亦常語。

乃，猶“而”也。急詞也，猶“則”也。猶“其”也。猶“是”也。猶“方”也。猶“若”也。猶“且”也。猶“寧”也。異之之詞也。轉語詞也。乃如，亦轉語詞也。乃若，發語詞也。乃，發聲也。

作者和他的父親王念孫都是清代著名文字訓詁學家，對古書訓詁有精闢的見解。作者對古漢語虛詞的研究，成績遠遠超過劉淇的《助字辨略》，對古漢語語法的研究產生了深遠的影響。

七、《詞詮》

楊樹達著。這是一部解釋虛詞的書，收古書中常見的介詞、連詞、助詞、嘆詞和一部分代詞、內動詞、副詞共四百六十九個，按注音字母順序排列。每個詞，先注音，次注明詞類，再釋義，說明用法，然後列舉例證。標明虛詞所屬的詞類，是這書的一個特點，也是同《經傳釋詞》不同的地方。用法的分析也較細密，如“之”字就列舉十二種用法，“于”字就列舉二十種用法。例證也較豐富，大都引自重要古籍。一種用法，往往徵引十例以上。《經傳釋詞》等書忽略常用詞，本書卻能對常用虛詞和虛詞的通常用法詳加說明。作者寫這本書是在吸取劉淇、王引之等人的研究成果的基礎上，運用現代語言學方法，來闡明古漢語虛詞用法，其成績超過前人。例如：

哉ㄒㄞ

(1) 時間副詞　《爾雅・釋詁》云：“哉，始也。”哉生魄（《書・康誥》）（例證祇引一句，下同）

(2) 語中助詞　《說文》云：“哉，言之間也。”陳錫哉周（《詩・大雅・文王》）

(3) 語末助詞　表感嘆　大哉乾元！萬物資始，乃統天。（《易・乾》）

(4) 語末助詞　表疑問。天實爲之，謂之何哉？（《詩・邶風・北門》）

(5) 語末助詞　表反詰。高祖急，顧丁公曰：兩賢豈相厄哉？（《史記・季布傳》）

(6) 語末助詞　表擬議。《禮記・曾子問疏》云：哉者，疑而量度之詞。我其試哉！（《書・堯典》）

此書是一部相當詳細的古漢語虛詞詞典。因其列舉例證較多，讀者可以通過例句體會虛詞的用法，對閱讀古書和提高閱讀能力很有幫助。缺點是分析說明過於簡略，且用文言，不便初學。

八、《辭通》

朱起鳳著。1934年開明書店出版，1982年5月上海古籍出版社重印出版。

本書彙集古書中各種類型的雙音詞，用音同通假、義同通用的訓詁學原則來處理同詞異形的現象，其中比較着重聯綿詞，可說是一部聯綿詞典。古人使用漢字，同音通假的現象很普遍。一個詞往往有幾種不同的寫法。如繽紛，又寫成“邠盼”“繽翻”等。本書作者運用“因聲求義”的方法。把一些音義相關的詞，也即一個詞的各種不同的寫法類聚在一起，把比較常見的一種寫法放在最前面，其他排在後面，成爲一組。每個詞引唐以前的古書用例，取材相當豐富。用例以經、史、子、集爲序，注明書名、篇名、卷次。有些詞有直音或反切，有些詞有簡明的解釋。在一組詞的最後，往往有編者的按語，作總的説明。在一組詞中，祇要查到一個，便能瞭解到一系列的詞；某詞使用於何時，見于何書；某詞是某詞的字形訛誤等，這是本書的最大特點。全書以每個詞的末字爲準，按一百零六韻排列。另有四角號碼和筆畫索引，都以每個詞的首字爲準。例如：

［猶豫］猶言躊躇，疑惑不決也。……《史記‧楚世家》：“見齊王書，猶豫不決。”……又《劉向傳》：“決斷狐疑，分別猶豫。”［猶預］《史記‧魯仲連傳》：“猶預未有所決。”［猶與］……《史記‧孝文紀》：“猶與未定。”［尤豫］……《後漢書‧來歙傳》：“久尤豫不決。”［由豫］……《呂氏春秋‧論威》：“心無有慮。”〔高注〕“無有由豫之慮。”［優與］《管子‧小匡》：“人君惟優與不敏爲不可。”［容與］《楚辭‧九章‧思美人》：“固朕形之不服兮，然容與而狐疑。”［猶予］《史記‧呂后紀》：“猶予未決。”

［按］猶、由二字，同音通用，優、猶音近。尤即由之古文，容、猶雙聲。豫字古通作預，亦作與。

這一組詞，寫法各異，實則是音同義通，是一個詞，都是疑惑不決的意思。這本書的初名是《讀書通》，如果具備了必要的古音知識，掌握了因聲求義的原則，便可破除文字障礙，確可達到“讀書通”了。

本書作者搜集大量資料，排比整理，因聲求義，解決了以前難以索解的問題，並且糾正了前人不少錯誤，在整理古漢語的異形詞方面，作出了可貴的貢獻。

本書的查檢方法是：在筆畫索引中先查得字頭，再到《辭通》索引中查得詞條，對照頁碼即可查到。如查“首施”，在筆畫索引中于九畫查找到“首”一 8060₁（如掌握四角號碼，即可省去此一步驟），于《辭通》索引 8060₁ 下即見到“首”下有“首施”“首止”“首虜”“首颺”“首鄉”“首過”等詞，合計共二十條。于“首施”條右見 1220（頁數），翻至該頁，即見“首施”等詞。

九、《古漢語常用字字典》

這是一本供學習古漢語用的字典，共收古漢語常用字三千七百多個。都是使用頻率很高的字，其中有一些在現代漢語中已經不再使用，有一些雖然在現代漢語中仍然使用，但古今詞義卻有着顯著或細微的差別。同時，也酌收雙音詞約二千多個。書後還附有《難字表》，收難字二千六百多個，但只有注音和釋義，沒有例句。

這本字典大致只收古漢語中常用的意義，生僻的意義則不收，詩詞曲中特有的意義也不收。

此書在釋義方面的特色是：

（1）注重字義的發展變化，儘可能注出哪些意義是後起的。如“信”，義項⑥“書信”注明後起意義。義項⑦“副詞。隨意，隨便”注明後起意義。

（2）吸取傳統訓詁學用“渾言”“析言”分析字義的方法，區分字義的泛指與特指。如“禾”的意義是“穀子”，用莊稼注明這個字的泛指。“宮”字，①義爲“房屋，住宅”，用“帝王的房屋、宮殿”注明這個字的特指。

（3）在一些字的下面另立〔辨〕一項，用來辨析同義詞或近義詞之間的異同。如在"敬"字下，指出"'恭'和'敬'是同義詞。'恭'着重在外貌方面，'敬'着重在内心方面"。

（4）在一些字下面，標示〔注意〕，一般用來指出在詞義的歷史發展中應當注意的地方，有字音方面的，也有字形方面或字義方面的。如"仇"（chóu）字條指出"古音讀如'求'（qiú）"。"圣（聖）"字列了四個義項，末了特別指出，"在古代'圣（kū）'和'聖'是兩個字，上述義項都不寫作'圣'。現'聖'簡化爲'圣'"。"太"字條指出"'太''泰''大'三個字常常通用"。

此書按漢語拼音音序排列，書前附有《漢語拼音音節索引》和《部首檢字表》，查檢方便。

第四節　索　引

一、索引的性質和種類

索引又叫引得（index），也叫通檢，是檢查書籍、報刊中的某種材料的辭書。没有索引，這些書籍、報刊中的材料就像一盤散沙，要找到你所希望瞭解的資料，如大海撈針般困難；有了索引，猶如"探囊取物"般容易。所以有人把索引比作鑰匙，有了它，就能順利地打開知識的寶庫。

索引的種類很多，從取材的範圍來看，可以分爲書籍的索引，期刊的索引，報紙的索引。其中，有的是一部書、一種報刊的索引，有的是許多書、許多報刊的索引。單書的索引，一般是附在書的後面，也有單獨出版的。這裏主要介紹單書索引。

從索引的對象看，有以下幾種。

1. 字、詞索引

這是最細的一種索引，它把書中每一個字、每一個詞的出現都列舉出來，使讀者可以看出，這部書裏用過哪些字、詞，這些字、詞出現在哪些地方，出現過多少次等。這種索引一般是用於重要的古書上，像《毛詩引得》《杜詩引得》等。

2. 句子索引

這種索引以句子爲單位，按照句子的首字排列。像《十三經索引》即屬此一類。

3. 篇目或書名索引

篇目索引常見的是報刊索引，供專門研究者使用的還有《元人文集篇目索引》《清人文集篇目索引》等。書名索引常見的有叢書子目書名索引和引用書籍書名索引。後者叫作"引書索引"，是使讀者知道這部書裏引用過哪些書，在什麽地方引用的。例如《太平御覽引得》裏的引書引得。

4. 詞條索引

這種索引是把書裏的詞條，或者把可以作爲詞條的人名、地名、書名、物品名等，立爲條目，編成索引。這種索引有單純與綜合的兩類，單純的衹收某一種詞條，如《二十五史人名索引》衹收人名。綜合的則把各種名詞綜合排列，如《十通索引》，把《十通》裏的人名、地名、事物名、制度名等，都立爲詞條，供讀者檢查。

5. 主題索引

這種索引是以問題爲綱，列出有關的資料。這種索引用處很大，但不容易編製。

二、常用索引舉例

1.《全國主要報刊資料索引》

上海圖書館編。報刊資料索引的作用在於：查考某些資料的原始出處，收集有關的專業資料。解放後，曾出版過多種，這是其中最重要的一種。

2.《文學論文索引》1—3 編

初編　陳璧如、張陳卿、李維墀編，中華圖書館協會 1932 年出版。收 1905 年至 1929 年底的報刊 162 種。

續編　劉修業編，1933 年出版。收 1928—1933 年 5 月報刊 193 種。

三編　劉修業編，1936 年出版。收 1933 年 6 月—1935 年報刊 220 多種，論文 4 000 多篇。

3.《中國語言學論文索引》甲編、乙編

中國科學院語言研究所編，科學出版社 1959 年出版，後出版了乙編的增訂本，收 1950—1980 年間國內報刊重要的語言學論文。1949 年以前的重要的語言學論文收入《中國語言學論文索引》甲編。這兩本索引是學習語文、進行語文教學很有用處的工具書。

4.《語文教學篇目索引》

《中國語文》編輯部編，上海教育出版社出版。這本索引對師範院校中文系學生和大中小學語文教師都很有用。

古代文化知識舉要[*]

第一節　古代的曆法

　　古代人民在耕作、採集、遊牧、狩獵等生產實踐中，對日月星辰的運行、時序的推移、氣候的變化，進行了長期的觀察（即所謂的"觀天象"），積累了豐富的經驗。國家出現以後，有專門的官吏總結這方面的經驗，形成了中國古代曆法這門學問。下面講三項內容。

一、三正

　　"正"即是"正月"，所謂"三正"，就是三種正月。春秋戰國時代，有三種曆，即夏曆、殷曆、周曆，因而有這三種曆的正月。"正"是歲首，有"三正"，就有三種歲首。那麼，這三種曆的區別是什麼呢？

　　古人有所謂"月建"，把一年十二個月和天上的十二辰聯繫起來。十二辰是古代天文學的一個概念，就是把黃道附近的一周天十二等分，由東向西配以子丑寅卯等十二支，如圖1。

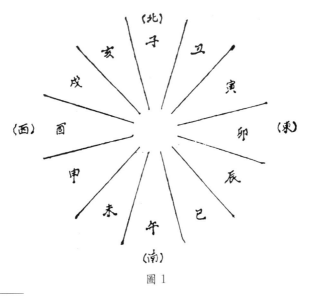

圖1

————————————————

＊　詹龍標編寫。

　　十二支和十二個月相配，依序稱爲建子月，建丑月，建寅月，等等。那麼月份是怎樣確定的呢？這與北斗星的轉動有關。北斗是由天樞、天璇、天璣、天權、玉衡、開陽、搖光七星組成的，如圖2。

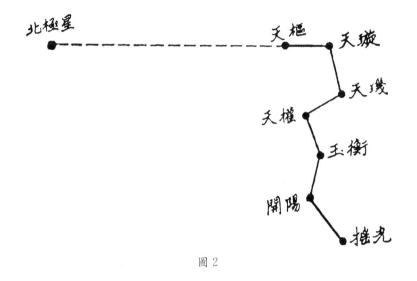

圖 2

　　古人把這七星聯繫起來想象成爲古代舀酒的斗形。天樞、天璇、天璣、天權組成斗身，玉衡、開陽、搖光組成斗柄，古曰杓。北斗可以用來辨方向，定季節。把天璇、天樞連成直綫並延長約五倍的距離，就可找到北極星。北斗星圍繞北極星轉動，所以可根據初昏時斗柄所指的方向來決定季節：斗柄指東，天下皆春；斗柄指南，天下皆夏；斗柄指西，天下皆秋；斗柄指北，天下皆冬。而夏曆，就是以斗柄指向十二支中的寅爲正月的，也就是以建寅之月爲歲首（即通常所説的陰曆正月），而以建卯之月爲二月，下類推。而殷曆是以建丑之月（即夏曆的十二月）爲歲首，周曆以建子之月（即夏曆十一月）爲歲首。這樣一比照，周曆比殷曆早一個月，而殷曆又比夏曆早一個月。由於“三正”歲首月建不同，四季的時間也跟着不同。表1可看出“三正”的月份和春夏秋冬的對應關係。

表 1　“三正”月份和春夏秋冬的對應關係

月建	子	丑	寅	卯	辰	巳	午	未	申	酉	戌	亥
周曆	正月	二月	三月	四月	五月	六月	七月	八月	九月	十月	十一月	十二月
	（春）			（夏）			（秋）			（冬）		
殷曆	十二月	正月	二月	三月	四月	五月	六月	七月	八月	九月	十月	十一月
	（冬）	（春）			（夏）			（秋）			（冬）	

續　表

月建	子	丑	寅	卯	辰	巳	午	未	申	酉	戌	亥
夏曆	十一月	十二月	正月	二月	三月	四月	五月	六月	七月	八月	九月	十月
	(冬)		(春)			(夏)			(秋)			(冬)

　　春秋、戰國是變革的時代，周曆並不普遍使用。齊國在春秋晚期、戰國前期用周曆，晉國在春秋時期用夏曆，韓、趙、魏在戰國時期用夏曆。因而先秦古籍紀時的制度有所不同。這是我們閱讀古書時需要注意的。《春秋》《孟子》多用周曆，《楚辭》《呂氏春秋》用夏曆，《禮記》用周曆。如《禮記·雜記》："正月日至，七月日至。""正月日至"是冬至，"七月日至"是夏至，可見這是用周曆。又如《春秋·莊公七年》："秋，大水、無麥苗。"這也是用周曆。周曆秋季相當於夏曆五、六月，夏季的暴雨、山洪是可能把麥子冲走的。《孟子·滕文公上》："江漢以濯之，秋陽以暴之。"這也用的是周曆。所謂秋陽，即是夏曆五、六月間的烈日。同一事件，《春秋》和《左傳》所記季節可能不同。如《春秋·隱公六年》："冬，宋人取長葛。"《左傳》的記載卻是："秋，宋人取長葛。"二者雖異實同，因爲《左傳》此處用的乃是夏曆。

　　還有一種顓頊曆，爲秦昭王時所採用。秦始皇統一六國後，仍用此曆。顓頊曆是以建亥之月（即夏曆十月）爲歲首的，但不以此月爲正月，也不改夏曆正月爲四月。因避秦王"嬴政"之諱，改稱夏曆"正月"爲"端月"。漢初襲秦制，仍用顓頊曆。由於每年以十月爲歲首，故每年的季節次序是先冬後春。《史記·魏其武安侯列傳》載漢武帝元光五年（前130）十月殺灌夫，十二月晦殺魏其，而十二月之後，還是元光五年，所以司馬遷説："其春，武安侯病，專呼服謝罪。"司馬遷不寫"明春"，而寫"其春"，就是這個道理。漢武帝時（前104）改用太初曆，太初是漢武帝的年號，太初曆，實質上也是夏曆。太初之後的兩千多年，除王莽和魏明帝一度改用殷曆、武則天與唐肅宗改用周曆以外，一般都用夏曆。

　　古籍記載中有時一年十三個月，最後一個月稱"十三月"。這第十三個月即屬閏月。當時閏月一般放在年終，如果是再閏，就會有"十四月"的記載。秦至漢初，用顓頊曆，一年的最後一個月是九月，故在九月之後置閏，稱"後九月"。

二、干支、朔、望、晦

　　干支即是幹枝，宋劉恕説："甲乙謂之幹，子丑謂之枝，幹枝相配以名日。"古人是用干支紀日的，如《左傳·僖公三十二年》記載："冬，晉文公卒。庚辰，將殯于曲沃。""庚辰"，即魯僖公三十二年十二月十日。後來才用來記月記年。"干"指十天干，即甲乙丙丁戊己庚辛壬癸。"支"指十二地支，即子丑寅卯辰巳午未申酉戌亥。十天干與十二地支依序組合爲六十個單位，稱爲六十甲子。組合時，單配單，雙配雙，單雙不能相配。如：

甲子	乙丑	丙寅	丁卯	戊辰
己巳	庚午	辛未	壬申	癸酉
甲戌	乙亥	丙子	丁丑	戊寅
己卯	庚辰	辛巳	壬午	癸未
甲申	乙酉	丙戌	丁亥	戊子
己丑	庚寅	辛卯	壬辰	癸巳
甲午	乙未	丙申	丁酉	戊戌
己亥	庚子	辛丑	壬寅	癸卯
甲辰	乙巳	丙午	丁未	戊申
己酉	庚戌	辛亥	壬子	癸丑
甲寅	乙卯	丙辰	丁巳	戊午
己未	庚申	辛酉	壬戌	癸亥

如某日爲甲子日，下一日則爲乙丑日，依次爲丙寅日、丁卯日、戊辰日等。

一個月中，有些日子古人有特定的稱呼，如每月第一天叫朔，最後一天叫晦，每月初三叫朏（fěi），月中叫望，望後那一日叫"既望"。蘇軾《前赤壁賦》説："壬戌之秋，七月既望。""望"是七月十五日，"既望"就是七月十六。又如《左傳·僖公五年》記載："冬十二月丙子朔，晉滅虢，虢公醜奔京師。""朔"就是"丙子"這一天，即是此年十二月的頭一天。《左傳·襄公十八年》："十月……丙寅晦，齊師夜遁。""晦"就是丙寅這一天，指此年十月的最後一天。僅朔晦這兩天記時既具干支，又稱朔晦，其他日子，一般只記干支。

三、四季

一年分四季，一般依次稱爲春夏秋冬，一季三個月，可用孟、仲、季分稱之。這樣，一年十二個月，便可用孟春、仲春、季春、孟夏、仲夏、季夏、孟秋、仲秋、季秋、孟冬、仲冬、季冬來作相應月份的代稱。《楚辭·哀郢》："民離散而相失兮，方仲春而東遷。""仲春"即是二月。《古詩十九首》中的"孟冬寒氣至，北風何慘慄！""孟冬"即是十月。一説商代和西周前期一年只分春秋兩季，故後人以"春秋"代一年。《莊子·逍遥遊》説："楚之南有冥靈者，以五百歲爲春，五百歲爲秋。"這意味着以一千歲爲一年（指大年，即壽命很長的意思）。

第二節　古代的地名

古代文史典籍中有許多地名，如《左傳·隱公元年》"鄭伯克段于鄢"這段文字，就有鄢、共、制、京、廩、延、城潁、潁谷等地名。又如杜甫的《聞官軍收河南河北》：

劍外忽傳收薊北，初聞涕淚滿衣裳。

卻看妻子愁何在，漫卷詩書喜欲狂。

白日放歌須縱酒，青春作伴好還鄉。

即從巴峽穿巫峽，便下襄陽向洛陽。

這首詩便有六個地名。又如劉禹錫的《西塞山懷古》：

　　王濬樓船下益州，金陵王氣黯然收。

　　千尋鐵鎖沉江底，一片降幡出石頭。

這四句詩也有三個地名。讀懂文史典籍，需要瞭解所涉及的地名。歷史學家鄧廣銘曾提到這樣一首詩：

　　昔者戍南鄭，秦山鬱蒼蒼。

　　鐵衣臥枕戈，睡覺身滿霜。

十九世紀初年，辛啓泰誤把詩中的"秦山"當作"泰山"。以爲此詩是辛棄疾所作，收入《稼軒集鈔存》。實際上，這是陸游的作品，詩名《鵝湖夜坐書懷》。辛氏不瞭解宋時的南鄭是現在陝西省的南鄭縣，是當時的大都會，宋也稱興元府、漢中郡。南鄭附近是秦嶺山脈，與山東的泰山相隔遥遠。秦嶺其地，辛棄疾並未到過，詩中所寫的事，與山東起義軍無關。由此可説明懂得古地名，有助於正確瞭解古代詩文的内容，避免誤解。爲此，下面介紹一些古代的地名知識。

一、古代行政區域和地名概況

相傳我國上古把全國劃分爲九個行政區域，即所謂的九州。九州之名，稱法不一。據《尚書·禹貢》的記載，九州是：

　　冀　兗　青　徐　揚　荆　豫　梁　雍

漢武帝時，除京師地區外，分全國爲十三個監察區，各區設刺史一名，稱爲"十三刺史部"，是西漢時的十三州或十三部。其名稱是：

　　冀　並　幽　兗　青　徐　揚　荆　豫　梁　雍　交趾　朔方

梁在東漢時改稱益，雍在東漢時改稱凉，交趾在東漢時改稱交州。唐太宗時，也設監察區，稱道，全國分爲十道，即：

　　關内道（治鳳翔）　　河南道（治洛陽）

　　河東道（治太原）　　河北道（治魏州，今河北大名）

　　山南道（治襄州，今湖北襄陽）

　　隴右道（治鄯州，今青海樂都）

　　淮南道（治揚州）　　江南道（治蘇州）

　　劍南道（治成都）　　嶺南道（治廣州）

明朝設"布政使司"，全國除京師地區與南京地區以外，分爲十三個"布政使司"，俗稱"省"（元時，"省"爲"行中書省"的簡稱，即中書省的行署）。十三個布政使司加上京師與南京，合稱十五省，即：山東、山西、河南、陝西、四川、湖廣（今湖南、湖北）、浙江、江西、福建、廣東、廣西、雲南、貴州、北直隸、南直隸。

清朝不設"布政使司"，行政區域就稱省，把北直隸改稱直隸省，把南直隸改爲江南省，後來又把江南省分爲江蘇省、安徽省，把陝西省分爲陝西省、甘肅省，把湖廣省分爲湖南省、湖北省。

二、古今同名異地與異名同地

同名異地的。如"赤壁"一名有三地：一在今湖北嘉魚縣東，是三國周瑜破曹之地；二在今湖北黄岡市外，是蘇軾《前赤壁賦》所記夜游之地；三在今武昌之東南。"北京"，唐、五代指今山西太原，宋指今河北大名，金一度指今内蒙巴林左旗境内波羅城。"琉球"，從隋到南宋都指現在的中國台灣省，不是指現在日本之冲繩。錢大昕《十駕齋養新錄》卷十一指出：福建"泉州之名雖同，而有隋唐之異……，景雲二年以前，凡曰泉州者，指今福州也。景雲二年之後，凡曰泉州者，指今泉州也"。"會稽"，是秦漢時的郡名，轄境是江蘇長江以南，浙江省大部分以及福建全省，而隋時是縣名，指今浙江紹興。名稱相同，如朝代不同，管轄的範圍也可能不同。

異名同地的。現在的"北京"，春秋戰國至南北朝叫薊，金叫中都，又叫大興，元叫大都。現在的"南京"，戰國時是楚國的金陵，秦改爲秣陵，三國時吳在此建都，改稱建業，晉改稱建康，隋廢都而改爲丹陽郡，唐在此建置江寧郡，後改稱昇州，北宋稱江寧府，南宋稱建康府，明先稱應天府，後稱南京，清稱江寧府。現在稱"江南"這個地方，古時有稱"江東"的，如《史記·項羽本紀》："縱江東父兄憐而王我，我何面目見之。"此處之"江東"，即今之"江南"。

也有由於避諱而改名的。隋煬帝名廣，便改廣州爲番州。唐高祖名淵，改長淵縣爲長水縣。漢文帝名恒，改恒山郡爲常山郡。宋太祖之祖名敬，改敬州爲梅州。

另一種情況是地方雖同，但著者不同，寫法也不同。古書上的"西零"（今青海之地），酈道元的《水經注》寫作"西零"，《漢書》卻寫作"先零"。

這些都是我們閱讀古書時應當注意的地方。

第三節　古人的姓名字號

現在漢族人的姓名結構簡單劃一，先姓後名，名一般是兩個字或一個字，複姓的很少。當今的青年人，一般只命名，不取字。但在古時，特別是秦漢以前，一個人卻有多種稱呼。這種情況，古書中比比皆是。要讀古書，有必要瞭解一下這個問題。

一、姓和氏

現代社會每個人，有姓，但不講氏。而上古時，有姓有氏。姓與氏本是標誌一個人的族親關係的。姓是一種族號，氏是族裏各分支的名稱。如周人姓姬，其分支有孟氏、季氏、孫氏、游氏等；齊人姓姜，其分支有中氏、吕氏、許氏、紀氏、崔氏、馬氏等。在奴隸社會時期，貴族纔有姓，平民是没有姓的。姓不能變，而氏可變，可自立。可用居住地的地名爲氏，如傅説的"傅"，西門豹的"西門"，百里奚的"百里"，南宮括的"南宮"。也可取受封的邑名爲氏，如知罃的"知"，解狐的"解"，羊舌肸的"羊舌"。也可以官名爲氏，如卜偃的"卜"，史墨的"史"，樂正克的"樂正"。

在戰國以前，男子祇稱氏，不稱姓。而女子則必須稱姓，一般是在姓後加"氏"字，如姜氏、姬氏、嬴氏等。不過，女子稱姓的方法有多種，如未出嫁的，可在姓上冠以孟

（伯）仲叔季表排行，如孟姜、叔姬、季芈。出嫁後，可在姓上冠以自己出生國的國名，如齊姜、晉姬、秦嬴。也可在姓上冠以配偶受封的國名，如秦姬、芮姜、江芈。如果配偶是卿大夫，則姓上冠以配偶的氏或邑名，如趙姬（趙衰妻）、孔姬（孔圉妻）、棠姜（棠公妻，棠是邑名）。死後，則在姓上冠以配偶或本人的諡號。如武姜（其配偶諡號鄭武公），文嬴（其配偶諡號晉文公），文姜（其配偶魯桓公，本人諡號"文"）。戰國以後，姓氏逐漸不分，到了漢代，統稱爲姓，不講氏，而且，一般百姓也有姓了。

二、名和字

傳說上古小孩出生三個月後由父親命名，男子二十歲成人行冠禮（結髮加冠）時取字。女子十五歲許嫁行笄（jī）禮時取字。

古人的名與字，有意義上的聯繫。如屈原名平字原（《爾雅·釋地》："大野曰平，廣平曰原。"）；宰予字子我；端木賜，字子貢；顏回，字子淵（《說文·水部》："淵，回水也。"）；冉耕，字伯牛；諸葛亮，字孔明；周瑜，字公瑾；李翱，字習之（翱，拍翅而飛；習，反複飛）；岳飛，字鵬舉；文天祥，字宋瑞；史可法，字憲之；吳敬梓，字文木（梓：一種樹木）。有的意義間的關係，是反義關係。如曾點字晢。《說文·黑部》："點，小黑也。"（《說文解字》十篇上）"晢，人色白也。"（《說文解字》七篇下，"晢"，《說文》作"晳"，從白部。）北宋詞人晏殊，字同叔（殊，不同）。

戰國以前名與字連說時，往往是先稱字後稱名，如百里（姓）孟明（字）視（名）、白乙（字）丙（名）、孔父（字）嘉（名）、西乞（字）術（名）。漢以後，則多爲先稱名，後稱字，如孔融（名）文舉（字）、杜預（名）元凱（字）、王粲（名）仲宣（字）、王安國（名）平父（字）。

上古自稱時稱名，如孔子自稱丘。尊對卑也呼名，如老師稱呼弟子：

（1）子謂子貢曰："女與回也孰愈？"（《論語·公冶長》。"回"，顏淵的名，孔子學生。）

（2）柴也愚，參也魯，師也辟，由也喭。（《論語·先進》。高柴，字子羔；曾參，字子輿；顓孫師，字子張；仲由，字子路。四人皆孔子學生。意爲高柴愚笨，曾參遲鈍，顓孫師偏激，仲由鹵莽。）

（3）士季曰："諫而不入，則莫之繼也。會請先，不入，則子繼之。"（《左傳·宣公二年》。士季名會，晉國大夫，士季自稱"會"。）

（4）然明曰："蔑也今而後知吾子之信可事也。"（《左傳·襄公三十一年》。然明名蔑，鄭國大夫，自稱"蔑"。）

弟子也以名自稱，如：

（5）子游對曰："昔者偃也聞諸夫子曰……"（《論語·陽貨》）

（6）子謂子貢曰："女與回也孰愈？"對曰："賜也何敢望回？回也聞一以知十，賜也聞一以知二。"（《論語·公冶長》）

《論語》中對孔子的弟子一般稱字，如：

（7）子路、曾晳、冉有、公西華侍坐。（《論語·先進》）

（8）顏淵死，顏路請子之車以爲之椁。（《論語・先進》）

例（7）皆稱字。子路名由；曾皙名點，曾參父，也是孔子學生；冉有名求；公西華名赤。例（8）顏淵名回；顏路，顏淵父，名無繇，字路，也是孔子學生。

春秋時，男子稱字一般在字之前加“子”字，“子”是對男子的尊稱，如：

子產（公孫僑）　　　　　子淵（顏回）

子路（仲由）　　　　　　子有（冉求）

子貢（端木賜）　　　　　子夏（卜商）

子張（顓孫師）　　　　　子牛（司馬耕）

男子的字前面如加上“伯”“仲”“叔”“季”的，表示排行；後面加上“父”“甫”的表示男性，如：

逢丑父　　　　伯禽父　　　　仲山甫

這樣，男子字的全稱可以是三個字，不過，多數不加“父”“甫”，也可省去排行。

三、別號、爵里稱和謚號

封建時代的文人學士，多有自取別號的。別號也稱別字，俗稱雅號。別號和名字的意義上不一定有什麼聯繫。可以是兩個字的，如：

辛棄疾別號稼軒　　陸游別號放翁

張居正別號太岳　　朱駿聲別號允倩

也有兩個字以上的，如：

陶潛別號五柳先生　　　李白別號青蓮居士

白居易別號香山居士　　蘇軾別號東坡居士

黃庭堅別號山谷道人　　李清照別號易安居士

也有以官爵、地望（出生地或住地）來稱呼的，如：

三國魏嵇康稱嵇中散（曾任中散大夫）

南朝宋謝靈運稱謝康樂（曾襲封康樂公）

唐杜甫稱杜工部、杜拾遺（曾任檢校工部員外郎，唐肅宗時任左拾遺）

唐柳宗元稱柳司馬、柳柳州（曾任永州司馬、柳州刺史）

唐韓愈稱韓昌黎（韓愈並非河北昌黎人，據考，是河南南陽人，只因韓姓爲昌黎望族而稱之）

宋柳永稱柳屯田（曾任屯田員外郎）

宋司馬光稱司馬諫議（曾任諫議大夫）

宋王安石稱王臨川（王安石爲江西臨川人）

明張居正稱張江陵（張居正爲湖北江陵人）

古代的帝王、諸侯、卿大夫等死後，按其生平德行，朝廷給予一個稱號，這就是謚或謚號。謚號原寓褒貶：文、桓、莊、穆等帶褒義，如晉文公、齊桓公、楚莊王、秦穆公；厲、幽、靈、煬等帶貶義，如周厲王、周幽王、晉靈公、漢靈帝；哀、悼、懷、愍等表同情，如周悼王、周哀王、漢哀帝。漢以後，朝廷賜王侯將相的謚號多爲兩個字，如蕭何謚文終侯，張良謚文成侯，諸葛亮謚忠武侯、魏徵謚文貞公，近代的林則徐謚文忠公。宋以後，謚號多數祇有褒義。謚號一般賜於將要行葬之前。此外還有私謚，這是有名望的學者死後其親友門人所加的謚號。東漢陳寔死後，海內赴弔者三萬餘人，謚爲文範先生。隋王通死後，門人謚爲文中子。

四、避諱

根據封建禮法，不能直接稱呼君王或尊長的名字，在典籍文章中，遇有和君王、尊長的名字相同的字，要設法迴避，這就是所謂的避諱。唐太宗名为李世民，故民部要改稱户部。唐高宗名为李治，故柳宗元在《封建論》中，用"理"字代"治"字。魏徵謚號文貞公，宋避仁宗趙禎諱，改爲文正公。清康熙帝名玄燁，故清人著作中遇到"玄鳥""玄武""玄黃"等詞，"玄"字皆改爲"元"字。這種避諱法是古代常用的。避諱有國諱、家諱之分，所謂國諱，即是要避稱君王的名字，家諱是要避稱家庭中尊長的名字。避諱的方法主要有三種：

（1）缺筆：即需避諱的字，缺最後一筆，如：

丘寫丘　　玄寫玄　　　桓寫桓

（2）空字：即該諱的字不出現，用"某"或"□"代替。如《史記》《漢書》在西漢諸帝本紀中都不寫諸帝王的名。漢光武帝是劉秀，許慎《説文解字》禾部下本該有"秀"字，許慎空着，寫"上諱"。（《説文解字》七篇上）

（3）改讀：蘇軾祖父名序，蘇軾爲人作序時改用"叙"字；《紅樓夢》一書中林黛玉的母親名敏，林黛玉遇到"敏"字時，改讀爲"密"；晉武帝父名昭，建安郡昭武縣改稱邵武。也有以同義或近義替代的，如：漢文帝名恒，便改恒山郡爲常山郡；唐高祖名淵，改長淵縣爲長水縣。

第四節　古代的職官

我國歷史悠久，在長期的發展演變中，形成了一套完整的官吏制度。從秦漢開始，便建立了集中統一的管理體制，經過漢、唐、明、清等朝代的補充，中國的官吏制度更完備，具有十分豐富而複雜的内容。這些内容，集中反映在《唐六典》《明會典》《清會典》等典籍中。這裏，僅就中央與地方官制的若干問題，作一點簡單的介紹。

一、中央官制

秦以前，我國還未形成全國統一的官制，例如春秋戰國時期，周天子設宰輔佐國政，總領百官。下設司徒，掌文教；宗伯，掌禮儀；司馬，掌軍事；司寇，掌刑法；司空，掌工程營造。各諸侯國設相、將，分掌文武大權。但楚國的最高文官爲令尹，次於令尹的是上柱國，掌軍事。屈原曾任左徒，位次於令尹，而相當於上大夫。可見楚國的官制與其他國家不同。公元前 221 年，秦始皇建立中央集權封建國家，他自稱"始皇帝"，至高無上，統領國政。皇帝之下設三公九卿。三公爲：

丞相：禀承帝意，佐理國政。

太尉：協助皇帝掌管軍事。

御史大夫：猶如皇帝之秘書長，兼理監察。

漢武帝時，太尉改稱大司馬，由外戚近臣擔任，權勢顯赫；西漢末年，丞相改稱大司徒，御史大夫改稱大司空，仍合稱“三公”，也稱“三司”。

九卿是秦漢時期中央行政機關的長官：

奉常：掌宗廟禮儀。漢景帝時改稱太常。

郎中令：掌宮廷侍衛。漢武帝時改稱光禄勳。

衛尉：掌管宮門近衛軍。漢景帝時一度改稱中大夫令。

太僕：掌管皇帝車馬。

廷尉：掌刑法，爲最高法官，有時改稱大理。

典客：管理少數民族及外國來朝事宜。漢景帝時，改稱大行令。漢武帝時，又改稱大鴻臚。

宗正：掌管皇族事務。

治粟内史：掌管租稅賦役。漢景帝時改稱大農令。漢武帝時又改稱大司農。

少府：掌管宮廷總務。

漢代還有所謂加官，是本官之外另加的官職。漢代的加官有侍中、左右曹、諸吏、散騎、常侍、給事中等。加官可出入宮廷，接近皇帝。

到東漢時，“三公”之權有所削弱，尚書臺成爲實際上的宰相府。尚書臺又稱臺閣，原爲宮廷中的辦事處，是少府屬官，只處理文書。由於事務增多，發展爲尚書臺，首長尚書令，副職尚書僕射，分曹辦事，以致權力逐漸擴大。

魏文帝時，由於尚書臺權太大，又設中書省，參掌中樞機密，首長爲中書監和中書令。南北朝時，又設置門下省來限制中書省的權勢。門下省首長爲侍中。這就形成了尚書、中書、門下三省分職的制度。中書省取旨，門下省審核，尚書省執行。中書令、侍中、尚書令分別代表三省，其職權相當於宰相。由於唐太宗曾任尚書令，故不以尚書令授人，尚書省首長改稱左右僕射。唐太宗爲了分散權力，並設“參議朝政”“參議得失”“參知政事”之類的官來分掌宰相之職。唐高宗以後，掌宰相職的稱爲“同中書門下三品”“同中書門下平章事”，這些官員成爲實際上的宰相，而三省的首長則沒有實際權力，徒具虛名了。

宋代設中書和樞密院分掌文武二權，稱二府，樞密院首長是樞密使和樞密副使。元代以尚書省、中書省爲宰相府，以尚書令、左右丞相、平章政事爲宰相。唐以左右僕射爲宰相，以左爲上。元設左右丞相，以右爲上。明代皇帝親理國政，以翰林院官員加龍圖閣大學士等銜草擬詔諭。後來大學士成爲實際上的宰相。清雍正時設立軍機處掌理政事，大學士就沒有實權了。

尚書省由於事務繁多，省内分曹辦事，每曹設尚書一人，這就是後來中央六部的前身。隋時定爲吏、民、禮、兵、刑、工六部。唐時避太宗李世民諱，改“民部”爲“戶部”。六部職責大致如下：

吏部：掌官吏任免、銓叙、考績、升降等；

户部：掌土地、户口、賦税、財政等；

禮部：掌典禮、科舉、學校等；

兵部：掌全國軍事；

刑部：掌刑法、獄訟等；

工部：掌工程、營造、屯田、水利等。

各部首長稱尚書，副首長稱侍郎。部下設司，司的首長稱爲郎中，副首長稱爲員外郎。屬官有都事、主事等。這種六部制一直沿用到清代。

另外，中央還設御史臺，首長是御史大夫或御史中丞。屬官有侍御史、治書侍御史、殿中侍御史等。這是監察系統的官吏，其職責是對百官進行糾察彈劾。諫官負責對皇帝的勸諫，設諫大夫或諫議大夫，唐代還增設補闕、拾遺。

文學官員有翰林待詔或翰林學士，是皇帝的文學侍從，代皇帝草擬詔令。侍讀學士或侍講學士是侍奉皇帝讀書的官員。秦漢時稱史官爲太史，魏晉稱著作郎，唐宋以後稱修撰、編修。掌管圖書典籍的有蘭臺令史、秘書郎、校書郎等。博士、助教是學官，兼資顧問，助教爲博士之副職。

二、地方官制

秦統一六國後，分全國爲三十六郡，郡下置縣。秦漢時，縣裏十里爲亭，亭有亭長，掌捕盗。十亭爲一鄉。萬户以上的縣，長官稱令；不及萬户，長官稱長。設縣丞協理縣政，縣尉掌治安。隋唐時，縣的長官統稱令。宋代由中央派員掌理縣政，長官稱"知某縣事"，簡稱知縣。元代稱爲縣尹，明清復稱知縣。

秦漢縣以上的行政單位是郡。秦代郡的長官爲郡守，掌軍事者爲尉，監御史掌監察。體制與中央相似。漢代郡守改稱太守，後因兼領軍事，故有郡將之稱。郡的屬官有督郵，監察各縣的官吏，懲治地方上的奸惡。

漢代設國，是皇帝子孫的封地，稱"諸侯王國"，其設置全仿中央。後由中央派"相"掌政務，"相"的地位和郡太守相當，俸禄都是二千石，故漢以"二千石"作爲"郡國守相"的代稱。

漢武帝時，爲了加强中央的統治力量，把全國分爲十幾個監察區，稱爲州或部，每州設刺史一人，監察所轄郡國。刺史屬官有别駕從事史、治中從事史等。别駕隨刺史巡視地方，治中主管文書。東漢時刺史兼掌兵權，魏晉南北朝刺史多兼將軍。於是刺史有兩套屬官，一套爲監察的别駕、治中，一套爲掌軍事的長史、司馬、參軍。

南北朝時期，因政權更迭快、國家多，官制紛亂。州郡縣名目繁多。隋文帝統一全國後，廢郡一級的官，只設州縣兩級，唐代縣以上的行政單位稱州，唐玄宗時一度稱郡。州的長官爲刺史，郡的長官爲太守，職權相同。刺史爲行政長官，與漢代刺史職權不全相同，唐太宗時把各州的治中改爲司馬，别駕改爲長史，兩套屬官，合而爲一。由此可知，柳宗元貶爲永州司馬，白居易貶爲江州司馬，名爲"司馬"，實際上並不管軍事。

唐太宗時全國分爲十道，每道由中央派出巡察使、按察使、採訪處置使、觀察使，巡察所屬州縣。後來聚數州爲一鎮，設節度使，掌軍政、民政、財政、監察大權，從而形成藩鎮割據的局面。宋廢藩鎮制度，節度使成爲虛銜。宋代縣以上的行政單位是州，長官爲知州（權知某軍州事），州設通判，掌監察，與知州共理州政。州的屬官有管行政的判官，管司法的推官。宋分全國爲十五路，"路"原來是爲水陸轉運、財賦管理而劃分的區域，設轉運使，後來兼管刑法民事，權力逐漸擴大。

元代地方上設道、州、縣，而在道上又設行中書省，是中書省的派出機構，設置類似中央，有丞相、參知政事等。省的設置，始於元。明代改"行中書省"爲"承宣布政使司"，長官有布政使（掌民政、財政）、提刑按察使（掌刑獄）、都指揮使（掌軍事），承宣布政使司下設府縣。另由中央派出巡撫、總督巡視省事，兼理軍務。清代，巡撫與總督是常設的官員，巡撫是省級最高官員，總督可管轄一省至兩三省。明清一省分數道，道有道員，稱分守道、分巡道。道下有府，府的長官稱知府。府下一般都有州，州的長官稱知州，州下有縣，縣的長官叫知縣。

第五節　古代的學校和科舉制

一、古代的學校

教育的内容與形式，隨社會的發展而發展，我國古代的學校，也是在生產有所發展、社會脫離了原始蒙昧狀態后逐漸形成的。據古書記載，殷時的初級啓蒙學校設在國都王宮南邊的左首，故稱左學；高一級的學校設在國都的城郊，稱右學。到周朝時，初級學校叫虞庠，設在城郊；高一級學校叫辟雍、明堂、成均，設在國都南邊的左側。諸侯辦的高級學校叫泮宮。中、小奴隸主辦的初級啓蒙學校，辦在家中的叫"塾"，辦在黨的（五百家爲黨）叫"庠"，辦在遂（二千五百家的聚居點）的叫"序"，因而有"謹庠序之教"的説法。貴族子弟八歲入小學，學六藝，六藝即禮、樂、射、御、書、數。隨着奴隸制的解體，周天子的權力逐漸喪失，出現了"禮崩樂壞"的局面。於是，一種新的教育形式——私學出現。到孔子時，民間辦私學已形成風氣。孔子以後，私學進一步發展，除了孔儒的曾參、卜商、孟子這一派辦的私學以外，墨子、列御寇、莊周、荀況等人也都是辦私學的名家。先秦諸子百家的著作，即是當時各家講學的主要内容。

秦始皇統一六國之後，集中精力加強封建中央集權的統治，由於朝代短，在文化教育上沒什麼建樹。漢初高祖時，爲鞏固政權，消滅異姓王、分封劉姓王，防止外族入侵，也無暇顧及教育。到文景之時，纔提倡文德教化，設博士教授生徒，聘請對經典有研究的學者爲博士官。當時，魯的申培公，齊的轅固生，燕的韓嬰，是研究《詩經》的三大家，皆爲朝廷所聘用，故有《魯詩》《齊詩》《韓詩》之説。漢武帝元朔五年（前 124），京師興辦太學，選拔十八歲以上的貴族子弟入學，京師由太常選，地方由郡國察舉。漢武帝下令天下郡國要設立教育機構，郡國設學，侯國設校，鄉設庠，聚（村）設序。晉設立了國子學。所謂"國子"，即是高等官員的子弟。一般官員的子弟入"太學"。隋煬帝時，改名爲"國子監"，唐亦稱"國子監"。宋代出現了許多私人辦的書院，著名的有廬山的白鹿洞書院，衡陽的石鼓書院，應天（南京）的應天書院，長沙的岳麓書院等。

明代進入國子監的生員，除了高等官員的子弟以外，有的是舉人，稱舉監，有的是地方學校推薦來的，稱貢監，有的是用錢買來的，稱例監。清代的情況大致相同，府、州、縣皆設有學校，入學者稱生員，成績好的稱廩膳生員，由官府發給食糧。

二、察舉和科舉

隋唐以前的官員，除世襲外，多由薦舉而來。《禮記·射義》提到諸侯向天子貢士。古籍材料證明漢代盛行察舉制。漢高祖頒佈過求賢詔，漢文帝下詔察舉賢良方正、秀才廉吏。東漢光武帝要天下察舉孝廉和茂才（茂才即是秀才，避光武帝諱，秀才改稱茂才）。而"知兵法""能斷獄"的人，都可被徵名、薦舉。這種薦舉結合考試進行，有所謂"對策""射策"兩種考法。"對策"是由皇帝把提出的問題寫在簡策上發下，由被薦者書面作答。"射策"則類似抽籤考試，由被薦者用箭射簡策，回答射中的簡策上所提的問題。這種應答的文章，後來定型化，成為一種文體，即所謂"策問"體，簡稱"策"。杜甫《醉歌行》："衹今年纔十六七，射策君門期第一。"就是運用這個典故。"射策君門"便是應舉考試的意思。魏晉仍沿襲這種察舉制，並且在各州郡設中正官品評當地人物的高低。因此李密《陳情表》說："前太守臣逵，察臣孝廉，后刺史臣榮，舉臣秀才。"後來擔任中正的都是"著姓士族"，人物品評全被世家大族所壟斷，逐漸出現了"上品無寒門，下品無勢族"的情況。

科舉制始於隋，隋文帝楊堅為了打擊世家大族，以進士、明經兩科取士。唐承隋制，以進士、明經兩科為主，並增設明法、明字、明算諸科。進士科以考文辭詩賦為主，明經科以考經義和時務為主。

唐代由地方舉薦人才到中央應考，這種辦法叫鄉貢。應試者即是舉人。唐代所謂"進士""秀才"，與後世的概念不同。唐的"進士"，指所有應進士科考試的人。後來，也有稱這種人為秀才的。宋時，稱所有應考的人為秀才。元、明時代，俗稱讀書人為秀才。明、清兩代的科舉制大體相同。當時稱未參加考秀才或沒有考取秀才的讀書人為"童生"，參加考試被錄取了，便稱"秀才"（也叫生員、庠生）。鄉試是在省城舉行的，每三年一試，稱大比。因在秋季舉行，故稱"秋闈"。參加鄉試者，是秀才中經過本省學政巡迴考試後的成績優良者。鄉試被取了，便是舉人，舉人第一名稱解元。《儒林外史》中的范進，最後考中舉人的第七名。唐時參加中央考試的人，考取了叫進士及第，第一名稱狀元或狀頭。（錢大昕《十駕齋養新錄》卷十："進士第一人稱狀元，起於唐，至今猶因之。"）同批錄取的人（同榜人）要遊名園，選同榜最年輕的兩個人探採名花，叫探花使。進士及第未授官職者為前進士，他們要參加"博學宏詞"科或"出類拔萃"科考試，取中後才授予官職。"元時鄉、會及廷試皆分左右二榜，蒙古色目人為右榜，漢人、南人為左榜，各有狀元。"（見《十駕齋養新錄》卷十）明、清兩代，鄉試後的第二年春二月在京師禮部舉行會試（也稱禮闈或春闈），應試者為舉人，考中後便是貢士，第一名稱會元。會試後舉行殿試（廷試），由皇帝主考，考策問。考取的才稱進士，進士分甲錄取，有賜進士及第、賜進士出身、賜同進士出身等三甲。第一甲第一名稱狀元，第二名稱榜眼，第三名稱探花。

國際音標（古今漢語適用）

輔　音　表

發音方法 ＼ 發音部位		唇		舌 尖			舌葉	舌 面			喉
		雙唇	唇齒	前	中	後		前	中	舌根	
塞音	清 不送氣	p	pf		t	ʈ		ȶ	c	k	ʔ
	清 送 氣	p'	pf'		t'	ʈ'		ȶ'	c'	k'	
	濁	b	bv		d	ɖ		ȡ	ɟ	g	
塞擦音	清 不送氣			ts		tʂ	tʃ	tɕ			
	清 送 氣			ts'		tʂ'	tʃ'	tɕ'			
	濁			dz		dʐ	dʒ				
擦音	清		f	s		ʂ	ʃ	ɕ		x	h
	濁		v	z		ʐ	ʒ	ʑ			ɦ
鼻音		m	ɱ		n			ȵ		ŋ	
邊音					l						
半元音		w							j	ɰ	

元　音　表

		舌 尖		舌 面		
		前	後	前	央	後
高	圓 唇	ɥ	ʯ	y		u
	不圓唇	ɿ	ʅ	i		ɯ
半高	圓 唇			ø	ɵ	o
	不圓唇		ɚ	e	ə	ɤ
半低	圓 唇			œ		ɔ
	不圓唇			ɛ æ ɜ	ɐ	ʌ
低	不圓唇			a	ᴀ	ɑ

漢字繁簡對照表

第一表

不作簡化偏旁用的簡化字

　　本表共收簡化字 350 個，按讀音的拼音字母順序排列。本表的簡化字都不得作簡化偏旁使用。

A

碍〔礙〕
肮〔骯〕
袄〔襖〕

B

坝〔壩〕
板〔闆〕
办〔辦〕
帮〔幫〕
宝〔寶〕
报〔報〕
币〔幣〕
毙〔斃〕
标〔標〕
表〔錶〕
别〔彆〕
卜〔蔔〕
补〔補〕

C

才〔纔〕
蚕〔蠶〕①

灿〔燦〕
层〔層〕
搀〔攙〕
谗〔讒〕
馋〔饞〕
缠〔纏〕②
忏〔懺〕
偿〔償〕
厂〔廠〕
彻〔徹〕
尘〔塵〕
衬〔襯〕
称〔稱〕
惩〔懲〕
迟〔遲〕
冲〔衝〕
丑〔醜〕
出〔齣〕
础〔礎〕
处〔處〕
触〔觸〕
辞〔辭〕
聪〔聰〕
丛〔叢〕

D

担〔擔〕
胆〔膽〕
导〔導〕
灯〔燈〕
邓〔鄧〕
敌〔敵〕
籴〔糴〕
递〔遞〕
点〔點〕
淀〔澱〕
电〔電〕
冬〔鼕〕
斗〔鬥〕
独〔獨〕
吨〔噸〕
夺〔奪〕
堕〔墮〕

E

儿〔兒〕

F

矾〔礬〕
范〔範〕
飞〔飛〕
坟〔墳〕
奋〔奮〕
粪〔糞〕
凤〔鳳〕
肤〔膚〕
妇〔婦〕
复〔復〕
　〔複〕

G

盖〔蓋〕
干〔乾〕③
　〔幹〕
赶〔趕〕
个〔個〕
巩〔鞏〕
沟〔溝〕
构〔構〕
购〔購〕

谷〔穀〕
顾〔顧〕
刮〔颳〕
关〔關〕
观〔觀〕
柜〔櫃〕

H

汉〔漢〕
号〔號〕
合〔閤〕
轰〔轟〕
后〔後〕
胡〔鬍〕
壶〔壺〕
沪〔滬〕
护〔護〕
划〔劃〕
怀〔懷〕
坏〔壞〕④
欢〔歡〕
环〔環〕
还〔還〕
回〔迴〕

---

① 　蚕：上從天，不從夭。
② 　纏：右從㡭，不從㢆。
③ 　乾坤、乾隆的乾讀 qián（前），不簡化。
④ 　不作壞。坯是磚坯的坯，讀 pī（批），坯、坏二字不可互混。

伙〔夥〕①　　疖〔癤〕　　栏〔欄〕

获〔獲〕　　洁〔潔〕　　烂〔爛〕　　**M**

　〔穫〕　　借〔藉〕③　　累〔纍〕

　　　　　　仅〔僅〕　　垒〔壘〕　　么〔麼〕⑧

J　　　惊〔驚〕　　类〔類〕④　　霉〔黴〕

击〔擊〕　　竞〔競〕　　里〔裏〕　　蒙〔矇〕

鸡〔鷄〕　　旧〔舊〕　　礼〔禮〕　　　〔濛〕

积〔積〕　　剧〔劇〕　　隶〔隸〕　　　〔懞〕

极〔極〕　　据〔據〕　　帘〔簾〕　　梦〔夢〕

际〔際〕　　惧〔懼〕　　联〔聯〕　　面〔麵〕

继〔繼〕　　卷〔捲〕　　怜〔憐〕　　庙〔廟〕

家〔傢〕　　　　　　　炼〔煉〕　　灭〔滅〕

价〔價〕　　**K**　　练〔練〕　　蔑〔衊〕

艰〔艱〕　　开〔開〕　　粮〔糧〕　　亩〔畝〕

歼〔殲〕　　克〔剋〕　　疗〔療〕

茧〔繭〕　　垦〔墾〕　　辽〔遼〕⑤　　**N**

拣〔揀〕　　恳〔懇〕　　了〔瞭〕　　恼〔惱〕

硷〔鹼〕　　夸〔誇〕　　猎〔獵〕　　脑〔腦〕

舰〔艦〕　　块〔塊〕　　临〔臨〕⑥　　拟〔擬〕

姜〔薑〕　　亏〔虧〕　　邻〔鄰〕　　酿〔釀〕

浆〔漿〕②　　困〔睏〕　　岭〔嶺〕⑦　　疟〔瘧〕

桨〔槳〕　　　　　　　庐〔廬〕

奖〔獎〕　　**L**　　芦〔蘆〕　　**P**

讲〔講〕　　腊〔臘〕　　炉〔爐〕　　盘〔盤〕

酱〔醬〕　　蜡〔蠟〕　　陆〔陸〕　　辟〔闢〕

胶〔膠〕　　兰〔蘭〕　　驴〔驢〕　　苹〔蘋〕

阶〔階〕　　拦〔攔〕　　乱〔亂〕　　凭〔憑〕　　扑〔撲〕

仆〔僕〕⑨

朴〔樸〕

Q

启〔啟〕

签〔籤〕

千〔韆〕

牵〔牽〕

纤〔縴〕

　〔纖〕⑩

窍〔竅〕

窃〔竊〕

寝〔寢〕

庆〔慶〕⑪

琼〔瓊〕

秋〔鞦〕

曲〔麯〕

权〔權〕

劝〔勸〕

确〔確〕

R

让〔讓〕

扰〔擾〕

热〔熱〕

认〔認〕

---

① 作多解的夥不简化。

② 浆、桨、奖、酱：右上角从夕，不从夊或爫。

③ 藉口、凭藉的藉等简化作借，慰藉、狼藉等的藉仍用藉。

④ 类：下從大，不從犬。

⑤ 瞭：讀liǎo（了解）時，仍簡作了，讀liào（瞭望）時作瞭，不簡作了。

⑥ 临：左从一短豎一長豎，不從刂。

⑦ 岭：不作岺，免與岑混。

⑧ 讀me輕聲。讀yāo（夭）的么應作幺（么本字）。吆應作吆。麼讀mó（摩）時不簡化，如幺麼小丑。

⑨ 前仆后繼的仆讀pū（撲）。

⑩ 纖維的纖讀xiān（先）。

⑪ 庆：從大，不從犬。

S

洒〔灑〕
伞〔傘〕
丧〔喪〕
扫〔掃〕
涩〔澀〕
晒〔曬〕
伤〔傷〕
舍〔捨〕
沈〔瀋〕
声〔聲〕
胜〔勝〕
湿〔濕〕
实〔實〕
适〔適〕①
势〔勢〕
兽〔獸〕
书〔書〕
术〔術〕②
树〔樹〕
帅〔帥〕
松〔鬆〕
苏〔蘇〕
　〔囌〕
虽〔雖〕
随〔隨〕

T

台〔臺〕
　〔檯〕
　〔颱〕
态〔態〕
坛〔壇〕
　〔罈〕
叹〔嘆〕
誊〔謄〕
体〔體〕
粜〔糶〕
铁〔鐵〕
听〔聽〕
厅〔廳〕③
头〔頭〕
图〔圖〕
涂〔塗〕
团〔團〕
　〔糰〕
椭〔橢〕

W

洼〔窪〕
袜〔襪〕④
网〔網〕

卫〔衛〕
稳〔穩〕
务〔務〕
雾〔霧〕

X

牺〔犧〕
习〔習〕
系〔係〕
　〔繫〕⑤
戏〔戲〕
虾〔蝦〕
吓〔嚇〕⑥
咸〔鹹〕
显〔顯〕
宪〔憲〕
县〔縣〕⑦
响〔響〕
向〔嚮〕
协〔協〕
胁〔脅〕
亵〔褻〕
衅〔釁〕
兴〔興〕
须〔鬚〕
悬〔懸〕

选〔選〕
旋〔鏇〕

Y

压〔壓〕⑧
盐〔鹽〕
阳〔陽〕
养〔養〕
痒〔癢〕
样〔樣〕
钥〔鑰〕
药〔藥〕
爷〔爺〕
叶〔葉〕⑨
医〔醫〕
亿〔億〕
忆〔憶〕
应〔應〕
痈〔癰〕
拥〔擁〕
佣〔傭〕
踊〔踴〕
忧〔憂〕
优〔優〕
邮〔郵〕
余〔餘〕⑩

御〔禦〕
吁〔籲〕⑪
郁〔鬱〕
誉〔譽〕
渊〔淵〕
园〔園〕
远〔遠〕
愿〔願〕
跃〔躍〕
运〔運〕
酝〔醖〕

Z

杂〔雜〕
赃〔贓〕
脏〔臟〕
　〔髒〕
凿〔鑿〕
枣〔棗〕
灶〔竈〕
斋〔齋〕
毡〔氈〕
战〔戰〕
赵〔趙〕
折〔摺〕⑫
这〔這〕

---

① 　古人南宫适、洪适的适（古字罕用）讀 kuò（括）。此适字本作适，爲了避免混淆，可恢復本字适。
② 　中藥蒼術、白術的術讀 zhú（竹）。
③ 　厅：從厂，不從广。
④ 　袜：從末，不從未。
⑤ 　繫帶子的繫讀 jì（計）。
⑥ 　恐嚇的嚇讀 hè（赫）。
⑦ 　县：七筆。上從且。
⑧ 　压：六筆。土的右旁有一點。
⑨ 　叶韻的叶讀 xié（協）。
⑩ 　在余和餘意義可能混淆時，仍用餘。如文言句"餘年無多"。
⑪ 　喘吁吁、長吁短嘆的吁讀 xū（虛）。
⑫ 　在折和摺意義可能混淆時，摺仍用摺。

征〔徵〕①	制〔製〕	昼〔晝〕	妆〔妝〕	总〔總〕
症〔癥〕	钟〔鐘〕	朱〔硃〕	装〔裝〕	钻〔鑽〕
证〔證〕	〔鍾〕	烛〔燭〕	壮〔壯〕	
只〔隻〕	肿〔腫〕	筑〔築〕	状〔狀〕	
〔祇〕	种〔種〕	庄〔莊〕②	准〔準〕	
致〔緻〕	众〔衆〕	桩〔樁〕	浊〔濁〕	

第二表

可作簡化偏旁用的簡化字和簡化偏旁

本表共收簡化字 132 個和簡化偏旁 14 個。簡化字按讀音的拼音字母順序排列，簡化偏旁按筆數排列。

A	尝〔嘗〕④	对〔對〕	过〔過〕	尽〔盡〕
	车〔車〕	队〔隊〕		〔儘〕
爱〔愛〕	齿〔齒〕		**H**	进〔進〕
	虫〔蟲〕	**E**		举〔舉〕
B	刍〔芻〕		华〔華〕	
	从〔從〕	尔〔爾〕	画〔畫〕	**K**
罢〔罷〕	窜〔竄〕		汇〔匯〕	
备〔備〕		**F**	〔彙〕	壳〔殼〕⑦
贝〔貝〕	**D**		会〔會〕	
笔〔筆〕		发〔發〕		**L**
毕〔畢〕	达〔達〕	〔髮〕	**J**	
边〔邊〕	带〔帶〕	丰〔豐〕⑤		来〔來〕
宾〔賓〕	单〔單〕	风〔風〕	几〔幾〕	乐〔樂〕
	当〔當〕		夹〔夾〕	离〔離〕
C	〔噹〕	**G**	戋〔戔〕	历〔歷〕
			监〔監〕	〔曆〕
参〔參〕	党〔黨〕	冈〔岡〕	见〔見〕	丽〔麗〕⑧
仓〔倉〕	东〔東〕	广〔廣〕	荐〔薦〕	两〔兩〕
产〔産〕	动〔動〕	归〔歸〕	将⑥〔將〕	灵〔靈〕
长〔長〕③	断〔斷〕	龟〔龜〕	节〔節〕	刘〔劉〕
		国〔國〕		

---

① 宫商角徵羽的徵讀 zhǐ（止），不簡化。
② 庄，六筆。土的右旁無點。
③ 长：四筆。筆順是：ノ　ナ长长。
④ 尝：不是賞的簡化字，賞的簡化字是赏（見第三表）。
⑤ 四川省酆都縣已改丰都縣。姓酆的酆不簡化作邦。
⑥ 将：右上角從夕，不從夕或⺌。
⑦ 壳：几上没有一小橫。
⑧ 丽：七筆。上邊一橫，不作兩小橫。

龙〔龍〕　　鸟〔鳥〕④　　师〔師〕　　乡〔鄉〕　　执〔執〕
娄〔婁〕　　聂〔聶〕　　时〔時〕　　写〔寫〕⑪　质〔質〕
卢〔盧〕　　宁〔寧〕⑤　寿〔壽〕　　寻〔尋〕　　专〔專〕
虏〔虜〕　　农〔農〕　　属〔屬〕

卤〔鹵〕　　　　　　　双〔雙〕　　**Y**
　〔滷〕　　**Q**　　　肃〔肅〕⑦
录〔録〕　　　　　　　岁〔歲〕　　亚〔亞〕　　**簡化偏旁**
虑〔慮〕　　齐〔齊〕　　孙〔孫〕　　严〔嚴〕　　讠〔言〕⑭
仑〔侖〕　　岂〔豈〕　　　　　　　厌〔厭〕　　饣〔食〕⑮
罗〔羅〕　　气〔氣〕　　**T**　　　尧〔堯〕⑫　彑〔易〕⑯
　　　　　　迁〔遷〕　　　　　　　业〔業〕　　纟〔糸〕
M　　　佥〔僉〕　　条〔條〕⑧　页〔頁〕　　収〔臤〕
　　　　　　乔〔喬〕　　　　　　　义〔義〕⑬　𤇾〔燐〕
马〔馬〕①　亲〔親〕　　**W**　　　艺〔藝〕　　临〔臨〕
买〔買〕　　穷〔窮〕　　　　　　　阴〔陰〕　　只〔戠〕
卖〔賣〕②　区〔區〕⑥　万〔萬〕　　隐〔隱〕　　钅〔金〕⑰
麦〔麥〕　　　　　　　为〔爲〕　　犹〔猶〕　　𭓋〔學〕
门〔門〕　　**S**　　　韦〔韋〕　　鱼〔魚〕　　睪〔睪〕⑱
黾〔黽〕③　　　　　　乌〔烏〕⑨　与〔與〕　　圣〔巠〕
　　　　　　啬〔嗇〕　　无〔無〕⑩　云〔雲〕　　亦〔䜌〕
N　　　杀〔殺〕　　　　　　　　　　　　　呙〔咼〕
　　　　　　审〔審〕　　**X**　　　**Z**
难〔難〕　　圣〔聖〕　　献〔獻〕　　郑〔鄭〕

（以上兩表録自國家語委 1986 年 6 月 24 日重新發表的《簡化字總表》。另有第三

---

①　马：三筆。筆順是𠃌马马。上部向左稍斜，左上角開口，末筆作左偏旁時改作平挑。
②　卖：從十從买，上不從士或土。
③　黾：從口從电。
④　鸟：五筆。
⑤　作門屏之間解的宁（古字罕用）讀 zhù（柱）。爲避免此宁字與寧的簡化字混淆，原讀 zhù 的宁作㝉。
⑥　区：不作区。
⑦　肃：中間一豎下面的兩邊從八，下半中間不從米。
⑧　条：上從夂，三筆，不從夊。
⑨　乌：四筆。
⑩　无：四筆。上從二，不可誤作旡。
⑪　写：上從冖，不從宀。
⑫　尧：六筆。右上角無點，不可誤作尭。
⑬　义：從乂（讀 yì）加點，不可誤作叉（讀 chā）。
⑭　讠：二筆。不作讠。
⑮　饣：三筆。中一橫折作𠃌，不作丶或點。
⑯　彑：三筆。
⑰　钅：第二筆是一短橫，中兩橫，豎折不出頭。
⑱　睪丸的睪讀 gāo（高），不簡化。

表，是應用第二表的簡化字和簡化偏旁作爲偏旁類推而成的，其實依此類推，還可以列出更多的字，故從略。這裏有兩點需要説明：①"賞"：不可誤作"尝"。"尝"是"嘗"的簡化字。②"鬥"字頭的字一般也寫作"門"字頭，因此也簡化作"门"字頭，如"闹"，但"鬥争"的"鬥"應簡作"斗"。）

【 再版後記 〗

　　現在和廣大師生讀者見面的是本教材最新修訂後的第四版。這次修訂的幅度不大，主要對某些內容表述作了必要的修改和加工。黨的二十大報告指出，"推進文化自信自強，鑄就社會主義文化新輝煌"，要"傳承中華優秀傳統文化"，教材全面講解古代漢語知識，將樹立文化自信、弘揚傳統文化的內容有機融入其中，深入貫徹二十大報告精神。

　　本教材共分八章：緒論和文字、音韻、詞彙、詞類、句式、修辭六章基本上都是課程規定必授的內容；文言文的標點與翻譯、辭書二章可酌情列爲輔導課（或專題課）。附錄的古代文化知識舉要，可列爲在教師指導下學生閱讀的內容，以擴大學生的知識面。第七章後面的一整套白文，可酌情選若干則作爲學生標點和翻譯文言文的綜合練習，其餘可讓學生分次列爲自習，並可用作教師編擬各章練習的語言材料。

　　本教材請徐時儀教授主審。

　　本教材編寫、注釋、參訂的人員是：

　　　緒　　論　　程觀林、程蔚編寫；

　　　第一章　文字　　蕭世民編寫，

　　　　　　　　〔文選〕鮑修禮注釋；

　　　第二章　音韻第一、二、三、五節　程觀林編寫，

　　　　　　　　　　　　第四、六節　左瑞編寫；

　　　　　　　　〔文選〕萬久富注釋；

　　　第三章　詞彙　　朱國理編寫，

　　　　　　　　〔文選〕王芳注釋；

　　　第四章　詞類　　程觀林編寫，

　　　　　　　　〔文選〕鮑修禮注釋，程蔚參訂；

　　　第五章　句式　　程觀林編寫，

　　　　　　　　〔文選〕鮑修禮注釋，程蔚參訂；

　　　第六章　修辭　　金家恒編寫，

　　　　　　　　〔文選〕萬久富注釋；

　　　第七章　文言文的標點和翻譯　蕭世民編寫；

　　　第八章　辭書　　易國傑編寫。

本教材承蒙各方面的重視和信賴，自一九九〇年五月第一版起，到現在已經使用了整整三十三年。這無疑可以説明，這部教材是長期受到歡迎的，因此我們感到責任的重大。我們先後拜讀了各方來信，其中或提出寶貴的建議，或指出教材中某些疏誤之處。尤其是王開沛、高慎貴、王維周、顧言諸位先生具體而中肯的意見，對於我們的修訂工作很有參考價值。我們還多次在讀者來信中見到對本教材肯定的言辭，認爲“這本教材就整體來説，内容充實，觀點允當，系統性强”，“不失爲一本能够適應新世紀高等師範院校教學的古代漢語教材”，“具有自己的特色”，“以簡馭繁，有針對性地從基本需要方面滿足學生今天的‘學’與往後的‘用’，這是教師所歡迎的”。我們始終把廣大師生讀者對本教材的關心和愛護看作是對我們工作的鼓勵和鞭策。古代漢語教材的編纂確實是一項頗爲複雜的工程，我們懇切希望廣大師生讀者繼續提出寶貴意見。即使指出其中一字一語的疏誤，對本教材的不斷改進和完善也是一份貢獻。我們由衷地敬候明教！

在編寫和修訂過程中，有關省市教育部門和院校、華東師範大學出版社均先後給予我們鼎力支持，於此一併深致謝意。

程觀林
二〇二三年六月十八日

張　斌、許威漢《中國古代語言學資料彙纂》（福建人民出版社）

吳士餘、劉　凌《中國學術名著大詞典》（漢語大詞典出版社）

朱　星《中國文學語言發展史略》（新華出版社）

向　熹《簡明漢語史》（高等教育出版社）

趙振鐸《中國語言學史》（河北教育出版社）

白兆麟《新著訓詁學引論》（上海辭書出版社）

裘錫圭《文字學概要》（商務印書館）

陸志韋《古音説略》（哈佛燕京學社）

王　力《漢語音韻學》（中華書局）

唐作藩《漢語音韻學常識》（上海教育出版社）

程觀林《古今詩歌韻律》（漢語大詞典出版社）

趙克勤《古代漢語詞彙學》（商務印書館）

黎錦熙《比較文法》（科學出版社）

陳承澤《國文法草創》（商務印書館）

楊伯峻《古漢語虛詞》（中華書局）

陳望道《修辭學發凡》（上海人民出版社）

黎錦熙《修辭學比興篇》（商務印書館）

俞　良《文言文疑難問題解答》（語文出版社）

王　力《古代漢語》（中華書局）

周秉鈞《古漢語綱要》（湖南人民出版社）

張之強《古代漢語》（北京出版社）

趙步傑《古漢語言語入門》（陝西人民出版社）